中华学人丛书

太平天国与晚清社会

◎夏春涛 著

北京师范大学出版集团
BEIJING NORMAL UNIVERSITY PUBLISHING GROUP
北京师范大学出版社

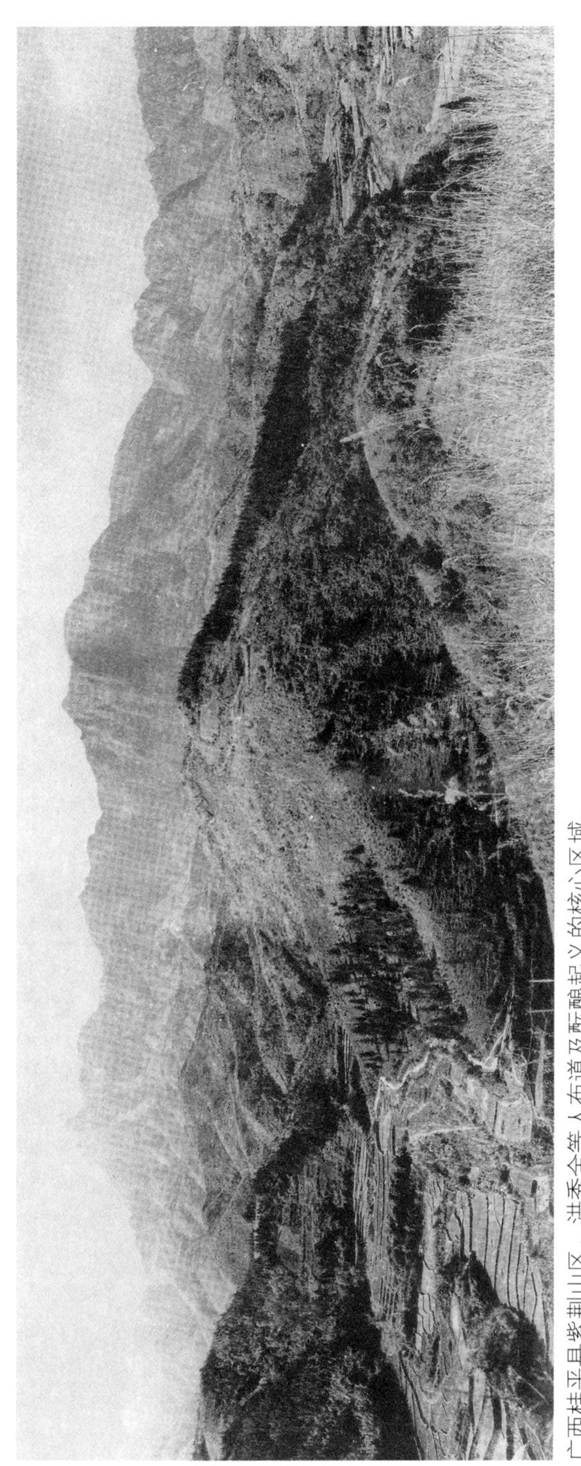

广西桂平县紫荆山区，洪秀全等人布道及酝酿起义的核心区域。

南京城南报恩寺琉璃塔，系明成祖为纪念其生母兴建，高80米，与比萨斜塔等并称为“世界七大奇观”，在西方享有很高知名度。天京事变中被毁。

上海县城西门

太平天国每七日(星期六)举行礼拜仪式,颂赞皇上帝恩德。图为礼拜活动场景。

太平天国中下层官员及其随从画像

天王洪秀全玉玺，现藏北京中国国家博物馆。

太平军海螺号角

洪仁玕手书“福”字及耶稣登山宝训八福之言。
天京陷落后，该碑被湘军摧毁。

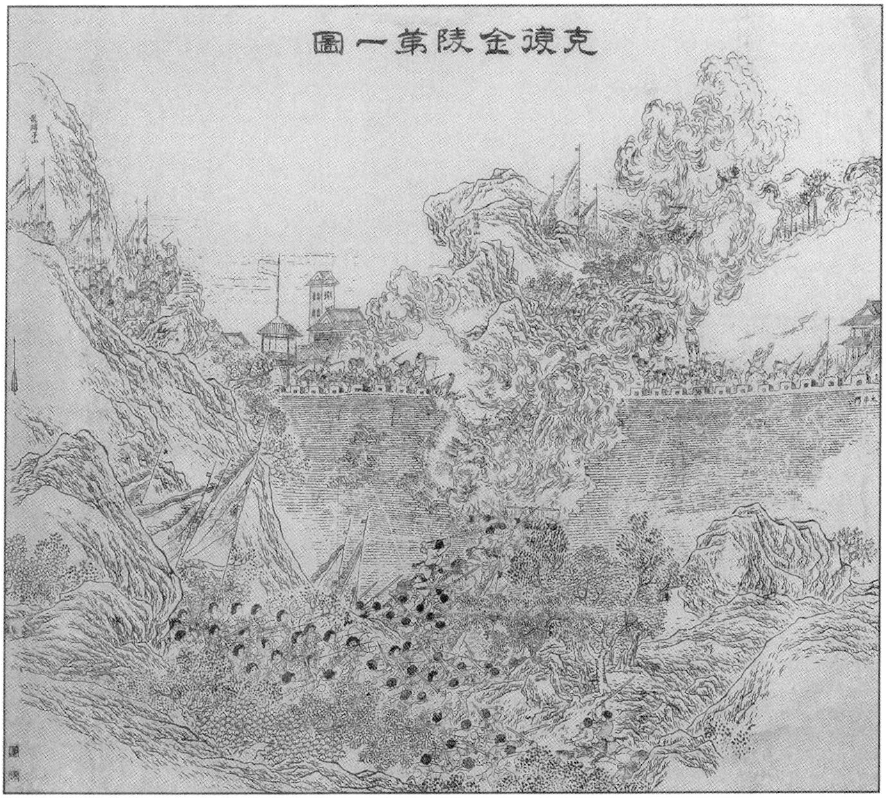

克復金陵第一圖

清人绘湘军炸塌天京（南京）太平门城墙图

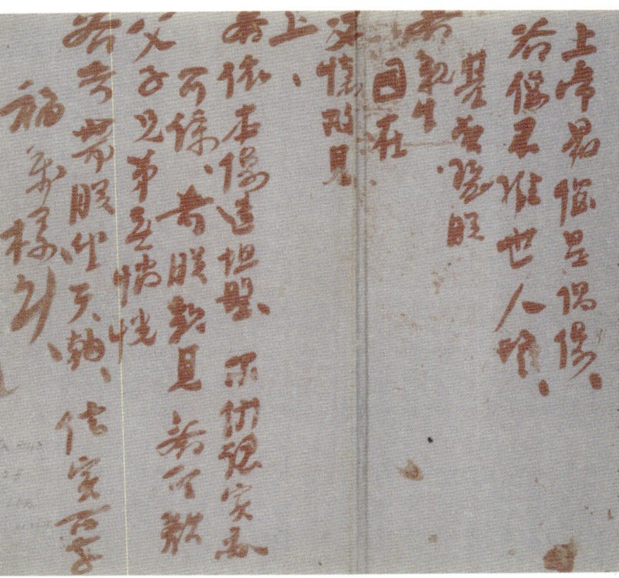

洪秀全批改英国艾约瑟牧师《上帝有形为喻无形乃实论》一文之手迹，现藏伦敦英国图书馆东方部。

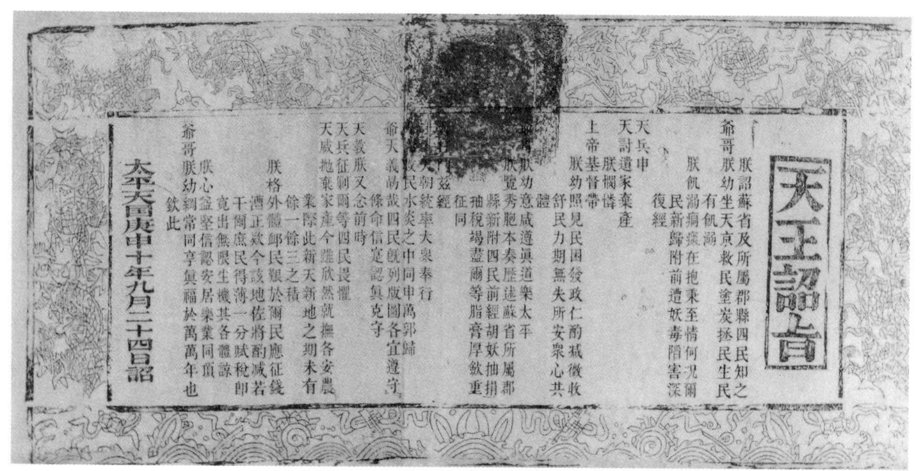

天王詔旨

朕詔蘇省及所屬郡縣四民知之
爺哥朕幼坐天京救民塗炭拯民生民
有飢溺
朕飢溺痌瘝在抱秉至情何况爾
民新歸附前遭妖毒陷害深
復經
天兵申
天討遺家棄產
朕憫憐
上帝基督帶
朕幼照見民困發政仁酌減微收
舒民力期無失所安衆心共
體
朕幼意咸遵眞道樂太平
朕覽秀胞本奏歷述蘇省所屬郡
縣新附四民前經胡妖抽捐
抽稅竭盡爾等脂膏厚斂重
征同
經
兹
大朝統率大衆奉行
救民水炎之中同申萬郭歸
爺天義蕩哉四民既列版圖各宜遵守
條命信寔認眞克守
天敎朕又念前時
天兵征剿爾等四民畏懼
天威拋棄家產今雖欣然就撫各安農
業此際此新天新地之期未有
餘一餘三之積
朕格外體䘏民艱於爾民應征錢
漕正款今該地佐將酌減若
干爾庶民得薄一分賦稅即
寬出無限生機其各體諒
朕心益堅信認安居樂業同頂
爺哥朕幼綱常同享眞福於萬萬年也
欽此

太平天国庚申十年九月二十四日詔

1860 年 11 月 2 日天王《谕苏省及所属四民诏》，宣布在苏福省（以苏州为省垣）推行减赋政策，使民众安居乐业。现藏北京故宫博物院。

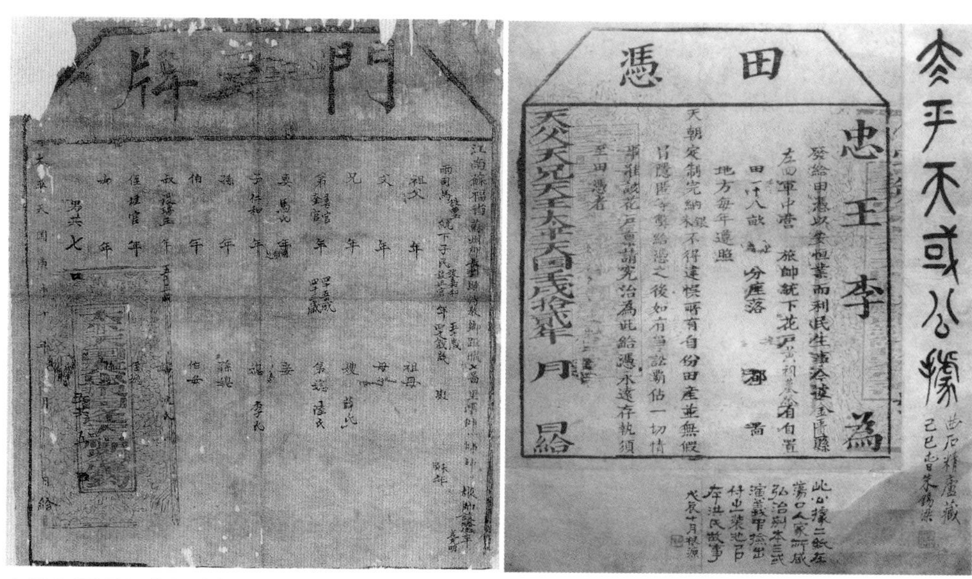

門牌

田憑

忠王李　為
發給田憑以安恆業而利民生事今據[illegible]
天朝定制完納[illegible]不得違悞所有自份田產並無假
冒隱匿等弊給憑之後如有爭訟覇佔一切情
事准該花戶稟請究治為此給憑永遠存執須
至田憑者
天父天兄天王太平天国壬戌拾貳年　月　日給

太平天国公據

太平天国所颁苏福省长洲县谈氏门牌，现藏苏州博物馆。

1861 年秋开始，太平天国在苏浙地区陆续颁发田凭（即土地证）。图为忠王李秀成所颁田凭，附收藏者题跋。

太平天国北伐军进占天津府静海县期间所绘年画，在杨柳青一带发现。
上图绘鹦鹉、黑熊各一，取其谐音，题“英雄会”。
下图绘南京北郊名胜燕子矶全景，场面宏大而杳无人迹，绘画风格独特。

目　录

金田起义前夜的广西社会

近十余年来，围绕如何评价太平天国和洪秀全的争论一直没有停歇。有一种观点持全盘否定态度，指斥洪秀全掀起“叛乱”，是借“邪教”起家的“野心家”“暴君”。这就牵涉到如何评价金田起义这一核心问题。笔者认为，对太平天国应具体问题具体分析，金田起义的正义性不容否定。在金田起义前夕，广西社会究竟处于怎样一种状况？广西何以会成为太平天国的策源地？鉴于这些问题所涉及的内容十分广泛，而且已有论著对此做过不同程度的探讨①，本文仅侧重就其主要线索加以梳理和考释。

一

在金田起义前夜，广西是长江以南社会问题最复杂、社会矛盾最尖锐的一个省份。这些社会问题和矛盾经历了一个漫长的积累和演变过程，主要体现在三个方面，即民生问题、民族问题、土客问题。

民生问题的焦点是土地问题。自康熙年间三藩之乱被平定后，

---

① 相关论著主要有：王庆成《金田起义记》(收入《太平天国的历史和思想》，北京，中华书局，1985)，龙盛运《太平天国革命策源地广西试探》(《太平天国学刊》第2辑，北京，中华书局，1985)，彭大雍等《论清道光朝以前广西人口增加和太平天国革命的爆发》(同上)，方之光、崔之清《广西天地会起义与太平天国的兴起》(同上)，方之光、崔之清《太平天国革命前夕湘桂局势初探》(《太平天国学刊》第4辑，北京，中华书局，1987)。凡上述论著已有较多论述的内容，本文从略。

广西百余年间未再发生大的动乱。在这一时期，随着耕地开发接近极限，而人口仍在不断增加，地少人多的矛盾变得越来越尖锐。据统计，顺治年间广西全省的人均耕地约为 14 亩，乾隆后期锐减至 1.5 亩左右，到咸丰元年(1851 年)已不及 1.2 亩，低于同期全国 1.78 亩的人均耕地数。① 在人均耕地越来越少的同时，土地兼并现象愈演愈烈。官府敲骨吸髓式的压榨，高利贷与典当业的盛行，导致大量自耕农、半自耕农破产，沦为佃农或游民。② 以桂平县为例，到道光后期，境内田地大多为富室所有；普通农户生活凄苦，“六月新债催，十月新租急，两造谷穰穰，终岁无一粒”③。广西原本山多地少，且耕作粗放，水利落后，单位面积产量较低，素称“地瘠民贫”，而土地问题的激化则使民生问题更加严峻。

同时，由于长期过度垦殖，广西的生态环境持续恶化，山区森林面积锐减，水土流失加重，不少山田旋垦旋荒；在平原地带向河滩争地则导致河道淤塞，引发水灾。这使得广西抵御自然灾害的能力十分脆弱。在道光朝，广西境内灾害频仍，几乎连年不断，使民生问题雪上加霜。例如，道光初年，宜北县“旱魃为虐，两年不雨，

---

① 参见李文治编：《中国近代农业史资料》第 1 辑，10、60 页，北京，生活·读书·新知三联书店，1957。按：清顺治年间广西耕地面积约 500 万亩，乾隆三十一年(1766 年)达 1000 万亩以上，随后基本持平并呈减少之势，咸丰元年为 896 万亩。另一方面，顺治十六年(1659 年)广西纳赋丁口为 11.6 万人，乾隆十八年(1753 年)全省人口为 197.6 万人，乾隆五十一年(1786 年)骤增至 629.4 万人，咸丰元年为 782.3 万人。参见李文治前引书，9～10、60～61 页。

② 社会的急剧分化和穷民、流民的大量出现，是嘉道年间全国的普遍现象，是社会动荡不安的前兆。龚自珍指出，自乾隆末年以来，“不士不农不工不商之人，十将五六”(《西域置行省议》，《龚自珍全集》第 1 辑，106 页，上海，上海人民出版社，1975)。汪士铎亦慨叹道：“人多之害，山顶已殖黍稷，江中已有洲田，川中已辟老林，苗洞已开深箐，犹不足养，天地之力穷矣。”他还分析说，“患起人多，人多故弥望皆村庄，弥望皆穷人，急之则生变，任之则掣肘”；“驱人归农，无田可耕；驱人归业，无技须[需]人”，“地不足以养之，不为乱不止”(汪士铎：《乙丙日记》卷 2，16 页；卷 3，26、27 页，1936 年明斋丛刻本)。

③ 黄体正：《带江园诗草》卷 1，《太平天国革命时期广西农民起义资料》，41 页，北京，中华书局，1978。

五谷无收，米贵如珍，人民饿殍，死相枕藉”①；道光十四年(1834年)起，宾州在五年内迭遭蝗灾、地震、旱灾和水灾，哀鸿遍野；道光二十三年(1843年)夏，融县“时疫流行，死人颇多”②。广西灾害频仍、灾情严重，与官府不关心民瘼、不体恤民情有着直接关联。从这个意义上说，天灾也是人祸。

除民生问题外，广西还存在着棘手的民族问题、土客问题。

广西原是百粤(越)杂处之地，秦代始有汉人迁入，而以清代规模最大、持续时间最长。各民族共同为开发广西做出了贡献，但彼此间也不同程度地存在着隔阂和冲突。清雍正年间实行改土归流后，广西流官统治的州县达到55个，但仍保留了26个土州、4个土县以及3个秩如下州的长官司。两种体制并存，从侧面反映了民族间存在的壁垒，客观上有碍政令畅通。至于一些偏远地区，官府基本上鞭长莫及，瑶族聚居的大瑶山便是其一。山中瑶民概不剃发，既不列于编户，也不供役纳赋，归头人统治。至于在山外耕作的瑶民，则受到歧视和欺压。官方文献常将“民瑶”并称，流露出视瑶民为“化外之民”的心态。在多民族杂居的背景下，民族关系一旦处理不慎，便有可能引发族群冲突或民变，造成社会动荡，如乾隆年间柳州府境内壮、瑶为争夺土地而仇杀，嘉庆年间西隆州苗民抗官起事，道光十二年(1832年)贺县瑶民起事。

“来土之争”则更为白热化，争斗双方不完全按照族群来划分，而是按照是否土著或入籍早晚来划分。“来人”主要泛指清初自广东惠州、潮州、嘉应州迁徙入桂的客家人；“土人”指壮、瑶等土著民族，也包括那些入籍已久反客为主的汉民。善于精耕细作、通晓经商的客家人入桂后，或垦荒或经商，形成“逢山必有客，无山不住客”“无东不成市，有烟必有东”的格局，客观上推动了当地经济的发展，但同时也逐渐挤压了土著人的生存空间；有些客民还通过经营典当业和高利贷重利盘剥，设法侵吞土著的田产店屋，甚至从事贩

---

① 覃玉成：《宜北县志》第八编，民国二十六年刊。

② 黄志勋、龙泰任：《融县志》第六编，民国二十五年刊。

卖民女的勾当。随着客家移民越来越多，分布区域越来越广，尤其是随着某些地方“客主强弱互易”①局面的出现，土客之间常为争夺耕地等发生冲突。毗连广东的西江流域是广西自然条件最好、人口密度最高的区域，土客之间的摩擦也最为激烈。广西土著民风剽悍；而客家人无论迁至何地、迁移多久，均不改乡音，固守原先的生活习俗，其“族党之谊甚笃，遇有仇敌及好勇斗狠，一呼百诺，荷戈负锸而至，瞀不畏死”②。于是，双方以血缘、地缘关系为纽带各分营垒，动辄为睚眦之怨械斗，给社会带来极大的破坏和震荡。例如，道光二十四年(1844 年)，“田州属之八角山因土客争雄，各集亡命，肆行焚劫”③。土客械斗因而成为广西境内一大严重的社会问题。

民生问题、民族问题、土客问题并非广西所独有，但如此尖锐地交织于一身，这在南方各省中是极为罕见的现象。围绕耕地的争夺是民族、土客纷争的焦点。因此，民族问题、土客问题说到底也是民生问题，是其特殊表现形式。

与治理难度大形成反差的是，清政府在广西的统治力量存在着先天性不足，主要体现在三个方面，即官员少、驻军少、经费少。

广西县一级建制少，辖境广。大体上说，广西一个县的面积相当于他省数县的面积。从全省范围讲，县的建制少，官员也就相对较少；但县的辖境过大，必然对偏远地区鞭长莫及，客观上加大了治理难度。在官员少的同时，由于外省人不太情愿到所谓的“瘴乡”当官，广西还存在着官员队伍不稳定的问题。咸丰元年(1851 年)八月，新任广西巡抚邹鸣鹤在细询乡绅后上奏说，广西吏治之坏，“由于庸劣牧令自甘暴弃者，十仅二三；由于边荒地瘠，困苦异常，吏

---

① 龙启瑞：《粤西团练辑略序》，《经德堂文集》卷 2，17 页，光绪四年京师刊本。按：严正基《论粤西贼情兵事始末》有该省“通计土著十之三四”一说。可见，到咸丰初年，广西土著的总人口已低于客民。

② 魏笃：《浔州府志》卷 4，同治十三年刊。

③ 温德浦、曾唯儒：《武鸣县志》卷 10，民国四年刊。按：土客械斗客观上刺激了民间的尚武之风。广西后来民变蜂起，官方应对时颇感棘手，与此有一定关联。

役稀少，有呼无应，牧令以官为传舍，且以官为桎梏，相率苟安、旦夕畏避思去者，十之六七。此弊积渐甚久”①。

广西兵力单薄，且编制混杂。除土司系统的近 1.4 万土兵外，仅有绿营兵 2.2 万人，主要驻扎在省会桂林和广西提督驻地柳州，以及左江、右江等重镇；州县一级驻军通常仅几百人，且分散在各个汛地。相比之下，广东设有广州将军，仅八旗官兵就达 5000 余人，绿营则分设陆路提督、水师提督。湖南也拥有常备兵 4.26 万。

广西是南方最贫瘠的省份之一，财政入不敷出。据载，在道光末期，“粤西额征钱粮通计四十万有零，本省绿营兵饷岁需四十二万余两，既属不敷；其关料杂税不及十万余两，支给文武员弁廉俸及祭祀、书役、工食等项，亦多缺短。常年征收足额，尚须外拨接济”②。事实上，由于外省协济银通常不能及时、足额到位，部分州县连正常开支都难以维持，“州县不能赡给者，十常三四”③。

官员少、驻军少、经费少，属体制上的先天性缺陷，说到底是由广西经济社会发展水平决定的。清朝开国一百多年来，广西的开发力度以及与邻省的联系空前加强，社会经济有了一定发展，但这种发展与外省特别是广东移民的涌入有很大关系，其内在发展动力严重不足。这种被动式发展使广西贫困闭塞的面貌没有得到根本改变，同时还衍生出土客纷争以及人口、资源、环境的矛盾加剧等新的社会问题。而官府疲玩泄沓，残民以逞，贪墨成风，则使社会问题更加严重，社会矛盾日趋激化。民不堪命，必然会铤而走险。以贵县为例，“清道光间，吏治日偷，闾阎疲弊。知县杨曾惠恬嬉贪黩，又复久于其任。自是盗匪如毛，会党纷起”④。咸丰元年(1851年)六月初七日，钦差大臣赛尚阿就桂湘两省的官风民情奏报说：

---

① 邹鸣鹤咸丰元年八月十三日奏折，中国第一历史博物馆编：《清政府镇压太平天国档案史料》第 2 册，227～228 页，北京，光明日报出版社，1990。

② 严正基：《论粤西贼情兵事始末》，太平天国历史博物馆编：《太平天国史料丛编简辑》第 2 册，5 页，北京，中华书局，1962。

③ 严正基：《论粤西贼情兵事始末》，《太平天国史料丛编简辑》第 2 册，6 页。

④ 欧仰义、梁崇鼎：《贵县志》卷 4，民国二十三年重修。

“州县各官，胆大贪婪，任听家丁者十居八九。百姓受其欺凌，终无了期，往往铤而走险。奴才日接呈词数十张，多系控告书差、家丁舞弊者。……粤西之匪蓄谋已非一日，缘大吏因循、州县逼迫所致。”①

广西的社会矛盾一触即发，而官员贪墨直接影响到人心向背，使广西官府的统治基础更加薄弱。当面对境内小规模骚动或民变时，官府尚能控制住局面；一旦出现民变蜂起的局面，便顿时陷入缺兵少饷的窘境，导致局面失控。广西事态的演变正验证了这一点。

二

乾隆年间，民间抗夺佃、抗增租以及开仓劫粮等事件虽有发生，但广西社会总体上还是稳定的。嘉庆年间天地会的兴起成为一个转折点。当时，广东天地会成员一旦风声吃紧，多半逃到广西，投靠早先自广东迁徙入桂的亲友藏匿栖身。由于天地会迎合了人们互济互助、御侮保身的需要，所以得以传播开来。到嘉庆后期，全省已有近30个州县出现规模不等的天地会组织。据广西巡抚赵慎畛奏陈，“粤西自嘉庆十二年广东惩办洋匪后，内河土盗潜至西省，与依山附岭种地之各省游民结伙抢劫，兼勾引本地愚民，或拜弟兄，或拜添弟，或数人，或数十人”②。嘉庆道光之交，赵慎畛厉行查办，捕获“会匪”1200余名，将主要成员斩首示众或遣发新疆，使广西天地会滋蔓的势头暂时得到遏制。道光帝鉴于广西拜会之风甚炽，下

① 《清政府镇压太平天国档案史料》第2册，79页。按：在道光三十年九月十三日奏折中，鸿胪寺卿吕贤基亦认为，“今日胁从之民皆前日之赤子也，其势迫于无可奈何，遂苟且以延残喘耳”（《清政府镇压太平天国档案史料》第1册，48页，北京，光明日报出版社，1990）。

② 《清实录》第33册《宣宗实录》第1册卷12，道光元年正月壬戌，231页，北京，中华书局，1986年影印本。按：因为广西林峦甚密，易于藏匿，且官府的统治力量相对薄弱，广东、湖南等省民人犯事后，常避实就虚，选择广西落脚。就此而论，广西实际在一定程度上承载了邻省的社会矛盾。又，文中“添弟”系“天地”之避改字。

令严缉余党，并查明地方官是否有肇衅激变情事。赵慎畛搪塞说并无地方官虐民肇衅情事，同时加强控制，一面编查户口、举办团练，一面大兴教化，颁行《乡约条规》。《乡约条规》告诫各家子弟“或读书，或耕田，或做生意，及早各习一业，父母妻子终身有靠。不许飘游浪荡，交结匪人”；强调穷民就是做乞丐也算是良民，一旦结拜天地会便是朝廷罪人；严申凡书差、兵丁拜会，知法犯法，一概处死。① 但在经济社会状况日趋恶化、州县官贪黩虐民的背景下，大多数人难以“及早各习一业”，尤其是穷民根本无田可耕。民生问题没有着落，单靠严刑峻法和推行教化，显然无法长期有效地维持社会稳定。

到道光中期，广西天地会组织不仅死灰复燃，而且势头更猛，对社会秩序的冲击力度明显加大。一些州县甚至出现盗贼纷起的局面。光绪二十年(1894 年)修《贵县志》便有“吾邑之乱，媒蘖于道光中年”一说。再如，桂平县“频年以来，为粤东游匪煽惑”，至道光十五年(1835 年)左右，已是“盗贼充斥”，聚众至千余人，从夤夜暗偷发展到白昼明抢，“凡遇有谷之家，排门劫掠，相习成风”，形成“土匪”与“游匪”里应外合的局面。② 一旦官衙起兵弹压，土匪便暂时潜踪；游匪则行踪无定，“官来即鹰扬，官去复乌聚”。总体上说，在这一时期，广西下层骚动主要集中在毗邻广东的梧州府、浔州府等地，虽已明显升级，但官府仍有一定的威慑力，局面尚未失控。

鸦片战争结束后，广东数万被裁撤的壮勇生活无着，遂纷纷入桂啸聚山林，对广西形成新一轮冲击。③ 不少壮勇原先就是天地会成员，加上广西游民队伍不断膨胀，使得拜会结盟现象迅速滋蔓。到道光二十五年(1845 年)前后，广西已局势大乱。据载，“自英夷滋事以来，粤东水陆撤勇、逸盗或潜入梧、浔江面行劫，或迭出南、

---

① 《乡约条规》，《太平天国革命时期广西农民起义资料》，19～21 页。

② 黄体正：《带江园诗草》卷首、《带江园杂著草》卷 5，《太平天国革命时期广西农民起义资料》，31、34 页。

③ 相比之下，后来洪秀全在广西发动金田起义，以及李文茂率广东天地会武装在广西浔州建立“大成国”，其影响与冲击力远在此之上。

太边境掳掠，勾结本省土匪及各省游匪，水陆横行，势渐鸱张”①。协办大学士杜受田亦云：“粤西贼匪为患，自道光初年各府州县已有结盟联会，匪徒隐成党与，私逞强梁。逮自道光二十五六年间，左右两江及府江接境广东等处盗风滋炽，行旅戒途，于是劫物伤人掳人勒赎之事所在有闻。”他还就民间骚动的具体情形补充说：“凡贼自广东来者曰‘广匪’，又曰‘广马’；出本地者曰‘土匪’，又曰‘土马’。广东率多悍勇凶横，土匪多由裹胁附从。凡至一处，必先投书勒索多银，号曰‘打单’。及至群哄搜括财物，号曰‘开阁’。”②与民族纷争、土客械斗仅局限于某个固定区域相比，这些主要针对富商大户的勒诈劫掠活动具有流动性或不确定性，所引起的社会震动更大。不过，此时的下层骚动仍处在劫富济贫阶段，并没有与官府发生正面冲突。

道光二十七年(1847 年)是一个转折点。是年秋，湖南新宁县瑶民雷再浩聚众竖旗起事，随后移师广西全州与李世德部会合，在湘桂边境山区与清军周旋交战。暴动虽历时两个月便告失败，但对广西下层骚动起了推波助澜的作用，“各府州县土匪乘机窃发”，“桂林府属之临桂、阳朔、永福，平乐府属之荔浦、修仁、永安，浔州府属之平南，各有土匪啸聚，声息相通，至是乃大肆”③。自此，广西发生骚动的区域进一步扩大，其形式也逐渐从单纯的打家劫舍、劫富济贫向公然对抗官府过渡。例如，道光二十八年(1848 年)二月，广东天地会首领李自昌在横州竖旗聚众；三月，壮民陈亚贵在武宣县东乡率众起事，联合广东天地会首领覃香晚，相继攻扰修仁、荔浦。一时间，“小之开阁打单，大之攻城劫狱，浸成燎原之势”④。鸟瞰广西事态的发展，可以清晰地勾勒出这样一条轨迹：穷民灾民——游民流丐——“盗贼”(偷窃劫掠)——“逆匪”(聚众造反)。说

① 严正基：《论粤西贼情兵事始末》，《太平天国史料丛编简辑》第 2 册，3 页。

② 杜受田咸丰元年二月初八日奏折，《清政府镇压太平天国档案史料》第 1 册，206、207 页。按：道光二十七年二次入桂时，洪秀全就曾在途中遇劫，事详《太平天日》。

③ 苏凤文：《股匪总录》卷 2，8 页，光绪十五年刊。

④ 严正基：《论粤西贼情兵事始末》，《太平天国史料丛编简辑》第 2 册，3 页。

到底，民不聊生是社会发生动荡的征兆和根源。下层民众的生存危机越大，对现实社会的叛逆心理和反抗力度也就越大。

早先处置劫掠事件时，各州县因“游匪”行踪飘忽不定，故各扫门前雪，只要事情没有闹大，心理上还不至于有太大压力。当民间骚动形式升级为聚众抗官时，随着性质的转变，事件本身已超越地方治安的范畴，从而使整个广西官府都绷紧了神经。在官府大举镇压下，雷再浩、陈亚贵等早期起事大多很快偃旗息鼓。但由于民不聊生，这种军事镇压并没有起到儆戒作用。道光二十九年(1849 年)八月，陈亚贵聚众数千人在武宣东乡再度起事；十月，雷再浩旧部李沅发率众攻陷湖南新宁县城，旋又攻入桂北。与此同时，桂省全境天地会起事也呈风起云涌之势，且纷纷打出“替天行道”“杀官留民”等旗号，其中声势较大者为啸聚浔州、梧州江面的“艇匪”①，以及驰突左江一带的张嘉祥部。面对民变事件层见叠出的局面，广西官府苦于驻军少、经费少，顿时陷入缺兵少饷的窘境，疲于招架。左江镇总兵盛筠见无力剿捕，便设法招抚张嘉祥，让其屯扎江路，保护行旅。此风一开，“各府县亦托为招抚之说，贿贼求去”②。这种“贿和”之举反衬了官府的孱弱，使民间抗官风潮更加高涨。

广西官府疲软固然与缺兵少饷等客观因素有关，但根源在于吏治腐败。吏治腐败的表现形式之一为文恬武嬉，致使官府在应对民变时效率低下，方寸大乱。大小武官平素或卖缺肥己，或扣饷虐兵，

---

① “艇匪”拥有枪炮器械，主要劫掠浔、梧江面的商船和沿江圩市的当铺、富户，并不时攻掠城池。主要首领为张钊(绰号“大头羊”)、田芳(绰号“大鲤鱼”)，均为广东水手出身，金田起义后一度投奔太平军，旋因不能接受纪律约束而倒戈，后分别被地方团练和官府所杀。太平天国刊行的《天情道理书》对张钊有零星记述，称其“借名敬拜上帝，于沿江一带地方滋扰虐害，肆行无忌，只图目下快心，不顾后来永福”，“未几而大头妖果然叛逆”(太平天国历史博物馆编：《太平天国印书》，520 页，南京，江苏人民出版社，1979)。

② 袁甲三道光三十年九月初八日奏折，《清政府镇压太平天国档案史料》第 1 册，46 页。按：张嘉祥受抚后，改名张国梁，官授把总，后随战局发展，从广西一直追击太平军至南京，成为清军一名悍将，官至提督，咸丰十年(1860 年)在丹阳阵亡。

疏于军务，导致武备废弛，军队缺乏战斗力。最初进行剿捕时，这些惰将骄兵还狐假虎威卖点力气，但当民变四起、寡不敌众后，也就没了底气，下乡缉捕也大多虚应故事，且军纪败坏。有一首民谣嘲讽道："贼去兵方至，兵来贼已空；不知兵与贼，何日得相逢？日日皆防贼，村村望发兵；谁知兵更恶，杀掠不容情。"①广西提督闵正凤是个银样镴枪头，"形貌魁梧，工于趋跄应对，颇通文墨，以儒将自居，见狼烽突起，惊愁恇怯，不敢出兵"②。左江镇总兵盛筠在招抚张嘉祥后，见局面仍难收拾，干脆找借口撂挑子，告病讨清静。闵正凤也四下活动调任一事，想一走了之。③

作为总揽全省军政的最高长官，广西巡抚郑祖琛显然是坐在火山口上。眼见广西大局糜烂，朝中言官和地方大吏对他颇多诟病，指责他欺罔畏葸，养痈贻患，酿成大乱。两广总督徐广缙率先发难，参劾郑祖琛自抵任后，"专事慈柔，工于粉饰，州县亦相率弥缝，遂至酿成巨患"，并说郑氏"世故太深，周旋过甚，只存市恩之心，全无急公之义，且年老多病，文武皆不知畏服"④。后来接替郑祖琛职

① 半窝居士：《粤寇起事记实》，罗尔纲、王庆成主编：《中国近代史资料丛刊续编·太平天国》第 4 册，3 页，桂林，广西师范大学出版社，2004。

② 半窝居士：《粤寇起事记实》，《中国近代史资料丛刊续编·太平天国》第 4 册，5 页。按：所谓"不敢出兵"，指会党武装逼近柳州府城时，闵氏在城内按兵不出一月有余。

③ 道光三十年十一月，盛筠因"畏葸无能，又先期告病，规避取巧"被革职，不久病死。闵正凤一度打通关节，于同年九月奉文与向荣对调，任固原提督，旋以"畏葸无能，纵贼养寇"的罪名被革职查办，后被遣戍新疆。参见《清政府镇压太平天国档案史料》第 1 册，28、56、110、233、239 页。

④ 《清政府镇压太平天国档案史料》第 1 册，27、68 页。按：具有讽刺意味的是，徐广缙后来顶替赛尚阿出任钦差大臣，署湖广总督，但同样迭遭败绩，太平军攻克武汉后被革职拿问(咸丰八年病死)。咸丰帝怒斥徐广缙"军情缓急但凭禀报，如在梦中"，表示"自愧自恨用人失当"。舆情更是一片哗然，指斥徐氏"拥兵观望，尾贼徐行""畏死偷生，巧于推避"，纷纷吁请将其处斩。其实，此时的清政府弊病丛生，整个军政系统都已运转失灵，其根源并不在某个大臣疲玩泄沓，正所谓"冰冻三尺，非一日之寒"。太平军从金田起义到定都金陵，一路势如破竹，与此有很大关系。

位的周天爵也认为，“今之祸根不止一省也，而粤西为最”，“而大吏郑祖琛又笃信佛教，酷似梁武欲不杀一人以为功德，于是一省鼎沸，鱼烂日馁矣”①。徐、周所言均带有感情色彩，未免流于偏颇。郑祖琛道光二十六年(1846 年)调任广西时已年近七旬，并患有咯血病，而此时的广西已是一片纷扰动荡。刑部侍郎彭蕴章《得梦白书》一诗有“多病临戎幄，衰年入瘴乡”句，当时就对郑氏的命运表示同情和担忧。至于广西官僚队伍疲玩泄沓、畏葸无能，也绝非郑氏上任后才有的现象，而是属于官场积习。② 郑祖琛虽然暮气重、城府深，但对民变并没有掉以轻心，曾先后督师配合湖南血腥镇压雷再浩、李沅发起事，并因功加太子少傅衔。不过，以广西现有的统治力量，显然难以应对境内民变蜂起的局面。他曾向广东求援，但徐广缙不予理睬③；拟据实奏报朝廷，又被军机大臣穆彰阿劝阻，“谓水旱、盗贼不当以时入告，上烦圣虑。国家经费有常，不许以毛发细故辄

① 周天爵：《致周二南书》，《太平天国史料丛编简辑》第 6 册，3 页，北京，中华书局，1963。

② 在某种意义上，郑祖琛是在替他的前任梁章钜、周之琦背黑锅。半窝居士《粤寇起事记实》即云：“赭寇之祸，先由历年官吏惜费纵奸，后误于粤督某制府见危不救，非郑公一人之过，粤人皆知之。公受任于艰难之日，疆事为前官所坏，地方疲弊不堪，伏莽之患已深。”(《中国近代史资料丛刊续编·太平天国》第 4 册，7 页)严正基也认为，广西吏治之不饬，“则由于十数年前，院司以文酒征逐为豪举，于地方惩办盗案之员目为‘俗吏’，或加以摈斥。有司讳匿不报，遂至盗势益张，涓涓不塞，终成江河，厥有由来”(《太平天国史料丛编简辑》第 2 册，6 页)。又，广西藩司张云藻久病，不在任上。这客观上也加重了郑祖琛的负担。

③ 徐广缙对广西局势作壁上观，除与郑祖琛有隙外，与广东自顾不暇也有关系。据罗惇衍道光三十年九月十三日奏陈，“广东盗风素炽，而近来横行尤甚”，公然围城勒赎、设厂收税；在新会、四会、清远、韶关、南雄、廉州一带，“贼匪往来如织，商旅不行，各处道路阻艰，几与广西无异。屡年以来，凡掳人勒赎不下百数十次，从未闻严办一案；凡打劫典铺、渡船不下千数百次，又未闻参劾地方官一案。驯至贼匪无所畏惮”(《清政府镇压太平天国档案史料》第 1 册，49～50 页)。

请动用”①。郑祖琛投鼠忌器，不敢照直禀报本省实情，也就注定最终难逃“欺饰弥缝”的罪责。在籍翰林院侍讲龙启瑞多少道出了郑氏的苦衷，认为他“苦于兵力有限，经费无多，顾此失彼，仓皇无措”，又说他“存心仁厚，揣度贼势，控制亦颇周详，但苦经费别无筹措，复因目前无陷城失守之事，不得以请调大兵为辞靡费太多”②。郑祖琛曾以堵剿“楚匪”事竣、地方肃清为由，奏请俟藩司张云藻回任后“来京陛见”，也想一走了之，但不久便发生陈亚贵部连破平乐府修仁、荔浦两座县城事件。郑祖琛只好于道光三十年七月二十七日(1850年9月3日)据实奏报，并请兵助剿。但无论是广西的局面，还是郑祖琛个人的命运③，此时都已难以挽救。

州县官同样进退维谷，如坐针毡。由于局势急剧动荡，各州县连现状都已难以维持。时人描述道：“近年盗贼充斥，人民离散，除蠲缓外，完纳不过十之五六，愈形不足。……近年左、右江面不靖，关税短缺，大吏亦不能自给，州县疲惫日甚。军兴时借公济私，尚可支持。今请领无款支发，盗多民困，征粮则民多抗欠，失事则官即逮褫。州县不愿到任视事，每下檄严催，始行登程。民不聊生，官亦不聊生，可为太息。”④州县官面对郑祖琛，就如同郑祖琛面对朝廷，处在一种两难境地：既要保地方安定，又无力剿捕“盗贼”；欲据实上陈，则担心触犯时忌引火烧身。于是，各州县对境内骚乱

---

① 龙启瑞：《与梅伯言书》，《经德堂文集》卷3，22页。按：半窝居士《粤寇起事记实》亦云，某相国致书郑祖琛，“再三告诫切勿以贼多入奏”，并附注“某相国与郑公同年至好”(《中国近代史资料丛刊续编·太平天国》第4册，8页)。有论者推测“某相国”系指潘世恩(乾隆状元)，误；应为穆彰阿(穆、郑同为嘉庆进士)。

② 龙启瑞：《上某公书》，《经德堂文集》卷6，5页。

③ 广西局势惊动朝廷后，郑祖琛想有所补救，曾在省城外督师四个多月，先后平定陈亚贵部和攻陷迁江县城的钟亚春等部，并率先派兵进剿金田村。但这并没有平息清廷对他的怨愤。同年十月，咸丰帝谕令将郑祖琛着即革职；时隔五个多月，又下令将他谪戍新疆，“以为封疆大吏玩误者戒”。郑氏不久在原籍(浙江乌程)病逝。

④ 严正基：《论粤西贼情兵事始末》，《太平天国史料丛编简辑》第2册，5～6页。

或隐匿不报，或讳“盗”为“偷”，一味敷衍了事。郑祖琛欺蒙朝廷，州县官欺蒙郑祖琛，形成恶性循环，导致局面越发不可收拾。到道光三十年(1850 年)夏秋之际，广西已大局糜烂。杜受田在咸丰元年(1851 年)二月就此描述道：

> 贼匪多至数十股，每股各有渠魁。……所有被害之处，如迁江一县，三被贼掠，县官令民括尽财物，与贼求和。上林县官被执勒赎。武缘县官，贼至自裁。来宾官吏逃亡，监狱尽脱。藤县城守自缢，知县被伤。柳州逼近府城都咸堡地方，贼至与官接战，杀死武员八人，兵丁数百。太平知府王彦和被贼逼死。龙州同知王淑元父子殉城。此皆去年夏秋间事。自是以来，贼视攻城剽邑几如反手。①

总之，广西官府此时已运转失灵，几乎处于瘫痪状态。周天爵后来喟叹道：“一言兵，则省城仅有懦劣八九百名之兵；一言饷，则藩库拨来朝不继夕之饷；一言官，则通省皆是求参不得之官；一言将，则通省皆是石郎之将；一言案牍，则无一不是被杀被焚之案牍。呜呼！此席是何等造化得此。”②

“被杀被焚”指民间打家劫舍之风，首当其冲的是那些乡绅富户。他们急如星火地向各级官府求救，但官府已无法控制局面。无奈之下，广西南宁、柳州等六府 12 名绅士和庆远府 23 名绅士分别联名具呈，遣人于道光三十年(1850 年)八月从海道赶抵北京，另有南宁

---

① 《杜受田奏陈两广起事情形并剿捕方略单》，《清政府镇压太平天国档案史料》第 1 册，206～207 页。

② 周天爵：《致周二南书》，《太平天国史料丛编简辑》第 6 册，3～4 页。按：周氏在信中还有一些具体细节描写，颇堪玩味。据载，咸丰元年二月初一，他自省城赴武宣县督师攻打太平军，“带兵一百名，如驻马嵬坡，皆不愿走也；路上募勇一百名，又如石壕驿，未走先哭”；正式交战时，“惜我兵一百名如见鹯之雀，一百勇如裹足之羊，无一动者。……撼山易，撼岳家军难。不意如此”。周氏还就该县官吏的表现写道：“方到时县官一人，一县皆空，而纷纷向西逃者渡江船无歇时。问县官刘作肃有何准备，答云‘只有一绳’，则大哭。”

府宣化县生员何可元自行来京，均向都察院陈述局势已危如累卵，吁请朝廷派大兵平乱。三件呈文分别写道：

> 现在官势愈弱，贼势愈张，群逆分屯者各以数千计，民家被劫者动以数万计。村居纷纷入城，府居纷纷入省，田野荒废，道路梗塞。逆匪水陆并踞，官饷不行，商旅可想。
>
> 柳、庆、思恩所属，六月之间，七遭寇乱，妇女逃避山林，老幼流离道路，终年常警，十室九空。
>
> ……民冤沉海，贼焰弥山。所到之处，旗号悖逆，所不忍言。①

随着农事、商业陷入停顿，再加上土客械斗以及瘟疫等灾荒的冲击，普通民众的处境也更加恶化。为了生存，越来越多的人被迫铤而走险，加入造反者行列，使民变规模不断扩大。民变风潮已席卷广西绝大部分地区。全省天地会武装多达数十支，少者数百人，多者三四千人，“有自行旋起旋散者，有兵勇击败而散、兵勇撤而复起者，有此股甫经扑灭、彼股又另起事者，几于无地无之，无时无之”②。龙启瑞叹曰：“窃念粤西近日情事，如人满身疮毒，脓血所至，随即溃烂。非得良药重剂，内扶元气，外拔毒根，则因循敷衍，断难痊愈，终必有溃烂不可收之一日。”③杜受田也忧心忡忡，认为揆度情势，“不惟一方之糜烂可忧，他省之蔓延尤为可虑”④。结果这番话果真成为咸丰初年的谶语。

概括地说，到道光末年，广西社会矛盾空前激化，官、绅、民均感到朝不谋夕，即所谓“民不聊生，官亦不聊生”，社会已近乎解

---

① 参见《清政府镇压太平天国档案史料》第1册，36、37、39页。

② 严正基：《论粤西贼情兵事始末》，《太平天国史料丛编简辑》第2册，3页。

③ 龙启瑞：《上某公书》，《经德堂文集》卷6，5页。

④ 《杜受田奏陈两广起事情形并剿捕方略单》，《清政府镇压太平天国档案史料》第1册，207页。

体；以天地会为主体的武装暴动此起彼伏，全省已是一片火海，局面完全失控。这在南方各省中是绝无仅有的现象。广西之所以成为太平天国的策源地，其根源在于它是长江以南社会矛盾最尖锐、统治力量最薄弱的一个省份。

三

上述事实无可辩驳地说明，洪秀全尚未萌生反清意向时，广西社会便已民变蜂起，急剧动荡；“动乱”的源头并不是来自洪秀全。相反，正是在日益激化的社会矛盾和愈演愈烈的社会冲突的驱策下，洪秀全才最终走上反清道路。

洪秀全的早年经历可划分为三个阶段，即热衷科考、皈依上帝、立志反清。科场失意的确对洪秀全刺激很大，但这只是他选择新的人生道路的一个起点或诱因。通过阅读《劝世良言》接触到基督教，进而按照自己的理解来传播上帝信仰，这是洪秀全的一大转折。① 洪秀全劝人拜上帝，其主旨无非是劝人做正人、行善事。这不但对清政府统治构不成威胁，在某种程度上还是有益的。在洪秀全同期撰写的《百正歌》《原道救世歌》《原道醒世训》等诗文中，非礼四勿、忠孝廉耻、富贵浮云、知命安贫之类的文字俯拾即是，并且明确表示“嗜杀人民为草寇，到底岂能免祸灾。白起项羽终自刎，黄巢李闯安在哉”，丝毫没有鼓动造反的意识。洪秀全、冯云山在广西发展信徒，虽然在形式上触犯了私下“拜会”之大忌，但就其具体行为分析，并没有对抗官府的意图。

问题的另一面是，对现存体制和统治秩序而言，洪秀全及其信徒毕竟属于离心力。基于独尊上帝的信条，洪秀全反对孔子崇拜和

---

① 关于洪秀全皈依上帝的具体原因，以及太平天国宗教是否是“邪教”，详参拙著《天国的陨落——太平天国宗教再研究》，14～18、438～457页，北京，中国人民大学出版社，2006。

偶像崇拜，这与主流意识形态和传统习俗是相冲突的。二次入桂后，洪秀全又开始采用激进手段排斥偶像崇拜，亲自率人到象州捣毁甘王庙；紫荆山区的雷庙、土地庙等也被打毁。此外，随着入会人数越来越多，上帝会在紫荆山一带逐渐坐大，成为一股新兴势力。所有这些均对现实社会秩序形成冲击，从而引起当地乡绅的不安和敌意。道光二十七年(1847 年)年底，紫荆山生员王作新在率众捉拿冯云山未逞后，向官衙指控冯云山等人“结盟聚会”“要从西番旧遗诏书，不从清朝法律”“践踏社稷神明”，吁请将其“严拿正办”。冯云山与骨干信徒卢六遂被解送到县。卢六不久在羁押中病亡。冯云山一案延宕半年之久才告了结。时隔数月，即道光二十八年(1848 年)冬，洪秀全等人正式立意反清。

从冯云山事件的具体过程和结果看，上帝会在这场冲突中并不落下风：王作新事后因害怕遭到报复，被迫离家避风；官府对冲突双方也没有偏袒，最终宣布以“无籍游荡”之名将冯云山递解原籍，草草结案。洪秀全等人之所以在事后不久萌生反清念头，与此时广西局势的急剧变化有直接关联。作为当地乡绅对上帝会的一场蓄意挑衅和迫害，该事件使洪秀全明白一个道理：用道德说教的和平方式来改造社会，即便在紫荆山也行不通。另一方面，在广西“民不聊生，官亦不聊生”的背景下，已在周边数县拥有数千信徒的上帝会无法超然物外，不得不针对动荡的时局做出调整或抉择。洪秀全在确立反清意向后断然表示：“过于忍耐或谦卑，殊不适用于今时，盖将无以管镇邪恶之世也。”①这正反映了他在认识上的变化。而杨秀清、

---

① Theodore Hamberg, *The Visions of Hung-Siu-Tshuen and Origin of the Kwang-Si Insurrection*, Hong Kong, 1854; Reprinted by Yenching University Library, 1935, p. 43. 译文采自简又文：《太平天国起义记》，中国史学会主编：《中国近代史资料丛刊·太平天国》(以下简称《太平天国》)第 6 册，864 页，上海，神州国光社，1952。

萧朝贵均出身贫寒，在紫荆山以种山烧炭为生；上帝会成员也以穷苦人居多，对社会现状的不满蓄积已久。洪秀全等人称起义建国时为“太平时”，以及后来立国号为“太平天国”，均反映了他们对“太平”光景的向往。洪秀全起兵之所以得到积极响应，其根源在于越来越多的百姓因天灾人祸的双重挤压而走投无路，渴望改变自己的处境和命运，故而扶老携幼从四面八方投奔金田，使金田起义很快便从星星之火形成燎原之势。①

总之，太平天国的兴起是广西社会矛盾空前激化的伴生物，是不以个人的意志为转移的。从这个角度说，金田起义的正义性是不容否定的。另一方面，广西所暴露出的社会矛盾和统治危机并不是孤立现象，而是全国的一个缩影；只是因为广西的社会矛盾最为尖锐和集中，统治力量又最为薄弱，所以清政府的统治危机才率先在这里爆发，成为清政府统治长堤上被撕开的第一个缺口。也正因为

---

① 如火如荼的天地会暴动吸引了广西官府视线，牵制了其军事力量，为洪秀全等人酝酿起义提供了便利。有一种流行说法认为，咸丰帝起用林则徐为钦差大臣，令其赶赴广西镇压太平军。此说不确。在获悉平乐府两座县城失陷后，清廷终于意识到广西事态的严重性，赶紧调兵遣将，欲从速镇压攻城劫狱的天地会众。此时，清廷对广西的具体情况仍是一头雾水，洪秀全等人的活动还没有进入其视野。在给林则徐及继任钦差大臣李星沅的谕旨中，咸丰帝只字没有提到上帝会和金田村。郑祖琛最早注意到金田团营动向，道光三十年十一月初五日奏称桂平县属金田村等地“均有匪徒纠聚，人数众多”；十一月十三日又奏报调兵进剿情形，称金田等地“匪徒纠聚拜会，人数众多，内有老幼妇女，被其诱胁从行”。十二月初八日，署理广西巡抚劳崇光奏报副将伊克坦布攻打金田阵亡一事，称“贼势浩大”，已知会广西提督向荣率部赶来会剿。同月二十日，李星沅奏称“广西贼势披猖，各自为党。如浔州府桂平县之金田村贼首韦正、洪秀全等私结尚弟会，擅帖伪号伪示，招集游匪万余，肆行不法”，断言金田“实为群盗之尤”（以上引文见《清政府镇压太平天国档案史料》第1册，79、97、100、104、116、131～132页）。正是从这时起，清政府才终于意识到洪秀全等人才是广西最具威胁、最难对付的力量。按：文中“尚弟会”系“上帝会”之避改词，“伪号”指太平天国国号。

如此，太平天国这股激流才得以冲出广西，漫溢长江流域，乃至成为一场席卷全国的运动。①

原载《福建论坛》2007 年第 5 期。《新华文摘》2007 年第 9 期摘登。收入本书时略有修订。

① 鸦片战争结束后，清政府并没有从战败中警醒，积极求变，而是无视危机和挑战，继续在天朝大国的残梦中昏昏欲睡：传统的夷夏观念没有变，祖宗成法(兵制等)没有变，吏治腐败、文恬武嬉的现象没有变，土地与人口问题没有减缓，等等，从而使中国积弱积弊的状况没有得到应有的改变。另一方面，清政府又不得不在西方列强的胁迫下接受一些变化，诸如割地赔款、五口通商、设立租界、领事裁判权、传教士的涌入等。这些变化既引发了新矛盾新问题(对中国社会的冲击以东南沿海地区最为直接和显著)，同时又使旧矛盾旧问题进一步激化，两者交汇，最终导致咸丰朝内外危机的总爆发，即太平天国运动和第二次鸦片战争。除太平天国外，同期国内还接踵爆发了其他一些较有声势的反清起事，诸如广东天地会、上海小刀会、两淮捻军，以及贵州苗民、云南回民、西北回民起事等，整个中国几乎成为一片火海。倘若撇开清政府的因素，忽视当时空前激化的种种社会矛盾，单纯从个人角度来推究引发这些事件的原因，那就难以做出正确的解释。

太平天国时期南京城的变迁

自1853年春攻克南京[1]并在此建都，太平天国共计统治南京达11年零4个月。在此期间，太平天国是如何统治的？南京究竟发生了哪些显著变化？由于相关资料零散匮乏，特别是太平天国自身文献对此甚少论及，这方面研究存在不小难度，学界已有成果不多[2]，留有较大研究余地。本文拟在梳理中西文资料的基础上探析这一时期南京的主要变化脉络。凡大家熟知的史实，本文尽量从略。

一

先谈城市外观的变化。吴敬梓《儒林外史》就明代南京城描述道："这南京乃是太祖皇帝建都的所在，里城门十三，外城门十八，穿城四十里，沿城一转有一百二十多里。城里几十条大街，几百条小巷，都是人烟稠集，金粉楼台。"这奠定了南京作为东南第一大都市的规模和轮廓。太平军攻城时在仪凤门炸开一个二丈余缺口，后又加以修葺，所以城墙基本保持完好。

城内建筑则发生较大变化，有新建也有毁损。太平天国诸王府成为全城最为醒目壮观的象征性建筑。例如，天王府是在清两江总督衙

---

① 清初为江南省城，时为江宁府城、两江总督衙门驻地，时人大多仍沿用金陵、南京等旧称。太平天国在此建都后改称天京。为避免表述上的混乱，本文除"天京事变"这一特定称谓外，统一采用"南京"概念。

② 相关论著大多间有论述，缺乏系统性考察。刘江在笔者指导下撰写专题学位论文，并据此发表《太平天国统治下的南京(1853—1864)——以社会经济为主的考察》一文(《社会科学辑刊》2009年第5期)，做了有益探讨。

门旧址上扩建而成，气势磅礴，穷极壮丽。洪秀全描摹道："京都钟阜，殿陛辉鲜，林苑芳菲，兰桂叠妍，宫禁焕灿，楼阁百层，延阙琼瑶，钟磬铿锵。"①

建成这些王府耗费无数人力物力，并使南京原有建筑大量被毁。据载，"天贼、东贼伪府，多毁民居，拓益其巢穴"②；"制军署作天王府，黄泥冈作东王府……民房瓦，皇城砖，上河水尽芜湖盘"③。据赵烈文《能静居日记》卷20，"皇城"指毗邻朝阳门（今中山门）的明皇城，先前已因太平军猛攻位于午门前的八旗兵驻防城（俗称"满城"）而受损，至此完全沦为废墟。太平军搜挖金银是导致建筑受损的另一个主要因素。该城陷落前后，城内官绅富商等纷纷设法藏匿财物，太平军遂有大范围搜挖金银、追缴浮财之举。据载，"贼间有于井中及花台得金银者，于是凡井中及花台、夹墙、仰板悉开挖，或有或无，或但见一缸水者，而金陵房屋靡不拆坏"④。另有一诗描述道："……倾筐倒箧欲未餍，下掘地板上冲屋；还恐金银藏复壁，以刃撞壁壁几覆"，为"物无贵贱同时残""家无大小同时破"⑤而嘘唏不已。此外，太平军在南京实行严别男女政策，将全城居民以25人为单位，按照性别分别编入男馆或女馆，选择宽敞房屋集中居住，俗称"打馆"。据在城内开油坊的王永年自述，某日午后某太平军首领来到其宅院，"令以东院居众兄弟，西院居众姐妹，前后墙门堵断，并将街邻驱入，以左右屋二十四间住满为度，名曰男、女馆"⑥。此举使许多民居空寂无人，被辟为馆子的房屋内部结构则不同程度受损。

南京原先的街衢布局也遭破坏。东王府坐落在旱西门（今汉西门）黄泥冈，杨秀清为便于其庞大的仪仗队出行，下令拆毁两边房屋拓宽

① 《御制千字诏》，《太平天国印书》，549页。

② 谢介鹤：《金陵癸甲纪事略》，《太平天国》第4册，654页。

③ 马寿龄：《金陵癸甲新乐府》"造宫殿"诗，《太平天国》第4册，737页。

④ 谢介鹤：《金陵癸甲纪事略》，《太平天国》第4册，655～656页。

⑤ 马寿龄：《金陵癸甲新乐府》"搜财物"诗，《太平天国》第4册，729页。

⑥ 王永年：《紫苹馆诗钞》，《太平天国史料丛编简辑》第6册，395页。

道路，故时人有“恐作盘拏嫌路窄，五丈宽街犹拆屋”①“旧时坊曲失纵横”②之叹。

佛教寺院等古建筑则严重被毁。南京多名寺古刹，且规模宏大，鼎盛时城南号称有480寺，清咸丰初年尚存数十处。太平天国独尊上帝，严禁偶像崇拜，定都后大规模摧毁神像及其所在，致使无数名胜古迹毁于一旦。有记载说，“贼遇庙宇悉谓之‘妖’，无不焚毁。姑就金陵言，城外则白云寺、灵谷寺、蒋侯庙、高座寺、天界寺、雨花台亭、长干塔、吕祖阁、天后宫、静海寺，城内则鹫峰寺、朝天宫、十庙等处，此犹其最著者。至无名寺观则指不胜屈，间遇神像无不斫弃”③。曾国藩《讨粤匪檄》也指责太平军“无庙不焚，无像不灭”。其实，太平军因大兴土木急需大量建材，所以主要是拆毁而非焚毁。当时就连耄耋老人也被征派来拆庙，故时人叹曰：“蛮呼神道尽妖魔，胜迹名山拆毁多。鞭扑老人升峻屋，龙钟几辈见阎罗。”④并有“拆妖庙，梁柱成山储木料”⑤一说。莫愁湖后楼立有明代中山王徐达塑像，也一并被毁。长干塔即大报恩寺琉璃塔，坐落在城南聚宝门(今中华门)外，系明成祖为纪念其生母兴建，九层八面，高80米，全部采用五彩琉璃砖构件建成。明末清初来华的天主教传教士将之与比萨斜塔等并称为“世界奇观”，在西方有很高知名度。太平军攻城时在该塔第三层架炮与守城清军对轰，塔身受损，随后外壁佛像与内壁神龛俱被毁坏。天京事变中，韦昌辉担心石达开占据该塔攻城，下令将之炸毁。嗣后来访的洋人慕名而至，常带走废墟中的琉璃砖作为纪念。

围攻南京的清江南大营对当地名胜也多有破坏。据载，“南京城外有宁国寺，本金陵八景之一，自贼窜扰，又经兵勇盘踞其中，古

① 马寿龄：《金陵癸甲新乐府》“扛龙灯”诗，《太平天国》第4册，738页。

② 伍承组：《山中草》，《太平天国史料丛编简辑》第6册，421页。

③ 佚名：《粤逆纪略》，《太平天国史料丛编简辑》第2册，31页。

④ 《山曲寄人题壁》“拆毁圣庙”诗，《太平天国史料丛编简辑》第6册，389页。

⑤ 马寿龄：《金陵癸甲新乐府》“禁偷窃”诗，《太平天国》第4册，735页。

松数万株概遭砍伐；其余宝山胜刹扫地无余”①。

南京珍藏的无数文献典籍同样毁损殆尽。作为六朝古都，南京人文荟萃，文化积淀十分深厚。太平天国为确立上帝信仰，宣布唯有经洪秀全审订、由官方刊刻的书籍始准阅读，将包括孔孟经书在内的其余一切书籍斥为“妖书”，下令焚毁，凡买卖藏读者一律问罪。紧接着，全城开始大规模搜查销毁古书，“搜得藏书论担挑，行过厕溷随手抛，抛之不及以火烧，烧之不及以水浇。读者斩，收者斩，买者卖者一同斩”②。这场焚书运动前后持续近一年，引起士子的普遍反感和抵触。有人形容此举是“焚弃诗书踵暴秦”③，甚至认为“较秦火尤甚，殊堪痛恨”④。与焚书相呼应，太平天国在首义诸王寿诞之月举行科举考试，仍沿用八股文、试帖诗衡文取士，但题目不是出自四书五经，而是依据上帝教教义，如 1859 年南京会试，文题为“三星共照日出天，禾王作主救人善；尔们认得禾救饥，乃念日头好上天”。出于政治上的顾虑和文化上的隔阂，读书人通常避之唯恐不及，应试者多为粗通文墨的医卜星相之辈。

太平天国破旧立新的举措远不止这些，具体体现了洪秀全等人创立新朝、改造社会的设想，对南京旧的生活方式和社会风尚构成冲击。例如，除偶像崇拜、孔子崇拜外，祖先崇拜也遭禁止，“人家冠带影像，目为‘妖’，弃掷满街；祖先木主则毁之”⑤。取而代之的是上帝信仰。全城军民每七日举行一次礼拜仪式，并不时组织“讲道理”即聚众宣讲活动。再如，太平天国颁行天历，禁止民间按照旧历、旧风俗过节。天历甲寅四年(1854 年)元旦，南京太平军一早举行拜上帝仪式，拜年时互送名帖，见面不跪不揖，仅说“高升”而已。根据其独特的宗教教义，太平天国宣称人死“是头顶好事，宜欢不宜

① 张集馨：《道咸宦海见闻录》172 页，北京，中华书局，1981。按：“宁国寺”疑为“灵谷寺”之音讹。

② 马寿龄：《金陵癸甲新乐府》“焚妖书”诗，《太平天国》第 4 册，735 页。

③ 伍承组：《山中草》，《太平天国史料丛编简辑》第 6 册，417 页。

④ 谢介鹤：《金陵癸甲纪事略》，《太平天国》第 4 册，681 页。

⑤ 谢介鹤：《金陵癸甲纪事略》，《太平天国》第 4 册，681 页。

哭”，取缔棺葬，禁止穿丧服、做佛事。在服饰上，太平天国以恢复汉族衣冠相号召，严禁男子剃发，搜毁清朝官服，并禁止女子穿裙、男子戴毡帽，以至“初破城，即下教，女子去裙男去帽”①；出于让民女从事后勤劳务的考虑，还禁止女子缠足。全城居民均改换或仿照太平天国军服，其中男子一律用红巾扎额，因红巾不敷使用，一时竟出现“制巾不及裹红布，觅布不及裹红纸”②的场面。就连女子发型也时兴新式，“第一时妆是广头，湖南北样亦风流。土人偶仿苏州式，刺刺街头笑不休”，即“女人梳头，以广西式为上，湖南、北次之，余皆不贵”③。此外，为整肃军纪、扭转颓废奢靡的社会风气，南京严禁吸食鸦片和黄烟，严禁饮酒、赌博。卖淫嫖娼现象查禁尤严，且贯彻始终，收效显著，故时人有“莫道桑间旧染渐，烟花禁令却森严”④一说。

对南京居民冲击最大的是隔绝男女政策。太平天国对全城百姓实行严格的军事化编制和管理，按性别分馆居住，彼此不分长幼，一概以兄弟或姐妹相称，用集体生活和劳作取代了家庭。这项政策在太平军入城数日便开始实施，不少居民因家人离散、家业顿抛而感到绝望，“有请缓顷至来日遵行者，遂于夜间或阖室焚烧，或全家自缢，或近河塘牵连投水，纷纷无数”；次日，“分析男女愈急，而乘夜遁归自尽者连日未休”⑤。此后局面才渐趋稳定。据载，“贼禁奸淫最严，淫曰‘犯天条’，立杀，虽广西老贼不贷”⑥。南京民女起初人心惶惶，旋见太平军“但掳掠而不奸淫，见女馆则不敢入，于是觅死之念遂息”⑦。除首义诸王外，全城不存在家庭或夫妻生活，未婚者不得婚娶，已婚者家人不得团聚，探望时只准在馆子门首保持

① 马寿龄：《金陵癸甲新乐府》“易服色[饰]”诗，《太平天国》第4册，737页。

② 马寿龄：《金陵癸甲新乐府》“当圣兵”诗，《太平天国》第4册，729页。

③ 陈庆甲：《金陵纪事诗》，《太平天国史料丛编简辑》第6册，402页。

④ 陈庆甲：《金陵纪事诗》，《太平天国史料丛编简辑》第6册，403页。

⑤ 张汝南：《金陵省难纪略》，《太平天国》第4册，695页。

⑥ 张汝南：《金陵省难纪略》，《太平天国》第4册，695页。

⑦ 陈作霖：《可园备忘录》，《太平天国史料丛编简辑》第2册，368页。

距离问答。无论强奸、和奸，包括夫妻同宿，均属触犯第七天条(不好奸邪淫乱)，格杀勿论。在广泛推行禁欲令的同时，首义诸王却搞多妻制，定期在城内女馆中选美，引起民女一片恐慌。此举与男女分馆均导致民间怨声载道。连杨秀清本人也承认，南京民人“以为荡我家资，离我骨肉，财物为之一空，妻孥忽然尽散，嗟怨之声至今未息”①。太平军内部也有些失控，夫妻冒死同居事件时有发生，鸡奸即同性恋现象悄然滋蔓。为安抚人心，杨秀清只好调整政策，于1854年冬允许为官者团聚成家。

二

以上不少举措带有鲜明的战时体制特征。太平军进占南京未几，清廷便调兵遣将，在钟山南麓孝陵卫一带组建江南大营，与北岸扬州郊外的江北大营遥相呼应，形成围攻、钳制之势。此后战局虽屡有起伏，但清廷调重兵克复南京的思路一直没有改变。为应对这一严峻局面，太平天国起始就推行战时体制，全城始终处于戒严状态，除取消家庭、对居民按性别实行军事编制外，还逐月登记、清点人口，凡进出城须持印凭，稽查甚严，以防范清方奸细。初期随法国使团来访的葛必达(S. Clavelin)神父便指出，“南京与其说是一座城市，还不如说是一座军营”②。这势必有别于和平环境下的城市治理，遑论城市建设。

南京原先店铺林立，百货云屯，工商辐辏。太平天国在克城前颁布过一份安民告示，敦告“士农工商各力其业”，但仅具有宣传意味。定都后刊布的《天朝田亩制度》明确宣布“天下人人不受私，物物归上主”，加之全城实施戒严，私营工商活动遂遭取缔。为满足军需等供应，太平天国在南京用军事编制(馆)组织民人进行生产劳动，

① 《东王杨秀清劝告天京民人诰谕》，太平天国历史博物馆编：《太平天国文书汇编》，114页，北京，中华书局，1979。

② See P. Clarke and J. Gregory eds., *Western Reports on the Taiping*, p. 95.

分兵器、火药、建筑、食品、日用品、服饰、印刷等大类。据涤浮道人《金陵杂记》，其具体细目有59种之多，统称“衙”，如典织衙、豆腐衙等；因规模、人数不等，又有“营”“馆”之别，大者如典织衙又称“织营”，小者如豆腐衙又称“豆腐馆”。该制度发挥了重要作用，“使被胁百工技艺各有所归，各效其职役，凡军中所需咄嗟立办”①。全城军民日常生活必需品由圣库按是否为官、官衔大小等标准分别定额供应，即圣库制度。

上述两种经济方面的战时体制能否维持下去，关键取决于物资特别是粮食能否得到及时补充。南京城内的大部分面积是耕地，早期随本国使团来访的英国费熙邦舰长、法国葛必达神父、美国克陛存(M. S. Culbertson)牧师均谈到这一细节。太平天国官方在阐释建都南京的优势时，描述该城“街衢广阔，田园丰美”②，分别谈到市区与耕作区。时人笔记也有相关记载。王永年起初在男馆中干杂役，在编入北伐部队后潜藏在外城下关豆腐巷老人馆内，“天将明，饱食后，散伏大麦、蚕豆丛中”③。正因为南京有大面积农田，太平天国特意设立典农官和豆腐馆，派人种菜、磨豆腐。有一则记载说：“贼见菜地，争贴封皮，即据为己有，使人种菜，亦不打仗，故匿于菜园者亦数千人。”④不过，由于耕地以菜园为主，加上城内人口庞大，所以粮食根本无法自给。为缓解物资紧张问题，太平天国在1854年间采取变通方法，派人出城采购，在城内北门桥设肆，有米、油、茶点、海味、杂货、玉玩、绸缎、布匹各店，转卖各馆；店铺本钱由圣库支拨，属官营性质，称天朝某店，严禁私卖；另准许老人馆开茶肆。因物价腾贵，且管理难度大，这些店铺不数月均关歇。南京完全失去原先作为商贸中心的功能。

在取消商业和清军围城的背景下，南京粮食等物资供应主要依赖上游接济，经江面由仪凤门运进城，带有很大不确定性。一旦战

---

① 张德坚：《贼情汇纂》卷4，《太平天国》第3册，117页。

② 《建天京于金陵论》胡仁魁一文，《太平天国印书》，426页。

③ 王永年：《紫苹馆诗钞》，《太平天国史料丛编简辑》第6册，395页。

④ 谢介鹤：《金陵癸甲纪事略》，《太平天国》第4册，654页。

事吃紧，南京便闹粮荒。据载，城内起初储粮充裕，“发粮无数，来取者即与之。既有名数可稽，始议每日发米数，男馆如泥水木匠一斤半，各伪衙一斤四两，各匠一斤，牌尾半斤；女馆湖南以前每名一斤，湖北以前每名六两”。1854 年夏，因上游米谷不继，“乃改议发米数，男子牌面每日每名发米半斤，牌尾四两；女子每日每名湖南以前发米六两，湖北以下发米三两。均以稻代，悉令人食粥”①。

总的来说，太平天国初期对南京的管理较为有序有效，就连来访的西方人对此也加以赞许。葛必达神父便感叹，这种体制“竟能使这么多人的衣食得到正常供应，而且这是在内战当中、在面临城外清军大营围攻的情况下做到的”②。美国传教士裨治文（E. C. Bridgman)评述说：“他们通常称作‘圣城’的新都才是秩序和纪律达到尽善尽美的地方。……一切不合规章和违法之事，都会立即受到斥责或处罚，这在中国人中间极为罕见。所有人都无一例外地有其指定住处和被指派的适当工作，一切都在有条不紊地进行。”③

不过，太平天国此前仅在永安、武昌驻留过较长时间，在战时管理南京这样偌大的城市明显经验不足，挑战很大，人口问题便是一例。人口多了，会加大粮食供应压力；人口少了，又带来人手、人气不足的问题。南京原先有八九十万人，城破前已迁徙不少，城破后自杀者又占了相当比例。除在满城遭激烈抵抗进而屠城外，太平军主要搜杀清军和贪官污吏，基本上没有殃及百姓。据目击者陈述，太平军破城之日，“口称安民，并不抢劫，叫人不许外出窥伺”，并附注解释说：“破城后并不举动民间，至十五日各家搜索人口，防

---

① 谢介鹤：《金陵癸甲纪事略》，《太平天国》第 4 册，656、664 页。按：男馆有牌面、牌尾之分，前者为青壮年，后者为老幼，牌尾馆因此又名“老人馆”。又，太平军于广西首义，然后沿长江攻取南京，不同入伍地点代表资历的差异，其待遇也不相同。

② *Western Reports on the Taiping*, p. 107.

③ *Ibid.*, pp. 148-149.

藏兵丁。……民间物件秋毫不动，内中若有人抢夺，即行枭首。”①嗣后南京人口一直处于流动状态，人口总数时有变化，包括军队的调进调出，出于各种原因死亡者，外逃者，外地(如上游数省及下游扬州等地)民人随军队迁入者，但两相抵消，南京人口总体上呈递减趋势。据载，1853 年夏，全城(包括内外城)男馆为 10.44 万人，女馆为 14.09 万人，合计 24.53 万人；同年冬，男馆约 7.6 万人，女馆约 13.04 万人，合计 20.64 万人；到次年夏，男馆约 4.2 万人，女馆约 11.43 万人，合计 15.63 万人。② 大体每半年递减四五万人。民心不稳，出逃人数多于从外地补充入城的人数，是造成这种现象的主要原因。以甲寅四年为例，“贼粮不足，于闰七月二十七日赶女人八九万出城，至乡圩割稻，借此逃脱者数万……城中男馆于闰七月亦不发米，悉使出城割稻自食，人多逃散”③。

天京事变使人口进一步减少，先是导致两万多将士丧生，后来翼王石达开负气出走又带走不少精锐。这场内讧的影响是全局性的，使太平天国元气大伤，旧的领导中枢宣告解体，军事上日趋被动。1860 年太平军二破江南大营、开辟苏福省，使南京转危为安并获得大量物资补充。但后期主政的干王洪仁玕缺乏杨秀清那样的威望和铁腕，甚至一度被排挤出城，领导中枢涣散无力。1862 年春，湘军兵临南京城下。太平军苦战两年多，始终无法将之击退。这种颓势从南京自身的演变可略窥一斑。

仍以人口为例。太平军在苏南战场的胜利使南京人口得到一定补充，其中不少是被强娶或掳来的年轻女子，但人口总数与过去已不可同日而语。后期(主要集中在 1861 年)来访的西方人均感到南京人口很少，其中英国军官吴士礼(G. J. Wolseley)中校推测男多于女，约为 2 ∶ 1；英国翻译富礼赐(R. J. Forrest)、美国商人赫德(J. Heard)均估计全城人口约为 7 万人。人口锐减，但由于商业停顿

---

① 上元锋镝余生述、目击者批谬：《金陵述略》，《中国近代史资料丛刊续编·太平天国》第 5 册，80～81 页。按：太平军于咸丰三年二月初十破城。

② 谢介鹤：《金陵癸甲纪事略》，《太平天国》第 4 册，655、659、665 页。

③ 谢介鹤：《金陵癸甲纪事略》，《太平天国》第 4 册，665 页。

和两极分化加剧，圣库制度形同虚设，缺粮问题并未缓解；及至湘军围城，粮道逐渐被切断，则陷入断粮危机。为应对粮荒，洪秀全率先食野草团，号召军民仿效。忠王李秀成体恤下情，特意放大批民人出城逃生。其实城中一些王府仍藏有大量粮食，但各怀私念，不愿充饷。据忠王讲，城破前夕，城内不过三万人，除居民外，太平军仅万余人，能守城者三四千人①，已是强弩之末。

随着人口锐减，百工衙组织急剧萎缩，其规模大不如前，并且以修建新封各王的府邸为主，供应军需的职能大为弱化，大片菜园荒芜便是例证。富礼赐曾在城外见到一群搬运废墟中砖瓦入城盖官邸的劳工。据他描述，这群人处在士兵的监视下，“绷着脸默默行走，没有过好日子的希望，除劣质大米外得不到任何工钱。倘若与其交谈，你会发现他们完全被吓坏了，几乎不敢大口喘气，仿佛生命时刻处在危险中，语调低沉而又多疑”②。随着局势恶化，南京的军事管制越发严厉。英国传教士杨笃信(G. John)亲见一名村妇因无意中点燃一间小屋而被斩首示众，慨叹“几乎任何一种罪过都被处以死刑，这似乎已成家常便饭”③。

商业在后期有过反复，1860 年下半年一度解除禁商令。美国传教士花雅各(J. L. Holmes)是年 8 月来访，发现城内有十分有限的商业，食品匮乏且价格昂贵。④ 随后情况渐趋好转。11 月杨笃信牧师来访时，看到城里有数百家店铺开业，商业活跃，整个城市似乎充满蓬勃生气。但出于安全考虑，南京于 1861 年年初重新推行禁商令，禁止除药品外的一切买卖，改在内城之外开设店铺。同年 4 月再度来访的杨笃信对此感到失望，认为其后果之一是加剧了贫困和

---

① 罗尔纲：《增补本李秀成自述原稿注》，401 页，北京，中国社会科学出版社，1995。

② T. W. Blakiston, *Five Months on the Yang-Tsze*, London, 1862, p. 20.

③ *Western Reports on the Taiping*, p. 297.

④ *Ibid.*, p. 251.

匮乏。① 南门等几个城门外共设有七条买卖街，仍处在太平军严密控制下，所售物品包括从苏州缴获的东西。据载，“出入城门，俱有火烙印牌，无者即作奸细论。……各伪目妇女俱骑马入市中买物，服饰华极。每入茶肆，但男女不准交谈。街内巡查极多，烟、酒之禁最严”②。事实上，后期违令抽鸦片、饮酒在太平军中远不是个别现象，有些官员甚至主动向来访的洋人求购。一些洋商为牟取暴利，也不惜冒险长途贩运鸦片、粮食甚至军火等。美国商人赫德在日记中写道，他们曾在南京以 870 两白银的价格卖掉半箱鸦片。③

南京的环境卫生状况同样今非昔比。太平天国起初很注意环境卫生，破城第三天便开始清理死尸，随后又专门设立负责收埋尸骸的掩埋馆；另指派老人专门负责打扫街道，包括及时清除路面上的杂草和牲口粪便。鉴于“今日去草草不青，明日一雨草怒生；今日溲勃无所遗，明日牛马还遗之”，保持街道清洁并非易事，故时人有“掳来衣爱剪碎，不问贵不贵；掳来食爱生硬，不问净不净；独有街道爱完整，奉帚携锄命无梗”④一说。这一点给来访洋人留下良好印象，克陛存牧师便指出：“不少街道不仅宽敞，而且看上去保持着清洁状态，这在中国城市中并不多见。我还切实观察到，人们普遍很爱整洁，并且举止得体，而这正是他们的同胞所普遍忽视的问题。”⑤而后期则变得十分糟糕。英国军官白拉克斯顿(T. W. Blakiston)上尉进城时，首先“穿过散发着恶臭的郊区”，随后发现城内居民区“有许多荒地、废墟和垃圾”⑥。富礼赐从南门往北行走，发现原先铺设讲究的路面已面目全非，“满是小洞和裂痕，污水污泥积成的小水潭和水沟散发着臭气；雨天时街道则变成湖泽，无法行走，

---

① *Western Reports on the Taiping*, p. 296.

② 赵烈文：《能静居日记》卷 16，《中国近代史资料丛刊续编·太平天国》第 7 册，168 页。

③ *Western Reports on the Taiping*, p. 347.

④ 马寿龄：《金陵癸甲新乐府》“扫街道”诗，《太平天国》第 4 册，733 页。

⑤ *Western Reports on the Taiping*, p. 140.

⑥ T. W. Blakiston, *Five Months on the Yang-Tsze*, pp. 13-14.

当地居民在必要时只得赤脚蹚过去"①。他还目睹到天王府的环境，发现里面与想象中的画面完全不是一回事，"每一件东西都很脏，镀金之处很快就被手汗、灰尘和雨水所污而附上一层棕色。……地上满是痰迹和污物。懒散闲逛着的天兵们蓬头垢面衣衫褴褛。虽然身处天王宫殿，你在周围仍能看到断垣残壁，看上去满目凄凉"②。

环境脏乱从侧面说明精神状态和秩序的退化。例如，后期高级官员普遍推行多妻制，一些被掳来的苏州等地女子不堪忍受而潜逃，以至悬赏寻人启事成为南京街头一景。吴士礼就此写道："妇女逃离作威作福的君主和主人的事，看来并不少见。我们曾不止一次地偶然看到墙上贴有告示，凡是能捉回她们的人，将获得15～20元不等的赏银。"③英国外交官巴夏礼(H. S. Parkes)也谈到这一细节。

城区布满废墟更衬托了南京的脏乱和萧索景象。花雅各牧师在1860年9月1日《北华捷报》(*North China Herald*)上刊文说："南京城目前处于残破状态，说它的一半房屋已被毁坏并不夸张。周围的乡村半数荒芜。"④次年2月来访的美国商人菲郎(R. I. Fearon)描述道："除断垣残壁外，该城昔日的雄壮景致一点也没有遗留下来。站在满城上眺望城内及市郊，满目都是连绵数里的一大片烧焦的砖泥和丛生的杂草。断墙中仅有两三条整齐的街道，由新建的衙门和官邸构成。……面积如此之大的荒芜颓败场景，我还从来没有见到过。"⑤同年年底来访的英国牧师郭修理(J. Cox)说得更加具体："南京南部街道和房屋没有受到太大破坏，但在东部和中部，映入眼帘的净是大面积废墟。相比之下，中部因为有天王宫殿而视觉稍好些……城内没有商业，除出售药品的店铺外，禁止开店。这座偌大

---

① T. W. Blakiston, *Five Months on the Yang-Tsze*, p. 34.

② T. W. Blakiston, *Five Months on the Yang-Tsze*, p. 41.

③ G. J. Wolseley, *Narrative of the War with China in 1860*, London, 1862, p. 345.

④ *Western Reports on the Taiping*, p. 251.

⑤ 转引自邓元中：《美国人与太平天国》，142页，台北，华欣文化事业中心，1983。笔者对译文略有改动。

城市的沉寂令人十分伤感。人们的外表看上去更加糟糕，因为我们仅仅看到像斯巴达农奴一样从事各种公共杂役的可怜的穷人，以及外表粗俗、吃得不错的士兵。”他据此评述道：“我发现他们唯一的能耐就是作战和破坏。这些没有文化的人得不到任何读书人或有影响阶层的人的信任，对民法和辖境内的民生一点也不上心，他们又怎能成功地建立起一个王朝呢？我实在无法想象。”①

人口锐减，粮食紧缺，商业停顿，环境脏乱，布满废墟，暮气沉沉——这一切无不彰显出南京的萧条荒凉氛围，说明太平天国大势已去。

湘军破城后，“贪掠夺，颇乱伍”，致使本已残破的南京城雪上加霜。未及突围的太平军大呼“城中弗留半片烂布与妖享用”，自焚一些王府。湘军“亦四面放火。贼所焚十之三，兵所焚十之七，烟起数十道屯结空中，不散如大山，紫绛色”。悍将萧孚泗“在伪天王府取出金银不赀，即纵火烧屋以灭迹”，大火延烧数日不熄。湘军还在城中大挖窖藏甚至掘坟搜金，营中文职也“无大无小争购贼物，各贮一箱，终日交相夸示不为厌”。此外，湘军还肆意奸淫杀戮，“搜曳妇女，哀号之声不忍闻”，“沿街死尸十之九皆老者，其幼孩未满二三岁者亦斫戮以为戏，匍匐道上。妇女四十岁以下者一人俱无，老者无不负伤，或十余刀、数十刀，哀号之声达于四远”。就连曾国藩机要幕僚赵烈文也认为“其乱如此，可为发指”。②

三

今人在谈到南京时，有“千年古城，十朝京畿”一说，所谓“十朝”便包括太平天国。此说承认太平天国建都南京这一事实，没有按照“成者为王败者寇”的荒唐逻辑排斥太平天国，立论允当。不过，

---

① *Western Reports on the Taiping*, pp. 312, 313.

② 以上见赵烈文《能静居日记》卷 20，《中国近代史资料丛刊续编·太平天国》第 7 册，269、270～272、274 页。

单从城市发展史的角度看，太平天国建都这 11 年几乎无足称道，破坏远大于建设，给南京造成的破坏是灾难性、毁灭性的。

战争状态是造成这个结局的最主要最直接因素。在这 11 年中，南京几乎一直处在清军重兵威胁之下，遭封锁围困，故而始终处于战争及戒严状态，推行战时体制，实行军事优先原则，实际上已变成一座军营，无法与和平时期搞城市治理和建设相提并论。评析太平天国统治南京的功过得失，不能撇开这个大背景。谈战争责任也要考虑到这个因素。太平天国守南京，清政府攻南京，南京的窘困与衰败与清军的军事进攻和围困有直接关联，所以不能把责任完全推到守方身上。太平军破城后军纪较好，而湘军破城后大肆焚掠杀戮，局面完全失控。这一事实也能说明问题。

另一方面，南京趋于凋敝残破与太平天国确有直接的因果关系。最显而易见的是，禁止偶像崇拜、焚禁古书政策过于激进，致使南京名胜古迹和珍贵图书典籍蒙受空前浩劫。在这 11 年中，民众出逃现象一直没有停歇，说明太平天国在统治上存在不小缺陷和失误，缺乏牢靠的统治基础。作为太平天国都城，南京是与太平天国命运扣得最紧的一座城市，其治乱存亡反映的不单是城市自身的变化，更是太平天国战局、政局的变化。李秀成被俘后，认为“数尽国崩”“天朝数满”①，便是从南京城陷落引出的对整个局势的判断。类似南京、苏州等城市在太平天国时期的社会变迁史，是很有意义的课题，很值得花力气深入研究。

原载《扬州大学学报(人文社会科学版)》2011 年第 6 期。中国人民大学书报资料中心《中国近代史》2012 年第 3 期全文转载。

① 罗尔纲：《增补本李秀成自述原稿注》，179、367 页。

客家人与太平天国农民运动

19 世纪中叶，在西南边陲崇山峻岭间爆发了中国历史上规模最大的一次农民起义，即太平天国农民运动。客家人在其中扮演了一个极为重要的角色。举凡上帝教的创建和发展，金田起义从最初的酝酿到形成燎原之势，太平天国的政治与社会理想，以及太平天国的文献用语、服饰制度等，几乎无一不与客家人有着密切联系。

一

谈到客家人对太平天国的影响，首先必须叙述有清一代客家人在广西繁衍生息的概况。

客家是中原汉民在历史上向南方迁移过程中形成的一个特殊民系，有着自己固定的方言和生活习俗。客家人的南迁主要由于战乱、灾荒、人口膨胀以及迁官、经商等原因。据罗香林先生考证，历史上客家先民自中原向南方的大迁移计有五次，其他零星的迁入不能悉计；至于客家人迁徙到广西的历史，最早可以追溯到明末清初王朝更迭时期。① 但据民国九年《桂平县志》记载，直至清康熙年间，因广西各地招人垦殖，客家人这才成批地迁入广西。清桂林人龙启瑞所撰《经德堂文集》卷二亦云："外郡地多山场旷土，向招粤东客民佃种，数世后，其徒益繁……"在广西，这些客家人又被称作"来人"。光绪二十二年《浔州府志》就此解释说，"广东惠、潮人曰

① 参见罗香林：《客家源流考》，《香港崇正总会三十周年纪念特刊》，13、34 页，香港崇正总会，1950。

‘来’”。光绪二十年《贵县志》则云：“贵县土著，惟农、黄、邬、韦各姓，余俱外来占籍者，今概称作土人；独于粤东惠、潮、嘉迁来之人，无论其年代远近，均谓来人，以其离故土而乡音不变也。”据此推断，“来人”主要指清初自广东惠州、潮州、嘉应州迁入的客民，“土人”则指当地的土著居民，包括壮、瑶等少数民族和那些入籍已久反客为主的汉民。

客家人移居广西后，或垦荒，或经商，在开发广西经济方面发挥了积极作用。当时，桂东南地区的商人几乎全都是来自粤东的客家人，故民谚有“无东不成市，有烟则有东”一说；就连荒远偏僻的山区也有客民繁衍生息的踪影，一时形成“逢山必有客，无山不住客”的局面。① 然而，问题的另一面是，随着客民的大量涌入和分布地区的越来越广，土客之间的矛盾和对立也逐渐凸显出来，形成“来土之争”现象。土客之间虽有合作、沟通的一面，但彼此毕竟在语言、习俗等方面存在着明显区别，在血缘、地缘方面更有着较严格的分界。宗法社会的农村大多一村一姓，客民迁移广西后，因只能耕种分散而又贫瘠的土地，除少数聚族而居自成村落外，同一家族大多不得不散居到各个村落去。即便如此，他们也往往“不与村众为邻，筑屋另居，男女力作，不变乡音”②。双方因生存竞争而引发出的摩擦则使这种隔阂和分界进一步明朗化、白热化，其争执的焦点主要集中在土地问题上。

清初的广西地广人稀，客民初来时土地问题尚不突出。但是，随着客民迁移的人数越来越多，加上土客民自身的繁殖，人口与土地比例失调的现象便日趋严重，导致土客之间为争夺耕地而产生激烈冲突。有一则口碑资料就此描述道：“他们初来时，这里荒地很多，土人让他们去开荒。日后，来人越来越多，荒地少了，来人为了争土人的好田地，甚至杀死土人的事经常发生。因而来土互相仇

---

① 参见罗尔纲：《太平天国革命前夕的人口压迫问题》，《中国社会经济史集刊》第8卷第1期(1949)。

② 梁廉夫：《潜斋见闻随笔》，《近代史资料》1955年第1期(总4号)，17页，北京，科学出版社。

视，连鸡毛蒜皮的小事也打起来，杀伤人命。”①于是，土客械斗便成为广西境内一大严重的社会问题，其规模之大，席卷人数之多，波及范围之广，均属罕见，给社会带来极大的破坏和动荡。例如，1844 年，“田州属之八角山，因土客争雄，各集亡命，肆行焚劫”②；1848 年发生在贵县北岸的土客械斗尤为惨烈，双方“杀戮相寻者五年，百姓流离颠沛，多遭掳掠”③。

这种民间大仇杀的背后实隐藏着深刻的社会根源。土地问题是中国封建社会的一大痼疾，是引发社会矛盾激化的主要原因。就广西而言，即使没有客家人的大量涌入，随着土地兼并的加剧和人口的日益膨胀，土地问题仍然会日趋尖锐，客家人的迁移只不过加剧或加速了这一问题的恶化。当时，从事土地兼并的不单是土著地主，还包括少数后来居上的客家地主，如贵县赐谷村占地最多的即为丘、温两姓客家人④。土客地主在经济上的此消彼长必然会导致土地兼并愈演愈烈。另一方面，鸦片战争后的广西社会，吏治更加腐败，自然灾害频仍，天灾与人祸一齐压向困厄中的下层民众。人们被迫铤而走险，啸居山林，战后因遭裁遣而生活无着的水陆各勇也纷纷占山为寇，一时形成“盗贼”纷起的局面。日甚一日的土客械斗正是在这危机四伏动荡不安的社会背景下爆发的。总的来讲，越是土地兼并现象严重的地方，往往也越是械斗更频繁和激烈的地方。这些械斗大多由土客地主一手操纵，以血缘、地缘的界线各分营垒寻衅相杀，以满足自己对土地的贪欲。因此，土客械斗虽然并不直接表现为阶级之间的对抗，而是不同宗族和地域之间的厮杀，但是，它在本质上仍根源于地主阶级对土地的强取豪夺，是种种社会矛盾的

---

① 《太平天国革命在广西调查资料汇编》，43 页，南宁，广西人民出版社，1962。

② 民国四年《武鸣县志》，转引自《太平天国学刊》第 4 辑，428 页，北京，中华书局，1987。

③ 光绪二十年《贵县志》，转引自《太平天国学刊》第 4 辑，428 页。

④ 《太平天国起义调查报告》，11 页，北京，生活·读书·新知三联书店，1956。

一种反映。

在这种充满血腥味的土客械斗中，客家人往往处于劣势。他们在当地毕竟属于后来者，其根柢与土著人远不可同日而语，不仅人数较少，居住分散，而且在经济实力、政治地位上也远逊于土著人。间有少数客民在经济上抬了头，也往往很难赢得相应的政治地位。而官府通常在土客纷争中偏袒土著人。强龙压不过地头蛇，这种险恶的生存环境遂铸就了客家人勇敢剽悍、同仇敌忾的禀性，其“族党之谊甚笃，遇有仇敌及好勇斗狠，一呼百诺，荷戈负锸而至，瞥不畏死”①。于是，散居各地的客家人便以同族、同乡的纽带抱成一团，遥相呼应，以共同御侮，谋取生存。

正是借助于这种以地域和宗族关系所组成的客家网络，洪秀全、冯云山才得以发展自己的信徒，并最终组建起一个拥有两千余人的宗教团体。

洪秀全是一个地道的客家人，其先祖在唐朝末年因避战乱自安徽徽州迁至江西饶州，后又屡次南迁，内有一族系于清初自广东嘉应州迁到花县官禄㘵——这是一个纯粹由客民开发而成的客家村落，洪氏族人均操嘉应州方言。1843 年，科场连番失意的洪秀全在研读《劝世良言》后，撤去私塾中孔子的牌位，转而皈依上帝，立志以道德说教的方式来拯救世道人心。他布道的网络一开始便沿着血缘关系延伸。他最早的信徒是其表兄李敬芳、族弟洪仁玕和密友冯云山，这三人均为客家人，其中，冯云山系花县禾落地村人，祖居广东龙川县。后来，洪秀全又说服自己的父母、兄嫂、侄辈信从上帝。

1844 年春，洪秀全和冯云山又怀着布道的热忱离乡出游，将传教的触角伸向完全陌生的异乡。他俩首在珠江三角洲地区活动了一个多月，后又赴八排山区瑶族居住地布道，但由于言语不通、人地两疏等原因，其传教工作收效甚微。洪、冯最终辗转来到广西贵县赐谷村，寓居在洪秀全表兄王盛钧家。王家系客家，赐谷村四周的居户大多是由粤迁居的客家人，语言、习俗相通，这给洪秀全的布

① 同治十三年《浔州府志》卷 4“风俗”篇。

道工作提供了极大便利。王盛钧的子侄辈王为政等后来均成为热诚的信徒。

同年秋，洪秀全离桂返粤，冯云山则独自在桂平县逗留月余，后在客家人张永绣的帮助下来到紫荆山口的古林社，为客家人曾槐英打短工，后经曾槐英举荐进入紫荆山，先后在客家人高坑冲张家、大冲曾(玉珍）家任塾师，并最终以紫荆山为中心，在周围数县发展了众多信徒，于 1846 年左右创立了上帝会。

上帝会早期的成员大多是客家人，仅就太平天国的发祥地紫荆山区而言，当地入会的三百多户以烧炭为业的山民“几尽是原从广东迁来的客家人”①。再就上帝会中的骨干成员而言，紫荆山东旺冲的杨秀清、武宣东乡的萧朝贵、桂平金田村的韦昌辉、贵县北山里的石达开也均为客家人②，他们后来与洪秀全、冯云山一道构成密谋起义的核心人物。总之，客家人构成上帝会的中坚力量。值得一提的是，洪秀全再度入桂与冯云山在紫荆山重逢后，旋自大冲曾家移至高坑冲卢六家栖身。卢六也是客家人，是上帝会的重要人物之一，后因遭紫荆山区客家地主王作新构陷，与冯云山一道被官府羁押，不久死在狱中，成为为太平天国事业献身的第一人，后被追封为㖊王。

洪、冯的布道工作之所以能在广西客家人中获得巨大成功，除了洪秀全已将基督教教义进行中国化改造外，与客家人的宗教信仰背景也有很大关系。在土客杂居地区，对宗庙和地方神的崇拜是土著人借以维系血亲和地域观念的重要手段，而客家人在对地方神的崇拜上往往处于被排斥的地位，与当地原有宗教习俗的联系相对较浅。出于心理上的反弹，客家人易于接受一种新的信仰，尤其是洪秀全这种将只给他们带来厄运的地方神及其偶像斥作“妖魔”的信

---

① 简又文：《金田之游及其他》，26 页，重庆，商务印书馆，1944。

② 参见王庆成：《太平天国的文献和历史——海外新文献刊布和文献史事研究》，371～372 页，北京，社会科学文献出版社，1993。

仰。①洪秀全对待民间俗神及其偶像的态度无疑是最初赢得客家人信从上帝的因素之一。例如，赐谷村附近的六乌口有座六乌庙，相传曾有一男一女在此山邂逅，情歌唱和，云雨交欢，数日后双双死去。当地人盛传他们是得道升仙，便立庙塑像，奉其为六乌神。洪秀全认为此说大谬不然，遂作诗斥责，称其为“该诛该灭两妖魔”②。结果，“迷信的土人，哗然鼓噪，纷起反对，几闹出大事”③。而客家人对此所持的态度是不言而喻的。

然而，洪秀全的这种举动纯粹基于其独尊上帝、禁拜偶像的教义，并非仅仅针对土人所信奉的神灵或出于对土人的敌意。如前所述，土客械斗在本质上实根源于当时的政治和经济危机，是种种社会矛盾的一种集中体现，而洪秀全正是从解剖类似时弊入手来思索解决社会危机的途径的。对于“同乡同里同姓则爱之，异乡异里异姓则憎之”的现象，洪秀全深恶痛绝。他将不同乡里和种姓之间的陵夺斗杀归因于“世道乖漓，人心浇薄，所爱所憎，一出于私”，认为世人之间不应存在“此疆彼界之私”和“尔吞我并之念”，主张“各自相安”，呼唤“天下一家，共享太平”之世的来临。他后来还明确提出“真主为王事事公，客家本地总相同”④的原则。基于这种认识和态度，他所创立的宗教并不排斥土人，而是超越宗族和地域的界线，强调世人同为上帝子女，彼此都是兄弟姐妹，宣称“若世人肯拜上帝者无灾无难，不拜上帝者蛇虎伤人”。洪秀全的这种大同思想具有极大的现实意义，它使得上帝会能够最大限度地发展信徒，将在械斗中受害最深的土客农民一同聚集在上帝旗帜之下，从而为土客械斗

---

① 参见[日]小岛晋治：《试论拜上帝教、拜上帝会与客家人的关系》，《太平天国史译丛》第2辑，300～301页，北京，中华书局，1993。

② 《太平天日》，《太平天国印书》，45页，南京，江苏人民出版社，1979。

③ 简又文：《太平军广西首义史》，108页，上海，商务印书馆，1946。按：六乌神系土著壮族信奉的神灵。民国九年《桂平县志》卷31“风俗”篇有云：“瑶祭盘古，壮祀六乌圣母。”

④ 《王长次兄亲目亲耳共证福音书》，《太平天国印书》，715页。按：土客分界本是封建宗法社会地域观念的表现，太平天国在1860年刊行的此书中强调“客家本地总相同”，似乎说明土客矛盾在太平天国内部并未完全消弭。

确立了一个正确导向。随着上帝会与土客乡绅和官府之间的摩擦日益加剧，在种种社会矛盾激荡下，洪秀全最终走上反清道路，上帝会也从一个单纯的宗教团体转变为酝酿起义的秘密政治组织。

在金田起义期间，大规模的土客械斗不仅转移了官府视线，还在客观上促成起义的高涨。道光三十年(1850 年)庚戌，贵县大圩发生一场空前惨烈的械斗。起初，当地的土、客地主因争买田地结仇，后以客家富户温阿玉强娶当地一美貌民女事件为导火线引起仇杀，双方共有数万人卷入，计血战四十余日，结果客家人势孤败北，约有三千多名败走无归的客家人会同龙山矿工(均系客家人)投奔金田，从而壮大了起义队伍。金田起义也因此从星星之火呈现出燎原之势。

此外，桂平县的一些客民也奋袂群起，投身起义。光绪二十二年《浔州府志》卷 56 记载道："桂平贼苏十九扰中都、木根各处，窜劫马平、罗秀，遂勾客民依附洪秀全。"

另一方面，在奉命赶赴金田团营起义的各地会众中，客家人也占了相当比例。

庚戌年七月，贵县方面的队伍在石达开的率领下，自六乌山口直趋贵县、桂平交界处的白沙墟，驻屯月余后抵达金田。前已说明，石达开是客家人，而当时教徒们大多是举家举族参加起义的。

八月，陆川上帝会首领赖九、黄文金率众击退清方练勇的围追堵截，于十月赶至金田。赖九、黄文金均为客家人。

与此同时，上帝会成员、广东信宜县大寮人凌十八于是年七月在家乡聚众起义，与金田的洪秀全等遥相呼应。凌十八系客家人，其部属也基本上是客家人。① 这支队伍虽在赶赴金田的途中夭折，但客观上牵制了清军部分兵力，有利于起义声势的高涨。

上述事实说明，在早期太平军成员中，客家人为数极多。此时被俘的几位造反者的供词也从侧面证实了这一点。例如，咸丰元年

---

① 清两广总督徐广缙咸丰元年三月初九日奏折云："查信宜县居民向分旧图、新图，旧图皆系该县土著，新图如大寮、莲塘多系广西种山客民。两图构衅寻仇，积不相能，已非一日。……信宜县土贼凌十八，在该县大寮寨地方聚党二三千人，拜上帝会，打造器械，肆行劫掠。"见《清政府镇压太平天国档案史料》第 1 册，276～277 页。

(1851年)六月在桂平县大宣一带被俘的李进富供称系桂平县鹏隘山人，祖籍广东嘉应州，去年八月偕杨晚(客民)合家十七八人一同前往拜会。① 咸丰二年(1852年)六月在湖南道州禾洞被俘的邓亚隆系广东连州星子人，据称太平军于本月初攻打江华县城时计分为三队，“第一队头人朱亚三，年约二十余岁，客家声音，管带千余人。二队头人陈亚章，亦客家声音，管带一千余人。三队头人黄亚四，年二十七八岁，嘉应州人，管带二百余人”②。

民国初年，一位对客家社会有较深了解的外国传教士感慨说：“客家人是中华民族的精华，好比牛乳上的乳酪似的。”③这句话用来形容太平天国中的客家人十分贴切。综上所述，太平天国中的客家成员可谓是风云际会，群星灿烂：太平天国的领袖天王洪秀全是客家人；太平天国宗教是由洪秀全、冯云山等客家人一手创建的；最早接受上帝信仰的李敬芳、洪仁玕等人均为客家人，其中洪仁玕后来成为太平天国第二代领导人的核心人物，总理后期朝政；太平天国的开国元勋东王杨秀清、西王萧朝贵、南王冯云山、北王韦昌辉、翼王石达开也是清一色的客家人。此外，上帝会成员大多是客家人，金田起义的基本队伍也主要由客家人构成。从上帝会创建前后直到金田起义，洪秀全等主要在客家人居住区活动，主要借重了客家人的力量。客家人在太平天国农民运动中的地位和作用于此可见一斑。

二

正因为客家人与太平天国农民运动有着如此密切的联系，并且处于一种举足轻重的地位，所以，他们对太平天国的许多方面都产生了巨大影响。诸如太平天国意识形态的起源，太平天国一些制度、习俗的形成等，均可从客家人的背景上追溯到其渊源。兹分述之。

---

① 《李进富供词》，转引自《太平天国文献史料集》，18页，北京，中国社会科学出版社，1982。

② 《黄非隆等二十九人供词》，转引自《太平天国文献史料集》，30页。

③ [美]亨廷顿：《自然淘汰与中华民族性》，潘光旦译，50页，上海，新月书店，1929。

洪秀全等人是抱着推翻清廷、创建新朝的宗旨揭帜起义的，与以往白莲教和天地会系统的起事相比，他们的“反满”意识显得更为强烈。他们借助于宗教语言，直斥统治清朝的满人为蛇魔阎罗妖的妖徒鬼卒，以“杀尽妖魔”为己任。太平军每到一地，辄以恢复中土的口号号召四民归附，疾呼“誓屠八旗，以安九有”①，矢志“为中华雪数百年未雪之耻，为祖父复数百年未复之仇”②。“贼见旗人恒切齿，目为妖魔专杀此”③，时人记载所反映的正是这种情形。在太平天国文献中，凡中土之人俱被称作“天人”“华人”，反之，清朝统治者除被斥作“妖魔”外，还常被贬作“胡奴”“胡虏”“狗鞑”“鞑子”，满汉之间有着严格区分。这种强烈的“反满”意识与洪秀全等人客民出身的背景有很大关系。在客家历史上的五次大迁移中，“前三次皆是因边疆部族的侵寇或入主，引起中国内部的骚动，而使其人不能不向南迁移，以求安全维系的”④。在迭遭兵燹、颠沛流离的南迁过程中，客家先民经历了种种磨难，付出了巨大牺牲，其劫后幸存者每当回首这段历史时，总感旧恨难消，种族意识遂代代相传，历久不释。因此，对于外族侵扰，客家人比一般的汉人要更为敏感和痛切。满人入主中原后，客家义士纷纷在南方起师抗清，其中，明朝诸生练复宁、吴万雄两人自惠州入据花山(清朝后于此设置花县)，招众屯垦，据险抗清。有学者考证，洪秀全、冯云山的先祖正是应练、吴两人之招自嘉应州等地迁居花县的。⑤

太平天国的社会理想也与客家人的历史背景有很大关联。太平天国定都后，洪秀全旨准颁行《天朝田亩制度》。这篇重要文献的中心内容是土地问题，它提出了“田产均耕”设想，推出了一个平均分配土地的方案，规定分田不论性别，只有年龄大小的差异，凡天下田按其好丑分作九等，分田时每户杂以九等，多寡相济，丰荒相通。

---

① 《颁行诏书》“奉天讨胡”檄，《太平天国印书》，110页。

② 《诛妖檄文》，《太平天国印书》，734页。

③ 马寿龄：《金陵癸甲新乐府》“破皇城”诗，中国史学会主编：《太平天国》第4册，728页。

④ 罗香林：《客家源流考》，105页。

⑤ 参见罗香林：《客家源流考》，26～27页。

这种设想虽然因其浓厚的空想色彩而无法付诸实践，但却具体表达了广大农民对土地的渴望，是当时的历史条件下农民阶级所能提出的最高水平的土地改革方案。前已说明，土地之争是引起土客械斗的最主要原因，对于这种“乡邻互杀”“尔吞我并”的丑恶现象，洪秀全有着深切感受，这无疑会成为他设计土地方案的着眼点之一。《天朝田亩制度》“凡天下田，天下人同耕”的原则从根本上触及了导致土客陵夺斗杀的根源，具体体现了洪秀全人人相安、天下大同的社会理想；至于“此处不足则迁彼处，彼处不足则迁此处”，“此处荒，则移彼丰处以赈此荒处；彼处荒，则移此丰处以赈彼荒处”的规定，与客家人的生存背景也不无关系，这正是他们迁移生涯的一种写照。

前已说明，上帝教的创建者为洪秀全、冯云山等客家人，早期上帝会成员也大多是客家人。因此，上帝教难免会打上客家人信仰习俗的烙印。仅就宗教仪式而言，上帝教一反基督教上帝纯灵的教义，认为上帝有着具体形象，可以降附杨秀清之身下凡，即天父下凡。每托称天父下凡时，杨秀清或诳称天父降附，直接假己之口下达圣旨；或佯作睡眠状，片刻醒来后便称已在梦中得到天启，进而宣布天父圣旨。萧朝贵托称天兄下凡时的情形与此类似。天父、天兄下凡时还常常表演“大战妖魔”的场面，届时，杨、萧执剑狂舞，并边舞边呼“左来左顶，右来右顶，随便来随便顶”云云。另据《天父圣旨》《天兄圣旨》记载，天父、天兄下凡时还常常施展超升信徒的灵魂升天、以灯光照人面以化醒其心等法术。鉴于杨、萧客家人的身份和早期上帝会成员中客家人所占的比例，可以推断当地的客家人十分熟悉或盛行与此类似的奇特仪式，天父下凡的做法便是由浔州地区流行的降僮巫术脱胎而来。① 此外，上帝会流行过以猪肉祭奉

① 参见光绪二十二年《浔州府志》卷54“民俗”篇：“人有病，间不服药，延道士拜斗禳星，或召巫插花舞剑跳磔之，名曰‘跳鬼’。”杨、萧“战妖”法术大概正是从民间的“跳鬼”巫术演变而来。另据该卷记载，清同治十年(1871年)，“(平南)容邑巫刘某诡于众曰：‘余先姑宋时得道，今著灵于火容山中，宜庙祀之。’乃诱小童数辈，客至则仆，佯为大娘，语某地当水旱，某方当疫疠，祷则免，否则害。于是，梧、浔、高、平诸郡祈祷拜迎者踵相接已”。足见浔州一地降僮巫风之盛。

上帝的仪式。① 上帝教7日一礼拜时，则在屋内设一神案，上点灯2盏，供茶3杯，肴3盛，饭3盂。《天条书》更明确规定，凡生日满月、迎亲嫁娶、死者入殓、作灶做屋、堆石动土等吉凶之事，俱用牲醴茶饭祭告上帝。这和客家人传统的祭祖仪式十分相像。②

太平天国留发易服的律令也与客家人背景有关。清廷当初强制推行剃发易服禁令时，南方的客民和壮、瑶等少数民族大多拒不遵从，依然沿袭旧俗。洪秀全等起义立国后，将毁父母之毛发、坏先代之服冕列作清朝统治者的罪状之一，严禁民间剃发，倡导恢复汉族衣冠。当时，清廷以略呈圆锥形的顶戴为朝冠，朝服的显著特征则为马蹄袖和披领。太平天国将这类具有满族特征的冠服列为禁物，其朝冠先后代之以风帽和角帽，朝服则仍然采用明代上衣连下裳的旧制，并且窄袖无领，腰不系带。

受客家习俗影响，太平天国的服饰制度有其自己的一些特色，并没有全然照搬明朝冠裳。例如，广西土客居民大多喜用彩巾缠头。太平军沿其旧俗，凡将领俱扎黄巾，以脑后所垂长巾之长短来区别官职大小；普通士兵则一律扎红巾。又如，上衣下裙本是汉族女子的传统服装，但首义的广西土客女子均短衣长袴，向不穿裙。太平天国后将此推及民间，严禁女子着裙，故时人有诗记曰："姐妹相呼骇听闻，任教娘子也成军。逼他垢面蓬头外，更扯留仙百摺[褶]裙（贼人不准穿裙，途间相遇者，尽行扯去）。"③广西女子的发型也对民间产生潜移默化影响，陈庆甲《金陵纪事诗》就此描述道："第一时妆是广头，湖南北样亦风流。土人偶仿苏州式，刺刺街前笑不休。"

---

① 参见《天兄圣旨》卷1，王庆成编注：《天父天兄圣旨》，12页，沈阳，辽宁人民出版社，1986。

② 据兴宁东门《罗氏族谱》卷8"礼俗"记载，客家人每于居室的上堂设木龛以奉历代祖先神主，每逢岁时令节，辄具三牲以祀祖；凡遇有吉凶事，也以牲牢享其先人。参见罗香林：《客家研究导论》，180页，广州，希山书藏，1933。

③ 《山曲寄人题壁》，《太平天国史料丛编简辑》第6册，386页。

附注则曰："女人梳头，以广西式为上，湖南、北次之，余皆不贵。"①

一些广西籍官兵甚至不改旧俗，其服饰具有鲜明的乡土特征。例如，广西一地气候无常，人们的服饰因时而变，并无严格的季节划分。胡朴安《中华全国风俗志》云："粤西气候，不以冬夏别燠寒，而以阴晴分冷暖。腊月晴，单衣浃背；伏日雨，絮被蒙头。若在春秋，则又倏忽不同，朝夕万变，一刹之间，有才裘而忽葛者；两人相对，有此葛而彼裘者。"②这种特征在太平军的"老兄弟"中有所体现，时人就此记述道："凌寒两足不知冷，下犹单裤上已皮。"③或曰："伪官风帽看黄边，小大绸衣暑尚棉。"④甚至直呼太平军的服饰为"苗装"，并将其特征勾勒为"长毛连鬓盘前髻，短服齐腰敞下裳"⑤。

自五代时期兴起的缠足之风是中国社会的一大陋俗，极大摧残了广大女子的身心健康。在客家社会，男子一般出外谋生，女子往往是家庭的支柱，终日劳作不辍，故而天足健步。广西的壮、瑶等少数民族女子亦无此习，平素蓄发梳髻，跣足耘种，履险如飞。因此，太平天国首义女子俱是天足，且爱跣足。谢介鹤《金陵癸甲纪事略》即称天王的王娘均以黄绢盖头，骑马跣足；另称诸女官皆"大脚蛮婆"，赤足泥腿。太平天国后来也将此俗推及民间，严禁女子缠足。佚名《粤逆纪略》在记述天京女馆情形时即云："归馆乃不准穿裙及褶衣，又勒令放足。"伍承组《山中草》亦云："不管娇痴习绮罗，那堪役及妇人多。……弓鞋罗袜教抛却，也赤双趺学阿婆（贼本粤西

① 陈庆甲：《金陵纪事诗》，《太平天国史料丛编简辑》第 6 册，402 页。

② 胡朴安：《中华全国风俗志》(下编)，408 页，石家庄，河北人民出版社，1986。

③ 马寿龄：《金陵癸甲新乐府》"易服色"诗，《太平天国》第 4 册，737 页。

④ 佚名：《金陵纪事》，《太平天国史料丛编简辑》第 2 册，52 页。

⑤ 佚名：《金陵纪事》，《太平天国史料丛编简辑》第 2 册，52 页。按：民国九年《桂平县志》卷 31"风俗"篇有云："昔清道光末，男衣皆窄袖长垂，短衣斜襟，长仅蔽腰。……妇人衣饰多仿粤东。"

人，粤俗妇女多不缠足，且不着履，今其妇女在贼中者类然，故尝令人效彼妆束云）。”太平天国此举的直接动机是为了组织民女从事后勤劳务，但客观上冲击了缠足陋俗。

太平天国书籍文告的文字较为俚俗，其特征之一是使用了不少客家方言。譬如，洪秀全写有一诗劝人戒鸦片烟：“高天灯草似条箭，时时天父眼针针，不信且看黄以镇，无心天救何新金。吹来吹去吹不饱，如何咁蠢变生妖！戒烟病死甚诛死，脱鬼成人到底高。”①客家话称“灯心”为“灯草”，“灯草”或“草”系“心”之隐语；“眼针针”即“直盯盯地看着”之意，“咁”作“这样”“如此”解，均为客家方言。又如，萧朝贵在假托天兄下凡时曾发话道：“任怪人那样子，总走朕两子爷手段不过也。”“若有偏心，云中雪飞，总走不得朕子爷手下过也。”②在客家话中，父子合称作“子爷”，上文中的“两子爷”“子爷”特指天父上帝、天兄基督父子俩。

至于太平天国历史上一些不同寻常的事件和现象，我们也同样可以从客家人独特的历史背景上追溯到其渊源。

客家人“崇先报本，启裕后昆”的意识极为浓厚。当他们迫于外力迁移他乡时，往往将先人骸骨一同随迁，兄弟分手时亦必分抄族谱，以待他日敬宗睦族，而且无论迁徙何处，均不改乡音。因此，在客家社会，人们十分重视“光前裕后”的使命，每每以耕读之家自勉，期望他日能猎取功名，光宗耀祖。洪氏族谱录有宗祠的一副对联，正反映了这种意识：“由嘉应徙杨梅，祖德宗功，经之营之，力图官禄之基础；籍花峰贯花邑，光前裕后，耕也学也，恢复敦煌之遗风。”这就不难理解，洪氏族人当初何以会对洪秀全寄予那么大期望，洪秀全又何以会如此眷恋仕途，从 16 岁到 31 岁间连续 4 次参加科举考试，乃至在屡试不中后精神恍惚，病倒床榻。我们也更能体味到洪秀全因强烈的成就欲与现实之间的巨大反差而产生的失望、

① 《天王劝人戒鸦片烟诏》，太平天国历史博物馆编：《太平天国文书汇编》，40 页，北京，中华书局，1979。

② 《天兄圣旨》卷 1，王庆成编注：《天父天兄圣旨》，17～18、32 页。按：“云中雪”，“刀”之代称，天地会隐语，为太平天国沿用。

迷茫、怨恨心态。

客家在谋取生存时，必然会遇到来自社会和自然的双重压力，唯有意志坚定、出类拔萃的人，才能顺利完成迁徙，并在异乡站稳脚跟。在这种优胜劣汰、适者生存的外力刺激下，客家人一般都具有较强的适应环境能力，富有开拓、冒险精神。洪秀全、冯云山身上正体现了这种特性。洪、冯决计离乡云游布道后，首在珠江三角洲游历十数县，后转赴八排山区，在瑶族地区的崇山峻岭间跋涉，接着又逆西江而上，出游广西，因沿途人烟稀少、村乡疏落，他俩仅能在偶遇一茶寮时买几块糖饼充饥。洪秀全自桂返粤后，冯云山又独自一人来到紫荆山区，当短工，教私塾，惨淡经营数载，终于打开局面，创立了上帝会。在二次入桂的途中，洪秀全的行李银钱被抢劫一空，窘迫得每日仅食一餐，后遇路人襄助数百文，方辗转抵达贵县赐谷村。太平天国官书后来就此郑重记上一笔，称冯云山前随天王遨游天下，宣传真道，“历山河之险阻，尝风雨之艰难，去国离乡，抛妻弃子，数年之间，仆仆风尘，几经劳瘁”①。洪、冯这种冒险、开拓精神和非凡毅力，显然与客家民风的熏陶有关。

徐旭曾《丰湖杂记》有云：“客人多精技击。客人之技击，传自少林真派。每至冬月相率练习拳脚刀矛剑梃之术，即昔人农隙讲武之意也。”②迫于生存御侮的需要，客家人大多果敢尚武。这种遗风在太平天国也有所体现，西王萧朝贵即以“勇敢纲[刚]强，冲锋第一”③著称。参加首义的客家人中也涌现出不少骁将。例如，原籍广东嘉应州的夏官副丞相赖汉英在攻打南京和援救扬州守军的战役中冲锋陷阵，立下汗马功劳。秋官又正丞相曾天养原籍广东惠州，是西征战役中最著名的一员战将，后在湖北城陵矶因孤身冲入敌阵战死，被追封为沁天义。国宗石祥祯、石镇仑(石达开的哥哥)也是著名战将。祥祯外号“铁公鸡”，后在天京郊外生擒敌将张国梁时阵亡；

---

① 《天情道理书》，《太平天国印书》，522页。

② 转引自罗香林：《客家研究导论》，182～183页。

③ 李秀成语，见《李秀成自述》，《太平天国文书汇编》，482页。

镇仑则在湖北半壁山的一场鏖战中战死。罗大纲，广东潮州府揭阳县人，官至冬官正丞相，原为天地会首领，后率众附义，曾先后镇守镇江，经略皖赣，战功卓著，威震八方。吴如孝，广东嘉应州人，在罗大纲调归天京后镇守镇江、瓜洲达两年之久，后参加三河战役、援救安庆战役等，官封顾王，后在皖南祁门阵亡。堵王黄文金，人称"黄老虎"，曾镇守湖口达三年之久，屡挫湘军，1860 年冬率部大战祁门时逼得曾国藩几欲自杀，后在转战途中病死。首王范汝增，原籍广东惠州，是后期经略浙江的主要战将之一，曾与黄呈忠一道率部攻克宁波，并有力抗击英、法侵略者的武装干涉，弃守宁波后复率部攻占慈溪，击毙常胜军管带、美国浪人华尔，天京沦陷后率余部联合捻军四处转战，直至最终在山东寿光县战死。

三

1864 年 7 月 19 日，湘军攻陷天京。先期病逝的洪秀全的尸身被湘军从天王府中挖出焚斫。上帝神话连同天堂之梦遂在烈火与烟焰中化作灰烬。

以两广客家人为领袖和骨干的太平天国运动虽以失败告终，但仍给历史留下余响。就在洪秀全抱憾而死的两年后，孙中山诞生在广东香山县翠亨村一个客家家庭。这位以"洪秀全第二"自励的中国民主革命先行者领导了一个全新的运动，最终推翻清朝统治，结束在中国延续两千多年的封建帝制，并亲手缔造了民国。

原载《东南学术》1998 年第 5 期。

太平军中的外国雇佣军

在太平天国与清王朝争夺江山的沙场厮杀中，双方都有外国人以个人的名义参战。清方最主要的雇佣军即臭名昭著的“常胜军”。关于常胜军，学术界既有的研究已相当深入。相形之下，有关太平天国一方雇佣军的研究则显得十分薄弱，至今尚未有专文问世。由于相关史料零散残缺，从事此项研究存在着不小的难度，本文仅是一个粗略的尝试性的探讨。

一

外国人加入太平军作战的历史最早可以追溯到太平天国定都天京问鼎东南之初。史料记载，1854年罗大纲镇守湖口时，“身边有洋鬼子三人”①。法国遣使会浙赣教区主教丹尼库特（E. Danicourt）在1855年10月的一封家书中亦称九江太平军中有4名外国人，“其中的两位留有金色头发和红胡须，另外两位黑皮肤黑头发，像是印度人”②。从时间和地点推断，上述洋人当随同太平军参加了西征战役。

另有一些外国人加入了在天京外围与清江南大营作战的太平军。1856年4月，爱尔兰人肯能（Canny）和他的一位伙伴在镇江投奔了

① 曾国藩：《致沅弟》，《曾国藩全集》第19册《家书》(一)，710页，长沙，岳麓书社，1985。

② Quoted from *Western Reports on the Taiping*, eds. P. Clarke and J. Gregory, Australian National University Press, 1982, p. 177.

太平军，事后发现城里已有5名菲律宾人，原在清上海道台吴健彰的三桅帆船舰队上服役，迄今已在镇江待了三年。肯能后又从胡以晃那里获悉，意大利人安东尼(Antonie)三年半前从吴健彰所雇佣的葡萄牙快艇上开小差加入太平军，此人绰号“罗大纲”(Lo-ta-kang)，膂力过人，作战骁勇。至于肯能本人，他在到达镇江的第四天便随同主力赴扬州护运给养，后在瓜洲附近征粮，并数次参战。同期又有两名欧洲人投奔镇江。此后，肯能又来到天京，起初在城内闲逛三个月，目睹了天京事变的经过，后随秦日纲出征芜湖等地，终因厌倦天京城内的杀戮和无序而悄然离去，于年底返抵上海，从而结束了在太平军中从戎九个月的冒险经历。①

概括地说，太平天国在早期仅拥有为数极少的雇佣军，具体数字已不可详考，其姓名、国籍和经历可考者亦是寥寥无几。

1860年5月，太平军一举攻破清江南大营，并乘胜向东追击，兵临上海近郊。另一方面，根据同年10月清政府与英、法订立的《北京条约》，长江正式对外国商业开放。在此背景下，太平天国与洋人之间的接触远较以前频繁，潜往太平天国境内的欧美人日渐增多。直到此时，外国人受雇于太平军作战才日趋显著。

后期雇佣军的具体人数同样无考，他们分别隶属于不同的太平军将领，内以投效东线战场统帅忠王李秀成者居多。1861年4月20日，英国驻上海副领事富礼赐自天京写给普鲁斯(Bruce)公使一份报告，内称苏州太平军中有一支由不同国籍的104名外国人所组成的雇佣军。② 据考，这支雇佣军最初由英国人萨瓦基(Savage)统领。萨瓦基原在英国皇家步兵团任上尉，后开小差投奔了太平军，1860年8月曾奉命助守青浦城，重挫华尔(F. T. Ward)洋枪队，后在松江附近的一次激战中阵亡，所部洋兵改由美国人皮科克(Peacock)统领。但这支雇佣军的力量不久便因一偶发事件而大为削弱。据前引富礼赐的报告记载，1961年4月，英国皇家海军雅龄(R. N. Aplin)

---

① *Western Reports on the Taiping*, pp. 181-182, 186.

② “A Report by R. J. Forrest,” *Ibid.*, p. 401.

舰长奉命到天京交涉雇佣军事宜，后率部径赴苏州，引渡了这支雇佣军中被认定是英国臣民的26名外国人。富礼赐据此断言："雅龄舰长在此事件上所采取的措施已导致外国军人在太平军中服役的现象就此寿终正寝，因为叛军担心每一个国家都将采取同样的步骤。"①富礼赐的推测过于武断，事实上，当忠王率部于同年自苏州开入江西境内时，仍"挟有黑夷数人同行"②。次年年初，甫克杭州的忠王回师苏州，进逼上海，1月13日，3名英国人在上海虹口被太平军抓获，内有两人被放回，据云太平军中有西人200名。③

攻打上海受挫后，忠王于同年秋移兵西线解安庆之围，留慕王谭绍光镇守苏州。在慕王主持东线军事期间，也有不少洋人投奔其麾下。1863年8月2日，原常胜军领队、美国浪人白齐文(H. A. Burgevine)在青浦夺取常胜军"高桥"号汽轮后，径驶苏州归顺慕王。他在上海招募的约100名外国人也一并投奔苏州。于是，加上苏州原有的12名洋人，慕王手下的雇佣军一时多达百余人。但好景不长，同年10月15日，白齐文的副手、美国人马惇(M. Morton)率42名洋兵在苏州城外的军营中哗变，他们在杀死太平军两名哨兵后冲卡而逃，投降了戈登的常胜军。不久，白齐文和其他34名外籍官兵也相继离去。这一事件使慕王麾下的雇佣军丧失大半，仅有约20名欧洲人仍愿留在苏州，由原在英国皇家海军炮队中服役的史密斯(G. Smith)大尉统领。

与此同时，由于苏福省战局吃紧，李秀成在天京解围失败后西征东返。在此时投效忠王的"洋兄弟"中，以人们所熟知的英国青年呤唎(A. F. Lindley)最为著名。据呤唎自述，此前他曾率领25名外国志愿兵助守天京江岸的炮台，炮台失守后辗转来到苏州。呤唎刚到苏州便目睹了马惇倒戈事件，但忠王仍对他信任有加，委托他筹建一支欧洲人的队伍。呤唎遂赴上海招募了14名外国职业军人，交

① A Report by R. J. Forrest, *Western Reports on the Taiping*, p. 402.

② 《曾文正公书札》卷13，南京，中央政治学校总务处印刷所，1932。

③ 郭廷以：《太平天国史事日志》(全2册)，848页，上海，商务印书馆，1946。

由法国逃兵莱伯勒(Labourix)领往苏州，他本人则和助手怀特(G. White)在上海近郊劫持了常胜军“飞而复来”号汽轮，然后驶至忠王的驻扎地马塘桥，旋随大军开往无锡。未几，呤唎获悉他所招募的欧洲人除莱伯勒数日前在夜袭娄门外敌营时阵亡外，大多在纳王叛降时遇害。呤唎复返上海，在怀特被捕后返回英国。① 至于慕王手下的那支雇佣军，苏州失陷时仅有7人突围至无锡，其中史密斯在无锡失守后改投护王陈坤书，1864年2月在常州守城战中阵亡。

除上述诸王外，其他一些将领也间有洋人投效。1861年6月8日曾国藩致曾国荃书有云：“现忠逆、侍逆身边皆有洋鬼子。”②据此推断，迟至1861年，侍王李世贤部已拥有外籍军人。次年2月，左宗棠率部入浙，与侍王鏖战于钱塘江上游。英国怡和洋行宁波支行10月13日致香港总行的信函曾述及前线战事，亦称“叛军中有许多外国人”③。天京沦陷后，李世贤率部折入福建，于1864年10月占领漳州，活跃于闽南一带。此时，欧美人往投者最多时计有16人，其中，原在戈登手下服役的罗德(Rhode)中校于11月自厦门潜抵漳州，并介绍另一位美国人巴费伊(G. Baffey)前来投效。次年5月侍王弃城他走后，罗德和英国人曼司费德(Mansfield)向清军自首。后者被清军移交给英国领事，罗德则在押解途中因舟覆而逃往广州，后潜至上海。④

堵王黄文金在据守浙江湖州期间，所部约有9名外籍军人，为首者系英国人纳理斯(P. Nellis)。纳理斯曾在英国皇家工程兵部队服役12年，后随阿思本(S. Osborn)来华，阿思本舰队解散后改投戈登

① A. F. Lindley, *Ti Ping Tien Kwoh: the History of the Ti-Ping Revolution, Including a Narrative of the Author's Personal Adventures*. London, 1866, pp. 620-631, 635-678. 按：呤唎一书自述的部分与史实不符之处甚多，故上述内容的可信程度仍值得推敲。

② 曾国藩：《致沅弟》，《曾国藩全集》第19册《家书》(一)，710页。

③ 严中平辑译：《怡和书简选》“宁波通信”(二)，见王崇武、黎世清译：《太平天国史译丛》第一辑，196页，上海，神州国光社，1954。

④ A. Wilson, *The "Ever-Victorious Army"*, Edinburgh and London, 1868, p. 341.

常胜军，但在占领苏州后未被续用。1864 年 2 月，他受雇护送一只商船自上海赴浙江采购生丝，在湖州府附近被俘，被迫答应留下来效力，指挥并训练湖州所有的外国人。这些洋人以前均为水手，共有 8 人，分别来自英、法、奥地利、希腊。同年 8 月 28 日，太平军弃守湖州，这支为数寥寥的雇佣军随之瓦解。①

康王汪海洋部也拥有雇佣军。据左宗棠奏称，在 1863 年 10 月 7 日的余杭之战中，清军曾阵毙一名"黑夷"②。而当时余杭太平军主将正是康王。康王转战闽、粤期间，所部仍有洋人投效，有姓名可考者即上文提及的巴费伊。

二

太平军中的雇佣军主要由各国驻华军队中的逃兵，形形色色的冒险家和浪人，以及往来于太平天国和清朝辖境之间从事军火、丝、茶等买卖的商人组成，内以欧美人居多，担任头领的也大多是些欧美人，菲律宾浪人、印度黑人等主要充当下级士兵。这些与清方雇佣军的情形十分相似。

这些外国人加入太平军行列的原因或动机不尽相同。有些人主要是在好奇心和冒险欲的驱使下作此抉择的。当时，出于对华贸易的考虑，太平军揭帜未几就引起西方朝野的关注。太平军甫克南京，两名法国人便根据其见闻写了一本记述太平军早期历史的小册子，其开篇即断言："中国叛乱是当今最重大的事件之一，世界各国的政治家无不以好奇的目光注视着这支攻城略地的军队的进展。"③另一方面，太平军信奉上帝、耶稣的宗教表象也使得这场运动披上了一

① "Statement of P. Nellis," *North-China Herald*, Nov. 12, 1864. Quoted from *Western Reports on the Taiping*, pp. 412-416.

② 左宗棠：《进攻杭州兼围余杭叠获胜仗情形折》(同治二年九月二十七日)，《左文襄公全集·奏稿》卷 7。

③ Written by Joseph M. Callery and M. Yvan, Translated from French by J. Oxenford, *History of the Insurrection in China*, London, 1853, p. 1.

层神秘外衣。基于上述原因，不少在华的外国人很想到太平军中去看个究竟，在镇江自愿来投的肯能及其同伴就属于这种类型。

有些人卷入这场运动纯属偶然，系出于被迫或无奈。纳理斯的经历便是一个典型事例。他原本以 200 块大洋的酬金被雇来为一只商船护航，孰料中途被俘。太平军在他的脖子上套上锁链，并威胁要杀死他。带到堵王面前后，纳理斯被迫做了射击示范，答应留下来效力，这才被取下锁链，其命运因此而被改变，从此在太平军中开始了历时半年的军旅生涯。

然而，就相当一部分人而言，他们既不十分了解自己为之而战的这场运动，也不怎么关心如何评价它，金钱方面的考虑是诱导他们投效太平军的直接原因。例如，李世贤率余部转战闽南时曾公布一封名为致英、法、美各国公使及其人民的书信，表达了与洋人联手抗清的强烈愿望，并许以重酬。① 侍王的这种承诺和姿态立刻得到响应，有 10 余名欧美人自愿前来投效，其中包括曾与太平军殊死作战过的前常胜军成员，除上文提到的罗德和巴费伊外，有姓名可考者尚有美国人威廉斯(Willams)上校。②

那么，这些雇佣军在太平军中的境遇究竟如何呢?

首先，就军饷而言，太平军本实行圣库供给制度，官兵们不领任何饷银。然而，作为太平军中的特殊成员，雇佣军在这方面有所例外，但具体情形在不同时期和不同地点又有所区别。据现有史料推断，早期雇佣军并无固定军饷。肯能等刚到镇江就被告知不要指望有任何军饷，尽管与普通官兵相比，他们仍享有特殊待遇。肯能后来追忆道:“在与叛军相处期间，我们从未领到过饷银，但每当向他们提出这方面要求时，他们总会给我们几块大洋。”③忠王麾下最初的 104 名雇佣军仍无饷银，但据云大米和烈性酒的供应很充足，

① See A. F Lindley's book, p. 287.

② A. Wilson's book, pp. 340, 394. 按：威廉斯、罗德、巴费伊在常胜军服役期间，曾各在太仓、宝带桥(苏州南郊)、苏州与太平军交战时负过伤(同上书，384 页)。

③ *Western Reports on the Taiping*, p. 199.

并被获许在所到之处随意抢劫。① 慕王手下的雇佣军则享有军饷。据慕王披露，白齐文等投奔苏州后，“数月之间，宾礼款待，尚未立有功绩，已经用银五万”②。白齐文所部哗变后，慕王对史密斯等 20 名外籍军人按月发饷。据史密斯日记记载，1863 年 10 月 16 日，慕王答应每月付给他 40 块饷银，并于同日发给其部下 400 块大洋；次月 15 日，史密斯又收到付给其手下的 340 块饷银。③ 相比之下，湖州雇佣军的境况显得较为窘迫。堵王起初允诺每天付给纳理斯等 9 人 4000 枚铜钱的军饷，及至某次与清军交战，堵王发现清军拥有汽轮，据此断言洋人帮助清军与他们作战，遂将纳理斯等人的饷银降为每天 1000 文；湖州失陷前夕，连这每天 1000 文的饷银也被取消，纳理斯等被告知得自己设法维持生计。④

除军饷外，雇佣军在饮酒和抽鸦片方面也基本上不受太平军禁令的约束。肯能就曾提到意大利人安东尼被获许拨款购买他所嗜好的鸦片和酒。白齐文部众在这些方面更是毫无节制。大体说来，太平军首领对手下洋人一般都比较倚重，并厚待之，尽管由于翻译人员的紧缺和水平的低下，双方在沟通时存在着不小的障碍。

然而，尽管这些雇佣军享有一些特殊待遇，但他们并没有独立军事行动的权力，凡抗令不遵者亦必遭严惩。就最不服管制的白齐文部众而论，内有 1 名英国人因在夹浦战斗中临阵脱逃而被太平军枪决。⑤ 此外，太平天国的习俗也在潜移默化中对雇佣军产生一些影响。不少洋人改穿中国服装，留有发辫，甚或一道参加太平军的七日礼拜仪式。不过，由于东西方在政治制度和文化背景上的差异，双方难免会发生一些摩擦。欧美人对太平天国的官场礼仪尤其感到难以接受。肯能和同伴刚到瓜洲炮台就不得不奉命向炮台指挥官行

---

① “A Report by R. J. Forrest,” *Western Reports on the Taiping*, p. 402.

② 《慕王复戈登书》，《太平天国文书汇编》，324 页。

③ “Diary of G. Smith at Soochow,” *Western Reports on the Taiping*, pp. 408, 410.

④ “Statement of P. Nellis,” *Ibid.*, pp. 413-415.

⑤ 《马惇的“志愿陈述书”》，见《太平天国史料译丛》第一辑，74～75 页。

下跪礼，来到镇江、南京后又被迫在不同场合多次行下跪礼，内有一次下跪竟然长达10分钟之久。当再次拜见东王杨秀清时，肯能等不得不直言相告，声明在他们的国家并无向长官下跪的习惯。东王大为不悦，匆匆结束了这次会见。①

另一方面，和其他普通官兵一样，这些雇佣军也时常会面临各种考验和磨难。例如，镇江被围期间，5名菲律宾人每天除了喝粥外，别无食物。疾病也是经常困扰这些雇佣军的问题。由于医疗条件极差，他们往往得不到应有治疗。在最早投效忠王的那批雇佣军中，曾有一名英国人染上痢疾，被引渡后在英舰上已是奄奄一息。美国人威廉斯在漳州服役期间也曾患有严重的痢疾。纳理斯在追述他在湖州的军旅生活时这样写道："城内肮脏不堪，没有采取任何措施进行清扫。尸体从不焚化。房屋被拆毁充作柴薪。这一切使得该地极不卫生。生疥癣、伤痛和长脓疮对每个人来讲都是家常便饭。"他还提到法国人帕斯奎里(Pasquali)后来竟直接死中于暑。②

更为严酷的事实是，作为沙场征杀的军人，这些雇佣军随时都有死在异国他乡的可能。他们的境况有时相当糟糕，湖州雇佣军的遭遇即为一例。弃守湖州的那天凌晨，纳理斯等冒雨随着慌乱的人流登上撤离的船只，结果船只刚驶到河口就因互相挤塞而无法前行。当天夜间，6名欧洲人借口去取柴禾，悄然寻路而逃，抛下纳理斯等人，其中希腊人库利斯(D. Coolis)已在日前的一次战斗中负了重伤。天刚放亮，太平军急速开拔。此时，紧追不舍的清军已近在咫尺，纳理斯感到库利斯已成累赘，便决定丢下他。库利斯自知性命难保，便恳求纳理斯用枪痛快地结果他，他愿以戒指和钱作为回报。纳理斯拒绝了他的请求，径自弃船登岸而逃，艰难跋涉数日，方才安然返抵上海。③

那么，究竟应当如何评价这些雇佣军在太平天国历史上的地位和作用呢？

---

① *Western Reports on the Taiping*, pp. 181-182, 186-187.

② "Statement of P. Nellis," *Ibid.*, pp. 413-414.

③ "Statement of P. Nellis," *Ibid.*, p. 416.

首先，这些外国人大多来自欧美，不少还是职业军人出身，对西方的近代作战方式和坚船利炮比较熟悉。他们加入太平军后，无疑会起到一种传播媒介的作用。这对太平军了解和借鉴西方近代军事技能，熟悉和使用西方的先进武器，提高其自身的战斗力，多少会起到一些积极作用。当时，太平天国对世界大势了解甚少。东王在接见肯能时，曾好奇地询问欧洲人是如何打仗的。肯能说明他们不仅会用刀，还会用火器，并用手枪作了射击表演。他还常被叫去向太平军讲解铜炮撞针的用途。又如，白齐文等人曾替慕王训练了1000名士兵，由马惇向他们传授步枪射击技巧。史密斯在这方面的作用也十分明显，他曾陪同慕王练习来复枪的射击，并就苏州城的防御部署提出过一些很好的建议。

其次，这些雇佣军以口述、日记、著作等形式对太平天国作了不同程度的报道，给后世留下了一些珍贵的第一手资料。这些人在记述时虽然难免会带有感情色彩，其关注的焦点也不尽相同，而且很难真正了解到太平天国的上层机密，但他们的报道毕竟源于其直接观察和亲身经历，并且没有太多忌讳，其笔触也往往善于捕捉一些通常为中国人所忽略的细节。这些均大大弥补了中文资料的不足。这类文献和出自西方外交官、传教士、商人、旅行家等笔下的文献汇总在一起，便构成颇为可观的关于太平天国运动的西方原始资料。例如，现存中文资料中关于天京事变的原始记载甚为寥寥，而西方资料却相对弥补了这一缺陷。肯能关于天京事变的口述记录于1857年1月连载在香港《中国之外友》(*Overland Friend of China*)报上，成为我们今天研究这一事件弥足珍贵的第一手资料。

更重要的意义在于，有些雇佣军明显地依附于太平军，自愿为这场运动辩护，乃至最终战死在太平军的旗下。他们的言行有助于外界了解太平天国的真相。例如，马惇率众哗变后，外界谣传慕王强行扣押了史密斯等欧洲人。为了澄清事实，史密斯便以全体雇佣军的名义致函广州《中国之友》(*Friend of China*)报，内云：

我们20名真正的中国之友现在苏州，已断然决心全力捍卫

> 我们所拥护的事业。……我们的队长向慕王保证，我们自愿留下来为造反者作战，推翻清朝皇帝。……慕王欣赏欧洲人，每当他们开动脑筋提出自己的建议时，慕王总是予以采纳。这说明他很有理性。我们希望我们的陈述能够驳倒抚台的谄媚者的无耻谰言。①

遗憾的是，史密斯的这封信最终未能发出，苏州陷落时被遗弃在慕王府地面上，成了戈登的战利品。但史密斯本人的确恪守了自己的诺言，最终在常州保卫战中阵亡。这是一位值得中国人民怀念的国际友人。

真正将自己的经历和感受诉诸笔墨并且产生较大影响的首推呤唎。事实上，就呤唎所自述的对太平天国的献身程度而言，似乎已不适合将他列入雇佣军的范畴。1866 年，呤唎所撰《太平天国：太平天国革命史，包括作者亲身历险的叙述》一书在伦敦出版，计 26 章，每隔一章交替记述太平天国历史和他本人的亲身经历，热情颂扬了太平天国农民运动，强烈抨击英国政府的对华政策。需要指出的是，该书以西方人为读者对象，可能是出于追求轰动效应的考虑，作者自述其"亲身历险"的内容与史实不符之处甚多，有不少虚构、夸张的情节，加上近乎传奇小说笔法的过度渲染，从而冲淡了该书的真实性。不过，当时的西方报道大多对太平天国充满了偏见乃至敌意，相形之下，呤唎一书堪称是空谷足音。该书的价值还在于辑录了十分丰富的原始资料，其记述太平天国史的章节因此而显得较为扎实可信。正是由于上述原因，该书向为中外史家所重视。

然而，像呤唎、史密斯这样献身太平天国的人毕竟只是凤毛麟角。就绝大多数雇佣军而言，其消极的一面十分明显。

如前所述，这些洋人成分芜杂。由雇佣军的性质所决定，他们大多因贪图金钱而来，不少人品行不端，平素酗酒、吸鸦片，军纪

---

① "Draft of a Letter to the Friend of China by G. Smith," *Western Reports on the Taiping*, pp. 407-408.

松弛，一旦私欲得不到满足就随即设法脱离太平军，始终战斗在太平军旗下的人极少。有些人甚至走马灯似的在太平军和清军之间来回倒戈，充分体现了雇佣军“有奶便是娘”的本性。马惇等人的事例就很具有代表性。

马惇原在常胜军中服役，后在白齐文鼓动下投奔慕王，但不久就因待遇等问题萌发脱离太平军的念头，曾潜往戈登军营密谋倒戈事宜，并最终率众哗变。嗣后，马惇屡随戈登与太平军交战，后在攻打常州时毙命，从而结束了他那极不光彩的雇佣军生涯。和马惇类似，巴费伊原先也是常胜军成员。常胜军在昆山解散后，他最初在李鸿章的淮军中任教习，后因月饷从 211 元降为 150 元而辞职，转赴福州投靠美理登①的洋枪队，旋因不服法国籍头领的节制而离去。在上海等地闲荡数月后，因境况窘迫，这才决定到太平军中碰碰运气。其于 1864 年 3 月 18 日自厦门投奔侍王，漳州不守后又在永定附近改投康王，7 月 14 日夜间复从镇平背康王潜逃，在嘉应州被清地方官俘获，被引渡给英国驻广州领事，写有自供状一份。②杰拉德(Gerard)的行为尤为恶劣，他起初赴漳州投效侍王，但在骗取 3000 块大洋后便逃之夭夭，后又奉美理登之命潜回漳州策反该城雇佣军，结果被侍王抓获并处死。③

与马惇等人相比，白齐文除具有贪婪、反复无常的品性外，还怀有不可告人的政治野心。他原是华尔洋枪队的副领队，屡与太平军激战，被清廷授予三品顶戴。华尔毙命后，他在美国驻华公使蒲安臣(A. Burlingarne)的力荐下继任常胜军领队。不久，白齐文为讨索欠饷，痛殴前苏松太粮储道杨坊，强行从该银号提走 4 万元。李鸿章为此将他撤职，下令拿解惩办，并最终将常胜军交由英国军官戈登管带。白齐文一气之下便投奔了慕王。然而，白齐文倒戈不单是为了发泄私愤，其另一动机则是试图实现他青年时代在东方建立

① 美理登(Baron de Meritens)，法国人，1857 年来华，初任使馆翻译，后协助左宗棠组织洋枪队镇压闽省境内的太平军余部。

② “Statement of G. Baffey,”See A. Wilson’s book，pp. 393-394.

③ *Ibid.*，p. 394.

一个庞大帝国的梦想。他刚到苏州便径赴天京拜见李秀成，希望能被获准担任一支军队的统帅，以便单独行动。忠王对白齐文虽优礼有加，但拒绝了他的请求，只让他统领自己原有的人马。① 这使白齐文大失所望。另一方面，白齐文的倒戈引起清廷和西方列强的极大恐慌，他们联合采取防范措施，严禁外国人潜赴太平天国区域及私运军火，使白齐文难以得到军火和人员补充。由于上述原因，白齐文开始萌发脱离太平军的念头，曾数次与戈登秘商哗变事宜。在1863 年 10 月 8 日晚的一次密谈中，白齐文居然鼓动戈登率部独立，他本人也率众脱离太平军，然后两军合伙在中国造反。② 马惇倒戈后，慕王先后将要求离去的 34 名洋人和白齐文本人礼送出境。这样，白齐文等待在太平军中的时间总共才三个多月。叛变的马惇等人多少掌握一些城内军情，而叛变本身和白齐文等人的离去也难免会对太平军士气产生一些消极影响。因此，上述事件与数月后苏州城的易帜不无瓜葛。至于白齐文本人，他在离开苏州后一度出走日本，1865 年间再度跃跃欲试，拟赴漳州投奔侍王，后被清军逮捕，押解至浙江慈溪时溺亡。

以上列举了太平军中外籍官兵的几个典型反面事例，其消极面于此可见一斑。

三

在本国臣民介入中国内战一事上，各相关国家究竟持何种态度并作出了何种反应，这是太平天国对外关系史上值得探讨但迄今未引起足够重视的一个问题。

太平军轻取南京后，列强决定对华暂持“中立”政策，以静观事态的发展。有鉴于此，各国政府不愿意本国侨民受雇于交战的任何一方，对现役军人开小差卷入中国内战的现象尤感头痛。英国政府，

---

① 《钟思的“志愿陈述书”》，见《太平天国史料译丛》第一辑，65 页。

② 《梅辉立的报告》，见《太平天国史料译丛》第一辑，60 页。

曾就雇佣军问题多次与太平天国进行交涉。

1853年6月，英军一小型舰队奉命自上海驶往镇江一带搜索逃兵，先后搜查了焦山江面上的清军战船和镇江的太平军军营，但最终一无所获。① 事隔一年后，英国使节麦华陀(W. H. Medhurst)往访天京，曾致函太平天国，再次交涉雇佣军问题，要求引渡在镇江服役的3名黑人，强调"根据我们的法律，英国臣民不得受雇于外国军事机构，否则要判重刑"②。此事最终仍不了了之。

麦华陀在照会中提到英国的有关法律规定。此前，香港总督兼驻华公使包令(J. Bowring)爵士曾于1854年1月17日颁布一"中立"法令，要义是严禁在华的任何英国臣民以个人名义或介绍他人为中国内战的任何一方服役及置办军火，违者将以破坏"中立"罪被判处两年以下徒刑或5000元以内罚款。③

然而，这道法令并未能起到令行禁止的作用，由此引发的外交纠葛也就不绝如缕。如前所述，1861年4月，英国军官雅龄曾率众赴苏州搜寻被雇的本国臣民。此次交涉颇费周折。苏州太平军起初持不合作态度，事先将所有的雇佣军遣到城外，并反复向雅龄保证全然不知有招募洋人入伍一事，矢口否认有什么外国人受雇于他们作战，后在雅龄强烈要求下，才极不情愿地将所有雇佣军召集到一处，让其一一寻认。雅龄这才得以引渡其中被认定是英国臣民的26人，内有5人正是英舰上开小差的逃兵。

不过，和早期情形类似，英方采取的这种强硬措施并非仅仅针对太平天国。事隔一个月，英国水师提督何伯(J. Hope)率众乘快艇直抵清方洋枪队占据的松江县城，逼迫华尔吩咐其手下在他面前列队而过，由他一一辨认。结果，何伯指认出英国逃兵29名、美国逃

---

① "A Diary Kept by Mr Williams," *Western Reports on the Taiping*, pp. 80-83.

② 《麦华陀等一八五四年六月访问天京文件辑录》，《太平天国史译丛》第一辑，40页。

③ Quoted from W. H. Sykes, *The Taiping Rebellion in China*, London, 1867, p. 16.

兵 2 名，将他们一并带回上海，同时还拘捕华尔，以破坏“中立”罪将其移交给美国领事审判。①

但是，这种现象并不说明英国政府确有诚意严守中立。所谓“中立”政策，本质上只是一种在观望中待价而沽的投机政策，一切视其在华利益而定。因此，随着事态的急剧变化，英国人的天平逐渐向清政府一边倾斜。同年 11 月中旬，为了确保上海不至于落入太平军之手，何伯应邀来到松江检阅华尔在潜逃后新编的洋枪队，与他昔日的阶下囚握手言欢，并允诺当英法两国放弃中立、正式对太平军作战时，将援引华尔洋枪队为盟军，另答应将设法要求香港兵工厂按成本价向华尔出售各种军火。②

12 月 9 日，太平军占领通商口岸宁波。27 日，英方要求太平天国切实承诺不进攻上海、汉口等商埠，遭到拒绝。上述事件使局势急转直下，英国人最终图穷匕见，除公然在上海外围和宁波与太平军兵戎相见外，在雇佣军问题上的态度也发生根本性变化。

1863 年 1 月 9 日，英国枢密院发布命令，特许英国现役军官为清政府服役，从而为戈登接管常胜军铺平了道路。3 月 25 日，戈登和其他几名英国军官正式赴松江上任。很显然，戈登等人与华尔之流并不是同等意义上的雇佣军，前者是在官方直接授意下受雇于清政府的，代表着英国政府的意志和利益。嗣后，戈登率部联合清军绞杀太平军，攻占了江南的许多重要城镇。攻陷常州后，由于戈登的使命已基本完成，加上苏州杀降事件所引起的舆论压力，英国政府这才于次年元旦决定撤销枢密院的命令，召回了所有被雇军官。

与此相反，对于受雇于太平军的本国臣民，英方却持十分强硬的态度，怀特事件即为一例。怀特原在宁波常捷军中服役，因渐生厌心而离去，后在上海结识呤唎并随之投奔了太平军。无锡失陷前夕，怀特因健康原因偕呤唎赴上海就医，旋被英国领事逮捕，以触

① [美]亚朋德：《华尔传：有神自西方来》，雍家源译，《太平天国史译丛》第三辑，72 页，北京，中华书局，1985。

② [美]亚朋德：《华尔传：有神自西方来》，雍家源译，《太平天国史译丛》第三辑，72、81～82 页。

犯 1855 年中立法令的罪名被判处三年徒刑，不久在狱中死去。①

如此处置毫无公正和原则可言，正如呤唎指出的那样："英国人何时听说过'中立'即意味着对一个交战团体给予一切帮助和军援，而对另一个交战团体却公然发动战争并惩罚其朋友呢?"②富有正义感的英国国会议员赛克斯(Sykes)上校和立达尔(Liddel)先生也曾就此在下议院提出质询。英国政府遂于 1864 年 7 月 9 日颁布一道敕令，宣布 1855 年的中立法令"概不涉及、适用于或被认为过去涉及、适用于在迄今为止的任何时期曾经帮助或今后可能帮助中国皇帝政府的任何英国臣民"，另宣称凡参加任何反对中国皇帝之军事行动的英国臣民，"均将依照 1855 年 1 月 17 日的法令予以严惩"③。如此一来，所谓的"中立"法令对于投效太平军者依然有效，而戈登等人触犯此项法令的罪行却因此而被一笔勾销，居然成了合法、正当的举动。

在太平天国与清王朝的这场殊死决战中，西方在华势力是第三者。他们拥有先进的武器和训练有素的军队，其倾向或抉择对于这场决战的孰胜孰负有着不可忽视的影响。太平军后期在东线战场上的失利正说明了这一点。忠王兵败被俘后曾愤愤然就此说道："攻克苏州等县，非算李鸿章本事，实得洋鬼之能。"④

就太平天国本身而言，基于上帝教的"天下一家"⑤理论，他们对洋人始终抱有幻想，希望对方能在这场政治大搏斗中站在他们一边。英国特使额尔金(Elgin) 1858 年末闯入长江时，洪秀全派专人送去一道诏书，内将对方的到来称作"兄弟团圆"，号召"同顶爷哥灭臭虫"⑥，希望英人能与太平军联手灭清。正是基于类似的态度和愿

---

① See A. F. Lindley's book, pp. 700-701. 按：威尔逊一书称怀特仅被判处 2 年徒刑(See A. Wilson's book, p. 189)。

② See A. F. Lindley's book, p. 701.

③ *Ibid.*, pp. 701-702.

④ 《李秀成自述》，《太平天国文书汇编》，527 页。

⑤ 参见拙著《太平天国宗教》，230 页，南京，南京大学出版社，1992。

⑥ 《天王赐额尔金诏》，《太平天国文书汇编》，44 页。

望，太平军将领大多对洋人延纳唯恐不周。慕王对手下洋人尤为宽厚。1863 年 10 月 15 日马惇等人倒戈后，城内的其他 40 余名雇佣兵担心太平军会实施报复，一时人人自危。戈登为此于 16 日致函慕王，要求释放这些欧美人，并将叛变者携带的来复枪悉数归还。慕王 17 日接信后，随即函告已将所有要求离去者“厚给盘缠，备船派人，发给路凭”，于先一日“先赴南浔，令上洋船，听其归去”，余者仍“相待如初”，强调“我等同拜上帝耶稣，一教相传，并无虚假损害之念”。他在另函中还就雇佣军问题表明态度，宣布对于外邦之人“来去原听自便，既不诱之使来，亦不禁之不去”。①

然而，正因为彼此“同拜上帝耶稣，一教相传”，太平天国对于列强起初宣布中立、最终公然与清朝结盟的举动，着实感到不解、失望和愤懑。对于这些桀骜不驯、首鼠两端的洋人，太平天国既抱有幻想，同时又存有相当的戒心。正是出于这种矛盾心态，忠王拒绝了白齐文独立统率军队的请求。另据忠王透露，天王本人对雇佣洋人作战的实际态度并不积极。他还断然拒绝某“鬼头”联手灭清、事后平分疆土的建议，表示“我争中国，欲相[想]全图，事成平定，天下失笑；不成之后，引鬼入邦”②。

在对待雇佣军这一问题上，清政府对洋人同样抱有戒心，彼此间也时常发生摩擦和冲突，白齐文殴官劫饷、率众倒戈事件即为一例。区别在于，清政府为消灭自己的政治对手不择手段，乃至不惜牺牲国家权益，甘冒“天下失笑”和“引鬼入邦”之大不韪，作出“借师助剿”决策，在财政吃紧入不敷出情况下，仍拼凑巨资豢养数支洋枪队，唆使洋人在中国国土上大肆杀戮。据载，从同治元年(1862 年)十月初六日到次年四月常胜军被裁遣，清廷单就粮饷、军火等项所支付的白银就达 117.8178 万两。③ 在此问题上，爱国与卖国的界限

---

① 《慕王复戈登书》，《太平天国文书汇编》，324～325 页。

② 《李秀成自述》，《太平天国文书汇编》，513、543～544 页。按：笔者推测，此“鬼头”即指白齐文，待考。

③ 《李鸿章奏常胜军用款片》(1865 年 3 月 14 日)，见《吴煦档案选编》第一辑，101 页，南京，江苏人民出版社，1983。

是很分明的。

综上所述，由于太平天国对洋人怀有矛盾心态，故而始终未就雇佣军问题制定出统一的政策和方略。因此，尽管太平军各部间有洋人来投，但始终未能形成声势和规模，无法与清方雇佣军相比，从而直接影响了交战双方力量的消长。

另一方面，以英国为首的西方列强在中国内战双方之间所作的抉择，也注定了太平天国不可能获得相当数量的雇佣军和充足的军火供应。如前所述，列强的对华政策完全视其在华利益而定，并无任何信义可言。对他们而言，交战双方中谁更迎合他们的意愿，谁出让的权益越多，他们就选择谁作为自己的盟友。英国公使普鲁斯在写给戈登的一封信中一语道破天机："我们支持清政府，这是出于利益的动机，而不是出于感情的动机。"①雇佣军现象是在紧闭的国门被列强用枪炮强行撞开、中国开始沦为半殖民地社会的背景下出现的，是这一特定历史背景的畸形伴生物。在太平天国时期，围绕雇佣军问题所引发的一系列事件正是西方列强粗暴干涉中国内政、大搞外交投机的一个缩影。

原题《太平军中的外国雇佣军初探》，载《扬州师院学报(社会科学版)》1994 年第 4 期。

① A. E. Hake, *Events in the Taeping Rebellion*, London, 1891, p. 170.

太平天国妇女地位问题再研究

妇女地位问题一直是太平天国史研究中的热点问题之一。在1951年修订出版的《中国近代史》上编第1分册中，范文澜先生就如何评价太平天国提出一个著名的论点，认为“太平革命最大的意义，就在于它是中国历史上第一次提出政治、经济、民族、男女四大平等的革命运动”①。罗尔纲先生也持类似见解，认为太平天国“是一个反封建的革命，男女平等是它的革命政纲之一”，“是妇女解放思想的第一个实行者。这样广大彻底的妇女解放运动，在俄国十月革命以前，世界历史上不曾有过，真是人类最光荣最先进的运动”。② 男女平等一说遂成为评判太平天国妇女地位问题的一个主流观点。从20世纪70年代末起，该观点尽管越来越遭到质疑，但并没有彻底动摇。在1991年出版的《太平天国史》一书中，罗先生仍然强调指出：太平天国的妇女“一洗三千年来中国封建社会束缚妇女而造成的卑怯懦弱以及依赖男子的性格”；“太平天国对妇女的解放，不仅是在中国史上是空前的，就是在十九世纪六十年代的世界史上也是最先进的”。③ 同年出版的《太平天国通史》一书亦云：“太平天国提倡男女平等，妇女解放，设有女官制度。”“太平天国提倡平等思想，否定封建等级制，主张人与人之间的政治平等、经济平等和男女平等，

---

① 范文澜：《中国近代史》上编第1分册，186页，北京，人民出版社，1951年11月修订四版。

② 罗尔纲：《太平天国的妇女》，见《太平天国史事考》，318、340页，北京，生活·读书·新知三联书店，1955。

③ 罗尔纲：《太平天国史》(全4册)，836、837页，北京，中华书局，1991。

自天王以至全体人民都以兄弟姐妹相称。”①2000年夏热播的大型电视连续剧《太平天国》更是着力渲染这种观点。该剧塑造了洪宣娇、傅善祥、苏三娘等几位美貌绝伦飒爽英姿的妇女形象，她们不仅富有气节深明大义，而且参与机要共议大事，全剧给人以巾帼不让须眉甚至阴盛阳衰之感。那么，妇女在太平天国中究竟处于何种地位呢？本文尝试结合对相关史实的考订，再就该问题进行一番较为系统的探讨。

一

耐人寻味的是，在考察太平天国妇女地位问题时，学者们所依据的史料或史实大体相同，但由于理解上的差异，所得出的结论却不尽相同，甚至大相径庭。

《原道醒世训》是洪秀全早年撰写的一篇宗教宣传品，内云“天下多男人，尽是兄弟之辈；天下多女子，尽是姐妹之群”②。这段话通常被视作太平天国提倡(男女)平等思想的依据。洪秀全此言的确切含义究竟是什么？这就必须联系上帝教的“天下一家”理论来作具体分析。

“天下一家”理论是上帝教的核心教义之一。为什么说没有血缘亲情的芸芸众生彼此都是兄弟姐妹呢？洪秀全解释说，世人虽然各有生身父母，但其灵魂皆禀上帝一元之气以生以出，上帝是天下凡间大共之父，“普天之下皆兄弟，灵魂同是自天来”。因此，人们本不该存在此疆彼界之私和尔吞我并之念，理应彼此视同手足，习善正，弃奸邪，“相与淑身淑世，相与正己正人”，如此便能“行见天下

① 茅家琦主编：《太平天国通史》上册，567、586页(执笔人杜裕根)，南京，南京大学出版社，1991。按：新近仍有学者撰文，认为太平天国“反对封建等级制度，提倡平等思想，提倡财产平均，男女平等”(苏双碧：《对太平天国运动的几点看法》，《太平天国史新论》，8页，南京，江苏古籍出版社，2002)。

② 《太平诏书·原道醒世训》，《太平天国印书》，15页。按：《太平诏书》由三篇以“原道”为题的宗教诗文合辑而成，1852年刊行。

一家，共享太平，几何乖离浇薄之世，其不一旦变而为公平正直之世也!”①“天下一家”理论是洪秀全尝试改造世道人心与设计未来理想社会的理论基石。正是根据这一理论，太平天国对社会经济生活进行重新设计，于1853年颁布了纲领性文献《天朝田亩制度》。该文献将其相关思想与规定精练地概括为26个字，即“有田同耕，有饭同食，有衣同穿，有钱同使，无处不均匀，无人不饱暖”②。此外，“天下一家”的教义还被引申为一些具体的理念，诸如军队必须爱护老百姓，官长必须体恤士兵，强调关爱鳏寡孤独废疾等弱势人群，等等。纵观中国农民战争史，在理论上将农民对土地的渴求和均匀饱暖的愿望表达得最为淋漓尽致，并且酝酿按照这种设想来重塑中国社会的，首推太平天国。

上帝教的源头来自西方基督教，但世人灵魂均来自上帝一说在基督教中毫无依据③，纯粹来自洪秀全个人的灵感。洪秀全据此推衍出天下男女都是兄弟姐妹的结论，单纯从字面上理解，这在当时的确是惊世骇俗之论。曾国藩便避重就轻，就此责难太平天国，宣称“自唐虞三代以来，历世圣人扶持名教，敦叙人伦，君臣父子上下尊卑秩然，如冠履之不可倒置。粤匪窃外夷之绪，崇天主之教，自其伪君伪相，下逮兵卒贱役，皆以兄弟称之，谓惟天可称父，此外凡民之父皆兄弟也，凡民之母皆姐妹也”，认为这是举中国数千年礼

---

① 参见《太平诏书》，《太平天国印书》，11、15～16页。按：洪秀全后来又以是否敬拜上帝为标准，对“天下一家”的成员作了具体定义，宣布凡溺信邪神者则为妖徒鬼卒，从而被排斥在“天下一家”之外。

② 《天朝田亩制度》，《太平天国印书》，409页。按：以下该篇引文恕不一一注明。

③ 《旧约》仅宣称上帝创造了人类始祖，并未论及上帝与亚当后裔之间灵魂上的生育关系；《新约》虽然强调上帝的父性，但仅是喻指上帝对世人的慈爱，渲染的是一种形而上的伦理关系。上帝教称上帝为“魂爷”“魂父”，并说洪秀全等首义诸王的灵魂与肉体均来自上帝，是上帝的亲生子(萧朝贵是帝婿)。这成为洋人诟病上帝教的原因之一。

义人伦"一旦扫地荡尽"。① 这一论断在民间尤其是士大夫中很具有煽动性。

不过，曾国藩的分析终究仍属于皮相之见。事实上，太平天国不仅从未否认五伦关系的存在，而且还异常重视。在宣传四海皆兄弟、民胞物与等观念的同时，太平天国强调，尽管芸芸众生同为上帝子女，彼此都是兄弟姐妹，但在现实生活中，人们又各有名分，而且这种上下尊卑关系是由上帝一手排定，体现了上帝的意志。在此意义上，洪秀全又将"人伦"称作"天伦"，认为"子不敬父失天伦，弟不敬兄失天伦，臣不敬君失天伦，下不敬上失天伦"，正言厉色地宣称"只有媳错无爷错，只有婶错无哥错，只有人错无天错，只有臣错无主错"。② 为了严格区分上下尊卑，使人们在等级制给自己圈定的位置上对号入座，太平天国同样敦促人们习礼，并强调"正名"。《天情道理书》即云："抑知礼之用，和为贵，为上者不可以贵凌贱，不可以大压小；为下者不可以少陵长，以卑逾尊。务宜以礼自持，以和相接，方不失为天国之良民也。"③《王长次兄亲目亲耳共证福音书》则引天王预诏曰："君不君，臣不臣，父不父，子不子，夫不夫，妇不妇，总要君君臣臣，父父子子，夫夫妇妇。"④此语源自《论语·颜渊》，但已添加上"夫妇"的内容，以凑成完整的君臣、父子、夫妇三纲。

与推行礼教相呼应，太平天国建立了一整套礼仪制度，早在建元之初便颁布《太平礼制》，按照尊卑等级，规定了各级职官及其亲属的不同称谓，极为烦琐。定都天京(今南京)后，太平天国的礼仪制度日臻完善，从府邸、官印、仪卫舆马到饮食、服饰等，均按官职大小严格区分。例如，太平天国在建都初期特意发布一份通告，严申"贵贱宜分上下，制度必判尊卑"，宣布红、黄两色是官服的专

① 《讨粤匪檄》，《曾国藩全集》第 14 册《诗文》，232 页，长沙，岳麓书社，1994。

② 《天父诗》第 378、475 首，《太平天国印书》，630、644～645 页。

③ 《天情道理书》，《太平天国印书》，529 页。

④ 《王长次兄亲目亲耳共证福音书》，《太平天国印书》，714 页。

用颜色，无官之人仅准用红色包头，其余一概不得僭用；告诫人们“遵守礼仪，郑重红、黄二色，其已成之物，只准穿在内服，不准作为外观。倘限期已满，一经查出，按照天法，斩首不留”①。这种思想和制度还被正式写进了《天朝田亩制度》中。它将所有社会成员划分为“功勋等臣”和“后来归从者”两大类，规定前者“世食天禄”，而后者则承担“杀敌捕贼”“耕田奉上”的义务。可见，田产均耕、财富均分的设想实际上仅适用于“后来归从者”的范围，相对于特权阶层“功勋等臣”来说，两者的政治、经济地位并不平等。仅以女性为例，定都以后，太平天国将不少阵亡将领的女眷封为恩赏各职。这些女官均享有特权，“无不锦衣玉食，出入鸣钲乘马，张黄罗伞盖，女侍从数十人，喧阗于道”②。既然连女性内部也严判上下尊卑，无法体现平等，又怎么能够奢望太平天国会实行男女平等呢？换句话说，在全体成员的社会地位并不平等的前提下，男女平等又从何谈起呢？

太平天国在推崇礼义人伦的同时，反复强调世人都是兄弟姐妹，试图借虚拟的亲情来化解君民士庶之间的隔膜或矛盾，营造一个和谐有序的社会。这种设想无疑有值得称道的一面。在起义初期，上帝教的“天下一家”理论极大地迎合了下层民众的心理，成为太平军将士征伐江山的巨大精神源泉。但是，既强调世人都是兄弟姐妹，同时又严判上下尊卑，如何使两者并行不悖，这却是太平天国始终也无法解开的一个死结。归根到底，太平天国要求人们各按人伦关系中的名分行事，不得越雷池一步，并且切实推行等级森严的礼仪制度，从思想到实践，都没有跳出传统的窠臼。以绝大多数人的卑贱来衬托极少数人的尊贵，这就注定了“四海皆兄弟”“无处不均匀，无人不饱暖”等理念最终仅徒有宣传层面上的意义，也注定了太平天国无力挣脱封建制度的六道轮回。总之，“天下多男人，尽是兄弟之辈；天下多女子，尽是姐妹之群”一语并不包含男女平等之类的近代

① 《佐天侯陈承瑢晓谕》，《太平天国文书汇编》，90～91页。

② 张德坚：《贼情汇纂》卷3，《太平天国》第3册，110页。

平等思想。①

以上所论述的内容斑斑可考，可以说是尽人皆知，但倘若我们出于为尊者讳的考虑，不予以正视或承认，而是拘泥于历史的表象，有选择地根据片言只字来进行简单的推断，那么，我们就难免会得出似是而非的结论。又如，有研究者根据《天朝田亩制度》中“凡分田照人口，不论男妇”的规定，认为这说明太平天国明确规定妇女在经济上拥有与男子同等的地位。其实，该分田方案带有浓厚的空想色彩，最终没有也不可能付诸实施。另一个值得注意的细节是，包括洪秀全在内的太平天国核心人物大多为客家人，在客家社会，男子一般外出谋生，女子通常是家庭的支柱，终日劳作不辍。太平天国将妇女列为分田的对象，与客家社会特殊的生活背景不无关系。这种思路固然值得赞许，但如果将其初衷理解为确立男女在经济上的平等地位，则不免有些牵强，更何况按照《天朝田亩制度》的规定，全体社会成员的经济地位并不平等，已见前述。

太平天国曾经在都城推行废止缠足法令，组织妇女从事各种社会劳动。有一种观点认为：“中国封建社会要把妇女关在家庭，太平天国却把她们解放出来，解放缠足，参加社会劳动，使她们也同男子一样都得各尽所能，对社会有所贡献，这一件大事，在中国妇女解放史上，是应该大书特书的。”②这种说法值得商榷。

定都天京后，太平天国在城内大兴土木，除部署防务外，还对旧有的文武衙署与民间峻宇豪宅进行大规模的扩建或修葺，改作诸王王府等各级官邸。太平军的总兵力也扩充到十二三万人，且战事

---

① 太平天国充其量仅承认人人都有拜上帝的平等权利，但即使是在举行拜上帝仪式时，君臣主仆的名分和与上帝的亲疏关系也被限定得泾渭分明。参见拙著《太平天国宗教》，269～270页。又，有人指责洪秀全是一个借“邪教”起家的骗子，彻头彻尾利欲熏心的政治野心家；也有人认为洪秀全起初具有平等思想，后来才逐渐蜕变。笔者认为，洪秀全最初抱有救世救民的热忱是毋庸置疑的，但他从未萌发过任何近代意义上的平等思想，其思想自始至终只有量变，没有质变。

② 罗尔纲：《太平天国史》，835页。

倥偬，军需事务繁重而又紧迫。为了解决人手不足的问题，太平天国不得不征派大量民女来从事各种劳作。当时，天京实行严别男女、拆散家庭的政策，全城民女按照军事编制，每25人编为一馆，从事削竹签、挖壕沟、抬瓦、运粮、割麦、搓麻绳、劈柴等体力劳动；善女红的女子则被编入绣锦衙，其绣花处曰绣花馆，算是上差。妇女们领不到任何报酬，仅有口粮供应。显然，这种劳动属于战时体制下的一种强制性劳役，与有意识地解放妇女参加社会劳动不能相提并论。

缠足是汉族女子特有的习俗，相传发轫于五代时期，后来逐渐从上层社会蔓延到民间，被视为女性文雅和身份的象征，是戕害广大妇女身心健康的一大陋俗。太平军中的首义女子以客家人和壮、瑶等少数民族为主，均天足健步，且大多跣足。定都后，她们纷纷出任管辖女馆的各级女官，因为赤足泥腿，所以被江南士子讥笑为“大脚蛮婆”。太平天国禁止缠足，显然受到了客家女子习俗的影响。该法令客观上冲击了缠足陋俗，但其最直接的主观动机并不是为了保护女子的肢体不受摧残，而是为了让民女在抛却弓鞋罗袜后能够立即当差。正因为带有强烈的功利色彩，所以太平天国没有过多考虑民女身心的承受能力，推行该法令的手段较为简单粗暴。曾有一士子认为“大者不能小，小亦不能大”，并就民女放足后立刻服役的痛楚状描述道：“出令戒缠足，违者遇之恚。轻或施以鞭，重且系以械；迁怒小过摘，报怨苦旅派。鞋帮束脚松，鞋底触石坏，十指抵地行，奇痛胜蜂虿。趑趄又倾跌，此形实狼狈；臃肿又皲瘃，此病非癣疥。”①另有一则史料亦云：“贼蛮婆皆大脚，驱妇女出城当差，谓江南女子脚小无用……着其放脚。妇女皆去脚带，赤足而行，寸步维艰，足皆浮肿，行迟又被鞭打。呼号之声，不绝于道。”②过去，我们对上述文字所反映的这一幕持回避态度，单纯津津乐道于天京

① 马寿龄：《金陵癸甲新乐府》“禁裹足”诗，《太平天国》第4册，731～732页。

② 沈隽曦：《金陵癸甲摭谈补》，《太平天国》第4册，681页。按：此类文字难免带有感情色彩，不确或夸大之处在所难免，但所叙述的事实大体属实，绝非凭空捏造。时人笔记中类似的记载俯拾即是，兹不一一罗列。

城"一日万家缠足放"的所谓盛况，所得出的结论也就难免失之偏颇。

上文提到统领女馆的各级官员主要由太平军中的首义女子担任。大凡认为太平天国提倡男女平等的论者，通常会列举女官制度作为自己的论据之一。在太平天国，官员的任命与升迁除了受血缘、地缘因素的影响外，主要有两个途径，一是军功，二是科考。在分析妇女参政的实际情形之前，我们不妨首先就女性参加太平天国军事、文化活动的情况略作考察。

金田团营期间，鉴于各地会众都是举家举族参加起义，为了打破清军的围剿，适应流动作战的需要，太平军划分男行女行，规定除洪秀全等少数核心人物外，一律严别男女，即使是夫妻也不得同宿，用军事编制取代了作为社会细胞的家庭组织。在太平天国开国初期，妇女与男子并肩作战，曾经立下赫赫战功，苏三娘便是其中最为著名的一员女将。东王杨秀清后来就此褒奖道："我们弟妹果然忠，胜比常山赵子龙。起义破关千百万，直到天京最英雄。"①定都以后，太平天国依旧在天京实行严别男女政策，将全城居民以 25 人为基本单位，分别按照性别编入男馆或女馆，已见前述。不过，此时的女馆虽然亦称"女营"，完全采用军事编制，但随着时过境迁，其职能已以从事后勤劳务为主，成建制的正式女军实际上已不复存在。间有部分首义女子仍然参战，也仅属于在建都初期兵力不敷的情况下所出现的一种特殊现象，随后便基本上消失。

科举考试是太平天国延揽人才的一种手段，其文科考试依旧采用八股文与试帖诗的形式，但题目不是出自四书五经，而是依据上帝教教义。上元生员吴家桢《金陵纪事杂咏》有云："棘闱先设女科场，女状元称傅善祥。"附注曰："贼将识字女子考试，取傅善祥为第一，唤入伪府，令司批答。"②太平天国是否专为女子开设过科举考试，傅善祥究竟是不是名副其实的女状元，学术界对此向有争论。傅善祥是金陵人，20 余岁。在太平天国出版的《天父圣旨》一书中，

---

① 《天情道理书》，《太平天国印书》，536 页。

② 转引自汪堃：《盾鼻随闻录》卷 8，《太平天国》第 4 册，423 页。

她的名字被写作“伏善祥”，其职衔为东王府的内簿书，相当于今天的文秘。太平天国的要员大多目不识丁，所以需要借重读书人来代为批复文书。天京确实曾于1853年招考过女子，其宗旨正是遴选识字能书之人到各王府供职。这种考试既没有经过县试之类的层层汰选，也没有年份与类别之分，与正式的女科显然不是一回事①。傅善祥因为考中第一名，所以被约定俗成地称为“女状元”，可谓名不副实。随着次年天京闹起粮荒，大批民女被遣散出城，此类考试以后便再也没有举行过。

既然女性在太平天国的军事、文化领域影响式微，处于边缘地带，妇女参政的实际情形也就可想而知了。太平天国的女官主要分为两个系统，一是统领女馆的军中官，二是在天朝宫殿(俗称“天王府”)等王府中供职的朝内官。定都天京后，女军每军设一名军帅，一军帅统25名卒长，一卒长领4名两司马，一两司马管25人，即每军下辖100个女馆。全城女馆共编为40军，约10万人。每军军帅之上，设监军、总制各一人；但总理女馆事务的则是男性，即春官又正丞相蒙得恩，“其各营女官及女巡查等，日三至而听令焉”②。前已说明，女馆尽管实行军事编制，但并不负有作战的职责，而是以承担各种杂役为主。江南女子盛行缠足习俗，从事户外劳动本已十分勉强，出城作战更是绝无可能。朝内官人数较多，职衔也相对较高，有军师、丞相、检点、指挥、将军等名目。这与太平天国废弃了宦官制度、一律改用女子执事有很大关系。以天王府为例，除洪秀全父子外，宫城内没有任何别的男性居住，从凿池挖塘、打扫禁苑，到天王的饮食起居、坐朝视事等，主要由各级女官负责打点。朝内女官包括职同、恩赏各职。例如，天王府内掌门、东王府内贵

---

① 罗尔纲先生便纠正了“女科”的旧说，认为将这种考试称为“女试”较为稳当。参见罗尔纲：《太平天国史》，1288～1289页。又，太平天国的知识分子政策存在很大局限性，其主要特征是使用但不重用读书人。按照规定，即便是在科考中高中状元者，也仅被授予指挥一职；在军中专司笔墨的“书手”虽然颇受敬重，但其职权也仅限于书写，其余则无从置喙。

② 张德坚：《贼情汇纂》卷2，《太平天国》第3册，59页。

使均职同检点。在绣锦衙任职的女官也是职同官，分设指挥、将军、总制、监军等职，其中女绣锦监军计160人，每名监军统绣工50人，整个绣锦衙共有女绣工8000人，专门制造各式冠服。恩赏各职属于抚恤性质，大多封给阵亡将领的女眷，已见前述。如某检点殉难后，其妻子或女儿则被封为恩赏检点一职。

据统计，在定都初期，太平天国的女官一度达到6584人①。其女官人数之多，的确令人咋舌。然而，随着民女的大量逃亡以及严禁男婚女嫁与夫妻团圆之法令的废止，女馆与绣锦衙急遽萎缩，女官的人数也随之锐减。另一方面，在太平天国整个职官体系中，女官的地位无足轻重，主要负责女馆和王府中的各种杂役，而且不少人属于职同、恩赏性质的虚衔，根本不能参与机要或共谋军政大事。因此，对于太平天国的女官现象，我们不能作出过于乐观的评判。

通过上文对具体史实的考辨可以看出，妇女在太平天国的活动空间极为有限。这与洪秀全等人对妇女的定位有着直接的关系。1852年刊刻的《幼学诗》共收34首五言诗，内有8首诗分别以母道、媳道、姐道、妹道、妻道、嫂道、婶道、女道为题，对女性在扮演不同角色时所必须遵循的伦理准则作了明确规定。其中，“妻道”诗云：“妻道在三从，无违尔夫主，牝鸡若司晨，自求家道苦。”②用形象直白的语言灌输三从四德的思想，并且堂而皇之地将其列为幼儿启蒙读物，洪秀全等人对待女性的心态由此可见一斑。次年春，洪秀全又颁布一道诏旨，严申“男理外事，内非所宜闻；女理内事，外非所宜闻”③，重弹男主外、女主内的老调。1857年刊行的《天父诗》更是连篇累牍地阐述了类似的思想，兹不赘述。

杨宣娇的遭遇从一个侧面说明了妇女在太平天国的命运。关于洪秀全等人与上帝之间的关系，上帝教别有一番解释，说洪秀全是上帝次子、基督胞弟，冯云山、杨秀清、韦昌辉分别是上帝的第三、

---

① 张德坚：《贼情汇纂》卷11，《太平天国》第3册，309页。

② 《幼学诗》，《太平天国印书》，60～62页。

③ 《严别男女整肃后宫诏》，《太平天国文书汇编》，38页。

第四、第五子，杨宣娇排行第六，其夫萧朝贵是上帝之婿，石达开排行第七。正是基于这种形而上的血缘关系，洪秀全称杨宣娇为妹，称萧朝贵为妹夫。① 杨宣娇本是广西桂平县紫荆山区的一名农家女，在皈依上帝后异常活跃，成为上帝会中最为著名的女教徒，故各地会众有“男学冯云山，女学杨宣娇”②一说。她能够与洪秀全等人以兄妹相称，被列为上帝的独生女，其地位与声望不言而喻。然而，就是这样一位声名显赫的女强人，还没有等到金田起义爆发，便屡遭挫辱，从此风头尽失。太平天国文献尽管对此语焉不详，但仍有一些线索可寻。据载，己酉年十二月十八日(1850 年 1 月 30 日)，萧朝贵因杨宣娇与陈二妹嫂婶关系不和，恐杨宣娇“未能遵正”，特意以天兄下凡的名义，告诫她要“炼得好好”。数日后，天兄又吩咐洪秀全“教导宣娇”。③ 时隔不久，天父(杨秀清)又亲自出面，以“无谨逞高张”“不遵天令乱言题”的罪名，下令将杨宣娇杖责 60 大板，就连在一旁听她“乱言讲”的人也一同受到牵连。《天父诗》就此写道：“奉天诏命尽势打，乱言听者不留情。”“若是不遵天命者，任从全清贵杖尔。”④看来，杨宣娇所受的皮肉之苦不轻，免不了臀部鲜血淋漓，而且洪、杨、萧三人似乎都参与了杖责。杨秀清等之所以在起义前夕毫不手软地处置杨宣娇，除利益冲突的因素外，与旧的观念意识的日益膨胀也有很大关系，其目的是为了驯服杨宣娇，不让她再那么逞能，那么不知收敛。在现存太平天国文献中，关于杨宣娇在起义后的活动没有留下片言只字。当年那个风风火火才华出众的女子，已经基本上从人们的视野中消失了。

---

① 这种虚拟的血亲关系比历史上的桃园结义更近了一层，有利于加强领导层的向心力与凝聚力。由于对这种称谓的由来一头雾水，民间稗史一度将杨宣娇误传为“洪宣娇”，说她是洪秀全的胞妹。

② T. Hamberg , *The Visions of Hung-Si-Tshuen and Origin of the Kwang-Si Insurrection*, Hong Kong, 1854, reprint by Yenching University Library, 1935, p. 34.

③ 《天兄圣旨》卷 1，王庆成编注：《天父天兄圣旨》，27～28、33 页。

④ 《天父诗》第 108～111 首，《太平天国印书》，589 页。按：文中“全清贵”分别指洪秀全、杨秀清、萧朝贵三人。

总之，洪秀全等人男尊女卑的观念根深蒂固。因此，起义立国以后，尤其是在定都天京后，曾经为起义作出过巨大贡献的广大妇女便逐渐淡出太平天国的政治与军事舞台，其活动空间十分有限。

二

考察妇女在太平天国的社会地位问题，自然不能撇开太平天国的婚姻状况这一重要话题。《天朝田亩制度》规定："凡天下婚姻不论财。"在所著《太平天国：太平天国革命史，包括作者亲身历险的叙述》一书中，英国人呤唎对太平天国的婚姻状况颇多论述，内云："据我看来，太平天国社会制度中最值得称赞的就是妇女地位的改善，她们已经由亚洲国家妇女所处的卑贱地位提高到文明国家妇女所处的地位了。太平天国革除了两千年来妇女所受到的被愚昧和被玩弄的待遇，充分地证明了他们的道德品质的进步性。""男女从未谋面即行结婚的旧俗，选择吉日的迷信，以及致送聘金等等全被革除净尽……太平天国的妇女摆脱了束缚，享有社会地位，从而他们的结婚也就成了爱情的结合。"①有学者援引上述文字，赞誉太平天国"废除封建的买卖婚姻"，"在婚姻制度上完成了它的反封建的业绩"②。事实果真如此吗？

呤唎于1859年来华，原在英国驻沪海军中服役，不久改从经商，次年秋进入太平天国境内采购生丝，对太平军产生同情和好感，从此便与太平天国结缘。《太平天国》一书系呤唎1864年回国后写就，共26章，每隔一章交替叙述太平天国史和他本人投效太平军的亲身经历。但需要指出的是，该书对太平天国有不少溢美之词，作者所讲述的"亲身历险"内容也有很多夸张虚构的情节。仅就与婚姻

---

① A. F. Lindley, *Ti Ping Tien Kwoh* : *The History of the Ti-Ping Revolution* , *Including a Narrative of the Author's Personal Adventures*, London , 1866. 转引自王维周中译本之《太平天国革命亲历记》，239、253页，上海，上海古籍出版社，1985。

② 罗尔纲：《太平天国史》，831～832页。

相关的内容而论，诸如陈玉成在香港结识洪仁玕，与后者的侄女一见钟情，后来一同投奔天京；赞嗣君蒙时雍企图诱拐呤唎的未婚妻玛丽等，纯属向壁虚构。更何况呤唎直到后期才与太平军接触，对早期的情形并不了解。因此，对于呤唎的叙述，我们不能不加甄别地一概视为信史。细加考订便不难发现，呤唎对太平天国婚姻状况所作的评述与事实有很大出入。

《天朝田亩制度》刊行于 1853 年，除规定“凡天下婚姻不论财”外，它还尝试进行婚礼改革，强调必须举行祭告上帝的仪式，“一切旧时歪例尽除”；宣布“一夫一妻，理所宜然”，明确提倡一夫一妻制，等等。但是，该文献颁布之时，无论在军中还是民间，太平天国都推行隔绝男女、拆散家庭的政策，男婚女嫁一事被无限期地推迟。因此，上述规定与现实严重脱节，仅是一纸空文，而且也是因人而异。

仍以天京为例，该城当时实际上已变成一座军营，人们分别按照性别被编入男馆或女馆，实现严格的军事化编制和管理。为了严别男女，太平天国采用严刑峻法，规定只要是和异性发生了性关系（包括夫妻同居），便一律属于触犯“奸淫”罪，格杀勿论。冬官又正丞相陈宗扬、镇国侯卢贤拔均为战功显赫的开国将领，仅因各与妻子私合过几次，分别被斩首示众、削去爵位（事详《天父圣旨》卷三），足见当时处置此类事件的严苛程度。女馆平日戒备森严，男性前来探视自己的家眷也受到严格限制，按照规定，“只宜在门首问答，相离数武之地，声音务要响亮，不得径进姐妹营中，男女混杂”①。这就使得男女关系几乎成为天京城最大的禁忌，动辄得咎，令人谈性色变。

与普遍推行禁欲主义形成强烈反差的是，洪秀全等首义诸王从起义之初就实行多妻制，起初是在两广随军女子中选妃，后来改为在征伐途中就地从民女中遴选。定都以后，这种选妃方式被固定化，每逢诸王寿诞之日，照例事先在城内女馆中大规模地选美，先由各女军挑出 12～15 岁的处女，汇总后再经过层层筛选，最终选定 15 人左右，每次天王、东王各六人，北王二人，翼王一人，“谓天父怜

① 《天情道理书》，《太平天国印书》，529 页。

各人劳心过甚，赐来美女也”①。凡是备选的少女都要经过一番梳妆打扮，“女衣饰甚美；母随来，蓬首蓝缕[褴褛]如丐，含泪不垂；父则遥立不敢声，形色最惨戚”②。时人有诗一首描述得更为详细：“今日不幸为女子，尤不幸为女子子。列王传令选王娘，母女相持面如死。巡查勒马立门前，军帅握鞭搜馆里。大者逃出馆外颓垣阴，小者逃入阿母破床底。无论痴与黠，逃之不得脱。面目稍平正，居然中简拔，衣裳罗绮骤装束，脂粉馨香肆涂抹。从之亲戚叨笑言，不从骨肉受鞭挞。女官迫使驴驮去，阿孃肉向心头割，薄送出门忍泪归，吞声哭说掌珠夺。得宠为妃荐床第，失势为奴埽室闼。”③于是，继男女分馆之后，选美之举再度在全城居民中引起一片恐慌，搅得民间云愁雾惨，人言籍籍。

一边是妻妾成群，美女如云，而另一边却是怨女旷夫，妻离子散，这种上下有别的婚姻政策显然无法让人心悦诚服。为了自圆其说，杨秀清等人将自己的特权归结为上帝的安排，声称“兄弟聘娶妻妾，婚姻天定，多少听天”④，同时又言不由衷地规劝众人曰：“但当创业之初，必先有国而后有家，先公而后及私，况内外贵避嫌疑，男女均当分别……”⑤在事实的反衬下，这种说教显得十分苍白无力。一名身临其境的士子愤愤不平地指出：“夫妻相处亦为奸，惟逆贼逼夺民女则不犯。……贪淫贼之本心，但禁人而已。”⑥由于物极必反，太平军中夫妻冒死同居的事件一直时有发生，鸡奸即同性恋

① 谢介鹤：《金陵癸甲纪事略》，《太平天国》第4册，658页。按：定都初期的频繁选美使各王女眷的人数激增。杨秀清1856年死于内讧时，其王娘总数为54人；洪秀全的后妃则最终达88人之多。又，除天王等四人外，天官正丞相秦日纲于天历癸好三年(1853)七月破例获准娶妻，从此也不受严别男女法令的约束。

② 张汝南：《金陵省难纪略》，《太平天国》第4册，721页。

③ 马寿龄：《金陵癸甲新乐府》“选女孩”诗，《太平天国》第4册，732页。

④ 《东王杨秀清答复英人31条并反问英人50条诰谕》，《太平天国文书汇编》，301页。

⑤ 《天情道理书》，《太平天国印书》，529页。

⑥ 谢介鹤：《金陵癸甲纪事略》，《太平天国》第4册，653页。

现象也悄然滋蔓，从而加大了太平天国整肃军纪的难度。民间的局面也日益失控，在天历甲寅四年(1854 年)四月的一道诰谕中，连杨秀清本人也不得不承认，天京民人“以为荡我家资，离我骨肉，财物为之一空，妻孥忽然尽散，嗟怨之声，至今未息”①。迫于内外压力，为了安抚人心，太平天国决策层被迫改弦易辙。1854 年 10 月 1 日，杨秀清托称自己在梦中接奉天父圣旨，宣布废弃现行的过激法令，允许人们团聚成家。

然而，所谓允许夫妻团聚和未婚者成家，仅是局限在为官者的范围。据谢介鹤《金陵癸甲纪事略》记载，咸丰四年甲寅十二月，“贼令各伪官每人娶妇数名，许其自择，不从死者甚夥”②。法国耶稣会传教士葛必达(S. Clavelin)神父曾于 1855 年年初在天京附近活动，对相关情形也有所了解。据他报道：

> 今年年初，这座京城发生了一件极不寻常的事情。一连几天，人们总是听到一种奇怪的声响，仿佛所有的炸药包、鼓和土炮都已为此运到了南京。原来这是为了庆祝集体婚礼。据说，叛军首领们为了使部下更加紧密地同他们的事业维系在一起，想用结婚和拥有财产的方式将他们拴在这个地方。他们将城里的主要住宅按照功劳大小分配给来自广西和湖广的军人，让他们同所控制的无数年轻姑娘中的一人结婚。这些婚礼无论搞得多么热闹和装模作样，常常无法避免地被由此而引起的绝望场景弄得愁云惨淡。成百的妇女由于不愿与这些冒险家共命运，宁可一死了之，就像南京当初被攻占时那样。她们有的上吊，有的投河，有的放火烧掉房子，把自己埋葬在废墟中。③

上述记载均谈到一个细节，即这种婚配与诸王选美一样，基本上

① 《东王杨秀清劝告天京民人诰谕》，《太平天国文书汇编》，114 页。

② 谢介鹤：《金陵癸甲纪事略》，《太平天国》第 4 册，666 页。

③ “A Letter from Fr S. Clavelin,” *Western Reports on the Taiping*, pp. 176-177.

属于违背女方意愿的强制性婚姻，致使不少民女为此而殉节。后期，在苏南一带驻防的太平军也延续了这种择偶方式。以苏州城为例，“女馆点名，其实拣处女及年轻幼女，幼孩六七岁以上亦有拉去者”；“妇女美者，贼目占为己妻；稍有姿色者，驱入女馆中以便拣选”①。不过也有例外，“贼亦娶民间妇女，民间妇女有饥寒不能度日者，亦愿嫁贼”②。可见即使是出于自愿，民女也是为生计所迫，与所谓爱情的结合远不是一回事。另一方面，这种联姻并没有遵循《天朝田亩制度》中有关“凡天下婚姻不论财”“一切旧时歪例尽除”的规定，而是大体沿袭江南民间托媒人、送聘礼之类的旧俗。以常熟为例，从咸丰十年(1860年)末到次年春，当地太平军“婚娶民间甚多，每有乡官熟识人等做媒，聘资柯金丰厚，酬赠不吝”③。婚礼也十分讲究排场。

这些成为各级首领女眷的民女构成太平军中的一个特殊群体。英国伦敦布道会的慕维廉(W. Muirhead)牧师在1861年春访问天京期间，惊奇地发现所见到的妇女全都衣着华美，许多妇女骑马外出，不少妇女还停下来听他布道，举止得体，态度端庄。近有论著据此认为，“太平天国妇女由平等、自尊的心态而产生的自由而大方的举止形象，不能不令初见的人刮目相看”④，这似乎属于误解。事实上，慕维廉牧师的判断不乏主观色彩，而且其笔下的妇女以各级首领的女眷(包括部分女官)为主，并不具有代表性。此外，与普通妇女相比，尽管由于夫贵妻荣的缘故，这些女眷享有闲暇和较好的物质待遇，但其心境不尽相同。例如，在浙江平湖县城，女眷们平素“逐队闲行，皆涂脂抹粉，衣服鲜华，或扬扬意得，或郁郁含愁”⑤。

---

① 汪德门：《庚申殉难日记》，蓼村遁客：《虎窟纪略》，《太平天国史料专辑》，10、16页。

② 蓼村遁客：《虎窟纪略》，《太平天国史料专辑》，31页。

③ 汤氏：《鳅闻日记》卷下，《近代史资料》总30号，115页，北京，中华书局，1963。

④ 《近代中国社会文化变迁录》第1卷，80页，杭州，浙江人民出版社，1998。

⑤ 顾深：《虎穴生还记》，《太平天国》第6册，736页。

一言以蔽之，无论这些女眷的自我感觉如何，在这种捆绑式婚姻中，她们的尊严和自由都极为有限，夫妇双方的地位毫无平等可言。洪秀全对待自己后宫的态度正说明了这一点。他曾经由着性情，击踢、杖责怀有身孕的娘娘，事详《天父下凡诏书》第二部。为了约束其后妃的举止言谈，他还专门立下十条规矩："服事不虔诚，一该打；硬颈不听教，二该打；起眼看丈夫，三该打；问王不虔诚，四该打；躁气不纯静，五该打；讲话极大声，六该打；有喙不应声，七该打；面情不欢喜，八该打；眼左望右望，九该打；讲话不悠然，十该打。"①这一片"该打"声揭去了罩在洪秀全与其后妃关系上的温情脉脉的面纱，凸显的是一种地道的主奴关系。有学者百般为洪秀全辩解，认为此类言论仅是洪秀全个人的意见，且仅在天朝宫殿内发生作用，并没有影响到太平天国对广大妇女的解放。这种解释没有说服力，也不符合洪秀全本人的初衷。因为早在定都之前，洪秀全便强调"后宫为治化之原，宫城为风俗之本"②，明确宣布以自己所调教的后宫作为其境内治化的表率。

女性在婚姻中所处的地位之所以如此卑下，除了这种结合大多属于强制性婚姻的因素外，还在于太平天国的婚姻政策严判上下尊卑，根据森严的等级制所衍生出的多妻制，使女子变相成为特权阶层身份与地位的一种陪衬，沦为单纯侍奉、取悦为官者的工具。在1854年6月末写给英国来使的复函中，杨秀清一本正经地询问对方是否知道上帝有多少个儿孙。这实际上是杨秀清真实心理的一种流露。在他看来，上帝至尊，当然不会只有一个妻子，而应当是妻妾成群，人丁兴旺；每个人的名分不同，娶妻也就多少不一，这是天经地义、合乎礼制的。正是基于这种逻辑，在太平军内部，是否为官与官职的大小直接决定着一个人能否娶妻和娶妻的多少。婚姻解禁后，普通士兵依旧没有资格娶妻；新近实施的龙凤合挥制度仅适

① 《天父诗》第17、18首，《太平天国印书》，574～575页。

② 《严别男女整肃后宫诏》，《太平天国文书汇编》，38页。

用于低级官员，其性质属于一夫一妻制；而中高级官员则实行多妻制。① 约在 1860 年年末，洪秀全特意降诏核定了文武百官娶妻的具体人数，宣布“朕今就婚姻诏明天下，妻子人数依据官职的高低而定，多寡不一”，规定东王、西王十一妻，从南王到豫王各六妻，高级官员三妻，中级官员二妻，低级官员与其余人等均为一妻。② 同样依据等级制，太平天国还就各级官员妻子的称谓作了具体规定，达 17 种之多，其中丞相至军帅妻统一加称“贞人”。于是，人们约定俗成，除了称列王之妻为“王娘”外，将其余官员之妻一概称作“贞人”。因为中高级官员实行多妻制，所以贞人又有大小之分，妻曰“大贞人”，妾曰“小贞人”，故江南民谣有“大小贞人共一床，模模糊糊过时光”③一说。女子有时甚至还直接成了赏赐品。1862 年年初，天王封皖北苗沛霖为奏王，特意“恩赐王娘数名，不日忠王专员护送前来”④。总之，在强行婚娶和多妻制的背景下，女子在男方面前连最起码的人格和尊严都没有，又哪里谈得上什么婚姻自由、男女平等呢？

“贞人”是太平天国特有的一种称谓，除丞相至军帅之妻外，还兼指所有的女官，取“妇人以贞节为贵者也”之意。在洪秀全等人看来，男人(中高级官员)一夫多妻是合法的，但女人必须严守贞操。在严禁夫妻团圆期间，天京某女馆的女官曾劝慰民女说：“既吃天父饭，要替天父办事，不要记罣老公。天王打平了江山，一个人有几多的老公。”⑤这番话带有十足的夸张、调侃色彩，显然不足为据。那么，太平天国对寡妇改嫁又持何种态度呢？据马寿龄《金陵癸甲新乐府》记载，太平军首领在天京“讲道理”时，曾表示“夫死自有夫，

① 详参下文《太平军中的婚姻状况与两性关系探析》。

② 原件佚，本文据英文件回译，见梅谷(Franz Michael)编《太平叛乱：历史和文献》(*The Taiping Rebellion: History and Documents*)第 3 卷，984～985 页，西雅图，华盛顿大学出版社，1971。按：东王、西王、南王虽已辞世，但其爵位各由其子嗣承袭。

③ 参见李光霁：《劫余杂识》，《太平天国》第 5 册，314 页。

④ 《余定安再上筹天义梁禀申》，《太平天国文书汇编》，236 页。

⑤ 张汝南：《金陵省难纪略》，《太平天国》第 4 册，695 页。

妻死自有妻"①。佚名《金陵纪事》也有"寡妇频言与丈夫，柏舟节义笑为迂"②一说。有学者据此认为，太平天国反对强迫妇女守寡的风气，扫荡了封建礼教；另根据《天朝田亩制度》中关于"凡礼拜日，伍长各率男妇至礼拜堂，分别男行女行，讲听道理，颂赞祭奠天父上主皇上帝矣"的规定，赞誉太平天国将圈在家庭内的妇女解放出来，使男女一同礼拜上帝，享有同等的社会地位。③

其实，太平天国从未颁布过涉及妇女守寡的法令。洪秀全曾婉转地就此表过态。1853 年刊行的《新遗诏圣书》(《新约》)卷一《马太传福音书》第 22 章第 24～26 节曰："摩西昔云：人无子而死，则弟可娶兄嫂为兄生子也。夫在吾中有七兄弟，其长者娶妻无子而故，遗其寡妻与弟矣。第二、三至第七亦然。"洪秀全后期在修订《圣经》时，将这段经文改为"凡情也道：人娶妻而死，其妻改嫁他人，未几而改嫁夫又死矣，其妻又改嫁他人，未几而改嫁夫又死矣，其妻又仍改嫁，夫至第七亦然"④。在太平天国文献中，"凡情"是"天情"的反义词，指不符合上帝教诲的旧的观念和风俗习惯。太平天国认为"凡情丢却尽，方得上天堂"，所以反复告诫人们要"修真炼好凡情脱""凡情脱却显天情"⑤。洪秀全视弟娶兄之遗孀为乱伦，所以对这段经文进行了删改，但在文前冠以"凡情"二字，说明他对寡妇改嫁仍然持否定态度。退一步说，假设洪秀全确实反对妇女守寡，这与扫荡封建礼教也是两个不同层次的概念。前已说明，太平天国对妇女有着明确的定位，诸如"妻道在三从，无违尔夫主""女理内事，外非所宜闻"等。《幼学诗》亦云："女道总宜贞，男人近不应，幽闲端位内，

---

① 马寿龄：《金陵癸甲新乐府》"讲道理"诗，《太平天国》第 4 册，736 页。按：太平天国将聚众训话称为"讲道理"。

② 佚名：《金陵纪事》，《太平天国史料丛编简辑》第 2 册，53 页。按：古人称夫死不嫁为"柏舟之节"，语本《诗经·鄘风·柏舟》。

③ 罗尔纲：《太平天国史》，831、835 页。

④ 原刻本藏伦敦英国图书馆，本文引据国家图书馆(北京)和王庆成先生摄回胶卷的影印本。

⑤ 《天条书》《天情道理书》，《太平天国印书》，33、541 页。

从此兆祥祯。"①将"幽闲端位内"、与男人保持距离视为女子的理想状态。正因为一味强调女子的贞节，太平天国对已婚妇女的限制尤为严格。洪秀全便严申"各人有各人夫妻，不准混杂乱些须[许]；些邪该斩单留正，天法不饶后悔迟"②，即禁止男女在婚姻之外稍有混杂。单从字面上看，前引《天朝田亩制度》中的规定并没有讲明允许男女同处一室一同礼拜上帝。每逢讲道理之类的正式场合，太平天国均严别男女，故前引马寿龄《金陵癸甲新乐府》"讲道理"一诗有"男子命退又女子"句，可作佐证。太平天国甚至禁止官兵将衣服送给民妇洗浣或缝补，认为"既已私相授受，难免眉目传情，不可不防微杜渐，以儆歪风"，宣布"嗣后如有官兵雇倩民妇洗衣缝纫者，概斩不留；其有奸淫情事者，男女并坐"③。又如，天京后期在城郊设有七条买卖街，各首领的女眷时常骑马来此购物，"每入茶肆，但男女不得交谈"④。总之，太平天国不反对寡妇改嫁的说法与史实不符(至少洪秀全本人对此持否定态度)，相反，太平天国将妇女严格限制在家庭或同性的范围内，连异性之间正常的接触也采用严刑峻法来加以禁止和防范，这足以说明太平天国根本没有扫荡封建礼教，而是强调过了头。

太平天国明令取缔娼妓，早在建都初期就正式颁布禁令，宣布"娼妓最宜禁绝"，严申"男有男行，女有女行，男习士农工商，女习针指中馈，一夫一妇，理所宜然。倘有习于邪行，官兵民人私行宿娼、不遵条规开娼者，合家剿洗；邻右擒送者有赏，知情故纵者一体治罪，明知故犯者斩首不留"⑤。在太平天国实际控制区域，尤其是在天京等中心城市，娼妓基本上已销声匿迹，故时人有"莫道桑间旧染渐，烟花禁令却森严"⑥之叹。此外，太平天国还严禁官兵强暴妇女，犯者立斩不赦，所以就连对太平军抱有敌意的读书人也不得

---

① 《幼学诗》"女道"诗，《太平天国印书》，63 页。

② 《天父诗》第 291 首，《太平天国印书》，618 页。

③ 《国宗韦、石革除污俗诲谕》，《太平天国文书汇编》，90 页。

④ 赵烈文：《能静居士日记》卷 16，《太平天国史料丛编简辑》第 3 册，256 页。

⑤ 《国宗韦、石革除污俗诲谕》，《太平天国文书汇编》，90 页。

⑥ 陈庆甲：《金陵纪事诗》，《太平天国史料丛编简辑》第 6 册，403 页。

不承认，“贼禁奸淫最严，淫曰‘犯天条’，立杀，虽广西老贼不贷”①。以上两项禁令均具有保护妇女、革除恶习、整肃军纪的意义，值得称道。相比之下，乡村的情形比较复杂。后期，在枪匪势力膨胀的太湖流域的一些市镇，逼良为娼的势头几乎失控，妓船蚁聚，色情业异常红火。直到太平军大举兜剿枪匪后，江南水乡的娼妓活动才相对沉寂。另一方面，太平军强暴民女的事件也时有发生。这些现象固然与太平军军纪日渐松弛、对乡村地区控制不力有着直接的关系，但也从一个侧面说明，在妇女社会地位卑下的状况没有改变之前，妇女的基本权益很难长期、有效地得到保护。

三

本文以上所作的考察说明，尽管基于其特定的背景或出发点，太平天国曾经就妇女地位问题提出过一些进步的思想，采取过个别值得赞许的举措，并在一定时期和一定程度上改善了部分妇女的处境，但男尊女卑、男主外女主内的传统格局并没有发生任何实质性的变化。在现存太平天国文献中，杨宣娇、傅善祥、石汀兰等是仅有的几个被提到具体姓名的女性人物，其相关记载仅有寥寥数笔，或一笔带过，其余的人则一律在姓氏后面冠以“大妹”“长妹”或“晚妹”等，乍听起来充满了温馨，实际上体现了一种居高临下、视女性为施舍对象的心态，表明这是一个纯粹以男性为中心、妇女完全依附于男子的社会。事实证明，洪秀全等人根本没有也不可能萌发近代意义上的男女平等、妇女解放意识。倘若认为太平天国时代就已经实现了妇女解放、男女平等，那么，我们就无法解释洪秀全和太平天国的历史，也无法解释在此之后中国妇女解放运动所走过的漫长曲折的历程。

原载《清史研究》2004 年第 2 期。中国人民大学书报资料中心《中国近代史》2004 年第 7 期全文转载。

---

① 张汝南：《金陵省难纪略》，《太平天国》第 4 册，695 页。

太平军中的婚姻状况与两性关系探析

太平天国的婚姻制度是一个老生常谈的题目，不过，以往的相关论著主要侧重从妇女政策的角度，探讨太平天国前期从隔绝男女到恢复家庭生活的演变脉络，尤其聚焦于男女分营(馆)制度、合挥制度，但对其具体演变过程的考察过于简略，并且有意无意地忽略了一些比较敏感的史实，对后期的情形也较少涉猎，缺乏系统的研究。关于男女婚配和相互交往时所必须恪守的行为准则，太平天国一直有着比较具体的解释和规定，体现了洪秀全独特的政治与伦理思想，并在实践中对太平天国的政局产生了不可忽视的影响。本文尝试按照上述思路，就太平军中的婚姻状况与两性关系进行前后贯通式的考察。民间的情形不在本文考察之列，但在必要时仍对一些相关史实略加论述。

一

1853年春定都天京(今南京)后不久，太平天国正式颁布纲领性文献《天朝田亩制度》，内有部分文字涉及男婚女嫁之事。该文献宣布“凡天下婚姻不论财”，否定了买卖婚姻，设想由国库负责每家婚娶时的一切开销，采用统一的标准，即给钱一千文、谷一百斤，强调“用之有节”，反对铺张；同时突出了政治色彩，规定婚礼上必须举行祭告上帝的仪式，“一切旧时歪例尽除”。太平天国所拟定的婚礼专用奏章格式如下：

小子〇〇〇小女〇〇〇跪在地下，祷告天父皇上帝。今有

> 小子〇〇〇小女〇〇〇迎亲嫁娶，虔具牲醴茶饭，敬奉天父皇上帝，恳求天父皇上帝祝福小子〇〇〇小女〇〇〇家中吉庆，万事胜意。托救世主天兄耶稣赎罪功劳，转求天父皇上帝在天圣旨成行，在地如在天焉。俯准所求，心诚所愿！①

《天朝田亩制度》以16岁(含16岁)作为男女分田的年龄杠，但对男女的法定婚龄并没有作出具体的规定。在同期颁布的一份通告中，太平天国郑重宣布“男有男行，女有女行，男习士农工商，女习针指中馈，一夫一妇，理所宜然”②，明确提倡一夫一妻制。

不过，上述规定仅仅具有象征性的理论意义，与现实却严重脱节，而且也不是一概而论。首先，早在金田起义之时，太平军就划分男行女行，用军事编制取代了作为社会细胞的家庭组织，规定除洪秀全和后来被封为王爵的杨秀清等人外，一律严别男女，即使是夫妻也不得同宿，婚娶之事自然更是无从谈起。其次，一夫一妻制仅仅针对广大官兵和老百姓而言，至于首义诸王，从一开始便实行的是多妻制。以洪秀全为例，他在1851年春就已经拥有15名后妃，后又逐年增加，最终达到了88个。

金田团营期间，鉴于各地会众都是举家举族参加起义，为了打破清军的围剿，洪秀全特意在金田颁布五大纪律，其第二条便是“别男行女行”③。严别男女、拆散家庭适应了当时流动作战的需要，为金田起义从星星之火转变成燎原之势提供了便利，无疑具有它的积极意义。问题在于，在拥有了大片版图之后，太平天国领导中枢并没有根据形势的变化及时地加以变通，相反，却执意要将这种应急举措一直延续到平定天下以后，并且还将之推广到整个社会，使得其境内的所有城市均无一例外地变成了军营，从而走向了极端。以都城天京为例，全城居民以25人为单位，分别按照性别被编入男馆

① 《天条书》，《太平天国印书》，29页。

② 《国宗韦、石革除污俗诲谕》，《太平天国文书汇编》，90页。

③ 《五大纪律诏》，《太平天国文书汇编》，31页。

或女馆，不准私藏在家，实行严格的军事化编制和管理。[①] 太平军通常占据民房宿营，俗称“打馆”。在此意义上，男馆、女馆亦称“男营”“女营”。民女入馆后，“无论老少，呼曰‘新姐妹’，聚二十余人为一馆，老姐妹辖之曰牌长(职同两司马，受辖于卒长，引者按)。老姐妹者，广西女人也，亦不论老少。女馆多在西华门，比屋而居，谓之女营，分前后左右中为五军。军置女军帅一，亦广西女人为之；女巡查一，则男贼也[②]。”这些被组织起来的民女一律被勒令放足，且不得穿裙，以便于从事削竹签、搓麻绳、挖壕沟、盘粮等后勤劳务；善女红的女子则被编入绣锦衙，其绣花处曰绣花馆，算是上差。与女馆相比，男馆在军帅之下仍设师帅、旅帅两职，其成员则有牌面、牌尾之分，前者为青壮年男子，除在手工衙营务工或运粮搬物外，还随时奉调出征；后者为老人和幼童，主要承担煮饭、打更、放马、割草之类的轻体力活。

在不允许夫妻同居和暂缓谈婚论嫁的背景下，为了整肃军纪，太平天国特别强调严男女之大防。《天条书》专门就第七天条“不好奸邪淫乱”的定义做了注解，强调“天堂子女，男有男行，女有女行，

---

① 太平天国在所克城池的居民中实行严别男女政策自广西永安始。据张汝南《金陵省难纪略》记载：“比据江宁，蒙贼(指蒙得天，详参下文，引者按)谓当安民，毋用男行女行法，但抽丁为兵，先定江南，再图进取，如明初故事。东贼(指东王杨秀清，引者按)大怒，谓汝何以不能认实天父，欲妄改天父排定章程，不从。”(《太平天国》第4册，719页)照此说法，在是否依旧在南京居民中推行该政策这一问题上，太平天国内部曾有不同的意见。

② 张汝南：《金陵省难纪略》，《太平天国》第4册，695页。另参见胡恩燮《患难一家言》卷上：“先是贼破城，分城中男女为二馆，名为男营、女营，编为左一军、右一军诸名目，以粤西、湖南男女贼首总之。”(《太平天国史料丛编简辑》第2册，338页)按：依据世人灵魂均来自上帝、彼此同为上帝子女的教义，洪秀全宣称“天下多男人，尽是兄弟之辈；天下多女子，尽是姐妹之群”，故太平军不分长幼，均以兄弟姐妹相称。所谓老姐妹、新姐妹，系按照入营时间的先后来划分，与老兄弟、新兄弟同。又，广西首义女子都是天足，早年曾在征伐途中与男子并肩作战，但在定都之后，随着洪秀全诏令“女理内事，外非所宜闻”(《太平天国文书汇编》，38页)，她们便逐渐淡出太平天国的政治和军事舞台，其活动空间十分有限。

不得混杂。凡男人女人奸淫者名为变怪，最大犯天条”①。太平军《定营规条十要》第五条也规定：“要别男营女营，不得授受相亲。”②洪秀全在永安还专门降诏，吩咐“务宜时时严查军中有犯第七天条否，如有犯第七天条者，一经查出，立即严拿斩首示众，决无宽赦”③。太平军禁律则规定得更为具体而又严苛：“凡犯第七天条，如系老兄弟定点天灯，新兄弟斩首示众。”“凡夫妻私犯天条者，男女皆斩。”“凡强奸经妇女喊冤，定即斩首示众，妇女释放；如系和奸，即属同犯天条，男女皆斩。”④也就是说，无论是过夫妻生活也好，两相情愿也罢，强奸也罢，只要是和异性发生了性关系，便一律属于犯下“奸淫”罪，格杀勿论。出于以儆效尤的考虑，对老兄弟量刑尤重。“点天灯”是太平天国的一种酷刑，专门用来处决犯有重罪之人，具体方法是将犯人从头到脚缠上棉纸，再浸泡麻油，涂上松脂白蜡，倒悬后活活烧死。

对于卖淫嫖娼现象，太平天国尤为深恶痛绝，明令取缔娼妓。早在定都初期，太平天国便在京外颁布一份以“革除恶习，禁遏浇风”为主旨的告示，内将娼妓现象列为“蛊惑人心败坏风俗者”之一，宣布“娼妓最宜禁绝”，严申“男有男行，女有女行，男习士农工商，女习针指中馈，一夫一妇，理所宜然。倘有习于邪行，官兵民人私行宿娼、不遵条规开娼者，合家剿洗；邻右擒送者有赏，知情故纵者一体治罪，明知故犯者斩首不留”。⑤ 后来，洪秀全还明确地将娼妓划为 19 种“生妖”之一。

对于官兵与民女之间的正常接触，太平天国也严加防范。前引告示便专门谈到这一问题，内称官兵有时候将脏衣服送给民妇洗浣，

---

① 《天条书》，《太平天国印书》，32 页。按：该书初版于 1852 年，所列“十款天条”系据《旧约》中的“摩西十诫”修订而来，既是上帝教的宗教戒律，同时又是太平天国的最高法律。

② 《太平条规》，《太平天国印书》，66 页。

③ 《严命犯第七天条杀无赦诏》，《太平天国文书汇编》，36 页。

④ 张德坚：《贼情汇纂》卷 8，《太平天国》第 3 册，231 页。

⑤ 《国宗韦、石革除污俗诲谕》，《太平天国文书汇编》，90 页。

或者请民妇缝补衣服，“既已私相授受，难免眉目传情，不可不防微杜渐，以儆歪风”，宣布“嗣后如有官兵雇倩民妇洗衣缝纫者，概斩不留；其有奸淫情事者，男女并坐”。①

男女亲属之间正常的走动也受到严格的限制。为了隔绝男女，太平天国对女馆实行严密的监控，使之成为男性的一块禁地。男子即使赴女馆探视自己的家人，也一律被挡在门外，不得入内。有一则时人记载说，天京女馆“不准男子入探，母子、夫妻止于馆外遥相语”②。这与太平天国官方的陈述十分吻合。1854年刊行的《天情道理书》就此明确规定：“即有时省视父母、探看妻子，此亦人情之常，原属在所不禁，然只宜在门首问答，相离数武之地，声音务要响亮，不得径进姐妹营中，男女混杂。斯遵条遵令，方得成为天堂子女也。”③

这样一来，男女关系便成为太平军中最大的禁忌，动辄得咎，几乎令人谈虎色变。

太平天国之所以推行严别男女政策，除了出于适应战时需要的考虑外，与洪秀全在此问题上的认识或态度也有着很大关系。

当年，正是基于对社会现状的忧虑和愤慨，科场连番失意的洪秀全深为基督教布道手册《劝世良言》一书的内容所打动。他痛感世道人心之堕落，便将作者梁发那一番引起他共鸣的“良言”奉为劝世、救世的真理，呼吁世人淑身淑世、正己正人，视道德自省方式为重建古代大同社会的途径，进而从一名眷念仕途的乡村士子转变为一位悲天悯人的宗教说教家。在洪秀全所严正批判的各种社会病态现象中，男女淫乱便是其中之一。当时，广州作为中外商贾云集之地，卖淫业十分兴盛。据载，“广州艳迹，以珠江为最，风月繁华，尤聚于谷阜”④。洪秀全曾数次赴广州参加科举考试，耳濡目染，对此有

① 《国宗韦、石革除污俗诲谕》，《太平天国文书汇编》，90页。

② 张汝南：《金陵省难纪略》，《太平天国》第4册，695页。

③ 《天情道理书》，《太平天国印书》，529页。按：“姐妹营”又名“姐妹馆”，均系女馆的别称。

④ 徐珂：《清稗类钞》第11册，5176页，北京，中华书局，1986。

着深切的感受。在早年撰写的宗教宣传品《原道救世歌》中，洪秀全列数了世间六种“不正”的行为，强调“第一不正淫为首，人变为妖天最瞋；淫人自淫同是怪，盍歌麟趾咏振振”，告诫“自古善正无异德，只将正道淑其身”，奉劝人们返璞归真，不可“乱常而败伦”。① 洪秀全将“淫”列为六恶之首，认为这是人变为“妖”的标志，从中可以看出他对淫乱的敏感和憎恶程度。正是在这种心理的驱策下，洪秀全在广西贵县赐谷村布道期间，还做出了诗斥六乌庙这一惊世骇俗的举动。六乌庙坐落在赐谷村附近的六乌山口，相传曾有一对青年男女在此邂逅，互对山歌，两情相悦，然后双双殉情；当地人纷传两人是得道升仙，便立像祭祀，尊奉其为六乌神。洪秀全则认为，这对男女本非夫妻，“淫奔苟合，天所必诛”，所谓得道一说过于荒谬，便作诗斥责道：

举笔题诗斥六乌，该诛该灭两妖魔！
满山人类归禽类，到处男歌和女歌。
坏道竟然传得道，龟婆无怪作家婆。
一朝霹雳遭雷打，天不容时可若何！②

事后，“迷信的土人，哗然鼓噪，纷起反对，几闹出大事”③，可谓一石激起千重浪。六乌庙的传说原本是一个凄婉伤感的爱情故事，

① 《太平诏书·原道救世歌》，《太平天国印书》，11 页。按：作为上帝的对立面，上帝教中的“妖”具有宗教、政治、伦理三层含义，既指灵界的异教诸神及其偶像（“死妖”），同时又指世间的清朝统治者和拜邪神、行邪事之人（“生妖”）。又，“盍歌麟趾咏振振”中的“麟趾”指《诗经·国风·麟之趾》，该诗描述周文王的子孙宗族皆化于善，无犯非礼。

② 《太平天日》，《太平天国印书》，44 页。按：粤人称纵容妻女外出卖淫或自开娼寮者，男为“龟公”，女为“龟婆”；家庭之间媳妇称翁姑为“家公”“家婆”，均为广东俗语。又，在粤语中，“窠”“乌”同音，故《太平天日》将“六乌”误作“六窠”。据民国《桂平县志》卷 30 记载，六乌庙又名“六乌娘庙”，坐落在六乌山下的六乌坑口。

③ 简又文：《太平军广西首义史》，108 页。

而洪秀全却由此“乃悟广西淫乱，男女和歌，禽兽不如，皆由此等妖倡焉”①，流露出他对少数民族生活习俗的误解或偏见，以及在对待男女关系问题上的偏执心态，尽管其本意是为了针砭时下污浊的社会风气。起义立国后，洪秀全又进一步将这种思想制度化。

客观地说，严别男女政策有其积极的一面，既有利于太平军整肃军纪，同时又在一定程度上起到了保护广大妇女的作用。在攻占南京之初，一名士兵欲强暴某店主的童养媳，因对方不从而用剪刀将其刺死，结果随即就被拿获，“讯明枭首示众”②。就连敌视太平军的读书人也不得不承认：“贼禁奸淫最严，淫曰‘犯天条’，立杀，虽广西老贼不贷。”③正因为法令森严，具有很强的威慑力，所以，太平军早期的军纪比较严明，强奸民女之事极少发生。起初，南京城里的妇女人人自危，不少人为保住名节而纷纷自尽，旋见太平军“但掳掠而不奸淫，见女馆则不敢入，于是觅死之念遂息”④。这对稳定民心、迅速控制局面不无帮助。

但是，上述现象仅是相对而言。事情的另一面是，隔绝男女政策无论在军中还是民间，都曾经引起极大的心理反弹，并由此触发了一连串令洪秀全等人预想不到的问题。

南京城男女分馆的命令是于1853年3月22日——太平军完全占领该城后不到3天——颁布的，“于是父母弟兄妻子立刻离散，家业顿抛”，全城居民一时人心惶惶。情急之下，“有请缓颊至来日遵行者，遂于夜间或阖室焚烧，或全家自缢，或近河塘牵连投水，纷纷无数”。这的确是一幅令人触目惊心的画面，“有一家数十口者，有同居三四姓者，望衡对宇，烈焰日夜不绝。水面浮尸或仰或仆，拥挤莫辨。其闭户仰药悬梁者，更不知纪极”。次日，“分析男女愈急，而乘夜遁归自尽者连日未休”。⑤

与民间的极度恐慌和过激反应相比，太平军内部的不满与抵触

---

① 《太平天日》，《太平天国印书》，44页。

② 江恩燮：《患难一家言》卷上，《太平天国史料丛编简辑》第2册，332页。

③ 张汝南：《金陵省难纪略》，《太平天国》第4册，695页。

④ 陈作霖：《可园备忘录》，《太平天国史料丛编简辑》第2册，368页。

⑤ 张汝南：《金陵省难纪略》，《太平天国》第4册，695页。

情绪也在日渐滋蔓。“饮食男女，人之大欲”，而太平天国的隔绝男女政策毕竟不合人之常情，同时也缺乏最起码的人道。因此，尽管法令森严，动辄得咎，但铤而走险者仍不乏其人。《天情道理书》就此透露出一些相关信息。该书重申“现下残妖尚未灭尽，成家合好尚未及时”，许诺一旦“扫尽妖氛，太平一统，那时天父开恩，论功封赏，富贵显扬，使我们一班兄弟室家相庆，夫妇和谐”，规劝广大官兵“各宜坚耐心肠，勿因夫妇一事，自图苟合，不遵天诫，以及奸淫营中姐妹，大犯天条”，并以梁郭溱与妻子韦大妹屡次私行合好，功勋谢三奸淫营中姐妹为例，正告“自一路以来，所有不遵天令、夫妇私自团聚者，无不被天父指出，奉行天法，重究在案”。① 据末句分析，自金田起义以来，夫妻冒死同居的事件时有发生。

与梁、谢两案相比，同期发生的陈宗扬、卢贤拔事件震动最大，一时间闹得沸沸扬扬，就连清方对此也有所耳闻。1854 年 3 月 2 日夜三更时分，东王杨秀清以天父下凡名义召集各官，下令锁拿镇国侯卢贤拔和冬官又正丞相陈宗扬，并立即亲自逐一审讯。陈宗扬供认曾与妻子谢晚妹私合过四五次，但否认曾对别的姐妹动过邪念，直至天父(杨)厉声逼问，才承认“果起此心，犹未成事”。卢贤拔也如实招认曾与妻子犯过天条三四次。于是，天父当场宣判：陈宗扬夫妇“屡犯天条，已经获罪，又欲诱秽他人，罪无可赦”，一并斩首示众；卢贤拔“身居显职，不知自检，竟致夫妇同犯天令”，姑念其“原有真心对天事主，且自知悔罪，直认不辞”，故赦免其死罪，听候发落。不久，卢贤拔被削去侯爵，戴罪立功，免予枷号游营，算是网开一面。事后，天父还特意告诫众人“切不可学此榜样，自取天诛”。② 由此不难看出，在太平军中继续推行严别男女法令的难度已

---

① 《天情道理书》，《太平天国印书》，527～528、531～532、533 页。按：定都后，太平天国将永安突围之前人伍者一律加封“功勋”衔，享受“世食天禄”的优待。

② 《天父圣旨》卷 3，王庆成编注：《天父天兄圣旨》，106～109 页，沈阳，辽宁人民出版社，1986。按：关于陈、卢两人因夫妻同宿获罪一事，涤浮道人《金陵杂记》、谢介鹤《金陵癸甲纪事略·粤逆名目略》、张德坚《贼情汇纂》卷 2 均有记述。

经越来越大，局面趋于失控，乃至于天父为了处理夫妻同宿事件，不得不在深更半夜劳师动众地下凡。陈、卢两人都是身居要职的开国将领，仅仅因为过了几次夫妻生活便被诛被罚，足见当时处置此类事件的严苛程度。

然而，对于那些尚未成婚的将领来说，他们即便有偷食禁果的念头，也没有陈、卢那样的机会或条件。业已成家的将领也不免对严刑峻法心存忌惮。于是，禁欲主义的氛围，与异姓完全隔绝的环境，难以排解的性压抑、性苦闷，终于滋生出病态的性行为，即同性恋现象。时人写有“狎娈童”一诗描述道：

> 人心不同各如面，水炮不如铜鼓便。
> 招邀游荡两雄俱，玉貌朱唇大线辫。
> 噫嘻！老兄弟带娃崽，甘言诱之娃崽悔。
> 少年莫逞好颜色，城外兵如城里贼。①

清军与太平军中均流行着不少隐语，内有一些隐语是通用的，如“打水炮”又作“打水泡”，指奸淫妇女；“打铜鼓”即“打童股”的谐音，指鸡奸。从上诗可以得知，无论是南京城外的清江南大营还是城里的太平军，当时都普遍存在着鸡奸现象。太平军中被鸡奸的对象是那些被收养的男童。按照规定，凡是军中的老兄弟，均可以将民间的俊美子弟收为义子、义弟或负责勤务的侍童，名曰“带娃崽”。② 一些娃崽因此而遭到性侵犯。马寿龄《金陵癸甲新乐府》“带娃崽”一诗有“昼随马后夜床笫”③句，即隐指此事。为了杜绝这一现象，太平军禁律专门就此厉行规定道：“凡奸老弟，如十三岁以上皆斩，十三岁以下专斩行奸者；如系和奸皆斩。”④关于具体查处情形，涤浮道

① 马寿龄：《金陵城外新乐府》“狎娈童”诗，《太平天国》第 4 册，745 页。

② 涤浮道人：《金陵杂记》，《太平天国》第 4 册，623 页。

③ 马寿龄：《金陵癸甲新乐府》“带娃崽”诗，《太平天国》第 4 册，734 页。

④ 张德坚：《贼情汇纂》卷 8，《太平天国》第 3 册，231 页。

人《金陵杂记》一书有所记载，内称“去春(指咸丰三年癸亥春，引者按)，群贼中多有犯鸡奸者，贼目审系用强，即将其人五马分尸；和即皆杀。嗣后有指被鸡奸者，遂将该童毒打，必致认诬而后已。从此即未闻有鸡奸之事矣”①。张德坚《贼情汇纂》则云：“奸淫之禁，贼令甚严……然男子强奸、和奸之案，则从无犯者。盖贼多无赖恶少，此风最甚，凡见俊美子弟如获至宝，或认为公子，或带为老弟，同居一室，虽有分床之令，更深夜静，其谁察之？况夫比比皆然，互相回护耶？”②可见鸡奸现象在太平军中是一个公开的秘密，只是因为查处工作流于虚应故事而不了了之。

上述夫妻同宿、同性恋等现象的出现是严别男女政策物极必反的结果，标志着该政策业已受到来自太平军内部越来越大的冲击，进而加大了太平天国管理、约束军队的难度。该政策不协调的另一面还在于，洪秀全、杨秀清等首义诸王身体力行的却是多妻制，与军中所实行的禁欲主义形成了强烈反差。

1851 年 11 月 28 日，洪秀全在永安降诏宣布：“后宫称娘娘，贵妃称王娘。”③即天王的后妃总称“娘娘”，东、西、南、北、翼五王的妃子通称“王娘”。除元配外，首义诸王起初仅在两广随军女子中选妃，后又打破了这种地域界限，改在征伐途中就地从民女中遴选，其女眷人数遂随之不断增多。天历壬子二年(1852 年)除夕，太平天国便曾经在武昌阅马厂选妃，一共挑选了 60 名有殊色的少女。④ 定都以后，这种选妃方式被进一步固定化，每逢首义诸王寿诞之日，照例要在城内女馆中选妃。据张汝南《金陵省难纪略》一书记载：“各王寿则洪贼选妃赐之，谓以酬其功，伪王固辞而受其一。洪贼及贼子寿，则各王选妃进贡，贼亦辞而受其一。选妃法，各军女巡查将本军中幼女，自十二岁至十五岁眉目清楚者，择出十余人，交女军帅装饰，送

① 涤浮道人：《金陵杂记》，《太平天国》第 4 册，624 页。

② 张德坚：《贼情汇纂》卷 12，《太平天国》第 3 册，317～318 页。

③ 《永安封五王诏》，《太平天国文书汇编》，36 页。

④ 陈徽言：《武昌纪事》，《太平天国》第 4 册，597 页。

之检点；检点复于数百人中选择数十人进之伪王。伪王或留一二人，余各令回军。天王亦如是。”①谢介鹤《金陵癸甲纪事略》中的说法与此大体吻合，内称“贼伪各王生日，必先逼选民女百余人，由伪丞相蒙得天再选，约需十五人以进各贼。每次天贼六人，东贼六人，北贼二人，翼贼一人，谓天父怜各人劳心过甚，赐来美女也”②。于是，继男女分馆之后，选美之举再度在南京居民中引起一片恐慌，搅得民间鸡犬不宁，“号哭之声，呼天抢地”③。时人有诗一首描述道：“今日不幸为女子，尤不幸为女子子。列王传令选王娘，母女相持面如死。巡查勒马立门前，军帅握鞭搜馆里。大者逃出馆外颓垣阴，小者逃入阿母破床底。无论痴与黠，逃之不得脱。面目稍平正，居然中简拔，衣裳罗绮骤装束，脂粉馨香肆涂抹，从之亲戚叨笑言，不从骨肉受鞭挞。女官迫使驴驮去，阿孃肉向心头割，薄送出门忍泪归，吞声哭说掌珠夺，得宠为妃荐床第，失势为奴埽室闼……”④另有一则记载亦云：“去秋（指咸丰三年癸亥秋，引者按），贼又有伪令在女馆中搜求童女，初名选美女，继称选王娘，因系代洪、杨、韦、石诸逆选也。其父母百计收藏，终难经其穷搜苦索。自秋至今，将有千百，仍无已时。”⑤

按照礼制，洪、杨、韦、石女眷的人数依次递减。前已说明，早在 1851 年春，洪秀全就已经拥有 15 名后妃，最终达到 88 人之

---

① 张汝南：《金陵省难纪略》，《太平天国》第 4 册，721 页。按：洪天贵福直到 9 岁即 1857 年时才正式娶妻，各王在幼主生日时选妃系向天王进贡，而非幼主。

② 谢介鹤：《金陵癸甲纪事略》，《太平天国》第 4 册，658 页。按：南王冯云山、西王萧朝贵已于 1852 年间先后在全州、长沙之战中殉国。又，蒙得天即蒙得恩，因避“天”字而改名，系开国元勋，时任春官又正丞相，主管女馆事务，并具体负责选美事宜，颇得天王的宠信，后来一度总理朝政，官封赞王。

③ 张德坚：《贼情汇纂》卷 2，《太平天国》第 3 册，59 页。

④ 马寿龄：《金陵癸甲新乐府》“选女孩”诗，《太平天国》第 4 册，732 页。

⑤ 涤浮道人：《金陵杂记》，《太平天国》第 4 册，624 页。按：太平天国选美时要经过层层汰选，所谓入选女子“将有千百”似指最初入选的人数，或包括在各个王府中供职的女子在内，否则该数字便过于夸张，与事实不符。前引天王在武昌选中 60 名少女一说也应作如是解。

多。至于各王女眷逐年的具体人数，现已无从考证。一个可供参考的数字是，杨秀清1854年时已拥有36名王娘，到两年后死于内讧时，其王娘总数为54人。① 由此可以断定，定都初期是各王女眷激增的一个高峰期，其主干人群正是通过此时的频繁选美而产生的。天官正丞相秦日纲在朝中的地位仅次于翼王石达开，本无家室，天历癸好三年(1853年)七月蒙天王、东王破例恩准，娶一安庆天足少女为妻，号称“贞人”，“随后又选服侍妇女多人”，从此也成为少数几个不受严别男女政策约束的特权人物之一。②

尽管多妻制与荒淫纵欲并不完全是同一个概念，或者说因人而异，但两者之间无疑存在着某种因果关系。由于史料匮乏，太平天国领导人的私生活扑朔迷离，令人难窥其详，但仍有一些线索可寻。时人笔记中就有不少关于东王杨秀清生活骄奢淫逸的记载。杨秀清原本体质较弱③，定都以后又被眼病所累，至迟在1854年时已有一目失明④。英国剑桥大学图书馆藏有北王韦昌辉于同年5月13日颁布的一道招延良医诚谕，内称“眼科为天朝所尤重”，许诺“果能医治见效，即赏给丞相；如不愿为官，即赏银一万两”。⑤ 可见东王求医

① 参见涤浮道人：《金陵杂记》，谢介鹤：《金陵癸甲纪事略》，《太平天国》第4册，641、667页。

② 参见《太平天国》第4册，629、670页。按：秦日纲不久被迭封为顶天侯、燕王，尽管享有殊遇，但其身份仍与东王等人有着本质的区别，即后者与天王在名义上都是上帝的亲生子，彼此以兄弟相称，而秦日纲仅是“人臣”。参见《天父下凡诏书》第二部，《太平天国印书》，479页。

③ 金田起义之前，杨秀清曾经两度重病缠身，首次“口哑耳聋”，第二次除此症状外，还“耳孔出脓，眼内流水，苦楚殆甚”(《天情道理书》，《太平天国印书》，519～520页)。后来，洪秀全附会耶稣捐躯替世人赎罪的说法，称杨秀清是替兄弟姐妹赎病所致，并顺势将“赎病主”这一宗教头衔赏给了杨秀清。这种解释当然不足为据。笔者推测，杨秀清极有可能是染上了当地所流行的瘟疫。

④ 张德坚《贼情汇纂》卷1“剧贼姓名上”杨秀清条，记其“现损一目”(《太平天国》第3册，45页)；谢介鹤《金陵癸甲纪事略》亦云：“东贼淫无度，兼以子死，西贼子又死，悲甚，而目失明，弗能视。”(《太平天国》第4册，654页)按：除纵欲、因爱子夭折而“悲甚”的因素外，东王在主政期间过度操劳也是导致他失明的一个重要原因。

⑤ 《北王韦昌辉招延良医诚谕》，《太平天国文书汇编》，113～114页。

之心切。据替杨秀清治疗眼睛的医家事后私下里透露，东王“只缘色欲太重，致肝肾两亏，因有是疾也”①。一说杨秀清喜服肉桂、高丽参、鹿茸等温补药物，“因热毒上攻，两目俱昏”②。两说可互为参证。过去，出于为尊者讳的考虑，诸如太平军中的同性恋现象和杨秀清等人选美、纵欲之类的史实，曾被简单地定性为地主文人的“诬蔑”，不予正视或承认。实际上，这些文字不确或夸大之处在所难免，但所叙述的事实大体上还是可信的，绝非凭空捏造。

可见，太平天国的婚姻政策上下有别，其反差之大令人咋舌。这种“只许州官放火，不许百姓点灯”的做法显然无法让人心悦诚服地接受。一名曾经身困城中的士子就此愤愤不平地指出：“夫妻相处亦为奸，惟逆贼逼夺民女则不犯。……贪淫贼之本心，但禁人而已。”③在天历甲寅四年(1854 年)四月的一道诰谕中，就连杨秀清也不得不承认，天京民人“以为荡我家资，离我骨肉，财物为之一空，妻孥忽然尽散”，以至于“嗟怨之声，至今未息”。④

军中的情况同样不容乐观。为了安抚人心，太平天国官方解释说，目前夫妻团圆和男婚女嫁的时机还没有成熟，“但当创业之初，必先有国而后有家，先公而后及私”⑤。那么，照此推理，天王、东王等人实行多妻制是否名正言顺呢？稍后来访的英国使节便就这一问

① 涤浮道人：《金陵杂记》，《太平天国》第 4 册，628 页。按：谢介鹤《金陵癸甲纪事略》说东王“惟性最淫”，“每夜八女轮宿”(同上书，667 页)；汪堃《盾鼻随闻录》卷 5 称东王“喜渔男色”(同上书，398 页)。似乎过于夸张，不可遽信。

② 汪堃：《盾鼻随闻录》卷 5，《太平天国》第 4 册，401 页。

③ 谢介鹤：《金陵癸甲纪事略》，《太平天国》第 4 册，653 页。

④ 《东王杨秀清劝告天京民人诰谕》，《太平天国文书汇编》，114 页。按：曾有女馆首领慰勉民女说：“既吃天父饭，要替天父办事，不要记罣老公。天王打平了江山，一个人有几多的老公。”(张汝南：《金陵省难纪略》，《太平天国》第 4 册，695 页)这一番话带有明显的戏谑、调侃色彩。

⑤ 《天情道理书》，《太平天国印书》，529 页。按：该书系一班侯相奉杨秀清之命撰写，故实际上代表了后者的思想。

题质疑。杨秀清回答说："兄弟聘娶妻妾，婚姻天定，多少听天。"①此言听起来冠冕堂皇，却丝毫经不起推敲：一方是妻妾成群，美女如云，而另一方却是怨女旷夫，妻离子散，如果说"婚姻天定"，那么，这位上帝为什么竟然如此偏心呢？上帝的公正又体现在哪里呢？曾有士子就此评述道："以上洪、杨、韦、石、秦等五贼各该犯处均有妇女在内，或千百人，或百余人……除此五贼以外，余贼虽伪官至丞相名目，不许有妇女同处，即母子亦必别居，违者即为犯天条，贼法当斩。何以群贼肯甘心输服？此等贼理殊不可解。""何以群贼即不准稍犯，而五逆可以犯无底止，诸贼转肯甘服？亦殊不解也。"作者觉察出了其中所潜伏的危机，进而设想："倘有间谍者使之因此内讧，俾大兵得以乘机剿灭，亦殊快事也。"②总之，严别男女政策在太平军内部受到不小的冲击，在民间更是难乎为继，远非单凭严刑峻法和苍白空洞的说教所能奏效。倘若继续执意推行下去，势必会搅得人心浮动，怨声载道，导致局面失控，甚至引发不测。

迫于内外的压力，为了稳定人心，太平天国决策层被迫进行妥协，改弦易辙。1854 年 10 月 1 日，杨秀清托称自己在梦中接到天父圣旨，天父吩咐他说："秀清，尔好铺排尔一班小弟小妹团聚成家，排得定定叠叠，我天父自有分排也。"③至此，严禁家庭存在的过激法令终于宣告废止。

二

关于解禁后的具体情形，谢介鹤《金陵癸甲纪事略》一书略有叙述，内称"(咸丰四年甲寅)十二月，贼令各伪官每人娶妇数名，许其自择，不从死者甚夥"④。这与前引允许团聚成家的天父圣旨在时间

---

① 《东王杨秀清答复英人 31 条并反问英人 50 条诰谕》，《太平天国文书汇编》，301 页。按：文中的"天"指上帝。

② 涤浮道人：《金陵杂记》，《太平天国》第 4 册，624、630 页。

③ 《天父圣旨》卷 3，王庆成编注：《天父天兄圣旨》，111～112 页。

④ 谢介鹤：《金陵癸甲纪事略》，《太平天国》第 4 册，666 页。

上是衔接的。另据《天父圣旨》卷 3 记载，1855 年 4 月 25 日，天父因为“今元勋、功勋兄弟姐妹俱皆团聚”，念及此前因夫妻同宿而被锁押的卢贤拔等人都是有功之臣，“不忍久使鳏守”，便向东王密降梦诏，下令准许其夫妻团聚。① 据此分析，所谓允许夫妻团聚和未婚者成家，主要是针对为官者而言；至于广大普通士兵，则仍然只能是望梅止渴。另一方面，此类婚配基本上属于违背女方意愿的强制性婚姻，致使有些民女为此而自尽。

为了对男女婚嫁实施有效的监控，太平天国以婚娶官作为主管婚娶事务的专职官员，并正式推行与之相配套的龙凤合挥制度。婚娶官早在取缔家庭时期就已经设立②，但起初仅是一个象征性的闲职。所谓“龙凤合挥”，民间俗称“龙凤批”，相当于今天的结婚证书，因盖有龙凤大印而得名，上面写明登录号以及夫妻双方的姓名、年龄、籍贯，男方还注明官职。据载，在天京解禁之初，为官者必须持“龙凤批”才能到女馆择偶，成婚时“须敬天父，中设两烛，一红一绿，男衣红，女衣绿，拜毕入房”③。该制度一直沿用到后期，时人有诗描述道：“莫道桑间旧染渐，烟花禁令却森严；寻常婚娶浑闲事，要向官家索票签。”附注则曰：“男女配合，须由本队主禀明婚娶官，给龙凤合挥方准。犯奸者谓之犯天条，与吸烟者皆立斩。”④在幼主于天历庚申十年(1860 年)九月颁布的一道诏旨中，黄维日被任命为天朝九门御林正婚娶官，爵授禧天福。⑤ 作为执掌合挥审批权的最高官员，黄维日的爵位仅列太平天国后期六爵(义、安、福、

---

① 《天父圣旨》卷 3，王庆成编注：《天父天兄圣旨》，113 页。

② 上元县人王永年撰有《紫苹馆诗钞·陷金陵》，题注“癸丑二月旧作”，内有“男女婚嫁有婚娶官”一语。参见《太平天国史料丛编简辑》第 6 册，392～393 页。

③ 汪堃：《盾鼻随闻录》卷 5，《太平天国》第 4 册，399 页。按：天京解禁后，作为太平军固有编制的男馆(营)依然存在，而女馆的解散绝非一蹴而就之事，负责军需供应的一些手工衙营也不可能随之全部撤销。至于全城军民恢复家庭生活的具体步骤和过程，已不可详考。

④ 陈庆甲：《金陵纪事诗》，《太平天国史料丛编简辑》第 6 册，403 页。

⑤ 《幼主封胡鼎聪等职诏》，《太平天国文书汇编》，66 页。

燕、豫、侯)中的第三等。据此可以推断，合挥制度仅适用于低级官员，其性质属于一夫一妻制。在京外征战或驻防的军队也同样实行合挥制度。例如，咸丰十年庚申四月十八日(1860 年 6 月 7 日)，即太平军攻占苏州数日后，忠王李秀成“下禁止掠妇之令，贼酋未得龙凤批及散贼所掠诸妇女，皆令十九日缴送女馆，违者论斩。十九日夜起，遍遣伪文职巡查各馆……直入卧房，辟门查验。贼与妇莫不仓皇而起，持批对验”①。下面便是一份存留至今的太平天国合挥的格式：

合挥　　永字第叁拾陆号

绮天豫队议政司

李大明年二十四岁安徽省庐州郡舒城县人

配妻柴大妹年十七岁浙江省绍兴郡会稽县人②

依据“天下多女子，尽是姐妹之群”的教义，太平天国将女子的名字一律冠以“妹”字，因此，“大妹”并不是柴氏的原名。与旧式礼书帖相比，合挥废除了吉凶八字等内容。

中高级官员则实行多妻制。③ 约在天历庚申十年(1860 年)年末，洪秀全颁发一道诏旨，核定了文武百官按照官职大小所允许娶妻的

---

① 谢绥之：《燐血丛钞》卷 1，《太平天国史料专辑》，391～392 页，上海，上海古籍出版社，1979。按：后期，太平天国在江南新克城市仍设女馆，待秩序恢复后方才解散。太平军攻占绍兴后，忠王曾特意就此叮嘱该城守将：“仰尔查明城中妇女，总要分别男归男行、女归女行，不得混杂。如有不遵，尔可按法处治，方不负尔父之训教，方为国之良臣也。”(《忠王李秀成给侄容椿子容发谆谕》，《太平天国文书汇编》，193 页)

② 原件墨笔竖写，1954 年在浙江绍兴三秀庵墙壁内发现，现为浙江省博物馆收藏。

③ 至于中高级官员婚娶时具体采用何种方式或程序，已不可详考。1862 年年初，天王封皖北苗沛霖为奏王，并且“恩赐王娘数名，不日忠王专员护送前来”(《余定安再上筹天义梁禀申》，《太平天国文书汇编》，236 页)。据此分析，天王钦赐美女应是其途径之一，但这显然不会是一种通行的方式。

人数，规定东王、西王 11 妻，从南王到豫王各 6 妻，高级官员 3 妻，中级官员 2 妻，低级官员与其余人等均为 1 妻。天王就此婚配方案进行了解释，强调“爷造亚坦，婚娶夏娃。一夫一妻，起始昭然。爷今又降圣旨曰：妻子应娶多个”，宣布“朕今就婚姻诏明天下，妻子人数依据官职的高低而定，多寡不一”，劝导众人“不要忌妒”，另称“至于诏颁之前业已多娶者，朕将不予追究”。① 据此推测，自从准许恢复家庭生活后，一夫多妻的现象在为官者中便已屡见不鲜，并且出现了互相攀比、僭制多娶的苗头，天王此诏特意就各级官员娶妻的法定人数予以了调整和限定，以整肃礼制，并明确地将多妻制待遇推及所有中级以上的官员。太平天国后期的官制变动很大，新设不少官爵，级别繁多，导致官员队伍急剧膨胀。因此，在如此大的范围内推行多妻制，整个官员女眷的人数必然颇为可观。

从当初严禁夫妻同宿发展到大范围推行多妻制，太平天国的婚姻政策似乎又走向了另一个极端。事实上，洪秀全依旧十分强调严男女之大防。这从洪秀全的宫廷生活及其相关论述上可以略见一斑。

天朝宫殿(俗称“天王府”)不用宦官，宫内所有的日常事务，包括天王的饮食起居、升朝坐殿，以及修整宫殿、打扫禁苑之类的杂役，均由后宫或女官负责。为了规范、约束自己后宫的言行，洪秀全专门订立了许多清规戒律，其中管束最严的便是男女之别，尽管除洪秀全父子外，圣天门以内并没有任何别的男性居住。他告诫身边的女人说，无论犯下何种过错，或许都还能够得到宽赦，唯独触犯第七天条是罪恶滔天，罪不容赦。出于防止发生红杏出墙之事的考虑，洪秀全严禁宫城内外建立任何联系，严申“内言内字不准出”

---

① 原件佚，英文件由英国驻天京翻译官富礼赐于 1861 年 5 月翻译，列为《英国议会文书》(*British Parliamentary Papers*)1862 年 4 月 8 日第 11 号附件 7，后被收入梅谷编《太平叛乱：历史和文献》第 3 卷，984～985 页。本文据此回译。南京大学学报丛书《太平天国史论丛》第 2 辑收有韩明的中译文，冠名为《多妻诏》。按：该诏提及的辅王、章王等人均系庚申十年间陆续加封，故其颁布时间应在同年末前后。又，东王、西王虽已辞世，但其爵位各由其子嗣乘袭，故诏中的东王、西王实指幼东王、幼西王。又，“亚坦”今译“亚当”。

“外言外字不准入”，违者处以五马分尸的极刑；宫城内外的游艇也不得越界；后宫亲戚不得向后宫私献物品，后宫也不得私受。洪秀全就此开导说：“后宫各字莫出外，出外母鸡来学啼；后宫职份服事夫，不闻外事是天排。”此外，洪秀全还给后宫规定了四不准，其一便是“不准讲及男人”。① 如此一来，洪秀全众多的妻子便被禁锢在深宫大院之内，彻底与外界和异姓隔绝，完全成了他个人的附属物。

洪秀全还将严别男女思想列为对其长子实施启蒙教育的核心内容之一。1857 年，洪秀全一手包办，给年仅 9 岁的幼主洪天贵福娶了四个年龄相仿的妻子，从此便禁止他与自己的生母(包括天王的其他娘娘)和姐妹见面。洪秀全还专门撰写《十救诗》供幼主阅读，作为

① 参见《天父诗》第 207、306、458、459、462、465 首，《太平天国印书》，605、620、642、643 页。按：由于洪秀全僻处深宫，足不出户，时人笔记据此推断洪秀全“性淫”“淫恶”，近有论者也批评洪秀全“多妻纵欲”。这种结论似乎过于武断。笔者认为，多妻制与荒淫纵欲并不完全是同一个概念，或者说因人而异，需作具体分析。洪秀全的《天父诗》主要以琐碎的宫闱中事为题，是其私生活的真实写照。该诗集并没有风花雪月之类的内容，而是板着面孔，订立了许多清规戒律，不厌其烦地教训自己的后妃如何恪守妇道和各自的名分，如何遵守礼仪，包括规定“嫂在洗宫(指浴室，引者按)姑莫进，姑理洗水嫂莫进”(第 303 首)，等等。可见洪秀全是真道学，而不是假道学。另据洪天贵福透露，他一共有天光、天明两个弟弟，以及两姊三妹(《洪天贵福在南昌府供词》，王庆成编著：《稀见清世史料并考释》，527 页，武汉，武汉出版社，1998)。照此说法，再加上已夭折的第二子和承袭东王爵位的第五子洪天佑，洪秀全一共生有 10 个子女，其中长、次女和洪天贵福还是其元配和续弦赖氏所生。与拥有后宫 80 多人相比，这一数字几乎不成比例。不过，《天父诗》的格调确实不高。该诗集于 1857 年出版，共收 500 首诗，其中洪秀全的诗作占了 400 多首。这些宫闱诗充其量仅仅表达了作者本人对社会、家庭和伦理的看法，严重脱离太平天国的现实政治，内容苍白乏味。以一天写一首诗计算，这大致需要耗费洪秀全一年半的时间，多少显得有些“不务正业”。据《天父诗》描述，后宫也有严格的等级区分，内以幼主生母赖莲英(“又正月宫”)地位最尊。这么多女人围着一个男人转，免不了会为互相争宠而暗地里较劲；矛盾一旦激化，便演变成公开的争骂，甚至“暗角暗打人”“暗打毒打”(第 164 首)。据洪天贵福讲，他的生母赖氏与第四母余氏便因为闹不和而被其父一并关了禁闭，他那时年纪还小，常为见不到母亲而啼哭(《稀见清世史料并考释》，531 页)。可见洪秀全单为处理后宫纠纷便牵扯了不少精力，而这仅是多妻制消极作用的一个侧面。

指导其日常言行的金科玉律。这10首诗分别以“妈别崽”“姊别弟”“哥别妹”“嫂别叔”“哥别婶”“爹别媳”“孙别婆”“男别女”“最紧喙”“最紧心”为题，阐述有关严别男女和清心慎言的大道理，并且做了不少十分琐屑的规定，诸如男童年方7岁，就必须自己学洗澡，且不得与母亲同床；妹妹长到5岁，哥哥就不能摸她的手；弟弟到了7岁，姐姐就得与他保持一丈远的距离，等等。9岁是男女血亲之间实施隔离的年龄杠，遵守了就“命可保”“福多多”，否则就“天诛死”“云雪加”，以触犯天条论处。① 由此可以看出，在对待两性关系问题上，洪秀全的真实思想要比他公开推行的政策更为严苛和偏执。

洪秀全对此自有解释，强调“人各有其偶，伦常在把持”，“各人有各人夫妻，不准混杂乱些许；些邪该斩单留正，天法不饶后悔迟”。② 在他看来，严男女之大防与多妻制并不矛盾，既然“贵贱宜分上下，制度必判尊卑”③，那么，每个人的名分不同，娶妻也就多少不一，这些都是合乎礼制、天经地义的，但是，倘若男女在婚姻之外稍有混杂，便是“邪”的体现，为天法所不容。早在定都之前，洪秀全便公开宣布“后宫为治化之原，宫城为风俗之本”④，因此，他的这些论述无疑具有指导意义。例如，天京后期在城外设有7条买卖街，各头领的女眷时常骑马前来购物，“每入茶肆，但男女不得交谈”⑤。

按照1858年修订出版的《太平礼制》一书的规定，太平天国各级官员的妻子都有专门的称呼，共达17种之多，十分烦琐，不易分辨和记忆。其中，丞相妻至军帅妻又通称“贞人”，取“妇人以贞节为贵者也”之意。于是，人们约定俗成，除了称列王之妻为“王娘”外，将

---

① 洪秀全后将《十救诗》以幼主名义刊行，冠名为《幼主诏书》(《太平天国印书》，798～799页)。

② 《幼学诗》“男道诗”、《天父诗》第291首，《太平天国印书》，63、618页。

③ 《佐天侯陈承瑢告官员兵士人等恪遵定制晓谕》，《太平天国文书汇编》，90～91页。按：该通告虽以佐天侯名义发出，但显然代表了洪秀全的思想。

④ 《严别男女整肃后宫诏》，《太平天国文书汇编》，38页。

⑤ 赵烈文：《能静居士日记》卷16，《太平天国史料丛编简辑》第3册，256页。

其余官员之妻一概称作“贞人”。因为高中级官员实行多妻制，所以贞人又有大小之分，妻曰“大贞人”，妾曰“小贞人”。①

这些女眷大多是被强娶而来。时人就苏州城的情形描述道：“女馆点名，其实拣处女及年轻幼女，幼孩六七岁以上亦有拉去者。”“妇女美者，贼目占为己妻；稍有姿色者，驱入女馆中以便拣选。”②迫于生计，也有一些民女自愿嫁给太平军首领，故时人有“贼亦娶民间妇女；民间妇女有饥寒不能度日者，亦愿嫁贼”③一说。这种特殊形式的婚姻基本上沿袭江南民间托媒人、送聘礼之类的旧俗。以常熟为例，从咸丰十年(1860 年)年末到次年春，当地太平军“婚娶民间甚多，每有乡官熟识人等做媒，聘资柯金丰厚，酬赠不吝”④。婚礼与民俗同化的色彩也比较浓厚。例如，吴县木渎卡某头领迎娶李家桥一民女时，虽然不行合卺礼，但“鼓乐彩旗略似民间”⑤。更有甚者，浙江秀水县陡门卡驻军在娶亲时，“办酒卅余桌，用鼓乐请大土地赞神歌”⑥，不仅十分铺张，还公然违反了太平天国禁拜邪神的法令。值得注意的是，太平天国于同期重新刊行了《天朝田亩制度》，但其中有关婚娶事项的具体规定却并没有得到执行，完全成了一纸空文。

夫贵妻荣的缘故，这些成为各级将领女眷的民女构成太平军中一个特殊的群体。浙江石门县城过新年时，“头目之妇所谓‘贞人’者，亦窄袖艳装，不挽髻，用彩线结辫盘额上，抹粉涂脂，乘马得

① 《太平礼制》，《太平天国印书》，673～674 页。又，佚名《平贼纪略》卷下曰“伪王之妻称‘王娘’，伪官之妻称‘贞人’”(《太平天国史料丛编简辑》第 1 册，328 页)；丁葆和《归里杂诗》云“贼中称妇皆美其名曰‘贞人’，贼自称则谦之曰‘外乡婆’”(《太平天国史料丛编简辑》第 6 册，463 页)；李光霁《劫余杂识》谓“所掠妇女为贼妻妾者称‘贞人’，妻曰‘大贞人’，妾曰‘小贞人’”(《太平天国》第 5 册，314 页)。

② 汪德门：《庚申殉难日记》，蓼村遁客：《虎窟纪略》，《太平天国史料专辑》，10、16 页。

③ 蓼村遁客：《虎窟纪略》，《太平天国史料专辑》，31 页。

④ 汤氏：《鳅闻日记》卷下，《近代史资料》总 30 号，115 页。

⑤ 蓼村遁客：《虎窟纪略》，《太平天国史料专辑》，31 页。

⑥ 沈梓：《避寇日记》卷 4，《太平天国史料丛编简辑》第 4 册，238 页。

得行，有小贼一二人在辔首护持之，往来称贺”①。不过，因为遭遇不同，她们的心境也不大相同。例如，在浙江平湖县城，女眷们平素“逐队闲行，皆涂脂抹粉，衣服鲜华，或扬扬意得，或郁郁含愁”②。另据无锡人张乃修自述，其父曾任无锡南塘清绿营兵千总，人称“张副爷”，精于医术，城破后全家隐居在寺头镇。某日，突然开来一队太平军，将他们父子押到守将济天义黄和锦设在城里的公馆。张氏父子坐下后，惊魂未定，忽见几位涂脂抹粉的少妇上来托盘进茶，内有一人含笑招呼道：“老爷无恙耶？莲少爷何其黑瘦乃尔？”张乃修仔细打量，辨认出对方是昔日邻居王漆匠的女儿，便向她询问事情的原委。该女解释说：“无虑，老大人有病求诊，我即荐保也。”③显然，这位受宠的贞人对现状较为满足，甚至颇有些怡然自得。不过，迫于社会舆论，这些女眷难免受到心理上的压力。佚名《平贼纪略》记无锡、金匮事，内称“城贼以私藏妇女配偶，公然为妇；甚至无耻之徒以女妻贼，其父兄俨为椒房之亲，途人侧目，则不知也”④，正说明了这一点。此外，由于战事频繁，一旦部队奉调出征，她们便成了留守家属，甚至在旦夕之间成为寡妇，所谓“乱点出征征不返，贞人远望在高楼”⑤即云此事。

大批女眷随军是弛禁后军营生活所出现的一种新现象。洪秀全本想借允许男女婚嫁来安抚人心，同时依旧严男女之大防，杜绝婚姻之外的任何越轨行为，以整肃军纪和维护纲常伦理。但是，就全体官兵而言，受惠于弛禁政策尤其是多妻制的毕竟仅是少部分人。更令洪秀全始料不及的是，伴随着禁令的废止，纵欲之风在太平军中日益蔓延，导致军纪日渐松弛。

由于实行多妻制，一些高级将领耽于声色，故江南民间流传着

---

① 佚名：《平贼纪略》卷下，《太平天国史料丛编简辑》第1册，329页。

② 顾深：《虎穴生还记》，《太平天国》第6册，736页。

③ 张乃修：《如梦录》，《太平天国史料丛编简辑》第4册，611～612页。

④ 佚名：《平贼纪略》卷上，《太平天国史料丛编简辑》第1册，273页。按：无锡、金匮两县同城而治，合称锡金，今无锡市。

⑤ 丁葆和：《归里杂诗》，《太平天国史料丛编简辑》第6册，463页。

“大小贞人共一床，模模糊糊过时光”①的民谣。早期的鸡奸现象也在军中延续了下来。有些首领在娶妻的同时，依旧养有娈童。金山人顾深被掳后，因识字能书而在平湖驻军中充当“先生”。一位已在营中服役一年的本地人善意地向他介绍内情，其中便谈道：“称呼江北老长毛，当以‘大人’呼之。童子虽系江南人，贼掳为己子，名为父子，其实是龙阳君，当以‘公子’呼之。”②佚名《平贼纪略》亦云，“(贼)掳幼童使装烟吹火，称小拜喜(把戏)，有姿色者奸之，或献其酋为假子”③。通奸现象也随之出现。后来以环游世界著称的南京人李圭曾在江苏溧阳某馆中听差，他在回首这段亲身经历时，对相关隐情有所披露。据云馆主潔天燕姓郦，出征安徽未归，由其义子桂芳代为主事。两人各娶一名本城少妇，“郦贼所掳妇妖好愈桂芳妇，郦出，桂芳私数月矣。时酷暑，桂芳醉卧，妇迎凉院中，陆(一老兄弟，引者按)因与通”，结果险些酿成内讧。④

相比之下，情节更为严重的是嫖娼狎妓现象。在严刑峻法的威慑下，娼妓活动在太平天国实际控制区一直比较沉寂，特别是在一些中心城市，几乎见不到娼妓踪影。但是，在太平天国控制不力的江南乡村却是另一番情景。尤其是在太湖流域的一些市镇，在枪船武装的操纵下，妓船与赌场、戏棚等几乎是互为一体，色情生意异常繁盛。另一方面，时局的持续动荡，社会救济活动的严重滞后，也使得逼良为娼的势头得不到有效遏制。而军纪松弛、吏治腐败现象的滋蔓与卖淫嫖娼活动的猖獗也有着千丝万缕的联系，两者互为因果，形成恶性循环。

---

① 李光霁：《劫余杂识》，《太平天国》第5册，314页。

② 顾深：《虎穴生还记》，《太平天国》第6册，734页。按：太平军均蓄发不剃，故被民间称为“长毛”。该称谓虽有戏谑成分，但并非贬称，故就连太平军后来也偶以“长毛”自称。同样根据太平军这一外貌特征，清方通常诬称太平军为“发匪”“发逆”。又，战国时魏有宠臣食邑龙阳，号龙阳君，后世遂称男色为“龙阳”。

③ 佚名：《平贼纪略》卷下，《太平天国史料丛编简辑》第1册，330页。

④ 李圭：《思痛记》卷下，《太平天国》第4册，487～488页。

以浙江秀水县新塍镇为例，1861 年秋，该镇白龙潭东侧停泊着五六百只来自湖州的逃难船，“日久粮罄，妇女皆上岸行乞，视之皆良家子也”，难民们“秕糠不继，流离万状，哭泣不敢出声”。与此形成强烈反差的是，仅咫尺之遥，“白龙潭停妓船二百余艘，琉璃窗，锦绣帐，箫管声细细，餍饫粱肉，长毛、富商出入其中，千金一掷。其上则二里桥花鼓戏场，锣鼓喧天，声闻数里，喝雉呼卢，昼夜不辍”。① 能够逍遥于这种色情场所，动辄一掷千金的“长毛”，无疑都是太平军中一些大权在握的人。例如，总理苏福省民政的左同检熊万荃在路过新塍镇时，乡官局“请酒看戏”。熊氏遂纵情声色，事后“赏优伶一百元，又为妓女品兰赎身从良费五百元，共用千元”②，堪称名副其实的一掷千金。

随着酒色逐渐成为官场交接应酬时的一道风景，权色交易也应运而生。例如，浙江海宁县花溪镇乡官朱芸泉为了升迁，居然向坐镇该县的会王蔡元隆进行性贿赂，特意送来两名女子侍奉后者。蔡

---

① 沈梓：《避寇日记》卷 2，《太平天国史料丛编简辑》第 4 册，88～89 页。按：枪船是由江南豪绅、痞棍所纠集的一种地方武装，其船啸集水面，枪炮俱备，故名。正是由于枪船势力的坐大，新塍镇的妓船才得以无视相关法令，以一种公开化甚至半合法化的方式存在着。换句话说，妓船的存亡主要取决于枪船的兴衰，而太平天国对待枪船的政策经历了一个从剿到抚、从抚到剿的发展演变过程，因此，妓船的状况也随之起伏不定。例如，1861 年夏，太平军突袭隶属湖州的归安县新市，枪船闻风逃遁，平静后又卷土重来，“市肆无恙，赌博、妓船复集”(佚名：《寇难琐记》卷 1，《江浙豫皖太平天国史料选编》，143 页，南京，江苏人民出版社，1983)。一年后，太平军大举围剿枪船武装，遭受重创的枪匪势穷力竭，所经营的妓船也随之一蹶不振，但也有例外。元和县周庄镇的枪船头领费秀元在接受招抚后，派手下枪船数十只开至吴江县同里镇，“大开博场，昼夜演剧”，且有“妓船数十号蚁聚”。由于太平军此次围剿不波及周庄费氏，因此，枪船在同里镇的生意更加红火，到 1862 年秋冬，除“赌博数十处”“鸦片烟灯遍地”外，妓船也扩充到百余只，甚或“赁屋居停”(倦圃野老：《庚癸纪略》卷上、卷下，《太平天国资料》，101、106 页，北京，科学出版社，1959)。又，吸鸦片、赌博、演戏同为太平天国所明令禁止。

② 沈梓：《避寇日记》卷 3，《太平天国史料丛编简辑》第 4 册，152 页。按：熊万荃系清朝降官，任职期间因密谋内应而引起忠王怀疑，后被调守平湖、乍浦一线，不久叛降李鸿章，赏知府职，改名建勋。

元隆查询后，得知二女一系有夫之妇，另一许姓少女则是书香门第出身，均属被胁迫而来，便赠送路费打发其回家，并将朱芸泉斩首示众，以儆效尤。①

朱芸泉事件的出现绝非偶然。正因为在官本位的背景下，是否当官和官职大小直接与每个人的切身利益挂靠在一起，包括能否娶妻和娶妻多少，所以，为了牟取特权，人们对升迁趋之若鹜，导致私门请谒、买官卖官之风在太平天国官场日益弥漫，官员的选拔任命和奖惩制度日趋混乱。早在总理朝政之初，干王洪仁玕便觉察出这一苗头，为大小官员"动以升迁为荣，几若一岁九迁而犹缓，一月三迁而犹不足"的现象而痛心疾首，质问"设仍各如所请，自兹以往，不及一年，举朝内外皆义皆安，更有何官何爵可为升迁地耶?"，正告"时势至此，再一隐忍姑息，我辈并无生理"，试图整顿铨选制度。② 但事与愿违，此时的洪秀全专注于宗教事务，无心亲理政事，对群臣驾驭不力，立政无章，滥施爵赏，遂使局面无法收拾。由于封王太滥，太平天国最终竟然封出 2700 多个王，结果既助长了朝中的贪渎之风，同时又因赏罚不公、苦乐不均而人心离散，事权不一、各争雄长的现象愈演愈烈，为太平天国迅速走向败亡埋下了伏笔。

如前所述，杨秀清当初在解释取消家庭生活的缘由时曾经强调："但当创业之初，必先有国而后有家，先公而后及私"，虽不能身体力行，但其对国与家、公与私之间利害冲突的隐忧却绝非杞人忧天。后期，随着整个战局的急转直下，虽有不少太平军将士抱定与天国共存亡的信念，演出了一幕幕惊天地泣鬼神的悲壮活剧，但地方大员率部倒戈的事件也层见叠出，内以 1863 年年末纳王部永宽等 8 名将领刺杀慕王谭绍光、将苏州拱手献给李鸿章事件震动最大，标志着太平天国大势已去。而纳王等人之所以叛降，其动机主要是保全

① 冯氏：《花溪日记》卷下，《太平天国》第 6 册，712 页。按：蔡元隆系忠王李秀成之婿，湖南岳州人，时年约 25 岁，后于 1864 年 2 月在海宁率部降清，改名蔡元吉，官授通判，所部编为元字八营，协同中法混合军"常捷军"攻打湖州。

② 洪仁玕：《立法制喧谕》，《太平天国文书汇编》，94～95 页。

自己的身家性命，并对清军的承诺信以为真。① 又如，就在都城天京危在旦夕之际，一些贪婪昏庸的王爵仍然对个人的利益锱铢必较，不懂得覆巢无完卵这一简单的道理。当时，由于湘军长时间的围困，天京早已出现粮荒，就连天王洪秀全在病逝前也仅以野草团(称作“甜露”)充饥。然而，令清方大惑不解的是，湘军破城后，却意外地从城中搜出大量粮米。忠王李秀成在被俘后就此解释说：“城中王府尚有之，顾不以充饷，故见绌。此是我家人心不齐之故。”②读史至此，令人嘘唏不已。导致太平天国晚期吏治腐败、军心涣散的原因是多方面的，而实行多妻制无疑对为官者私欲的急剧膨胀起了推波助澜的作用。

以上着重考察了为官者的婚姻状况及其相关情形。关于后期太平军中的婚姻状况，洪仁玕曾在一篇劝谕清军弃暗投明的檄文中有所表述，内称“我天朝廓达大度，胞与为怀，不分新旧兄弟，皆是视同一体。大功大封，小功小赏，上而王侯将相，下而兵士妇孺，俱使衣食得所，居处相安，有家者固团圆以相乐，无室者亦婚配以各遂，虽在军旅之中，仍不废家庭之乐”③。这一段话带有明显的宣传色彩，与事实颇有出入。以驻守平湖的麻天安陈玉书部为例，“自丞相以上始得有妻，然亦必须禀明麻天安，其下则不能也”④。既然连卑官尚且不能娶妻，士兵自然更是无从谈起。

士兵们不但不能娶妻，还依旧在两性关系上受到严刑峻法的制约，时人笔记中便有不少关于作奸犯科者被枭首示众的记载。但是，与前期不同的是，强暴民女事件屡禁不止。平湖驻军中一名十六七岁的士兵曾就此不无夸张地说：“我们长毛中都是毛呼呼的，见了妇女，总要打水泡，那管他[她]死活，即死了，弃诸旷野，或埋诸土

---

① 参见董蔡时：《太平天国在苏州》，231 页，南京，江苏人民出版社，1981。

② 赵烈文：《能静居士日记》卷 20，《太平天国史料丛编简辑》第 3 册，375 页。

③ 《诛妖檄文》，《太平天国印书》，738 页。

④ 顾深：《虎穴生还记》，《太平天国》第 6 册，736 页。

中，投诸流水，谁为伸冤?”①其习以为常见怪不怪的口吻令人瞠目结舌。有些太平军甚至从事掳绑、贩卖妇女的勾当。1862 年 1 月中旬，参加攻打杭州的苏州驻军取道乌镇返师，驻防该镇的莱天福何信义为防止士兵上岸扰民，“麾旌不许入镇，于所过船只，逐细搜缉”，“幸吴长毛(指乌镇军帅吴诚溥，引者按)颇知痛恤民瘼，将舟中所获少女，一一查察”；动手掳人的士兵一经被指认出，“亟行正法”，并逐一问明被掳者的都图籍贯，“凡属投诚之地，尽行解缚释放，一时男女得返原籍者四五百人”。② 但是，并非所有遭绑架的女子都能够逢凶化吉。据沈梓《避寇日记》记载，1861 年 11 月 27 日，“长毛掳两处妇人至新(指新塍镇，引者按)，皆面目端好者，为枪船人买去，计卖廿四元”。沈梓经询问后得知，这些女子原本都是大家闺秀，“家去杭城十八里，逃在乡下为所掳”。③ 区区新塍镇的色情业之所以颇具规模，拥有妓船二百余艘，与枪船不择手段地补充娼妓来源有很大关系。被太平军倒卖给枪船的女子人数不详，但据“计卖廿四元”一句分析，其售价十分低廉。

后期太平军的军纪之所以发展到如此地步，与其人员构成所发生的变化不无关联。以活跃于江浙战场的各主力部队为例，开国将士仅占很小比例，绝大多数是 1860 年经略苏杭地区以来的新入伍者。据护王陈坤书部残存名册显示，在记有年龄、籍贯、入营时间与地点的 370 人当中，没有一人参加过金田起义或隶属两广籍，75％以上的官兵系 1860—1863 年参军，内以安徽、苏南等地人居多。④ 这些新入营者主要由倒戈或被俘的清军、各式各样的游民等

---

① 顾深：《虎穴生还记》，《太平天国》第 6 册，736 页。

② 佚名：《寇难琐记》卷 1，《江浙豫皖太平天国史料选编》，159～160 页。

③ 沈梓：《避寇日记》卷 2，《太平天国史料丛编简辑》第 4 册，92 页。

④ 参见《太平天国文书汇编》，346～405 页。按：开国将士腐化、颓废的现象在后期虽已比较严重，但他们毕竟构成太平天国的中坚力量，其整体素质要优于后入营者。如英王陈玉成便颇受部下的爱戴，咸称其“生平有三样好处”，即“第一爱读书的人，第二爱百姓，第三不好色”(刀口余生：《被掳纪略》，《太平天国资料》，206 页)。

组成，桀骜不驯，散漫成性，强暴民女之类的事件大多系他们所为；而一些统兵将领又疏于改造军队的工作，对部下约束不力，甚至本身就以身试法，遂导致军纪松弛，局面失控。李圭被掳后，随太平军向丹阳、金坛一线推进，沿途对此有所观察。据他描述，“妇女貌陋者亦多死。美者至沿路逼淫，力拒惨死者十之六七；或带至贼馆充‘贞人’，少违意，使众贼轮奸，至惫极而后杀之。穷凶极恶，无所不至”。那么，这种令人发指的兽行都是哪些人干的呢？李圭接着写道：“但如行此类事者，大抵以湘、鄂、皖、赣等籍人，先充官军或流氓地痞裹附于贼，或战败而降贼军，积资得为老兄弟者居多。其真正粤贼，则反觉慈祥恺悌，转不若是其残忍也。”李圭还补充说：“至官军一面，则溃败后之掳掠，或战胜后之焚杀，尤属耳不忍闻、目不忍睹，其惨毒实较贼又有过之无不及。余不欲言，余也不敢言也。”①李圭称清军为“官军”，视太平军为“贼”，反映了他本人的政治立场。然而，尽管带有这种鲜明的倾向性，李圭仍然依据事实做出了较为客观的评判，认为太平军中进行奸淫掳掠的以倒戈、投降的清军和地痞流氓居多，两广开国将士反而给人以慈祥和善的感觉，并认为清军的惨毒程度比太平军有过之而无不及。显然，这种结论比较符合历史真相。

除了人员构成的因素外，地域的变化也对太平军产生潜移默化的影响。据潘锺瑞《苏台麋鹿记》记载，苏州守军中的一名老兄弟曾对众人说：“我自起兵身历数省，富人之窖藏他处实多，惟宫室器用子女玉帛之类，则苏州为各省冠。谚称‘上有天堂，下有苏杭’，我道杭尚不如苏。今与汝等得享天福，当慎守之。”作者就此慨叹道：“故世谓‘发逆之亡，亡于苏州’，盖恋恋于此，即怀安之一念足以败之矣。噫！夫差以来，前车几覆矣。”②在谈到太平军占领溧阳后的情形时，李圭也认为，“盖自失守几及一载，贼酷烈之气，销磨于子

① 李圭：《思痛记》卷上，《太平天国》第4册，480～481页。

② 潘锺瑞：《苏台麋鹿记》卷下，《太平天国》第5册，302页。

女玉帛中……”①从广西的穷乡僻壤挺进到江南繁华富庶之地，太平军在不断开疆拓土的同时，其锐气和理想却在悄然褪色，随之日益膨胀的是安富尊荣、及时行乐意识。太平军中围绕婚姻与两性关系所发生的变化正从侧面说明了这一点。

三

在定都初期，太平军的总兵力约为 12.5 万人②，后又不断得到扩充。到了后期，仅忠王李秀成部据说就有百万之众。男女婚配、与异性的交往虽属儿女私情，但对军队来说，却是事关能否稳定军心、整肃军纪的大事。然而，太平天国所制定的相关法令却存在着先天性的缺陷，既不够缜密和完善，多少显得有些空泛，不易操作，同时又严判上下尊卑，且过于偏执。婚姻与两性关系之所以成为长期困扰太平军的一个棘手问题，与此有着直接的联系。

从某种程度上说，围绕婚姻等问题所引发的事态和变化，是太平军军纪及其官兵关系演变过程的一个缩影，并对其战斗力的消长产生了不可忽视的影响。相形之下，前期虽已出现人心浮动的迹象，但局面并未失控，总的来说军纪比较严明，而后期则不容乐观。洪仁玕曾就此评述道：“前此拓土开疆，犹有日辟百里之势，何至于今而进寸退尺，战胜攻取之威转大逊于曩时?”“我天朝初以天父真道蓄万心如一心，故众弟只知有天父兄，不怕有妖魔鬼。此中奥妙无人知觉。今因人心冷淡，故锐气减半耳。”③另一方面，它又从一个侧面反映了当时的军(官)民关系。太平天国所采取的一些相关举措，诸如拆散家庭、大肆选美、强娶民女等，均大失民心，在实践中必然会对军民关系产生负面影响。至于后期所接踵发生的强暴民女等

① 李圭：《思痛记》卷下，《太平天国》第 4 册，488 页。

② 参见张一文：《太平天国军事史》，263 页，南宁，广西人民出版社，1994。

③ 洪仁玕：《立法制喧谕》，《太平天国文书汇编》，94 页；《开朝精忠军师干王洪宝制》，《太平天国印书》，703 页。

事件，则影响更为恶劣。由于统治基础比较薄弱，直到天京沦陷，太平天国一直对境内的广大城乡(尤其是乡村)缺乏有效的控制。推究起来，婚姻政策失当正是造成这种局面的原因之一。

考察太平军中的婚姻等情形，对于正确评判太平天国的妇女地位问题也不无启示。时至今日，仍有一些论著赞誉太平天国实行了男女平等，使妇女得到了解放。有学者甚至认为，“太平天国对妇女的解放，不仅是在中国史上是空前的，就是在十九世纪六十年代的世界史上也是最先进的”。诚然，洪秀全曾经提出过“天下多女子，尽是姐妹之群”的进步口号；《天朝田亩制度》也提出了“凡分田照人口，不论男妇”的设想，并且规定“凡天下婚姻不论财”；此外，太平天国还严禁女子缠足，杜绝娼妓，推行过女官制度。姑且撇开其初衷或出发点不谈，这些思想和举措无疑都值得称道，并在一定时期和一定程度上改善了部分妇女的处境。然而，在旧的历史惯性力量的支配下，广大妇女的附属地位并没有发生任何实质性的变化。仅就婚姻而论，女性在太平天国始终处于被动的状态，从来没有主动择偶的权利或自由。更为可悲的是，根据森严的等级制度所衍生出的多妻制，使女子变相成为特权阶层身份和地位的一种陪衬，沦为单纯侍奉、取悦为官者的工具。本文所做的考察正说明了这一点。1852 年正式出版的《幼学诗》亦云：“妻道在三从，无违尔夫主；牝鸡若司晨，自求家道苦。”①用形象直白的语言渲染三从四德的思想，并且堂而皇之地将之写进幼儿教材，洪秀全等人对待妇女的心态于此可略见一斑。仍以洪秀全为例，他曾经由着性情，用靴头击踢怀有身孕的娘娘，事见《天父下凡诏书》第二部。他还针对自己后妃的举止言谈，订下了极为苛刻和霸道的十条规矩：“服事不虔诚，一该打；硬颈不听教，二该打；起眼看丈夫，三该打；问王不虔诚，四该打；躁气不纯静，五该打；讲话极大声，六该打；有喙不应声，七该打；面情不欢喜，八该打；眼左望右望，九该打；讲话不悠然，

---

① 《幼学诗》“妻道诗”，《太平天国印书》，62 页。

十该打。”①事实上，除了杖责以外，《天父诗》中还有将娘娘在后林苑处以点天灯酷刑的描述。由此可见，尽管按照洪秀全本人的说法，他与自己的后妃在宗教、人伦意义上是同胞、夫妻关系，但在现实生活中，彼此却是地道的主奴关系。总之，在太平天国时代，洪秀全等人根本就不可能萌发近代意义上的妇女解放或男女平等意识。

本文获中国社会科学院近代史研究所第四届青年学术讨论会优秀论文奖，原载《近代史研究》2003 年第 1 期。2003 年 3 月 2 日《文摘报》、4 月 15 日《光明日报》摘要介绍；《中国社会科学文摘》2003 年第 3 期“论著精华”栏摘登；中国人民大学书报资料中心《中国近代史》2003 年第 4 期全文转载。

① 《天父诗》第 17、18 首，《太平天国印书》，574～575 页。

太平天国服饰制度

太平天国服饰制度是太平天国典章制度研究中的一个薄弱环节。萧一山、简又文、罗尔纲等前辈学者对之均有所研究。萧、罗两先生主要依据清人张德坚《贼情汇纂》一书，侧重探讨前期的服饰制度；简又文先生涉猎面稍广，但所据史料仍较单薄。在国内研究中国服饰史的几部权威著作中，沈从文《中国古代服饰研究》对太平天国服饰只字未提；周锡保《中国古代服饰史》列有“太平天国服饰”一节，可惜过于简略，缺乏系统性。

本文拟在前辈学者研究的基础上，对太平天国服饰制度作一较为全面的考察。不过，由于相关史料零散残缺，从事此项研究存在着不小的难度。本文仅是一个初步的尝试性的探讨。

一

在强烈的汉民族意识的驱策下，太平天国始终以留发易服作为开创新朝的政治象征之一。1852 年，在进军长江途中，杨秀清与萧朝贵联名发布数篇檄文，尽情渲染“反满”思想，号召汉民留发易服，响应起义。檄文强调：“夫中国有中国之形象，今满洲悉令削发，拖一长尾于后，是使中国之人变为禽兽也。中国有中国之衣冠，今满洲另置顶戴，胡衣猴冠，坏先代之服冕，是使中国之人忘其根本也。”“本军师又实情救尔等，尔等多是中国人民，既是中国人民，何其愚蠢，剃发从妖，胡衣胡服，甘做妖胡奴狗，足上首下，尊卑颠倒。”①定都后新刻

① 《颁行诏书》，《太平天国印书》，109、112 页。

的《贬妖穴为罪隶论》亦云："迄今颓风虽煽，真道犹存，中夏之衣冠，陷于胡虏之涂炭已二百余年矣。"①后期主政的洪仁玕也慷慨陈词，慨叹"乃有鞑靼妖出，则文武衣冠异于往古，父母毛发强为毁伤"，认为"服胡服而冠胡冠，于心何忍"②。

正是基于上述思想，太平军大力推行服饰改革，倡导恢复汉族衣冠。

大小官员每逢喜庆朝会等大典时穿戴的冠服叫朝冠朝服，也就是服饰史上习称的官服。清朝以顶戴为朝冠，略呈圆锥状，按品级戴用。清廷侍卫和重臣的朝冠还向下垂拖一根孔雀羽翎，名为"花翎"或"孔雀翎"，其尾部有光彩夺目酷似眼睛的图案，称作"眼"，有单眼、双眼和三眼花翎之分。朝服的主要特征为马蹄袖和披领。马蹄袖又名箭袖，满语叫"哇哈"，因形状与马蹄相像而得名，其作用在于骑射时覆盖手背。

太平天国的朝冠废止了顶戴花翎，先后代之以风帽和角帽；朝服的主要特征是窄袖无领，腰不系带。这一制度经过一个演变过程，直到定都天京后才日趋系统和严密。

在起义立国之初，由于流动作战，供给困难，太平天国的官服尚处在草创阶段，攻占武昌后才具雏形，大抵以风帽为朝冠，除首义诸王的风帽为全黄外，其余各官的风帽都是红色黄边，以黄边宽窄区分官职大小；另以袍服为朝服。清初在强迫汉人易服的时候，曾有"妓从优不从"的规定，梨园戏班因而保留有明代衣冠。因此，太平天国此时的官服主要源于戏班行头，每克一地，就地取材，按职衔高低穿戴不同的冠服。这种状况一直延续到定都天京初期。③

不久，东王杨秀清、北王韦昌辉、翼王石达开联衔上奏天王，拟定首义诸王朝帽(即朝冠)的款式，另表示"侯、相以下朝帽，俟弟

---

① 《贬妖穴为罪隶论》宋希濂文，《太平天国印书》，448页。

② 《干王洪仁玕颁新政喧谕》，《太平天国文书汇编》，96、97页。

③ 参见涤浮道人《金陵杂记》："又贼匪所穿袍，皆系窄袖，初入城时，曾掳戏班中衣服穿着。"(《太平天国》第4册，639页)马寿龄《金陵癸甲新乐府》"易服色"一诗亦云："莫言意造无蓝本，村落戏场颇常见。"(《太平天国》第4册，737页)

等议定再奏”；天王批示：“弟等所议皆是，准行。钦此。”①以此为嚆矢，太平天国的朝冠朝服制度开始正式创制。

考明代列官常服缀有补子，文官用禽，武官用兽，以别品级。太平天国的朝冠参照其制，分别缀以飞禽走兽，没有文武之别，仅用来区分官职大小。朝冠又名“角帽”，取代前之风帽。首义诸王的朝冠一如三王会奏时所拟的款式，天王的朝冠为双龙双凤，帽额上绣满天星斗，下绣一统山河；东王为双龙单凤，帽额绣单凤企云中；北王、翼王同为双龙单凤，前者帽额为单凤企山岗，后者帽额一边加绣一蝶，内绣单凤企牡丹。除天王的角帽系纯金外，其余各王的角帽均为纸骨粘贴金箔做成。帽额皆如一把扇式。

侯、丞相朝冠的形状如无翅正方纱帽式，纸骨贴金；检点至两司马朝冠的形状皆兽头兜鍪式。侯、丞相的冠顶缀单凤，检点、指挥缀麒麟，将军、总制缀狮，监军、军帅缀虎，师帅、旅帅缀彪，卒长、两司马缀鹤。② 朝冠帽额的图案也有区别。侯、丞相绣百蝶穿云，检点、指挥绣百蝶穿花，将军、总制绣百蝠穿云，监军、军帅绣百蝠穿花，师帅绣云彩，旅帅绣牡丹，卒长绣荷花，两司马绣菊花。

朝冠帽额的正中均绣有官衔。官衔绣字也有定制，诸王至检点均绣金字，指挥至师帅绣红字，旅帅至两司马绣黑字。国宗朝冠与各王相同，如韦姓者均采用北王款式，仅在帽额正中绣上不同的金字，分别注明某“国伯”、某“国兄”。

秋冬时节，官员平常则戴风帽，所绣动物和帽额图案、绣衔均照

---

① 《东王等奏请明定朝帽制度本章》，《太平天国文书汇编》，166～167页。

② 关于太平天国定都初期的冠服制度，张德坚《贼情汇纂》中的记载颇多错讹。据该书卷6交代，“江宁情况程奉璜说”。程氏生平无考，但张氏据其口述笔录，其史料的可靠程度无疑已打折扣。该书称从侯到指挥的朝冠均缀双龙单凤，将军至军帅缀双龙，师帅缀双蟒，与涤浮道人《金陵杂记》、谢介鹤《金陵癸甲纪事略》、李滨《中兴别记》中的记载相异。考涤浮道人、谢介鹤都曾经身处天京，《中兴别记》则是李滨在光绪年间采录官私材料200余种撰成，其记载值得重视。另据《天父圣旨》卷3记载，天历甲寅四年正月二十七日（1854年3月2日），天父宣布“丞相亦准用凤”（王庆成编注：《天父天兄圣旨》，103页）。这证实张德坚一书连军帅也用双龙的说法不可信。本文采用《金陵杂记》等书的记载。

搬角帽。诸王为全黄风帽，其余官员均是黄边红风帽。两司马风帽镶一寸黄边，官大一级，黄边加宽二分，加到侯一级，黄边的宽度为三寸二分。黄边又有花素绣绒之分，侯到指挥用黄绒绣成黄边，深浅相间，呈水纹状，将军至军帅为花绸黄边，师帅至两司马为素黄绸边。①

太平天国的朝服由袍服与补褂组成。袍服沿用明代上衣连下裳的旧制。诸王均为黄缎袍，以绣龙多少分等差：天王九龙，东王八龙，北王七龙，翼王六龙，后来加封的燕王秦日纲和豫王胡以晃均为五龙。国宗从同姓各王之制。侯、丞相绣四条龙，检点为素黄袍，指挥至两司马为素红袍。②

补褂用来区分官职大小：天王黄马褂绣八团龙，正中一团绣双龙，合九龙之数；东王黄马褂绣八团龙，其余各王均绣四团龙。侯至指挥的黄马褂皆绣二团龙，将军、总制的黄马褂前后各绣一团牡丹。③ 监军至旅帅均穿红马褂，前后各绣一团牡丹。卒长、两司马也穿红马褂，不绣花，只在前后刷印两团。补褂绣衔也有定制。天王至指挥均绣官衔于前面正中的团龙上；将军至旅帅绣在前团牡丹上；卒长、两司马绣于前团。官衔绣字也分金、红、黑三色，一如朝冠制度。

纵观中国服饰史，历朝官服均有冬、夏之别。太平天国似乎也有这种区分。据张德坚《贼情汇纂》卷 6 记载，夏日另有凉帽，自诸王到两司马，帽胎均同毗卢帽式而稍狭，四周帽檐如莲花瓣，帽顶四面挖空如意云头，所缀龙凤狮虎等与角帽定制相同，通体皆用薄竹片编扎，以五色纱绸糊成。李滨《中兴别记》亦云：“夏冠以竹角为

---

① 张德坚：《贼情汇纂》卷 6，《太平天国》第 3 册，176 页。

② 五爪为龙，四爪为蟒。太平天国服饰起初有蟒的图案，张德坚《贼情汇纂》、张汝南《金陵省难纪略》、《孙亦恬金陵被难记》均有相关记载。天历甲寅四年正月二十七日，天父(杨秀清)宣布“以后天朝所画之龙，须要五爪，四爪便是妖蛇”。从此，太平天国废弃了蟒的图案。

③ 《贼情汇纂》卷六称穿黄马褂者至监军止，实误。按照规定，总制以下均不得穿黄马褂，参见涤浮道人《金陵杂记》：“又贼自伪总制之上，皆穿黄马褂。”(《太平天国》第 4 册，639 页)张汝南《金陵省难纪略》：“黄马褂则自总制止。”(《太平天国》第 4 册，713 页)另外，太平天国规定总制以上的官员才享有吃肉的待遇(《贼情汇纂》卷 10，《太平天国》第 3 册，277 页)。似亦可印证是说。

之，杂饰鸟兽花卉。”①详制已经失考。

太平天国起初只准穿鞋，称“靴”为“妖服”，定都初期废禁。靴的形状均为方头，天王、东王、北王三人皆黄缎靴，每只依次绣金龙九条、七条、五条不等；翼王、燕王、豫王为素黄靴；侯至指挥为素红靴；将军以下均为皂靴。

到了后期，太平天国的官制趋于凌乱，加上一些高级将领拥兵自重，号令不一，致使朝冠朝服制度受到不小冲击，远远不能做到整齐划一，僭制穿戴现象也较为突出。

就朝冠而言，前期就连权倾一时的东王杨秀清也仅戴纸骨贴金的角帽。而在后期诸王中，可考的忠王李秀成的朝冠便是用纯金制成。据目睹者英国人富礼赐、呤唎描述，忠王王冠的冠身为极薄金片，镂成虎形，虎身及尾环绕王冠，两旁各有一只展翅的鹰隼，正中缀以凤凰，王冠通身镶有珠宝②。再就朝服而论，前期规定总制以下不得穿黄马褂，而后期竟连普通士兵也随意穿黄马褂，故时人有“贼中穿黄马褂者不甚显贵”③一说。诸王龙袍的图案也有变化。富礼赐在拜访赞嗣君蒙时雍时，见他所穿的黄龙袍除“上绣团龙甚多”外，还“另有日月星及其他奇怪的花样”④。

至于女官，“其服或红或黄，职如男，衣式仍女制”⑤，详制无考。平时，女官通常短衣长绔，额扎黄巾，头插鲜花珠翠，臂缠金

---

① 李滨：《中兴别记》，太平天国历史博物馆编：《太平天国资料汇编》第二册下，11页，北京，中华书局，1979。

② ［英］富礼赐：《天京游记》，《太平天国》第6册，950页；［英］呤唎：《太平天国革命亲历记》（中译本），192页，上海，上海古籍出版社，1985。简又文先生另有一推测：“后期各王之金冠，似稍异前制，盘顶非双龙，额前无王衔。”见《太平天国典制通考》上册，155页，香港，简氏猛进书屋，1958。

③ 潘钟瑞：《苏台麋鹿记》，《太平天国》第5册，279页。冯氏《花溪日记》亦云：“二贼头裹红巾，身穿黄马褂。”（《太平天国》第6册，677页）。这两人头扎红巾，说明仅是普通士兵，但却穿上了黄马褂，与潘氏记载可互为参证。

④ ［英］富礼赐：《天京游记》，《太平天国》第6册，947页。

⑤ 张汝南：《金陵省难纪略》，《太平天国》第4册，714页。按：张德坚《贼情汇纂》卷6称“其女官冠服如男制”，实误。洪秀全《永安破围诏》有“男着龙袍女插花”一说，已有区别。

玉手镯，动则琳琅有声。天王洪秀全的后宫均穿月袍，“多绣月于中为补子”，“正宫绣双凤，副宫绣单凤，有月照四海、月照五湖、月照凉亭、月照水阁等名色”①。

除官服外，军服也是太平天国服饰制度中的一个重要内容，包括官、兵两种服饰。

高级将领均为朝冠朝服。中下级军官起初头戴风帽，后来改用黄巾扎额，旅帅以上黄绸巾，以下黄布巾，以脑后所垂绸绉(称作“尾”)的长短来区分官衔大小，拖长一寸，官大一级。后期黄巾上还缀有帽花。通常穿小袖短衣和大脚裤子，以长绸束腰，外面再罩上袍服、马褂。

士兵一律头扎红巾，太平军因此而被民间称为“红头”。前期一度以竹帽为号帽，又名“得胜盔”，“上画红绿杂花云彩，四面留粉白圈四个，分写‘太平天国’四字”②。这种号帽后来演变为官员夏日所戴的凉帽。

士兵上身穿背心式号衣，前后各缝一块正方形的黄布，曰“招”，号衣因而又名“招衣”。黄布上面写有宋体字，起初前写“太平”，后写“得胜”；克武昌后，前写“太平”后写“圣兵”；定都天京后，改为直接将字印刷在号衣上，前印“太平”，后印“某军圣兵”或“某衙听使”。号衣分黄、红两色，将军以上官员的部下为黄号衣，以下官员的部下为红号衣。编制不同，号衣镶边的颜色也各异，如东王手下穿绿边黄号衣，北王手下为黑边，翼王手下为蓝边，燕王、豫王手下为水红边。士兵同样穿大脚裤子，颜色以黑色居多。此外，将领穿靴，士兵穿平头薄底鞋，颜色、面料和鞋底厚薄均有所区别。不过，来自两广的太平军将士大多沿袭旧俗，喜欢跣足。女官也是如此。

后期，随着军队急遽扩编，有限的后勤供应难以满足需求，在外征战的太平军便更多依赖改制旧衣的方式。尽管突出了服饰款式

---

① 张汝南：《金陵省难纪略》，《太平天国》第 4 册，714 页。另参见《天父诗》第 64 首：“宫内最贵两十宫，身着月袍凤绣双。”

② 张德坚：《贼情汇纂》卷 5，《太平天国》第 3 册，149 页。佚名《虏在目中》与《时闻丛录》也有相关描述。

最基本的特色，诸如盘辫、裹头、短衣、散裤脚等，但距离军装统一的标准毕竟相去甚远。

附带指出的是，剃发与束发是满汉男子发型的主要区别。满族男子习惯剃去前额和四周的头发，将剩余头发编成辫子垂于脑后。太平军则一律蓄发不剃，或将头发盘辫挽髻于顶部，或长发披肩，因而被民间称为“长毛”。“长毛”和“红头”一样，都是根据太平军的外形特征而得名，尽管多少带有一些戏谑色彩，但并不包含任何贬义，而是一种中性称谓。也正因为如此，后来太平军也偶尔以“长毛”自称。同样根据太平军蓄发不剃这一特征，清方通常诬称太平军为“发匪”“发逆”。

相传太平军中有一对联，文曰“留发留须留得本来真面目，改号改王改成昔日旧衣冠”，为民间好事者所称述。正因为蓄发与否具有如此重大的政治象征意义，所以太平天国格外重视。在吴江，太平军定下期限，“一应军民人等留发，如有私剃，责罚甚严”①。就连在乡下避风的大地主柳兆薰也不得不留起胡须，慨叹“前日为功名而去，今日为性命而留，吁，我须之不幸也”②。在常熟，太平军入城后，当即将盖有蟠龙印的告示“遍贴通衢”，“禁民不准剃发带[戴]帽”③。湖州、嘉兴一带也是如此，“蓄发之令极严”。某日，归安县练市有一乡人剃发过市，为太平军撞见，被擒至馆中施以笞刑。抽打数十下后，此人不服，怒目相视，并投掷物件还击，结果丢掉性命。④ 不过，太平天国在推行蓄发法令时仍具有一定的弹性。当时，商贾大凡前往上海、通州、海门等清统治区做生意，均不得不剃发，但当返乡时，又必然会因短发而触犯太平天国法令。太平天国为此网开一面，特许这一类行商剃发，但须领取“剃头凭”作为凭据；各关卡在稽查时，只要剃发者出示剃头凭就予以放行，否则一律问罪。

---

① 知非：《吴江庚辛纪事》，《近代史资料》总4号，39页。

② 柳兆薰：《柳兆薰日记》，《太平天国史料专辑》，120页。

③ 陆筠：《海角续编》，《漏网喁鱼集》外一种，121页。

④ 佚名：《寇难琐记》卷3，《江浙豫皖太平天国史料选编》，196页。

二

为了推动服饰改革，太平天国斥满族衣冠为“妖装”，遇见必毁，私藏者问罪；斥此类装束者为“妖”，一律严惩不贷。有记载说，当年从广西挺进湖南时，太平军“不甚淫杀，惟与官兵为仇，目之为‘妖’，遇衙门幕丁书役及有顶帽皂靴之人，不问即杀”①。后期还有一些具体事例可考。苏州木渎镇乡绅黄朗峰因捐有六品官衔被杀，次日盛殓时，太平军碰巧赶到，见尸首戴顶戴，便又将头割去。吴江县秀才冯小楼病死后，戴顶帽入殓，结果也被割下头颅。② 由此可以看出太平天国执行禁令的严厉程度。

除查禁满族服饰外，太平天国还晓谕民间，严禁女子穿裙和缠足，严禁男子戴毡帽。裙是汉族的传统服装，最初并没有性别之分，后来逐渐成为女子特有的下裳。汉代女子都是上衣下裙，并且一直沿用到清代。缠足是汉族女子相沿已久的一种陋俗，当时除满族和边远地区的少数民族妇女外，大凡中上层社会的汉族女子，几乎无人不缠足。参加金田起义的两广妇女以客家人居多。在客家社会，男子一般外出谋生，女子往往是家庭的支柱，终日劳作不辍，故而天足健步，而且大多跣足；其服饰款式为上衣下绔，不爱穿裙。为了便于组织女子从事后勤劳务，太平天国将这些特有的习俗推向整个社会，命令民间女子仿效。毡帽沿自明代，俗称“六合帽”或“瓜皮帽”。该帽外形酷似顶戴，而且在清朝衙役中较为流行，所以也遭到太平天国的查禁。

在南京，太平军“初破城，即下教，女子去裙男去帽”③。民女每 25 人编为一馆，由女官管理。女官都是赤足泥腿，被读书人诬称为“大脚蛮婆”。民女入馆后，从事削竹签、搓麻绳、运粮、抬瓦等体力活，除不得穿裙外，还必须抛却弓鞋罗袜。由于一时难以适应，

---

① 佚名：《粤匪犯湖南纪略》，《太平天国史料丛编简辑》第 1 册，66 页。

② 蓼村遁客：《虎窟纪略》，《太平天国史料专辑》，22 页。

③ 马寿龄：《金陵癸甲新乐府》“易服色”诗，《太平天国》第 4 册，737 页。

妇女行走不便，肿痛难忍①。太平天国这一举措客观上冲击了缠足陋俗，值得称道，但在具体执行时有过激的一面。相关禁令一直延续到后期。在吴江盛泽镇，太平军颁布易服令，规定“男子皆红扎巾，不许戴毡帽；女子不许穿裙子”；黎里太平军也告示民间，“凡道里间戴毡帽则除之，拖辫发者则割之，女子曳裙子则扯之”②。

对于士大夫服饰，太平军也作出新规定。按照清朝定制，各级获得功名的士子均戴朝冠顶子：状元、进士顶金三枝九叶，举人、贡生、监生顶金雀，生员顶银雀。太平天国将此类装束列为禁物。在太平军中负责笔墨工作的识字能书之人统称“先生”，一律身穿长衫，脚穿鞋袜，额扎黄巾或黑巾。1861年，太平天国刊行《钦定士阶条例》，对科举考试中各级中式士子的袍帽款式作了详细规定。

此外，从独尊上帝的教义出发，太平天国还勒令和尚道士还俗，秃子蓄发，不准穿袈裟戴黄冠，不许穿羽士服。

对于太平天国易服政策，民间不同阶层反应不一。

一些下层民众自愿投效太平军，留发易服。尊者的落魄，卑者的欢欣，均可以从下述士子的咒骂声中略见一斑：在武昌，“土著痞棍不良之人既降贼，以红帕首，日持刀四出”③；在扬州，“良民不肯为旅帅、为司马、为百长，市井无赖及蛮横仆妇喜充之，蓄发包黄绸，扬扬意得”④；在镇江，某民人“身穿红袍，在北城门上指挥如意”，另有一名寒士被赏穿黄马褂，“大有此间乐之意”⑤；在常熟，太平军开了一些店铺，“掌柜者俱土人，亦辫红履朱，诩诩自得”⑥。不过，上述情形并不是普遍现象。

太平天国在地方上推行乡官制度，在县以下分设从军帅到伍长的各级乡官，挑选当地人出任，以取代清政府的都图保甲制度。江

① 关于女子放脚后的情形，马寿龄《金陵癸甲新乐府》、伍承组《山中草》等均有描述。

② 沈梓：《避寇日记》，《太平天国史料丛编简辑》第4册，134页。

③ 陈徽言：《武昌纪事》，《太平天国》第4册，594页。

④ 臧谷：《劫余小记》，《太平天国资料》，82页。

⑤ 《时闻丛录·镇江见闻录》，《太平天国史料丛编简辑》第5册，74页。

⑥ 龚又村：《自怡日记》卷20，《太平天国史料丛编简辑》第4册，397页。

南地区的乡官成分比较复杂。一些投机分子伺机观望，对易服政策阳奉阴违。在常熟，穿戴正式冠服的乡官为数甚少。在无锡，军帅通常用绸巾扎额，双拖到臀部，颜色红黄黑不拘；师帅、旅帅一级的乡官则不改旧时装束，仅象征性地留发盘绠。

旧官僚大多持抵制态度。例如，在苏州，“某宦走祖茔，衣朝服，拜北阙，先杀子女，然后自经，一门死者数十，墓丁二人亦随死”①。

士大夫的态度大体相仿。太平军攻克南京后，贡生鞠长华衣冠楚楚，率妻子、女儿、女婿一同自缢于大厅；太平军入室搜“妖”，见他佩有顶戴，便视之为“妖”，当即剥去其衣服，将尸体抛到荒野。廪生汪星垣自焚未遂，正在吸黄烟时被太平军撞见。他拒绝掷掉烟具，冷冷地说：“此我朝瑞草也，我吸已多年，岂能因尔而改?”当被喝令摘去帽子时，他又质问说：“此我朝元服也，我又头冷，若何可去?”太平军一怒之下，用刀背相砍。汪氏大骂，遂被拖到城外石城桥上杀死。② 这股易服声浪使士子们一时风声鹤唳，纷纷将顶戴沉入河底或挖坑掩埋，唯恐被太平军搜出，被当成“妖头”治罪。

在此背景下，江南民间的服饰时尚骤然改变。明代中后期，在商品经济日趋活跃和社会财富不断积累的刺激下，江南地区逐渐形成去朴从华、轻视礼教、一味追求奢靡新奇的社会风尚。③ 此时，为避免因华美服饰被认定非官即富的身份，民间纷纷趋于简朴。在

---

① 龚又村：《自怡日记》卷 19，《太平天国史料丛编简辑》第 4 册，354 页。

② 张汝南：《金陵省难纪略》，《太平天国》第 4 册，698 页。按：也有极少数读书人响应太平天国的易服政策。据陆云标《庚申年陈墓镇记略》，在昆山县陈墓镇，秀才陈骏台、朱南昫主动“蓄发科头，改装易服”；陈骏台在投效太平军后，还撰写一联表明心迹，曰“留须留发留得尔民真面目，改官改制改还我国旧衣冠”(《太平天国资料》，134、135 页)。不过，这种现象并不具有代表性。

③ 这种社会风尚到清代续有发展，反映了市民意识的躁动和传统礼治秩序的衰微。安徽贵池人李召棠于 1864 年撰成《乱后记所记》一书，对其家乡风俗之演变作了详细描述，内云：“记我少年时，见我池城风俗简朴。始及老者裘帛耳，渐见少者皮币矣，继至妇人童子矣，终则贱役游民矣。……始而妇女无裙不上堂，不饰不出门，即归省亲或夙或夜；继而日中行走，门首闲谈矣；复有乳哺当街，短衣入市矣；甚至看戏则男女互挤，聚赌则男女无分矣。”(《近代史资料》总 34 号，177 页，北京，中华书局，1964)

扬州，昔日生活奢侈一掷千金的盐商被迫褐衣加身，“冒称庶民，厕身其中，苟延残喘而已”①。在南京，“有家业人亦改换旧衣”②。在常熟，“穿衣以布为尚，破者更妙”③。

至于和尚道士，也纷纷销声匿迹，不敢抛头露面。这种局面直到后来才有所改变。

一些横行乡里的地方武装头目首鼠两端，其服饰变化形象地折射出其虚与委蛇的心态。例如，苏州府长洲县枪匪头领徐佩瑗(字少蘧)在接受李秀成招抚后，时穿太平天国官服，时戴清朝翎顶，被时人讥讽为“两歧瞻顾，一味纵横，可浊可清，非忠非义”④。个别地头蛇甚至公然抗命不遵，吴县盛泽镇枪匪巨魁孙四喜(号少湘)便是一例。自颁布易服令后，该镇乡官纷纷除人毡帽，孙的部属也未能例外。孙闻讯大怒，公然要挟说：

> 百姓势穷力竭，不得已还粮纳贡以役于长毛，犹之可也。而廉耻则尽人所有，岂得尽人而丧之？人谁无妻孥，人谁无头足？而官绅当为百姓先，今官绅未尝尽易其服，而欲令百姓从之，不亦难乎？男子无帽，何以御寒？女子无裙，何以蔽身？此固无须易者。今盛泽绅士及军、师帅若必欲易之，则请各绅士及军、师帅之妻女去裙曳裤，敲锣迎于镇，令百姓见之，俾知所向，夫然而有不遵此制者，我孙少湘受其咎；若其不然，则我当先打各绅士及军、师帅之家，而后及长毛。

这一招果然奏效，盛泽镇乡官赶紧向被除帽的枪匪一一赔偿，并向孙四喜赔罪，演昆曲大戏四天，盛设酒肴。在孙的阻挠下，盛泽以

---

① 海虞学钓翁：《粤氛纪事诗》，《太平天国史料丛编简辑》第 6 册，380 页。

② 《向荣奏稿》卷 2，《太平天国》第 7 册，102 页。

③ 佚名：《避难纪略》，《太平天国史料专辑》，60 页。

④ 戈清祺：《蠡湖异响序》，《近代史资料》总 34 号，161 页。

及周边乡镇遂无易服饰之议。①

总的来说，易服政策的推行情况在城乡之间反差很大。城市是太平天国的政治和军事中心，所以基本上能够做到令行禁止。以都城天京为例，全城居民分别被编入男馆或女馆，改换服饰。其中，男子一律以红巾扎额，因红巾不敷使用，一时竟然出现“制巾不及裹红布，觅布不及裹红纸”②的场面。城里妇女发型也发生明显变化，广西女子的发型成为“第一时妆”，其次是湖南、湖北的发型，“土人偶仿苏州式，刺刺街前笑不休”③。后来，就连来此倒卖军火的外国商人也入乡随俗，穿起太平军服饰。相比之下，在广大偏远乡村，易服政策大体上未能生效，故时人有云：“贼禁民间不许饮酒，不许吃烟，不许戴帽笠，不许戴衣领，不许妇人穿红著绿，但乡下尚未大变。”④

三

太平天国的易服政策之所以得不到民间的积极响应，其原因是多方面的。首先，从总体上讲，在太平天国时代，恢复汉族衣冠发式的口号远不是民间的共识。浙江乐清人林大椿便认为“人人摩顶复伐毛，二百余年久归顺”，为“断发复披发”而“搔首如刺芒”⑤。这种看法具有一定的代表性。人们在生理上也对蓄发感到一时难以适应，

---

① 沈梓：《避寇日记》卷3，《太平天国史料丛编简辑》第4册，134～135页。按：作者对孙四喜之流一向深恶痛绝，唯独对此举表示赞赏，认为孙氏虽是一武夫，“能知大体，存廉耻，与长毛争，长毛莫敢抗，百姓蒙其惠”。这从一个侧面反映了民间对太平天国易服政策的态度。

② 马寿龄：《金陵癸甲新乐府》“当圣兵”诗，《太平天国》第4册，729页。

③ 陈庆甲：《金陵纪事诗》，《太平天国史料丛编简辑》第6册，402页。按：据丁葆和《归里杂诗》描述，清军收复杭州后，“城中半属楚军，服式皆尚宽博”，故而“博带宽衣长袖舞，一时风气变湖南”（《太平天国史料丛编简辑》第6册，463页）。这是政治气候影响服饰时尚的又一例证。

④ 张宿煌：《备志纪年》，《近代史资料》总34号，190页。

⑤ 林大椿：《粤氛纪事诗》“禁剃发”诗，《太平天国史料丛编简辑》第6册，448页。

尤其是在闷热的夏天。时人就此描述道："长发入城(指南京，引者按)禁剃发……老者茸茸垂两耳，少者髟髟渐盈咫。日蒸汗气头集蝇，雨黏垢圿虱生虮。"①"然此风(指剃发，引者按)相习已久，暑天留发，尤蓬蓬腾热，势有难堪。"②单就卫生保健而论，剃发显然优于蓄发。

其次，与恢复汉族衣冠发式的号召相抵牾，太平天国将汉族传统服装裙子列为禁物，却又沿用满族特有的马褂作为朝服，可谓举措失当。曾有读书人对易服之举不以为然，认为"其实马褂及袍袄，依旧用我王朝仪"③。

此外，太平军成员主要来自社会下层，普遍缺乏文化。因此，在读书人眼里，太平军的审美情趣不雅，过于粗俗，诸如服饰不合时令，"下犹单裤上已皮"，"大小绸衣暑尚棉"；也没有严格的性别区分，"有贼妇而着男子马褂、穿厚底镶鞋者，有男贼而着妇人阔袖皮袄者，更有以杂色织棉被面及西洋印花饭单裹其首者，青黄红绿，错杂纷披"④，甚至"以女子亵衣围项，裙裤蒙头"⑤。这就在无形中加剧了人们的排斥心理。而太平天国推行服饰改革的方式有流于简单粗暴的一面，更激化了民间的抵触情绪。

一个最为关键的因素在于，当时服饰的变化已远远超出民俗或时尚的范畴，成为反映人们政治立场的一种标志。置身于变幻莫测的时局，一般人确实感到无所适从。尤其是在清军与太平军形成拉锯局面的地区，人们"进嫌发长，退恐发短"，往往手足无措。清方对长毛打扮者一律格杀勿论，曾有过境难民因随带红绿绸巾，被扣上"通贼"罪名而横遭杀戮。在此背景下，人们一旦脱离太平天国辖

① 马寿龄：《金陵癸甲新乐府》"禁剃发"诗，《太平天国》第 4 册，734 页。按："虮"指虱子的卵。

② 佚名：《寇难琐记》卷 1，《江浙豫皖太平天国史料选编》，155 页。

③ 马寿龄：《金陵癸甲新乐府》"易服色"诗，《太平天国》第 4 册，737 页。按：马褂是满族的一种外衣，康熙末年开始有汉人富家子弟服之，雍正年间服者渐众，后则无人不服。"长袍马褂"因而成为民间男子的一种标志性服饰。

④ 张德坚：《贼情汇纂》卷 6，《太平天国》第 3 册，174 页。

⑤ 柯超：《辛壬琐记》，《太平天国资料》，191 页。

境，均不得不设法剃发换衣。

为推行新的服饰制度，太平天国建立了较为完备的生产和供给体系。南京是盛产锦绣缎匹之地，太平天国在此定都后，相继设立专门的手工衙营，由国帽衙制造风帽，典角帽衙制造角帽，机匠衙(后来扩编为“织营”)负责纺织，染匠衙负责印染，绣锦衙(女)、绣锦营(男)负责刺绣，典袍衙负责裁缝，使得“百工技艺各有所归，各效其职役，凡军中所需，咄嗟立办”①。服饰的分配则依照圣库制度，由各典官酌情下拨。不过，由于有限的后勤供应难以满足需求，在京外征战的太平军更多依赖就地取材、改制旧衣的方式，服装远不能整齐划一。

太平天国服饰制度严判上下尊卑，等级森严。天历甲寅四年(1854 年)，东王杨秀清特意发布一份通告，将红、黄两色划为官服的专用颜色，规定无官之人仅准用红色包头，汗袍、蚊帐、足裹尤其不得潜用这两种颜色，截至来年四月初一日，逾期不改者斩首不留。稍后，佐天侯陈承瑢再次发文，强调“贵贱宜分上下，制度必判尊卑”，告诫“极宜遵守礼仪，郑重红、黄两色，其已成之物，只准穿在内服，不准作为外观。倘限期已满，一经查出，按照天法，斩首不留”②。这从一个侧面反映了太平天国政权浓厚的封建色彩。

原题《太平天国服饰制度探微》，载中国社会科学院近代史研究所《青年学术论坛》2000 年卷，北京，社会科学文献出版社，2001。

① 张德坚：《贼情汇纂》卷 4，《太平天国》第 3 册，117 页。

② 《佐天侯陈承瑢告官员兵士人等恪遵定制晓谕》，《太平天国文书汇编》，90～91 页。

洪秀全登极暨金田起义时间考释

2013年是太平天国建都江宁(今南京)160周年。太平军以破竹之势进军江南，得益于士气高涨、民众纷起相应、清军战斗力低下，也与酝酿起义时部署周密有关——倘若在举兵之前便遭镇压，也就无法形成后来的燎原之势。然而，由于原始资料匮乏，研究洪秀全等人从秘密酝酿到举兵反清这段历史有不小难度。在存世太平天国文献中，《太平天日》是唯一一部编年体书籍，讲述洪秀全的早期经历，但仅写到丁未年(1847年)十一月；其余文献对这段历史仅有零星描述，语焉不详，且表述不尽一致。瑞典传教士韩山文《洪秀全之异梦及广西叛乱的起源》一书，系根据洪仁玕口述撰成，但洪仁玕没有赴广西参与谋事，难窥其详。清方相关记载也十分简略，并有不少捕风捉影、以讹传讹之说。这导致相关史实扑朔迷离，隐晦难辨。20世纪80年代，太平天国刊刻的《天兄圣旨》由王庆成先生在英国发现，成为研究这段历史不可或缺的史料，但相关记载仍谈不上完整全面。

经过罗尔纲、简又文、荣孟源、王庆成、茅家琦、姜涛、吴善中等几代学者相继撰文考证，这段历史的线索现已比较清晰，但关于洪秀全登极暨金田起义的时间，至今仍众说纷纭，莫衷一是。本文拟就这两个问题谈点一得之见。

一、洪秀全登极时间考释

关于洪秀全登极的时间，主要有庚戌年(1850年)二月二十一日平在山登极说、太平天国辛开①元年(1851年)二月二十一日武宣东乡登极说，此外还有永安登极说、南京登极说。洪秀全究竟是在何时何地称王的？太平天国文献没有就此留下明确记载，但仍有线索可寻。

太平天国壬戌十二年(1862年)刊印的《太平天日》一书说，上帝在高天封洪秀全为“太平天王大道君王全”，并命写“天王大道君王全”七字，作为洪氏日后下凡的凭据。另据该书记载，丁未年七月，洪秀全在武宣东乡诗斥九仙庙，首句作“朕在高天作天王”，已自称“天王”；九月，捣毁象州甘王像时在墙壁题诗，末署“太平天王题”。②《太平天日》封面题有“此书诏明于戊申年冬”等字。据此分析，早在戊申年(1848年)冬，洪秀全就已经以口头或书面形式，在上帝会③内部秘密传播过上述内容。从渊源上看，“天王”或“太平天王”名衔源于洪秀全升天异梦中的情节，或者说是他本人拟定的。

《天兄圣旨》一书也有相关记述，使我们得以了解洪秀全名衔被正式确认的大体经过。据该书卷一记载，戊申年十一月中旬，洪秀全与天兄(萧朝贵)有过一番对话：天兄(萧)明确承认洪秀全是天父上帝之子、天兄基督胞弟，并说“天王大道君王全”七字“是高天写来”，“畀尔作凭据”；另告诫洪秀全“但尔称王，不得称帝，天父才是帝也”。④ 同是“天王”，洪秀全早先是从宗教意义上说的，且是自封的；此时则是从打江山角度说的，并得到天兄(萧)的确认。这说明早在确立反清意向之初，上帝会核心层便已确认了洪秀全的名衔。不过，从此事的重要程度推断，所谓“诏明”不可能是广而告之，而是仅局限于很小范围。时隔两旬，即同年十二月初七，天兄(萧)试探王为正等

---

① 太平天国改“亥”为“开”，故“辛亥”作“辛开”。

② 《太平天日》,《太平天国印书》，40、41、47、49页。按：从语气、字面上看，两首诗的文字在《太平天日》刊行时已有改动，如改“九仙庙”为“九妖庙”，但“天王”“太平天王”称号在原诗中应已出现。

③ 洪秀全、冯云山创立的宗教组织名为“上帝会”，“拜上帝会”一说系讹传。参见夏春涛《“拜上帝会”说辨正》，载《近代史研究》2005年第5期；《“拜上帝会”说再辨正》，载《福建论坛》2009年第2期。

④ 《天兄圣旨》卷1，王庆成编注：《天父天兄圣旨》，8、10页。

骨干信徒说："今晚求天父上主皇上帝，总要求天父上主皇上帝准洪秀全早坐金龙殿。朕看尔们那[哪]个会求也。"①这实际上是围绕打江山在内部进行的一次秘密动员。据天兄(萧)所言分析，此时洪秀全的名衔虽已确定，但并没有坐上"金龙殿"，即尚未正式登极。己酉年(1849年)正月下旬，洪秀全返回广东花县(今广州市花都区)，直到五月份才重返紫荆山。这说明洪秀全等人此时尚未有具体、紧迫的起义计划，一切都只是"小荷才露尖尖角"。

关于此后的相关情节，《天兄圣旨》续有记述。据载，己酉年十一月十六日，天兄(萧)首次谈到"朝王"概念。他在领胡以晃见洪秀全之前特意叮嘱说："胡以晃，尔现要同朝贵去朝王。特赐盔甲与尔，尔要紧谨口也。"十二月二十九日，时值石达开率贵县会众打败六屈村富户周凤鸣的团练武装，韦昌辉(韦正)提出"现应暂班师回朝，朝见太平王也""大军现宜回朝，朝见太平王也"。庚戌年正月，各地骨干信徒各备财物，相继到紫荆山"来朝"。天兄(萧)叮嘱众人要严守秘密，要真心拥戴洪秀全等人，并赞许胡以晃欲为起义变卖田产之举。二月二十三日，距咸丰帝在北京举行登基大典不到一月，洪秀全在偏僻山村暗中黄袍加身。天兄(萧)就此嘱咐说："要避吉，不可命外小见，根机不可被人识透也。"②据以上记载分析，在策动团营起义之前，洪秀全已秘密称王，随后又黄袍加身。不过，这在当时属于核心机密，仅限少数骨干成员知晓，故天兄(萧)再三强调要"慎言""谨口""根机不可被人识透"等。洪秀全行踪无定，再三改变藏身地点，也是出于这层考虑。同年九月下旬团营进入高潮时，天兄(萧)仍提醒洪秀全"千祈秘密，不可出名先，现不可扯旗，恐好多兄弟不得团圆矣"③。也就是说，称王乃至建号已是既成事实。同

---

① 《天兄圣旨》卷1，王庆成编注：《天父天兄圣旨》，12页。

② 以上参见《天兄圣旨》卷1，王庆成编注：《天父天兄圣旨》，25、30、31、32～40页。按："外小"指老百姓。又，洪秀全这段时间主要藏身平在山。平在山，或作"平隘山""鹏隘山"，《天兄圣旨》又作"平山"，是紫荆山区的一部分，萧朝贵居所(下古棚村)之地，毗邻杨秀清居住的东旺冲。天兄(萧)常在此下凡。

③ 《天兄圣旨》卷2，王庆成编注：《天父天兄圣旨》，77页。

在秘密状态下，上帝会高层还煞有介事地搞起了相应礼仪。据载，在平在山时，洪秀全与天兄(萧)谈到可否用龙来点缀威仪：天兄说“龙是妖”，洪问“金龙殿之龙是妖否”，天兄表示“金龙殿之龙是大宝也，非妖也”。①

我们可以换个角度来思考。据梁立泰“家册”记载，他于庚戌年七月在金田入营，八月封前营长东两司马，九月升前营旅帅。② 这说明，团营伊始，上帝会就已组建军队、分封官职，而洪秀全称王必定在此之前。否则，梁立泰等人的官职又是何人所封或以什么名义封的呢?

这一事实还说明，金田团营时，对所有参加起义者来说，洪秀全称王已是一个公开的秘密——这也是号召起义的需要③。随着事态发展，清方后来也有所耳闻。庚戌年十二月初五日，钦差大臣李星沅奏称，“桂平之金田村另有会匪聚集，号称万余，并帖伪示”；同月二十日又奏称，洪秀全等“私结尚弟会，擅帖伪号伪示”。④ 奏折中的“伪示”与“伪号伪示”应是同一个概念：作为造反者告示，名衔、国号应是一体的；洪秀全等人不至于在布告中仅列名衔，时隔十多天后再宣布国号——更何况洪秀全早已暗中称王乃至建号。大体可以推断，在庚戌年十二月或稍早时候，洪秀全已公开称王建号。从秘密登极转为公开称王建号，是事态演进的必然结果。

基于上述史实，如何推断洪秀全登极的时间呢? 前已说明，洪秀全在隐秘状态下称王早已是既成事实。所谓“登极”，与“即位”是同义词，指“君主登位”；其定义本身并没有说暗中称王不叫登极，只有公开称王建号才叫登极——两者除形式不同外，在其他方面并

---

① 《天父下凡诏书》第二部，《太平天国印书》，481 页。

② 张德坚：《贼情汇纂》卷 4，《太平天国》第 3 册，126 页。

③ 据民国二十三年《武宣县志》第五编，是年八月，众人在金田村韦昌辉家“竖旗举事”。

④ 《李星沅奏报抵广西暂驻柳州及沿途探访统筹战略情形折》《李星沅等奏报桂平金田大股会众抗拒官兵亟筹攻剿并请简提镇大员折》，《清政府镇压太平天国档案史料》第 1 册，116、131 页。

无实质性区别。当然，为号召起事暗中称王(包括举兵后公开称王)，与正常状态下作为权力交接的登极，在具体程序和仪式上显然不能等量齐观。洪秀全称王在先，黄袍加身在后，且其藏身之地仅为普通农舍，所谓“金龙殿”“回朝”仅是比拟说法。这些特征是由非正常状态下登极决定的。因此，确切地说，洪秀全登极是一个过程，很难说具体发生在哪一天。倘若以称王为标志，则登极一事大约发生在己酉年冬；若将黄袍加身也考虑在内，则时间还要顺延。

一说洪秀全系于庚戌年二月二十一日登极，其依据是洪秀全于是日穿起黄袍，故洪秀全后来将这一天定为“太兄暨朕登极节”。此说不囿于流行的洪秀全武宣东乡登极说，思路较开阔，有启发意义。不过，所谓洪秀全于二月二十一日穿起黄袍，系根据《天兄圣旨》卷一关于二月二十三日洪秀全黄袍加身的记载所做的推测，缺乏有力的史料依据。关于天兄(萧)在庚戌年二月的下凡活动，《天兄圣旨》卷一共记载了四次(天)；二月二十三日之前的下凡活动仅有一次，时间为二月初五。倘若洪秀全确系于二十一日穿起黄袍，《天兄圣旨》不可能对如此重大的事件只字不提，而偏偏记二十三日穿起黄袍一事。此外，洪秀全在数月前已经秘密称王，故天兄(萧)有“朝王”一说，已见前述。登极的本义是称王，穿不穿黄袍仅是一种礼仪。总不能说秘密称王不叫登极，暗中穿起黄袍才叫登极。至于洪秀全后来将“太兄暨朕登极节”定在二月二十一日，则纯属人为设定，系出于汉字二、十、一可以组合成“主”字的考虑①。

一说洪秀全是在武宣东乡登极②，其主要依据也是“太兄暨朕登

① 参见拙著《天国的陨落——太平天国宗教再研究》，188 页。按：在天历六节中，仅“东王升天节”是按照历史事件发生的确切时间设置，其余五个节日的日期都是洪秀全人为设定的。耶稣(太兄)遇难 40 天后升天的日期也并非在二月二十一日。

② 郭廷以：《太平天国史事日志》，108 页。按：关于洪秀全咸丰元年二月二十一日(1851 年 3 月 23 日)在武宣东乡登极一说，郭先生认为：“此二月二十一日，自系太平天国元年二月二十一日，亦即咸丰元年二月二十一日，以是时尚无所谓天历。”前句推断是正确的，但全句的结论错了——尽管此时天历尚未颁行，但洪秀全后来是按照天历而不是旧历来设置节日的。

极节”的日期。前已说明，洪秀全早已秘密称王，庚戌年末又公开称王建号，显然不会等到驻屯武宣东乡时才称王。永安登极说、南京登极说难以成立，原因同此。

洪秀全为人们所熟知的称号除“天王”外，另一为“太平王”。“天王”中的“天”作“上帝”解，是从宗教和政治角度立意的，旨在强调君权神授；“太平王”与“太平天国”国号一样，着重强调的是一种社会理想。洪秀全起初是称“天王”或“太平王”还是别的名衔？有学者认为，“秀全最初称号，应即系‘天王’，或‘太平天王’，中西文书多以‘太平王’称之，但太平天国本身文件中则未见有此名词，大约为太平天王之简称”①。而 20 世纪 80 年代《天兄圣旨》被发现后，推翻了这一说法，证明“太平王”确为起义前后洪秀全的称号之一。

前已说明，戊申年十一月天兄(萧)下凡时，便确认了洪秀全“天王”的名衔。但据次年末韦昌辉两度说“朝见太平王”分析，洪秀全起初暗中正式称王时，多被称为“太平王”②。检索《天兄圣旨》，“天王”称号最早出现在对话中是在庚戌年十一月初旬，时值天兄(萧)为整肃队伍在金田下凡，强调“尔众小既知有错，自今以后，总要遵尔主天王暨尔东王命令，即是遵天父命令也”③。照此推断，洪秀全在

---

① 郭廷以：《太平天国史事日志》，111 页。

② 在《天兄圣旨》卷 1 中，洪秀全还被称为“禾王”“太平主”“主”，但这些称号均为特定称谓，非正式王号。“禾王”系析“秀”“全”二字而来，隐指洪秀全。《十全大吉诗》有云：“三星共照日出天，禾王作主救人善。”洪秀全因此又被称为“主”或“太平主”，后又作“真主”“真圣主”。

③ 《天兄圣旨》卷 2，王庆成编注：《天父天兄圣旨》，78 页。按：同时并提的还有东王称号；天兄(萧)辛开元年二月二十八日在武宣降谕时，另提到“西王”“南王”等称号(同上书，80 页)。洪秀全同年七月在茶地下诏，也提到“东王”称号(《太平天国文书汇编》，31 页)。而史学界通常认为洪秀全是在永安分封五王。这使我们很自然地怀疑，引文中的“东王”称谓是后期刊刻《天兄圣旨》时改易的。按照常理，对话应保持原貌。如果此处确属改易，那么，《天兄圣旨》中所有的对话也都存在这种可能。这就给史实考订带来极大困惑：论及早期历史的太平天国文献原本寥寥，尤其是《天父圣旨》前两卷业已亡佚，我们判断何处属于改易的依据不足，对某些细节难下定论。单就此处而论，即便“东王”称谓系后来改易，似也不能就此推断“天王”称谓也属类似情形。

团营起义时又被称为“天王”。辛开元年三月十四日天父(杨秀清)在武宣东乡下凡时，也有“我差尔主下凡作天王”①一语。在同期及随后的太平天国文献中，“天王”成为洪秀全最常用的正式称号，而“太平王”称号已难得一见②。

根据以上考订，洪秀全登极的相关史实可大体描述如下：洪秀全二次入桂布道时，自称“天王”或“太平天王”。戊申年冬，萧朝贵以天兄名义确认了洪秀全“天王”的名衔。己酉年冬，即开始酝酿起义时，洪秀全秘密称王即登极，习称“太平王”。庚戌年二月，洪秀全又暗中穿起黄袍。同年十二月或稍早，即起义达到高潮时，洪秀全公开称王建号，称“天王”。

二、金田起义时间考释

与洪秀全登极时间相关的另一重要细节，是金田起义的时间。太平天国文献多处提到“金田起义”概念，但涉及时间的文字甚少，具体表述也不一致。史学界在此问题上的观点大体可分为两类：一是认为金田起义是发生在某一天的事，但关于具体日期，意见也不相同，主要有庚戌年十二月初十(1851 年 1 月 11 日)说、庚戌年十月初一(1850 年 11 月 4 日)说；二是认为金田起义并不是发生在某一天的事，而是由一系列活动和斗争串联而成的一个过程，但这并不妨碍后人确定某一天作为纪念金田起义的日子③。

庚戌年十二月初十说是最流行的一种说法，其主要依据是洪仁

---

① 《天命诏旨书》，《太平天国印书》，117 页。

② “太平王”称号的影响仍依稀可见。太平天国壬子二年(1852 年)，曾水源等就萧朝贵在长沙城下阵亡一事具文禀报杨秀清，末署“太平王壬子二年”等字(中国社会科学院近代史研究所编：《太平天国文献史料集》，10 页，北京，中国社会科学出版社，1982)。《太平天日》是记述上帝在高天册封洪秀全为天子以及洪秀全早期布道经历最为详细的一部书。按照太平天国规定，“王乃天日也”，故所谓“太平天日”即“太平王”，指洪秀全。

③ 参见王庆成：《太平天国的历史和思想》，125～142 页。

玕被俘后在南昌府亲书供词中的一段描述："又细推其在金田起义之始……此时天王在花州[洲]胡豫光家驻跸，乃大会各队，齐到花州[洲]，迎接圣驾，合到金田，恭祝万寿起义，正号太平天国元年，封立幼主。"①"万寿"指洪秀全生日，即庚戌年十二月初十，因而这一天也是金田起义爆发的日子。另据解释，李秀成供词称"道光卅年十月，金田、花洲、陆川、博白、白沙不约同日起义"②，《天情道理书》称"及至金田团营，时维十月初一日，天父大显权能，使东王忽然复开金口"，是说十月初一在金田大团营，然后十二月初十起义。

另有学者持庚戌年十月初一说，对庚戌年十二月初十说质疑，其主要依据同为《天情道理书》，区别在于解读不同。该书有云："及至金田团营，时维十月初一日，天父大显权能，使东王忽然复开金口，耳聪目明，心灵性敏，掌理天国军务，乃龛(此为太平天国自造字，引者按)天下弟妹。此又可见天父权能、试人心肠之凭据也。即金田起义之始，天父欲试我们弟妹心肠，默使粮草暂时短少。东王、西王诰谕众弟妹概行食粥，以示节省。时有大头妖在江口，全无一点真心，借名敬拜上帝，于沿江一带地方滋扰虐害，肆行无忌，只图目下快心，不顾后来永福。我们兄弟间有不知天父权能凭据者，因一时困苦，遂易其操，欲改其初志，同流合污，跟随大头妖，利其货财，贪一时之衣食，几为所诱。蒙天兄下凡，唤醒弟妹，指出大头妖乃是贼匪，实非真心敬拜上帝之人。"③据解释，金田团营就是金田起义，时间在十月初一；张钊(绰号"大头羊")事件发生在十一月，已经是"金田起义之始"，说明起义日期不可能是十二月初十。

以上两种说法是否能够成立呢?

先谈庚戌年十二月初十说。此说注意到了几种记载关于金田起义时间的不同说法，试图将它们连贯、统一起来，但所做的解释并

① 王庆成编著:《稀见清世史料并考释》，482页。

② 罗尔纲:《增补本李秀成自述原稿注》，108页。

③ 《天情道理书》，《太平天国印书》，520页。

不圆满。“金田团营”的本义是指各路人马齐聚金田。李秀成所言明显过于夸张：在音信阻隔、意外情况频发的情况下，即便事先有约定，各地会众也难以做到在十月某日同时举兵，遑论“不约同日起义”。同理，十月初一齐聚金田也不可能做到：各路人马接信有先后，到金田的路程有远近，在集结之初和赶赴金田途中所遇情况不一，不可能恰好在同一天集结金田——实际情况是，十月初一当天，花洲、陆川、博白的人马还没有赶到金田。显然，李秀成供词与《天情道理书》所表述的不是同一个意思。此外，赖文光在供词中称“庚戌年秋倡义金田”①，与洪仁玕、李秀成的说法也有区别。

庚戌年十二月初十说还以《天父诗》第 349 首作为重要佐证：“凡间最好是何日？今年夫主生诞日，天父天兄开基日，人得见太平天日。”②认为“天父天兄开基日”即太平天国起义日，也就是庚戌年洪秀全生日这一天，与洪仁玕所说完全一致。也正因为如此，凡在金田参加庆祝洪秀全生日的人，后来都“功勋加一等”。十二月初十说的价值在于指出了这一天的特殊意义，但在理解上似有偏差。在笔者看来，其特殊意义主要体现为洪秀全以这一天作为起义立国的象征性日子，或者说是庆祝起义胜利的日子。“开基”指“开辟基业”，而“起义”指“仗义起兵”，两者在内涵上虽有相通之处，但并不是同一个概念。再就事实而论，倘若以十二月初十作为起义日，那么，在此之前发生的一系列重大事件，包括十一月二十四日进袭思旺墟之战，二十九日击败围剿金田村的三路清军、阵斩副将伊克坦布之战，是否属于金田起义的范畴呢？

再谈庚戌年十月初一说。此说的价值在于注意到起义在十二月初十之前已揭开序幕。那么，起义日期是十月初一的说法是否成立呢？持庚戌年十二月初十说的学者质疑说，如果这一天是宣布起义的日子，《天情道理书》应写作“及至金田起义，时维十月初一日”，而不会写作“及至金田团营，时维十月初一日”；该书两次出现“金田

① 《赖文光自述》，《太平天国》第 2 册，862 页。

② 《天父诗》第 349 首，《太平天国印书》，626 页。

起义”一词，可见“起义”有别于“团营”。另有学者指出，《天情道理书》“及至金田团营，时维十月初一日，天父大显权能，使东王忽然复开金口”，是说在金田团营期间的十月初一这一天，东王复开金口，而不是说金田团营或起义的日期是十月初一；“及至金田团营，时维十月初一日”与“即金田起义之始”各有所指，不能连读从而断定十月初一是起义日。

在笔者看来，更为关键的是，如前所述，各路人马既没有做到“不约同日起义”，也没有能够在十月初一这一天齐聚金田。持庚戌年十月初一说的学者也注意到这一细节，后来又做补充解释，强调十月初一是洪秀全等事先确定的具体起义日期，但多种原因造成决策与实践之间出现了很大差距，各地信徒未能如期在这一天集结金田。问题是，既然起义计划已经落空，那我们是否有必要仍以这一天作为金田起义日？在考察起义时间时，究竟是以实际情形为依据，还是以业已流产了的日期为依据？另一方面，各地先分头招集队伍，到金田聚齐后再举兵起义，这确实是上帝会的既定策略，但洪秀全等人是否曾预先设定过一个具体的起义日期呢？前已说明，学者们对《天情道理书》相关文字的理解颇有歧异，单凭该书的叙述，似不足以证明十月初一就是预定的起义日期。

还有一种观点认为，杨秀清在十月初一突然病愈理事，说明他在当日宣布了起义。但这依然只是根据前引《天情道理书》那段话所做的一种推测，缺乏说服力。反过来说，如果当时确已正式宣布十月初一为具体起义日，何以《天情道理书》没有清晰、直接地讲出这层意思，而且太平天国文献对金田起义时间表述各异呢？

因此，考察金田起义的时间和过程，还必须从十月初一上推。

约在庚戌年六月下旬，上帝会核心层发出团营号令。各地相继闻风而动。各路人马均成百累千，沿途队伍又续有扩充，且随带军械和火药。以如此阵势集结并长途跋涉，难免会闹出动静，不可能遮人耳目。因此，各路人马在聚集之初以及奔赴金田的途中，几乎都惊动了当地官府和地方团练，甚至发生交战：

贵县方面，石达开招集千余人，七月中旬取道六乌山口到白沙墟驻屯，“竖木为东西辕门，开炉铸炮”；附近乡团碍于巡抚郑祖琛正严办土客械斗，“不敢起练往剿”①。贵县人马扩充至四千余人，于八月中旬抵达金田。

陆川方面，赖九率众于九月行至玉林州南水车江，击败前来堵截的官府壮勇和地方团练，杀团总唐桂攀。鉴于“连日为勇练牵绊，恐争持日久，前途愈阻”，赖九来不及招齐人马，“且拒且走”②；十月十八日抵桂平大洋墟，会同赶来接应的金田人马与追兵交战，双方互有伤亡。陆川队伍稍后从上游渡过郁江，到达金田。

博白部分会众在黄文金率领下，经大洋墟间道而行，十一月底渡江奔金田。

象州方面，谭要于八月初一在家乡石龙村宰杀牲口，祭拜上帝，招集队伍；“有不从者，奔大乐告司讯。司讯以兵、团骤至。谭要拒守，兵、团不敢近”。因形势紧迫，谭要不等招齐人马，“夜半往紫荆山”③。

此外，平南县花洲是洪秀全藏身之地，行动相对较晚。广东信宜凌十八部七月便与官府对峙，但直到次年初才起兵赴桂。

以上事实证明，各路人马“不约同日起义”以及十月初一同时齐聚金田的事情，根本没有发生过。它还告诉我们，团营原本是起义的前奏，但实际情形是两者已合而为一，团营从一开始就是起义——早在抵达金田之前，各路人马便已与清方对峙甚至交战；如果以武装对峙或打响第一枪作为起义的标志，那么，起义的序幕实际上已经拉开。倘若以十月初一作为起义日，那么，在此之前各路人马武装暴动的既成事实是不是起义呢？又该如何定位呢？当然，起义队伍与清方对峙或交战发生在到达金田之前。因此，完整的“金田起义”过程应当是以各地招集人马赶赴金田为序曲，以十二月初十在金田庆贺洪秀全生日和起义胜利为尾声；它是一个时间持续数月，

---

① 王仁钟、梁吉祥：《贵县志》卷6，光绪二十年刊。

② 冯德材、文德馨：《玉林州志》卷18，光绪二十年重修。

③ 覃元苏：《象州乱略记》，转引自《广西瑶族社会历史调查》第1册，100页，南宁，广西民族出版社，1984。

由一系列活动和斗争交织而成的一个过程，而不是也不可能是发生在某一天的事。太平天国文献和包括地方志在内的清方记载之所以在谈到金田起义时间时说法不一，其原因也就在此。

持庚戌年十月初一说的学者解释说，洪秀全等人事先规定了具体起义日期，只是具体军事实践与其主观设想产生了矛盾，因而出现了起义是“一段时间内的活动和斗争”的客观过程。那么，既然承认金田起义的客观过程表现为“一段时间内的活动和斗争”，我们只需客观描述这一过程就可以了，似不必刻意定某一天为起义日。

总之，金田起义不是发生在具体某一天的事，也没有确凿的史料能够证明，太平天国曾经明确宣布庚戌年十月初一或十二月初十为起义日。

原载《安徽大学学报(哲学社会科学版)》2013 年第 4 期。中国人民大学书报资料中心《中国近代史》2014 年第 1 期全文转载。

洪秀全：上帝的中国儿子

发生在19世纪中叶的太平天国农民运动是中国近代史上的重大事件，向为中外史家所重视。20世纪五六十年代，以美国为代表的西方学术界对太平天国史的研究曾达到一个高潮，出版了一批重要论著；太平天国和美国内战、法国大革命都曾是历史专业博士论文的热门选题。但此后，该研究便日趋冷落。最近，美国著名历史学家、耶鲁大学教授史景迁(Jonathan D. Spence)的新著《上帝的中国儿子：洪秀全的太平天国》(*God's Chinese Son*：*The Taiping Heavenly Kingdom of Hong Xiuquan*，New York and London：W. W. Norton & Company，1996)面世，终于打破这一沉寂，故而格外令人注目。

一、上帝神话与天国的兴亡

太平天国运动有着其时代和自身的特点。与以往的农民战争相比，它虽然依旧以宗教形式起事，但它采用的并非篝火狐鸣、符瑞图谶之类的传统套路，而是一种中西合璧的宗教，其源头来自西方基督教。宗教与太平天国的盛衰始终息息相关。可以这么说，不了解太平天国宗教，也就无法真正认识太平天国的历史。令人遗憾的是，在现有的研究成果中，并无一部以宗教为主线探讨太平天国兴亡史的专著。史景迁教授的新著则在这一方面作了有益的尝试。

在该书"序言"中，作者开宗明义地写道："本书无意描述太平天国运动完整的历史……相反，我主要关注洪秀全的心灵，试图尽可能地理解这位不同寻常的人物何以能够在如此漫长的岁月中对他的国家产生如此令人震惊的影响。”基于这种构思，从宗教入手解释洪秀全的心路历程，进而探索其思想嬗变和太平天国兴亡的轨迹，便成为该书的主旨，也成为该书的主要特色之一。

洪秀全是在鸦片战争前夜列强加紧对华进行渗透的背景下接触到西方基督教的，以往的论著在分析太平天国运动兴起的背景时，对这方面的情形着墨不多。在该书前两章，史氏首先揭示了在洪秀全接触洋教之前，广东地区出现的微妙变局：当时，洋商居住在广州十三行内，尽管受到种种禁令约束，但仍与华人社会有着较多的接触。其时，在珠江岸边停泊着各种各样的船只，洋人也常坐渡船到对岸的河南(一江中大洲)去消遣。人们操着洋泾浜英语与洋人打交道，其中有洋行的华商，也有摊贩、艺人、医卜星相、工匠、苦力、妓女等。美国传教医师帕克(P. Parker)设在十三行的诊所更是门庭若市，1835 年 11 月至 1836 年 2 月间，计有 925 名患者来此受诊，年龄从 6 岁到 78 岁不等，其中女性占了三分之一。不过，西方人仍不免为困守中国一隅而倍感焦虑，传教士们更是急不可待，曾数度私自在沿海一带布道。史氏指出，中国民众对此的反应总体上较为淡漠，不少人之所以接近传教士，主要是出于好奇，或是为了向其索要治病的药丸甚至鸦片，而不是出于精神上的需要。但传统的“夷夏之防”观念毕竟遭到了前所未有的挑战。接着，史氏又讲述了梁发受洗入教、撰写《劝世良言》并广为散发等情形。通过这一番描述，史氏不仅使读者感受到了广东地区当时独特的社会氛围，还为洪秀全日后获赠《劝世良言》等情节埋下了伏笔，章节之间的过渡衔接得十分自然，可谓别开生面。

在后面的章节中，史氏又将读者带进了一个神秘、峰回路转的世界。在史氏的笔下，我们进入了洪秀全在精神恍惚的状态下所作的升天异梦，领略了上帝对世间罪人所施的种种天罚，感受到了洪秀全等人云游布道时的仆仆风尘，以及揭帜造反的会众从四面八方云集金田的壮观场面。在层层铺叙的同时，史氏还就一些重要史事发表了自己的见解。

洪秀全何时获赠《劝世良言》？赠书人是谁？学术界对此向有争

论，至今仍有学者持1833年说，认为赠书者即作者梁发。史氏经过考证，断言洪氏获书时间为1836年，授书人为美国传教士史第芬(Edwin Stevens)(第3章)。对于洪秀全早期思想的发展变化，史氏也有着较为准确的把握。有一种说法认为，洪氏在1843年读罢《劝世良言》后改奉上帝，从此便走上了反清道路。史氏则认为，直至1849年左右，由于上帝信徒屡遭官府和当地乡绅的迫害，洪秀全等才正式开始密谋反清(第9章)。

早在太平天国时期，西方朝野人士无论对太平天国抱何种态度，均一致认为这场运动是《圣经》启示的结果，视太平军为"太平基督徒"；西方学术界也一直有人认为太平天国宗教等同于基督教或属于它的某一教派。史氏摒弃了这种成见，强调了太平天国宗教中的中国民间宗教成分，即根据当地巫术衍生出的天父、天兄分别降托杨秀清、萧朝贵下凡的形式(第8章)；另突出了它与西方基督教在教义上的歧异，详细论述了洪秀全删改、批注《圣经》的内容(第17章、21章)。与1854年7月太平天国中止出版《圣经》是起因于洪、杨之争的说法相反，作者认为其导火线为八天前杨秀清与英国来使以信函往返形式所展开的宗教辩论。在这场冲突中，英人援引《圣经》，逐一反驳了太平天国的教义，使得后者终于意识到《圣经》对其教义所构成的威胁。杨秀清遂以天父上帝下凡的名义宣布《圣经》错讹甚多，下令停止出版(第15章)；后由洪秀全亲自完成了修订《圣经》的工作。这种分析是令人信服的。

该书的写作风格也别具特色，不仅叙述生动，而且切入的角度也颇有创意，题为"降雪"的第21章即为一例。1862年年初，上海出现了历史上罕见的寒冷气候，大雪自1月26日起连降了58小时，地面积雪厚达30多英寸；大雪过后，严寒又持续了好几个星期，气温急剧下降，导致大雪封途，河流冻结。这一细节以前从未引起学者们的重视。该章以此为引，记述了忠王李秀成部二攻上海时的情景，使人对太平军此役失利的客观原因有了更为全面的了解，并且读来引人入胜。

"降雪"的另一层含义则隐指太平天国此时所面临的形势。天京事变后，太平天国元气大伤；天父下凡活动也因杨秀清身首异处而降下了帷幕，这对上帝神话而言无疑是一个莫大的嘲讽。因此，在后期的征战中，太平军士气低落，人心离散，与前期形同隔世。对此，作者意味深长地写道："在那些遥远的日子里，上帝下凡是多么地频繁！而现在，上帝却缄默不言了。"(第 315 页)

该书有 30 余万言。作者在有限的篇幅内，以宗教为主线，对太平天国史作了鸟瞰式的描述，从洪秀全最初在西南边陲的崇山峻岭间云游布道，以上帝旗帜号召无数信徒揭竿而起，一直写到天京被湘军攻陷，上帝神话连同天堂之梦在烈火与烟焰中化作灰烬，丝丝入扣，详略得当，表现了作者驾驭、诠释史料的能力和编排、剪辑历史事件的熟练技巧。

二、社会史的视野

以往研究太平天国史的著述汗牛充栋，其中不乏高质量的论著，但大多偏重于政治、军事、经济等方面，在框架上雷同重复，较少突破。该书的另一特色是并没有单纯地就太平天国论太平天国，而是从社会史的角度，结合有关史事对相应的社会层面进行剖析，从而丰富了人们对太平天国史的认识，给人以清新之感。全书此类情节甚多，兹择例略加评介。

该书第 21 章以太平军攻打上海为背景，对战乱时期的江南社会作了一个全景式素描，其中对上海一地的描述最为引人注目。当时，八种不同类型的武装包括洋枪队、枪匪、地方团练等在上海四周活跃着。值此风声鹤唳、谣言四起之际，四乡的农民纷纷逃往上海，饥馑和疾病的威胁日甚一日。与此同时，各国的浪人、懒汉和逃兵也纷纷挤在来华的船只中涌进上海。租界警方的日志中满是这些被列为"难民"或"流浪者"的犯罪记录，诸如偷窃中国摊贩的食物或物品，强奸中国和西方妇女，绑架儿童，等等。谋杀事件也时有发生，凶手肇事后往往逃到黄浦江对岸的浦东，以躲避惩罚。而警察却办案不力，酗酒渎职，甚至与罪犯串通一气，从中提取佣金。最令租界领事头痛的是那些私下与太平军做军火生意的案件。当时，军火物资充斥了整个上海城。部分军火是从香港甚至新加坡长途贩运而来。也有一些欧洲人竟堂而皇之地在浦东设局制造武器，然后再用船只偷运到太平天国境内。这些军火走私将火药注明是“中国鼻烟”，雷管则以“卷烟”或“宗教手册”的名义装上船，来复枪则标明是“雨伞”。军火倒卖的规模有时大得令人咋舌，如一家美国公司于1862年4月卖给太平军一批武器，其清单上计列有2783支滑膛枪，66支半自动步枪，4支来复枪，895门野战炮，484个火药桶，10947磅火药，18000发子弹，3113500根雷管。史氏还指出，太平军在天京城内也拥有一些能工巧匠，据云其自行制造的枪炮远远优于清方所制造的枪炮。此外，太平军还在作战中缴获了大量西式武器。通过上述途径，后期太平军的装备大为改善。

中国早期的近代化首先是从军队近代化开始的。无论是太平天国还是清政府，均通过沙场厮杀意识到了西方坚船利炮的先进性和重要性，并组织人力、物力进行仿造。清方尤具规模，正式建立了新式军用企业。在这个过程中，外国雇佣军起了重要的中介作用。清方雇佣军主要有人们所熟知的常胜军、常捷军等，但有关太平军一方雇佣军的研究，至今仍几乎是个空白。该书第16章、22章则对之有所探讨。据史氏考证，太平天国定都天京后，便开始有外国人陆续来投。其中，在镇江军营中效力的意大利人安东尼(Antonie)膂力过人，作战骁勇。他被特许不受太平军禁令的约束，可以吸食鸦片和饮烈性酒。同在镇江的另有五名马尼拉人，均留发易服，并一同参加太平军的宗教仪式。爱尔兰人肯能(Canny)在被东王召见时，回答了有关欧洲人如何打仗的询问，并用手枪作了射击表演。英国人纳里斯(P. Nellis)则率领一群欧洲人参加了1864年的湖州战役，并受到干王洪仁玕的接见。干王用英语询问其国籍，纳里斯作答后，在天朝外交事务中屡受洋人欺骗的干王不禁愤愤然表示，他“从未遇到过一位品行良好的外国人”。(第329页)

在太平天国领导层中，总理后期朝政的洪仁玕以倡导新政著称。他的新政思想主要基于他早年流亡香港期间对世界大势的了解，以及对西方政教设施的考察和认识，这是学术界的共识。但关于香港当时的社会状况和洪仁玕在香港时的经历，现有的论著大多语焉不详。该书第 19 章则对此作了较为详细的考察。1852 年左右是香港早期历史上的一个转折点。其时，太平军和天地会在两广地区异常活跃，内地的富绅大户被迫纷纷迁至香港，导致香港的房屋一时供不应求，房价上扬。过去较为冷清的街道也随之变得熙熙攘攘，热闹非凡。新的华人商会相继成立，从而刺激了当地经济的发展。由香港皇家工程师规划的道路、下水道和港口设施陆续建成；另种植了成片的灌木和竹林，以调节空气。上述变化，连同漂亮的邮局、新建的教堂和房屋，给香港注入了活力。史氏评述道："这块弹丸之地本身展现了西方和中国最好和最坏的一面，以及两种文化在某种程度上的融合。"(第 272 页)在经济日趋发展的同时，这里又充斥着暴力和污秽，诸如非法的鸦片贸易，血腥的苦力交易，敌对帮会之间的火并，利用下水道躲过地面守卫的歹徒们的劫掠，随处可见的妓院、赌博，等等。自 1852 年起断续在港盘桓约五年之久的洪仁玕，正是这段历史的见证人。当时，他主要受雇于伦敦布道会香港分会，在担任布道师期间结识了不少传教士，与理雅各(J. Legge)牧师的交往尤为密切。理雅各对洪仁玕颇有好感，并说后者是唯一一位与他在散步时互相搂着对方脖子的中国人。尽管如此，理雅各仍不时在洪仁玕面前流露出殖民主义者的傲慢心态。1857 年夏天的一个下午，理雅各正沿着海滨散步，恰逢英国特命全权大使额尔金勋爵的坐舰驶进港湾，一阵震耳欲聋的礼炮声在山脊间引起久久的回荡，理雅各竟对同伴说道："这是中国往昔的哀鸣。她没有任何办法来对付这些庞然大物。"(第 271 页)同年，洪仁玕还耳濡目染了该埠早期较为复杂的一个案件——华人面包坊在面包里施毒泄愤，导致不少洋人中毒——的审理过程。史氏的研究对我们了解洪仁玕后来提出近代化纲领《资政新篇》的背景和动机很有帮助。

史氏收入的八幅插图也为该书添色不少。内有四幅收藏于美国哈佛燕京图书馆，描绘僧格林沁围堵太平天国北伐军战事，分别以连镇等地攻守、俘获太平军北伐统帅林凤祥为题；另外四幅为台北

“故宫博物院”收藏，描绘湘军战事，分别以岳州战役、通城战役、克服武昌和俘获幼主洪天贵福为题。中国大陆的学者迄今尚无人利用过这些画。它们虽是当时的画师奉官方的旨意绘制，有夸张、渲染的成分，但仍不失其史料价值。

三、结束语

太平天国史研究在中国大陆已持续了大半个世纪，其间名家辈出，著述如林。但随着研究难度的加大和学者们研究兴趣的转移，目前有关研究已趋于冷落。然而此项研究实际上并未穷尽，仍有待进一步的探讨。史景迁教授以其独特的视角，进行了一种别开生面的研究，勾勒出一幅新颖生动的太平天国史画卷，这为我们提供了一个有益的启示。该书征引的大量西人原始著述，也为我们进一步挖掘、利用外文资料提供了有利的线索。

与以往的西方论著相比，作者并没有简单地将太平天国运动定义为“叛乱”，而是较为客观地描述了这段历史，这实属难能可贵。不过，该书似乎多少仍带有些“西方中心论”的色彩。作者在“前言”中坦言：“我相信，洪秀全的异梦多少是由西方人及其基督教给中国所带来的诸多变化的重叠的层面所构成的。”作者对促使洪秀全皈依上帝乃至率众造反的内在的社会政治原因虽有论述，但着力不够。毋庸讳言，西方传教士当时所热衷的传教事业远非仅仅局限于向崇拜偶像的中国民众传播“福音”的文化意义，他们当中有不少人直接或间接地效命于本国政府在华的殖民扩张事务，揭开了以十字架和炮舰联合征服中国的历史。就此而言，基督教的确是中国人民的精神鸦片。至于这种起麻醉作用的鸦片之所以能在洪秀全那里变成兴奋剂，阅读《劝世良言》和梦境中的幻觉仅是一种诱因，科场的连番失意、日益蓄积的对现实社会的强烈不满才是导致他投入上帝怀抱的主要原因。等到洪秀全立下了推翻清朝、创建天国的宏愿后，他又对其异梦中的幻觉作了有意识的政治附会。

正如书名所示，该书的体例实际上介于洪秀全传记和太平天国通史之间。受体例和篇幅的限制，作者对某些问题未能作进一步的探究。例如，太平天国败亡后，洪秀全及其手创的宗教究竟对后世中国社会产生了何种影响？这可能是读者很想探询的问题。由于与中国传统文化的冲突过于激烈，太平天国宗教在传播的过程中遇到了四民阶层尤其是士大夫的强烈抵制，始终未能在民间立足。因此，太平天国覆亡后，其宗教便随之被岁月所湮没，在中国大地上几乎没有留下一丝痕迹。相反，基于太平天国宗教与基督教宗教同源的现象，时人笼统地将两者视为一体。于是，基督教除了暗伤王化、用夷变夏外，又多了一个煽动"叛乱"的罪名，这就在客观上对民间反洋教运动的兴起起了推波助澜的作用。洪秀全之所以被辛亥革命时期的仁人志士推崇，并不是因为他是"上帝的中国儿子"，而是因为他曾经领导了一场狂飙运动。孙中山先生自命为"洪秀全第二"的寓意也即在此。

原载《二十一世纪》(香港中文大学)1997 年 2 月号(总第 39 期)。

洪秀全：生前之事与身后之名

一、盖棺难以论定

2014 年是洪秀全诞生 200 周年、逝世 150 周年，以及太平天国都城天京(今南京)陷落 150 周年。150 年来，经过一代代国人的接续探索与奋斗，中国社会发生翻天覆地变化，从积弱积贫阔步迈向现代化，经济总量跃居世界第二位，迎来中华民族伟大复兴前所未有的光明前景。颇堪玩味的是，关于洪秀全的评价也随着社会演进而变化，形成强烈反差：他先是被清政府斥为“贼首”“逆首”，辛亥革命后被正式尊崇为民族革命运动的先驱；中华人民共和国成立后，得到前所未有的崇敬和怀念，被视为伟大的农民革命领袖、太平天国运动的坚强旗手。进入新时期后，一味美化洪秀全的现象得到纠正，但又出现将其“妖魔化”的偏向；特别是近十余年来，不时有人指斥洪秀全是“野心家”“暴君”“昏君”“邪教主”，走向另一个极端。在中国近代史人物中，几乎无人像洪秀全这样，其身后之名大起大落，引起这么大的争议。

究竟应当如何认识和评价洪秀全?

洪秀全 1814 年出生于广东省花县一个客家村落。7 岁(虚岁)入私塾读书。热衷功名，16 岁起先后四次参加科举考试，均名落孙山，精神颇受打击。1843 年读基督教布道手册《劝世良言》，产生共鸣，从此弃绝科举仕进之念，按照自己的理解来传播上帝信仰，走上用“良言”劝世、救世之路。他苦口婆心劝人拜上帝，起初收效不大，后与冯云山结伴远行，终于在广西打开局面。拜上帝者增至两千多人，形成一个名为“上帝会”①的宗教组织，尊奉洪秀全为领袖。今人将洪秀全首创的宗教称为“上帝教”。

当时，广西是长江以南社会矛盾最尖锐、清政府统治力量最薄弱的一个省份。洪秀全 1847 年还兴冲冲地到广州基督教堂，随美国南浸会传教士罗孝全学道，满心希望能加入基督教会，因受洗不成才二次入桂。时值广西境内民变蜂起，或打家劫舍，或攻城劫狱，社会急剧动荡，以致“民不聊生，官亦不聊生”。上帝信徒与地方官绅的冲突也日渐升级。在现实刺激下，洪秀全从劝人弃恶行善转为倡导斩邪留正，确立反清志向，认为“过于忍耐或谦卑，殊不适用于今时，盖将无以管镇邪恶之世也”。在天地会暴动吸引广西官府主要兵力的情形下，洪秀全与杨秀清等人秘密酝酿金田团营，起兵立国，国号为太平天国。今人将这支反清武装称为“太平军”。

太平军起初处境险恶，遭清军围追堵截，靠避实击虚来保存实力；攻克永安后赢得喘息休整之机；进军湘鄂开拓了新空间，兵力大增，逐渐掌握战场主动权；攻克武昌后完全占据主动，乃至沿江东下，一路势如破竹，攻克东南第一都会江宁(今南京)，在此建都，易名天京。在两年多时间里，太平军先后转战六省，跋涉数千里，兵力从三千人扩充至十万人左右，攻占大小城池近 40 座。清政府前后更换、任命九个钦差大臣，调动十余省军队，耗费饷银二千余万两，但由于统治机器失灵，战局却愈益恶化。以定都为标志，太平天国结束流动作战状态，进入以天京为中心开疆辟土的新时期。

洪秀全生了一场病、做了一个梦、读了一本书，最终就走上起兵造反之路，把清政府搅得七零八落。这看起来很有戏剧性，有点不可思议，实质上蕴含着深层次的社会政治因素。广西之所以成为太平天国的策源地，根源在于吏治腐败、官逼民反。清钦差大臣赛尚阿便奏陈说：“州县各官，胆大贪婪，任听家丁者十居八九。百姓受其欺凌，终无了期，往往铤而走险。……粤西之匪蓄谋已非一日，

---

① 学界通常认为该宗教团体名为“拜上帝会”，此属以讹传讹。参见拙著《天国的陨落——太平天国宗教再研究》，30～35 页。

缘大吏因循、州县逼迫所致。”而广西情形是全国的一个缩影，远不是孤立现象，金田起义因此得到各地下层民众响应，迅速从星星之火形成燎原之势。除太平天国外，同期国内还接踵爆发了其他一些较有声势的反清起事，诸如广东天地会、上海小刀会、以皖北为中心的捻军，以及贵州苗民起事、云南和西北回民起事等，整个中国几乎成为一片火海。倘若撇开清政府腐朽统治的因素，单纯从个人“野心”等角度来诠释引发这些事变的原因，显然是不合逻辑的。

定都后，洪秀全一直居住在天京，直至病逝。他死后不到 40 天，天京即被湘军攻破，太平天国中央政权覆灭。4 个月后，身陷囹圄的幼天王乞降不成，在江西南昌被凌迟处死，太平天国世系终结。虽有太平军余部坚持流动作战，但已是强弩之末。从金田起义到天京陷落，太平天国前后与清政府对峙 14 年，可谓“其兴也浡焉”“其亡也忽焉”。作为太平天国的主要缔造者、最高统治者和灵魂人物，洪秀全几乎与太平天国的兴亡相始终。如何评价洪秀全，实际上就是如何评价太平天国。反之亦然。

关于洪秀全评价的分歧和争议，主要体现在对洪秀全思想与行为的不同解读上。可供研究的文献资料是相同的，历史真相也仅有一种，而人们得出的结论却颇有出入，甚至大相径庭。究其原因，主要是该研究与现实政治联系较紧，受社会思潮影响较大。新民主主义革命是中国共产党领导的、以农民为主体力量的新式革命，中华人民共和国成立后，追溯太平天国、讴歌农民革命成为顺理成章之事，以论证中国革命的渊源和正义性。太平天国研究因而成为一门显学，受到空前重视，取得骄人成绩，但也出现偏差，在运用唯物史观时存在简单化、教条化倾向，有意为尊者讳，一味拔高对洪秀全和太平天国的评价。1964 年，戚本禹等人以揪“叛徒”、彰“气节”名义大批忠王李秀成，则使研究陷入混乱，主要表现为将学术问题与政治问题画等号，影射史学泛滥成灾，给历史人物贴政治标签成为人物研究风行的模式。进入改革开放新时期后，史学界努力肃清极左思潮的影响，做了大量正本清源的工作。到 20 世纪 90 年代，相继推出一大批有分量的总结性研究成果。不过，随着研究难度加大，以及学者研究兴趣的转移，太平天国研究逐渐从繁盛趋于冷落。由于起步早(至今已持续近一个世纪)、起点高(已有论著堪称汗牛充栋)，从事该研究的门槛越来越高，对初学者更是如此——仅必读的最基本史料和代表性研究论著就达几千万字，同时还必须搞清楚太平天国的典章制度。这不免让人望而却步。现今依然坚守这一领域的学者已是凤毛麟角，且后继乏人，研究队伍青黄不接。虽断续有新著问世，但总体上难挽颓势。与专业研究队伍急剧萎缩形成对比的是，2000 年夏大型电视连续剧《太平天国》的播出，使得社会上对这段历史的关注度骤然增加。不过，电视剧《太平天国》“戏说”的成分太多。社会各界人士撰文、写书谈太平天国，以评论居多，某些观点不无见地，但多数作者缺乏研究积累，对史实、史学史缺乏了解，往往仅读几本史料就下很大的结论，流于对洪秀全的口诛笔伐。这反映了人们对过去有些论著一味美化、偏袒洪秀全的抵触心理，但明显矫枉过正。受历史虚无主义、民粹主义等思潮的影响，更有人借历史这杯陈酒来浇胸中块垒。一时间，全盘否定洪秀全、替曾国藩翻案的观点被炒得沸沸扬扬。某些所谓的新观点实际上是陈词旧说的翻版，如“农民战争破坏论”，上帝教是“邪教”，太平军与湘军之战是“农民打农民”之类。这对研究丝毫起不到推动作用，反而把水搅浑了。

从严格意义上讲，很难说洪秀全已达到思想家的高度。但在旧时代的农民领袖中，洪秀全无疑是最有思想的一位。他是读书人出身，起义立国后仍勤于著述，其思想直接影响了太平天国的历史进程和命运。随后发生的许多重大事件，包括上海的兴起、洋务运动、辛亥革命，都与太平天国有着千丝万缕的联系。因此，研究中国近代思想史，不能绕开洪秀全。争议越大，越要加强研究。

譬如，太平天国以宗教起家，又以宗教立国，其核心信条是独尊上帝。洪秀全用上帝信仰整肃军纪、激励士气、维系人心，这是否纯属有意识的“欺骗性”宣传，还是他本人确实带有信仰成分？丁酉年(1837 年)升天异梦对他的心理有何影响？洪秀全从西方基督教搬来上帝，但却颠覆了基督教的基本信条，并糅合了儒家学说和中国民间宗教等因素，带有鲜明的形而下色彩，倡导打江山、创新朝，有自成体系、别具一格的宗教仪式和经典。太平军既是军事组织，又兼有宗教团体性质，平素通过读天书、讲道理来普及教义，每七日举行礼拜仪式，凡新兵入伍须举行洗礼仪式。有论者认为太平天国宗教是基督教的一个分支，显然与史实不符。需要思考的是：洪秀全的这种改造及创新有何成败得失？与太平天国的兴亡究竟有什么关联？

再如，20 世纪 50 年代初，范文澜先生认为太平天国使旧式农民起义的面目为之大变，揭开了中国旧民主主义革命的序幕，是中国历史上第一次提出政治、经济、民族、男女四大平等的革命运动。这成为学界的主流观点，因过于溢美，进入新时期后逐渐被弃用。但相关问题的研讨远没有结束。

洪秀全憧憬“地下太平，人间恩和”，有改造中国社会的具体构想和政策。他定国号为太平天国，“太平”是其心目中理想社会的首要特征。基于世人灵魂均来自上帝的说法，洪秀全提出“天下一家”说，宣传人皆兄弟、民胞物与等理念，并将之引申为军队必须爱护老百姓，官长必须体恤士兵。根据“天下一家”说，他还对经济社会生活重新设计，颁布《天朝田亩制度》，规定“凡天下田，天下人同耕”，强调“有田同耕，有饭同食，有衣同穿，有钱同使，无处不均匀，无人不饱暖”。另一方面，洪秀全又严判上下尊卑，推行森严的等级制度，强调“子不敬父失天伦，弟不敬兄失天伦，臣不敬君失天伦，下不敬上失天伦”(《天父诗》第 475 首)，要求人们遵守礼仪、恪守名分。“天下一家”说与森严的等级制很不协调。从实际情况看，“无处不均匀，无人不饱暖”仅停留在宣传层面，根本无法兑现，而上下尊卑是触摸可见的客观存在。结果，“天下一家”说并未能维持内部的团结和谐，定都仅三年就爆发内讧，昔日的生死兄弟为争夺权力杀红了眼，酿成一场惊心动魄血流漂杵的内乱，致使太平天国元气大伤，人心涣散。与此相关的是太平天国政权性质问题。学界意见不一，迄无定论，大致有封建政权说、农民革命政权说、农民政权封建化说、两重性政权说。需要思考的是，农民阶级不是新的生产关系的代表，所谓农民政权是相对于地主政权而言的，两者是否有质的区别？

与之相关联的还有妇女地位问题。太平天国就此提出过一些进步主张，如“凡分田照人口，不论男妇”，“凡天下婚姻不论财”。但事实上，起义立国特别是定都后，为起义做出贡献和牺牲的广大妇女便逐渐归于沉寂。洪秀全严判上下尊卑，同时男尊女卑意识浓厚，大讲三从四德以及男主外、女主内等老调，强调妇女要守妇道、重贞操。因此，妇女在太平天国的活动空间极为有限。更有甚者，洪秀全等人在军中和天京城推行禁欲主义，严别男女，规定虽夫妻不得同居，违者一律以“奸淫”罪处死，而自己却大搞多妻制，强征民女选美，声称这是上帝的旨意。后期又在高官中普遍推行多妻制。洪秀全本人最终拥有 88 名后妃。在强行婚娶和多妻制背景下，女子连最起码的尊严和自由都没有，又哪里谈得上男女平等、妇女解放呢？

洪秀全有改造中国文化的念头，在定都初期掀起狂飙式的焚书运动，禁止孔子崇拜，严禁读古书。后期虽不再焚书，但太平军随意糟蹋古籍的现象仍较为普遍。太平天国也开科取士，但考题依据上帝教教义，而非儒家典籍。曾有论者认为，太平天国的“反孔”斗争是近代第一次思想解放潮流，成为五四时期“打倒孔家店”的先声。事实上，洪秀全否定的是孔子权威而不是其学说，是一种形式上而非内容上的反孔，目的是确立独尊上帝的局面。这种过激文化政策使读书人除政治成见外，又与太平天国多了一层文化上的隔阂，从而持排斥心理。李秀成认为太平天国办得不好的一件事是“无读书人”，系有感而发。

洪秀全还想改造世道人心，将拜邪神、行邪事、有邪念之人斥为“生妖”，将一切神像斥为“死妖”或“泥妖”。在民间，太平天国用严厉手段推行了许多禁令。部分是基于确立上帝信仰的考虑，如严禁偶像崇拜，取缔孔子崇拜、祖先崇拜，取缔棺葬；部分是基于政治考虑，如颁行新的历书(天历)，号召留发易服；部分是基于扭转奢靡颓废之风的考虑，如严禁吸食鸦片，禁酒、禁赌、禁娼妓、禁邪歌邪戏。不过，太平天国主要用严刑峻法来推行禁令，这套做法在军中能够奏效，在民间则适得其反，与民俗的冲突过于激烈，从而广泛激起抵触情绪，影响了人们对太平天国的认同感。而规模空前、持续时间长的毁灭偶像之举（以拆庙为主），致使江南无数名胜古迹毁于一旦，令人扼腕。

除浓厚的宗教色彩外，强烈的汉民族意识是太平天国意识形态的另一主要特征。洪秀全严别华夷、兴汉灭满的态度，源于对满族灭明的沉痛记忆，更主要源自对黑暗现实的义愤。太平天国打出的旗帜之一便是“反满”，斥清朝统治者为“满妖”“鞑妖”，号召民众留发易服响应起义，廓清华夏。时人遂有“贼见旗人恒切齿，目为妖魔专杀此”一说。不过，“反满”口号在当时并未引起太大反响，到了清末才真正发酵。孙中山先生以“洪秀全第二”自励，主要是从“反满”角度立意的。随着时势演变，同为广东客家人的孙中山大大超越洪秀全：他领导了一场新运动，最终推翻在中国延续几千年的君主专制制度，并宣布“五族共和”，促进了中华民族的团结。

如何办理外交是洪秀全面临的一个新课题。总的来说，洪秀全对办理外交的重要性缺乏认识，观念陈旧。他沿袭传统的天朝上国观念，视西方国家为进贡番邦，将西方使节主动来访视为“谒主”“归顺”，同时又依据同拜上帝这一事实，称对方为“（洋）兄弟”。缺乏近代国家主权意识，却十分看重外交礼仪（要求洋人下跪），太平天国在这方面与清政府实在是伯仲之间。在洪仁玕的努力下，太平天国后期改变了国际观念，主动与洋人打交道，尽管洪秀全仍不时流露出以“万国真主”自居的意识。而西方列强在华搞外交投机，一心攫取更多权益，毫无信义可言。据李秀成说，洪秀全断然拒绝某“鬼头”联手灭清、事后平分疆土的提议，正告“我争中国，欲相[想]全图，事成平定，天下失笑；不成之后，引鬼入邦”。这反映了洪秀全的民族自尊心，与清廷不计后果地“借师助剿”形成对比。太平军在上海、苏州等地与英法侵略军浴血奋战，在近代反侵略历史上写下了光辉一页。

在《论人民民主专政》一文中，毛泽东列举从鸦片战争起向西方寻找真理的先进的中国人，首先就提到洪秀全。洪秀全以上帝旗号起兵反清，欲改造山河，确实有新意。从总体上讲，洪秀全的思想究竟是新东西多，还是传统的东西多？是在向前看，还是往后看？洪秀全提出过一些闪光思想，但没有得到坚持和发展，反而很快被湮没，其原因是什么？对此类问题的思考，有助于深化对太平天国思想和历史的认识。

二、洪秀全著述简介

持先入为主的态度，故意美化或丑化洪秀全，都不足取，都会使研究流于简单化。研究洪秀全思想，须从洪秀全著述入手，看他本人究竟是怎么想、怎么说的，同时还要看他实际是怎么做的。总之，要以史料、史实为依据。

洪秀全著述甚丰。据洪仁玕说，洪秀全首次来广西传道期间，便写有《劝世真文》等50余种宣传品，“一一劝人学好”。举兵起义后，洪秀全身份变了，但重视笔杆子的习惯没有变。定都后，太平天国迅速建立了较为完备的书籍刻印和文书颁发制度，实行严格的出版管制，严禁买卖藏读儒家经书，规定唯有经洪秀全审订、盖有“旨准”印、由官方刊刻的书，方准阅读。名曰“诏书”，亦称“天书”“真书”“圣书”，今人称为“印书”。就此而论，太平天国出版的所有书籍，都打上了洪秀全的烙印；某些书籍直接出自洪秀全笔下，包括假托上帝之名的《天父上帝言题皇诏》《天父诗》，以幼主名义刊刻的《幼主诏书》。诏旨构成洪秀全著述的另一大类。据目击者说，后期天王府“每日午后放炮九声，悬伪诏于门外”。洪秀全在位十余年，所颁诏旨的数量不可胜计。这两类文献构成研究洪秀全思想的第一手资料。

然而，太平天国败亡后，其书籍、文件几乎被清政府毁灭殆尽。截至20世纪80年代，经过几代学者艰辛搜访（主要在海外）和整理，太平天国当年刻印的书籍大多得以重见天日，但仍有数种亡佚；文书的情况则很不乐观。从总量上讲，遗存至今的文献（尤其是文书）

仅占很小比例，堪称凤毛麟角。这使研究受到很大局限。因此，编洪秀全文集，首先是如何根据残存文献尽量编全、编齐的问题，而不是如何遴选、取舍的问题。这本集子仅舍弃洪秀全以幼主名义封赏官员、无实际价值的数道诏旨①，实际上是本“全集”，但也仅有12万字左右。

整理、编辑太平天国文献，涉及一些具体问题或难题。

一是辨伪。存世太平天国文献有鱼目混珠之作，如清钦差大臣赛尚阿伪造的洪大全供词，曾国藩篡改过的李秀成笔供(今人称为“自述”)，辛亥革命前夕南社诗人高旭编造的石达开遗诗，以及嗣后一些书贾为牟利假造的文献或文物。好在经过罗尔纲等前辈学者的考证，此类问题已基本澄清。

二是校勘。因疏于校对，太平天国刻颁的书文有错讹之处。后世学者整理时，又发生一些鲁鱼亥豕之误。现今几种最常用的排印本太平天国印书、文书汇编集，都有不少错字、衍字、脱字以及标点错误，从而损害了原意。

三是版本。太平天国书籍大多有修订本，改动幅度虽不大，但每处改动都隐含着重要信息，反映了思想和政策的调整、变化，须格外留意；再就是重刻本的封面仍署初刻年份，导致再版的确切时间不明，须加以考订。

四是注释。太平天国文献有大量避讳字、新造字和特殊称谓，涉及具体的典章制度以及思想、史实。倘若不作考证、不加注释，便难以明晓其义。

在长期整理编纂文献史料的过程中，太平天国研究形成一个分支——太平天国文献学，其代表性成果首推罗尔纲前辈穷半个多世纪之力完成的名著《李秀成自述原稿注》。本卷凡涉及校勘、版本等细节，均酌情加注释说明。

洪秀全的诗文写得比较通俗，但理解准确并不易。凡太平天国

① 个别诏旨，譬如封干王诏，见《洪仁玕卷》之《钦定英杰归真》。为避免重复，这里不录。

文献中的繁体字、异体字和俗字①，本卷均改为现代规范汉字。某些太平天国新造字，如改“魂”为“⿰云人”（以示天上无鬼），改“玺”为“⿱玺金”（指金质的玺），改“福”为“福”（寓意锦上添花），仅在首次出现时加注，再次出现时则用现代规范汉字代替。太平天国推行避讳制度。例如，“上”字在太平天国为“上帝”专用，余以“尚”字代，故“上海”改为“尚海”。本卷仅在首例加注，其余直接使用“上”字，以免费解。有些避讳字无关宏旨，直接照录，也不加注。如《太平天日》中的“张永绣”，实为“张永秀”，避杨秀清名讳。

凡不易理解的方言俚语以及太平天国隐语，酌情加注。至于涉及太平天国典章制度之处，限于体例和篇幅，无法逐一加注。读者可查阅相关专著和工具书。

太平天国文献凡提及天父、天兄以及洪秀全父子等人时，照例须抬头。本卷不再按照这一格式排版。

洪秀全喜欢写俗体诗。这与其知识背景以及早年传道经历有关。他早年的宗教宣传品以诗歌、对联居多，便于理解和记忆；登位后所写的书、颁发的诏旨甚至朱批，也以诗体为主，或者诗文合为一体。倘若分类编排，文集就会被切割得支离破碎。本卷按写作时间（参酌刊刻时间）之先后编排，不再分类。洪秀全的诏旨大多篇幅不长，倘若逐一加标题编排，则不免碎片化。所以本卷或按年编排，加一总标题，或单独编排，酌情而定。

下面再就本卷所收文献，按目录逐一做简要说明。

洪秀全早年诗作，辑自洪仁玕述、瑞典传教士韩山文著《洪秀全之异梦和广西叛乱的起源》，以皈依上帝后的言志布道诗为主。某些表述，如“斩邪留正”“我今为王”“手持三尺定山河”等，在字面上明显有改造社会、起兵造反的意思。这与洪秀全当时的心境与认识不相吻合，可能是洪仁玕口述时改易，意在“神话”洪秀全；或许直接是洪仁玕口述时的假托之作——从文字看，个别诗作与洪仁玕写诗的风格确实很接近。当然，洪秀全单纯从宗教角度谈“斩邪留正”等，

① 譬如，改国号中的“國”为“国”，“国”原为俗字。

也是可以理解和成立的。

《太平诏书》，由洪秀全早年撰写的数篇宣传上帝真道的诗文合辑而成。主要宣扬“天下一家”理念，呼吁世人恢复独尊上帝之传统，遵天诫，做正人，行善事，共享太平；表达了变乖离浇薄之世为公平正直之世的心愿，以及对传说中的古代大同社会的钦慕之情。这奠定了洪秀全宗教学说的基调。

《太平天日》，原书封面题曰“此书诏明于戊申年冬今于天父天兄天王太平天国壬戌十二年钦遵旨准刷印铜板颁行”。即该书刊刻于天历壬戌十二年(1862 年)，但其内容在戊申年(1848 年)冬就已由洪秀全“诏明”。该书实为洪秀全自述，采用第三人称(“主”)，敷衍他在高天被上帝封为天子、奉命下凡斩邪留正的经过，并讲述早年的布道经历。其中关于丁酉年升天梦境的解读很值得揣摩。笔者以为，洪秀全的宗教情结确实含有信仰成分——《劝世良言》与升天异梦内容的巧合，开国初期的一连串胜利，使他获得一种强烈的心理暗示，冥冥之中觉得自己确实受命于天，得到神的庇护。

《太平礼制》，太平天国最早刊刻的书籍之一，原为洪秀全的一篇诏旨，首句为“天王诏令”，末为“钦此”二字。按照尊卑等级，规定了首义诸王亲属、各级职官及其亲属的各自称谓，极为烦琐。

起义初期诏旨 13 件，内容主要为整肃军纪、激励士气，包括永安封五王诏。

建都初期千头万绪、百废待兴。清政府方面判断说，此时“伪诏甚多”。而存世天王诏旨仅 5 件，内容分别涉及地震、删改《诗韵》、禁止吸食鸦片、贬直隶省为罪隶省，以及宣布皇帝、大哥天下独一，除天父、天兄外，有人称帝称大哥者均是死罪。

《天父上帝言题皇诏》，又名《十全大吉诗》，定都当年刊刻。洪秀全称，这些诗是当年天父上帝在高天亲授给他，作为他下凡作主的凭据。

《御制千字诏》，定都次年刊刻。“御制”“诏”，说明系出自洪秀全的手笔。以天王之尊写幼童识字读物，这与其早年的塾师身份有关。该诏每四字一句，计 276 句，从上帝创造天地万物、耶稣下凡救世赎罪，一直讲到洪秀全升天受命、云游布道、率众起义、建都立业。全文 1104 字各不相同，有大量生僻字，叙述简练，构思精当，是一篇别具一格的启蒙读物。

《天父诗》，天京事变后太平天国刊印的第一部书，共收 500 首诗，除少量天父、天兄诗体圣旨外，其余 400 余首均为洪秀全为整肃后宫所写的宗教伦理诗。如此冠名，说明在杨秀清被杀、天父下凡活动就此谢幕后，洪秀全有意将代天父传言的权力收为己有。该诗集以宫闱生活为题，虽不写风花雪月，但格调不高，主要教训身边的女人如何守规矩、尽本分，包括定下十条禁忌，严申“服事不虔诚，一该打；硬颈不听教，二该打；起眼看丈夫，三该打”云云。除杖责外，《天父诗》还有将后妃处以点天灯酷刑的描述。洪秀全曾强调“后宫为治化之原，宫城为风俗之本”，所以这些言论具有导向性，反映了他对待妇女的真实心态。

命薛之元镇守天浦省诏，明确了镇守城垣的主要职责，是少见的以军事为题的存世诏旨。

《幼主诏书》，又名《十救诗》，洪秀全以幼主名义刊印，主要谈严别男女的清规戒律。譬如，男童 7 岁就必须自己学洗澡，且不得与母亲同床；妹妹长到 5 岁，哥哥就不能摸她的手；弟弟到了 7 岁，姐姐就得与他保持一丈远的距离。道学色彩甚浓。

致英国全权特使额尔金诏，写在太平军与英舰发生冲突之后。该诏将英人顺路经过天京说成是“兄弟团圆”，表达了与其联手对付清政府的意愿；同时大讲天父天兄下凡、自己是上帝亲生子以及“万国来朝”等，在宗教、外交理念上与对方格格不入。

己未九年(清咸丰九年，1859 年)颁行天历诏旨 2 件，内容涉及设立天历六节等，强调“天历流行，永无止息”。天历具有重定正朔的政治象征意义，但不合天象，并不实用，从而加大了在民间推广的难度。

庚申十年(清咸丰十年，1860 年)幼主诏旨 6 件，分别褒奖李秀成开疆拓土、向京城输送财物之功；宣布嗣后内外本章免盖玕叔印，这是洪仁玕权力遭削弱的一个重要信号；再就是谈及封赏之事，涉及教义和吏治；另有两件诏旨颁给在天京访问的美国传教士花雅各。幼主此时还不满 11 周岁，仅是象征性地参与料理朝政，其诏旨实由洪秀全代笔。①

爷哥朕幼同作主诏，与上文提到的两件幼主诏旨同时颁给花雅各牧师。花雅各将之翻译，一并刊发在上海英文报纸《北华捷报》。清苏松太道吴煦派人据英文回译。诏旨所言涉及太平天国特定的宗教教义和相关制度，花雅各译为英文难免有误，清方回译不免有误，今人据回译件辑录又有可能出错。如此一来，这三件诏旨很难准确反映原件的本义，某些错讹十分明显。不过，这三件诏旨的主旨还是清楚的，大致可归纳为三点：一是宣称洪秀全是万国真主；二是大讲自己的教义(天父天兄下凡之类)；三是劝说洋人共同对付清政府。

庚申十年梦兆诏 2 件，讲述其最新梦境，包括自己徒手打死四只老虎之类，宣称这意味着爷哥朕幼坐天国、天朝江山万万年。自己做了稀奇古怪的梦，却郑重其事地下诏广而告之，这是因为洪秀全身份特殊，在杨秀清被杀后已不受任何约束；更因为在缺少天父(杨)下凡这一环节后，他以托梦形式直接代天父传言，认为自己的梦兆代表了上帝意志，非同寻常。

谕苏省及所属郡县四民诏，同年颁布，指斥清政府“厚敛重征”，宣布“体恤民艰”，酌减苏福省新附四民应征钱粮。该诏以民生为题，体现了洪秀全争取民心的意识。

约在同年九月②，由洪秀全亲自删改修订的《圣经》开始陆续刊刻，计《钦定前遗诏圣书》(简称《前约》)27 卷，《钦定旧遗诏圣书》(简称《旧约》)前 6 卷。太平天国起初奉基督教《圣经》为“当今真道书”，大量刻印散发，但来访洋人依据《圣经》批驳上帝教教义，使洪秀全意识到不能原封不动地照搬。他在后期宣布“朕来乃是成《约书》”，

① 据幼主(幼天王)被俘后供述，他在天王病逝后即位，朝政实由勇王洪仁达等人执掌，“所下诏旨都是他们做现成了叫我写的”。

② 参见拙著《天国的陨落——太平天国宗教再研究》，129 页。

对《圣经》文字大幅修改，并加了不少朱批。着重修订《新约》，重点是否定三位一体论，坚持神人同形论，为太平天国立国和自己下凡作主确立凭据。钦定版《圣经》正式与基督教经典剥离，构成上帝教经典中的《旧约》《前约》。洪秀全将《新约》改称《前约》，意在强调自己得到的神谕更新、更有权威性。为便于读者阅读，本卷在“附录”列出了太平天国版《圣经》与白话本《圣经》篇名的对照表。

辛酉十一年(清咸丰十一年，1861 年)诏旨 14 件，以及对英国传教士艾约瑟(E. D. Edikins)一篇宗教文章的朱批，关于英国军官雅龄(E. Aplin)求见一事的御照。其内容以论证自己是真命天子、宣扬爷哥朕幼体系为主。据时人记载，天王后期每日午后降诏，“所言皆天话、梦话，并无一语及人间事，令人失笑”。其实，太平天国以宗教立国，大讲天话、梦话本不足怪，关键在于内容：早期的天话、梦话含有丰富的社会内容，能够提振人心；后期，太平天国在政治、军事、经济等方面存在许多棘手问题，尤其是内部腐败现象严重，人心涣散，而洪秀全却在宗教情绪中陷溺太深，试图通过苍白空洞的说教来重拾人心，不啻缘木求鱼。说到底，洪秀全推出的独一真神信仰依旧是在造神，难以持久维系人心。

辛酉十一年幼主诏旨 2 件，下令添设御林兵，以护卫天京；另称父子公孙永作主，要求臣民真心敬真神、遵天命。

在随后两年多时间里，太平天国局势急剧恶化。在危机四伏的情况下，洪秀全反应如何？可惜这段时间的天王诏旨被毁殆尽，无法详细分析，仅能从片段记载中略窥一二。

1863 年夏，《北华捷报》刊登洪秀全一道诏旨的英译文。该诏指斥官员私藏财物、压迫人民，导致局势危殆；告诫众人守正道、遵天教，以免更大的灾祸降临。这说明，洪秀全明晓人心向背的道理，忧心忡忡，承受着巨大的精神压力。

另据李秀成回忆，天京危在旦夕之际，他建议“让城别走”，被否。洪秀全呵斥道：“朕奉上帝圣旨、天兄耶稣圣旨下凡，作天下万国独一真主，何具[惧]之有！不用尔奏，政事不用尔理。尔欲出外去，欲在京，任由于尔。朕铁桶江山，尔不扶，有人扶。尔说无兵，朕之天兵多过与[于]水，何具[惧]曾妖者乎！”①然而，这番豪言壮语并没能阻止天京陷落的厄运。湘军破城后，大肆焚劫，致使“十年壮丽天王府，化作荒庄野鸽飞”。洪秀全遗体则被刨出，刀戮火焚。上帝神话连同天堂之梦遂在烈火与烟焰中化为灰烬。

除上述作品外，另有 5 种印书或主要记述洪秀全的言论，或由洪秀全亲自审订，是研究洪秀全思想的重要材料。本卷将其列为附录，以示区别。

《天条书》是太平天国最早刊刻的书籍之一，辑录洗礼等仪式中的各种祈祷文，礼拜仪式中的赞美经，以及具有律法性质的十款天条。按照其重要性、专业性，当是由洪秀全主笔。该书引言及结束语，有大段文字直接引自洪秀全的早期作品，仅文字稍有改易。

《幼学诗》共收 34 首五言诗，以敬上帝、敬耶稣、敬肉亲以及朝廷、君臣、父子、兄弟、夫妻、男女之道等为题。其风格与洪秀全很一致，其思想和文字也大多可以从洪秀全著述中找到根源。英国传教士麦都思(W. H. Medhurst)认为这是一本优秀读物，与基督教教义相吻合。清方编写的《贼情汇纂》则嘲笑其“鄙俚不堪”，并揪住“天下一家”理论，指责太平天国“五伦俱废”，“何五伦诗诸箴之有”？

《天朝田亩制度》是太平天国的纲领性文献，约 3800 字，建都初期颁布，具体反映了洪秀全的思想：既根据“天下一家”说，提出土地均耕、财富均分，同时又将全体社会成员划分为“功勋等臣”和“后来归从者”两大类，规定前者“世食天禄”，后者则承担“杀敌捕贼”“耕田奉上”的义务。该方案满足了广大农民对土地的渴求和均匀饱暖的愿望，有值得赞许的一面，但未免将小农生活理想化、绝对化。其内容有不少自相矛盾之处，既强调绝对平均，又严判上下尊卑；宣布取消一切私财和商业活动，却又允许银钱流通，等等。总体上不切实际，缺乏可操作性。迫于筹饷压力，太平天国后来不得不正视现实，推行“照旧交粮纳税”政策，即不触动旧的地权关系。

太平天国实际上有两个权力核心，洪秀全并不拥有一言九鼎的

---

① 罗尔纲：《增补本李秀成自述原稿注》，339～340 页。

绝对权力，因为他与杨秀清除君臣名分外，还有一层子与父的关系：当杨托称天父下凡时，作为天父次子的洪不得不俯首听命。《天父下凡诏书》第二部主要由杨秀清、洪秀全的对话构成，记定都当年冬天父(杨)借天王家务事发威，指斥后者犯有过错(用靴头击踢怀有身孕的娘娘，对女官太苛，教子无方)，欲杖责之，以及随后杨进谏洪的经过。《幼学诗》强调“生杀由天子，诸官莫得违”，而杨秀清此后愈益专横跋扈，直至逼封万岁。这是洪秀全断难容忍的。该书为了解太平天国的政治伦理观念以及天京事变的源起，提供了重要材料。

《王长次兄亲目亲耳共证福音书》，又名《福音敬录》，追记洪秀全丁酉年升天时所唱“预诏”(实际上是洪在神志不清状态下所说的“胡话”)，以证明洪是真命天子。由天王胞兄洪仁发、洪仁达奉旨编写；初稿编成后，又经洪秀全“御照教导”，并抄入洪的所谓“自证”。因此，该书可以看作洪秀全的作品。它与随后刊刻的《天父圣旨》《天兄圣旨》《太平天日》一道，构成上帝教的《真约》，即记录天父天兄圣旨、描写上帝赐封洪秀全为真命天子情节的书籍。洪秀全表示“今蒙爷哥恩下凡，旧前约外真约添”，即指此事。《旧约》《前约》《真约》的问世，标志着太平天国拥有自己独立的宗教经典。这是上帝教区别于西方基督教的一个重要标志。

还需要说明的是，洪秀全在审读洪仁玕撰写的《资政新篇》时，共在31处加了批语。这是研究洪秀全思想不可忽视的细节，详见《洪仁玕卷》，此处从略。《武略》由古兵书《孙子》《吴子》《司马法》合编而成，约刊印于太平天国戊午八年(清咸丰八年，1858年)，原刻本现藏伦敦英国图书馆(原“不列颠博物院”)东方部。据王庆成研究员校勘，洪秀全对原书所做删改达一百数十处。例如，将《孙子》“九变”改为“八变”，删除“君命有所不受”一句，以强调君权至上；三书谈及历代君臣、古圣先贤事迹的文字，如“黄帝之所以胜四帝也”等，则被大段删除，反映了洪秀全在定都后的一贯态度，即排斥古人古书。鉴于该书系删改而非原创，本卷不予收录。

王庆成研究员、祁龙威教授是我的恩师，均在发掘、整理、研究太平天国文献上卓有建树。王师现旅居美国，学生叩见不便，颇为怅然。祁师于2013年11月溘然长逝，享年92岁。20世纪70年代，祁师曾编辑《洪秀全选集》《洪仁玕选集》(北京，中华书局，1976、1978)。时隔30多年，笔者接着编洪氏兄弟文集，不禁感喟不已。谨以此书寄托对祁师的怀念之情。

本文系笔者为《中国近代思想家文库·洪秀全　洪仁玕卷》(中国人民大学出版社2015年版)所写的“导言”之一，标题为新拟。

洪仁玕：从塾师、基督徒到总理大臣

一、洪仁玕的人生三部曲

严格地说，洪仁玕算不上思想家，其思想缺乏系统性、持续性。但他确实是中国近代思想史上的一个标志性人物。在 19 世纪 60 年代之前，对时势有客观、清醒认识，坦然承认中国落后、西方先进，明确提出向西方学习、尽快改变中国现状，洪仁玕是当之无愧的第一人。他撰写的《资政新篇》是近代中国学习西方、探索现代化道路的一座里程碑，代表了当时的最高水准。一部中国近代思想史，不能不谈到洪仁玕。

洪仁玕的名字与洪秀全、太平天国紧紧连在一起，其历史评价同样也有起伏：20 世纪 50 年代初，洪仁玕一度被斥为外国侵略者在华的代理人；在随后突出“气节”的特定岁月，他又因兵败被俘后宁死不屈而被誉为太平天国的大英雄；进入改革开放新时期后，又被视为改革家。总的来说，关于洪仁玕的评价以正面居多，争议相对较小。

从塾师、基督徒到太平天国总理大臣，是洪仁玕的人生三部曲。

洪仁玕比族兄洪秀全小 9 岁(彼此曾祖是同胞兄弟)，同属洪氏宗族的仁字辈，同为广东花县人，均出身家境寒微的客家农户。两人早年身世如出一辙：自幼服膺儒家孔学，后来热衷功名，但科场失意、屡考不中，只好权充塾师，以维持生计。

洪仁玕与洪秀全“原是五服宗潢，巷里相接，长年交游起居”(洪仁玕语)，且少时曾从后者读书一年。基于这层特殊关系，他深受洪秀全影响：在洪秀全劝说下最早皈依上帝，并撤去私塾中孔子的牌位；在家乡闹元宵时一同拒绝撰写祭神诗文，后又随洪秀全一同到广州罗孝全牧师处问道。不过，此时的洪仁玕仍有些彷徨，顶不住世俗压力和功名仕途的诱惑，并没有完全做到共进退：洪秀全离乡传道乃至远赴广西时，没有一同前往；洪秀全确立反清意向、在家乡逗留数月二次入桂时，仍未随行，依旧一面训蒙，一面应试。1850 年，29 岁的洪仁玕第五次参加科考，依旧落榜。同年金田团营前夕，洪秀全派人到花县接亲属来广西会合，洪仁玕仍踌躇不决。金田起义爆发后，清政府大肆搜捕洪秀全亲属。洪仁玕不再犹豫，赶奔广西，因追赶太平军不及而折回，从此开始长达八年的流亡生活。

1852 年谷岭起事失败，洪仁玕侥幸逃脱，被迫投奔亲友四处藏匿，以教书、行医为生。同年 4 月赴香港，在瑞典传教士韩山文处盘桓数日，提出入教请求，以寻求庇护。次年，在新安县(1914 年改名宝安县，今深圳市)布吉找到韩山文牧师，终被接纳，正式受洗入教，并被带回香港。经韩山文牵线，得到伦敦布道会香港差会理雅各(James Legge)牧师帮助，以教授西教士中文之职在香港落脚。

太平天国在定都后势头强劲，大有取代清政府之势，引起西方朝野的极大关注。韩山文牧师根据洪仁玕口述，用英文撰成《洪秀全之异梦和广西叛乱的起源》，披露了许多鲜为人知的内幕。该书于 1854 年在香港出版，成为畅销书。洪仁玕一心想投效洪秀全，同年 5 月转赴上海，落脚伦敦布道会上海差会。此时小刀会正在上海与清军对峙，战事不断，交通阻隔。洪仁玕在沪约半年，未能如愿前往天京，便又返回香港，继续依托教会栖身。理雅各牧师顶替业已病逝的韩山文，成为洪仁玕的主要庇护人。

这段流亡生活是洪仁玕人生的一大转折点。一是地点变了。以前主要生活在本村和邻县，如今生活在一个几乎完全陌生的环境：在上海租界生活半年，在香港前后居住四年多。二是接触人群变了。以前主要与亲友、熟人交往，生活在华人圈子，如今主要与西方传教士打交道，生活在洋人圈子。在日后撰写的《资政新篇》中，洪仁玕逐一罗列各邦与他“相善”之洋人的名字，共提到 23 人，除英国驻华外交官“米士”(T. T. Meadows，一译“密迪乐”)、“威大人”

(T. F. Wade，即“威妥玛”)外，其余 21 人均为西教士。三是身份变了。他正式受洗入教，并在教会供职，接受系统正规的基督教训练，成为一名较为纯正的基督徒。四是心智变了。通过栖身教会，洪仁玕接触到基督教之外的其他西学领域，耳濡目染了英国在香港移植和建立的近代文明，目睹了香港的变化和发展，并与香港的华人精英多有接触。这一切对洪仁玕触动很大，使他的内心世界在潜移默化中发生变化，成为一名热衷西学、讲求时务的早期新型知识分子。就连生活习惯也有所改变：他接受了西餐，喜饮葡萄酒。投奔天京后仍如此，尤其是在招待来访的外国人时。

洪仁玕在香港过着平静、安逸、体面的生活，远离内地的动荡与厮杀。不过，他始终没有打消投效太平天国的念头，不甘寄人篱下。他后来表白说，自己到香港，“本为避祸隐身，并用意在夷人风土，并不为名利计”。1858 年春，洪仁玕只身北上，历时 11 个月、辗转数省，历经千辛万苦，终于如愿来到天京。月余后，被封为开朝精忠军师干王，总理朝纲，时年 38 岁。

从一名流亡的基督徒骤然官居太平天国总理大臣，这是洪仁玕人生的又一大转折点。洪仁玕很想有一番作为，受封当月便向洪秀全条陈《资政新篇》，具体阐述了自己的新政思想。该文献 8600 字左右(不计所附《兵要四则》)，言简意赅，富有时代气息。其思想之先进，见解之深刻，言词之恳切，今日读来，仍不免令人感触不已。

首先，该文献摒弃陈腐不堪的天朝上国观念，对当时的中西格局有着清醒认识。意识不到落后，也就没有奋起直追的变革动力。鸦片战争后，清政府并没有从战败中警醒，积极求变，而是无视危机和挑战，继续用传统的夷夏观念来看待中外关系，以致在文恬武嬉的疲玩泄沓局面中白白丧失十余年光阴。西方列强急于扩大在华权益，在通过外交途径交涉未果后，悍然挑起第二次鸦片战争，直至侵占京师、火烧圆明园。清政府被迫接受城下之盟。主持议和的奕䜣在分析英法坚持公使驻京的原因时说，“其意必欲中国以邻邦相待，不愿以属国自居”。北京崇文门外有位民人见英法联军走过，拍手大笑曰“鬼子来也”，竟遭毒打，伤重垂毙。赘漫野叟《庚申夷氛纪略》特别提到和约中不许称洋人为“夷”一款，认为“不可不知”，并列举此例，表示“强梁至此，可不避其忌讳耶”。朝野至此方才意识到，不能沿用旧观念与洋人打交道。而《资政新篇》早就明确指出这一点。该文献特意介绍世界大势，强调旧的夷夏格局早已不复存在，欧美列强的国力远在中国之上，就连东邻日本“将来亦必出于巧焉”；提出了新的国际观念，主张国与国以信义相示，彼此平等往来，不可妄自尊大轻侮对方，以免引起无谓的争执和祸端。与清政府因为再次战败才被迫改变观念相比，洪仁玕的这种认识源于自己的理性思考，是主动产生的。这在当时实属难能可贵。

其次，该文献是当时国内最为完整和先进的现代化纲领，深刻揭示了向西方学习这一时代命题，倡言顺应时势、革故鼎新。早期启蒙著作如魏源《海国图志》、徐继畬《瀛环志略》等，主要从地理学角度来认识外部世界，且书中仍掺杂不少华夏中心论之类的陈腐观念。魏源提出了“师夷长技以制夷”的著名命题，但他所欲效法的西方“长技”仅指坚船利炮和养兵练兵之法，视野很受局限。曾国藩、李鸿章等人后来倡办“洋务”，最初也是从军事角度着眼的。而洪仁玕《资政新篇》所涉及的内容极为丰富，主张效仿西方，兴办现代交通运输、采矿、银行、保险、专利、税收以及相关的邮政、新闻等业。洪仁玕还谈到政治制度，对美国的总统选举、议会制等有所介绍，认为西方“邦法宏深”，并列举俄国彼得一世改革为例，说明学习先进使国家振兴的道理，其赞许之情溢于言表。他还从人心风俗的角度进行分析，憧憬建立一个“兵强国富、俗厚风淳”的“新天新地新世界”，认为西方社会崇尚实学，推崇火车、轮船等技艺，而中国社会专事浮文，骄奢之习盛行。洪仁玕慨叹说，中国不能顺应时势，“毫无设法修葺补理，以致全体闭塞，血脉不通，病其深矣”。基于强烈而又深沉的忧患意识与自强意识，洪仁玕倡言“因时制宜，度势行法”，呼吁“与番人并雄”“奋为中地倡”。放眼当时的中国，论思想高度及境界，无人能出其右。出于敌意和偏见，曾国藩机要幕僚赵烈文嗤笑太平天国编写的书籍“鄙俚不经”，唯独对《资政新篇》另眼相看，认为该书所言“颇有见识”“于夷情最谙练”，“观此一书，则贼中不为无人”。

过去有种观点，认为《资政新篇》是洪仁玕在洪秀全支持和鼓励下撰写提出的，代表了洪秀全晚年的政治倾向。这种主观推断缺乏依据。洪秀全在审阅《资政新篇》时加了不少批语，对其中的新建议大多表示赞同，但这并不意味着他在认识上已达到洪仁玕的高度。《资政新篇》的产生与农民战争毫无关联。该书(文)开篇即云：“缘小弟自粤来京，不避艰险，非图爵禄之荣，实欲备陈方策，以广圣闻，以报圣主知遇之恩也。……兹谨将所见闻者条陈于后，以广圣闻，以备圣裁，以资国政，庶有小补云尔。”其篇末亦云：“小弟于此类凡涉时势二字，极深思索……故恭录己所窥见之治法，为前古罕有者，汇成小卷，以资圣治，以广圣闻。”洪仁玕讲得很清楚，他所条陈的内容源于其流亡期间的见闻与思考，“为前古罕有者”(这也正是篇名“新”字的寓意所在)，意在“以资圣治，以广圣闻”。比较而论，洪秀全所钟情的是《天朝田亩制度》，试图按照古代大同模式来改造中国，所设计的是一个理想化的农业社会，主张“天下人人不受私”“天下大家处处平均”；而《资政新篇》描绘的是一个效仿西方资本主义的工业社会，提倡发展私有经济，“准富者请人雇工”。前者是往后看，后者是向前看。此时在学习西方方面，是洪仁玕影响洪秀全，而不是洪秀全影响洪仁玕。

洪仁玕的投效，给太平天国后期较为沉闷的政局带来了生气，同时也给这场旧式农民运动注入了新观念新意识。在太平天国刊布的所有文献中，《资政新篇》无疑最有价值、最富有时代气息。

然而，这些闪光思想在洪仁玕后来的著述中已成明日黄花，难以寻觅。在战火纷飞、血战正酣的背景下，修铁路等方案根本无法实施，正如洪仁玕所言，“非目前所急务者”。理想不得不让位于现实。针对结盟联党、事权不一、卖官鬻爵等现象，洪仁玕在主政之初顶住压力，欲整饬吏治，认为这“尤为今兹万不容已之急务”，“再一隐忍姑息，我辈并无生理”。但洪仁玕在太平天国资历浅、根底浅，缺乏杨秀清那样的威望和铁腕，根本镇不住那些老臣宿将，颇受掣肘。而洪秀全对他的信任也有反复，一度将其晾在一边。这是洪仁玕不得不面对的另一种现实。基于感戴之心和血亲关系，洪仁玕对洪秀全近乎愚忠，每当思想或意见与洪秀全相左时，总是一味服从、迁就。他曾有将太平天国宗教向正统基督教靠拢的念头，但鉴于该领域是洪秀全的禁脔，便不再坚持。作为一名纯正的基督徒，他明知天王受命于天、是上帝次子之说是不经之谈，但为了维护洪秀全的权威与尊严，仍有意迎合，加以铺陈，乃至逐渐割弃原先接受的那套基督教正统教义。他这么做难免会感到纠结，但确实是自愿的。洪秀全后期有不小过失，李秀成在被俘后的笔供中埋怨他一味言天说地、信天不信人、用人不公，虽言语偏激，但大体是中肯的。而洪仁玕始终对洪秀全大加歌颂，乃至刻意美化懵懂怯弱的幼主，并在朝内党争中偏袒颟顸无能的王长次兄。从香港来到天京，环境的改变直接导致其新旧观念的此消彼长。在太平天国，洪仁玕高处不胜寒，推行新政力不从心，有孤独感，尤其是在思想的沟通交流上。他曾对来访洋人私下谈到这层意思。在《四十千秋自咏》一诗中，洪仁玕有"不惑之年惑转滋"之叹，流露出些许怅惘与困惑，隐约反映了其内心的苦闷。

另一方面，洪仁玕毕竟没有经历艰苦卓绝的起义立国阶段，缺乏这方面磨炼，其思想有迂阔的一面。渲染耶稣登山宝训的忍耐、仁恕等观念，大谈第六天条"勿杀"概念，便与当时血雨腥风般的政治决战形势很不协调。倒是洪秀全看得很分明："爷令圣旨斩邪留正，杀妖杀有罪不能免也。"

在对待儒学的态度上，洪仁玕比洪秀全有弹性，较为开通。与后者的激进态度相比，洪仁玕自言"生长儒门""自幼习举子业"，认为儒学与上帝之说有吻合之处，明确肯定其价值，号召儒生投效。他还对中西方的人心风俗进行对比，针砭专事浮文、徒事清谈的士林陋习，倡言讲求实学。这确是过人之见。

在对外关系上，洪仁玕认识到西方之先进，以及学习西方、与西方国家保持友好关系的必要。他原本以为，在太平天国主动调整对外政策、改变傲慢自大态度后，会顺理成章地获得列强的好感和外交承认。然而，西方列强唯利是图，外交讹诈与军事威胁并用，根本不讲实质性的平等，更不讲信义：先是悍然以武力阻止太平军进占上海，后又撕毁"中立"面纱，与清廷联手镇压太平天国。洪仁玕这才看清这些“文明”国家野蛮虚诈的一面，得出“鞑妖买通洋鬼，交为中国患”的结论。这在认识上又进了一步，从一个侧面昭示了近代国人滞重而又曲折的认识西方过程。

在民族、国家层面上，洪仁玕有朦胧的新意识，但观念总体上是旧的。他的汉民族意识同样十分强烈，指斥元、清两代统治者为“元妖”“鞑妖”；在中国历代帝王中，最为推崇光武帝刘秀、明太祖朱元璋，认为“光武能恢复汉室，洪武能用夏变夷”。

洪仁玕的节操是一流的，总理朝政之初便明确表示“宁捐躯以殉国，不隐忍以偷生”。随着局势危殆、山穷水尽，高级将领哗变事件迭有发生，而洪仁玕矢志不渝，欲挽狂澜于既倒。兵败被俘后，面对威胁利诱不为所动，决意杀身成仁。死神逼近之际，他在自述和绝命诗中无一字提及现代化方案，着重抒发了为“攘夷”大业失败而抱恨终天的心态。这一心境暗合了中国后来的历史发展轨迹：先革命，后建设。

二、洪仁玕著述简介

太平天国败亡后，洪仁玕著述同样未能摆脱被毁禁的厄运。他在主政期间颁发的文书不可胜数，以个人名义撰刊或领衔编写的书籍也不在少数，而存世者寥寥。信函方面，可确知者，他在赴天京途中共给香港教会写过5封信，到达后又给香港湛孖士(John Chalmers，一译“湛约翰”)牧师、友人黄胜去信，苏州外交斡旋期间分别给英法美三国驻沪领事去信，可惜均已不存或未发现。① 手稿本《天妈天嫂辨正》，洪仁玕在苏州赠给艾约瑟牧师，至今杳无踪迹。

① 赴天京途中写给香港教会的5封信，有3封辗转送达。其中1封写于1858年12月初，理雅各牧师在稍后写给伦敦布道会总部的一份报告中，将该信英译件列为附件，后均被收入《伦敦布道会档案·华南部分》C卷宗第1夹第6匣。施其乐的《作为精英、中间人的华人基督徒与香港教会》(牛津大学出版社，1985)大段摘引。其回译件200余字，见拙著《从塾师、基督徒到王爷：洪仁玕》，52页，北京，社会科学文献出版社，2007。

所幸的是，搜访史料的工作在不断向前推进。例如，洪仁玕被俘后的亲书自述等，原件藏台北“故宫博物院”文献馆，萧一山先生在《清代通史》中片段征引；20 世纪 90 年代，经王庆成研究员发掘整理，终于完整地公之于世。这本集子实际上是洪仁玕存世著述(包括回译件)的汇编，但仍不足 10 万字，与洪仁玕的实际著述数量不成比例。但从抢救、整理史料的角度说，已足以令人欣慰，是几代学者共同努力的结果，弥足珍贵。

洪仁玕著述总体上遵循太平天国避讳制度，譬如，“上”以“尚”字代，“王上添人”作“王尚添人”，“上海”作“尚海”，“华”以“花”字代，“荣华”作“荣花”，“华人”“华民”作“花人”“花民”，等等。若照原文直录，不免费解；若逐一加注，又不免累赘。故本卷正文仍采用本字，并在必要处加注。原文抬头之格式，也不再沿用。据英译件回译的文书，凡人名、地名不能确定之处，均标注原文。谨此说明。

依照洪秀全卷体例，本卷对诗文不做分类，一并按时序编排。以下按目录顺序，对洪仁玕著述逐一做简要说明。

《洪秀全来历》，1852 年 4 月洪仁玕在香港首次与韩山文牧师见面时所写，讲述洪秀全和他本人的简历。《逸经》(半月刊)第 25 期由简又文先生加此标题刊出。

洪仁玕被教会接纳在香港立足后，韩山文牧师据其口述，撰成《洪秀全之异梦和广西叛乱的起源》一书。韩山文在该书“导言”中说，他在写书时尽可能以守信、不加更改的方式来记述所得到的全部信息，且绝少评论。因此，此书可以视作洪仁玕的著述。本卷节选关于洪秀全患病期间的相关描述(回译)。将之与《太平天日》对校，有助于了解洪秀全当时的真实状态。

《资政新篇》，洪仁玕封王当月条陈，是对流亡期间睁眼看世界之感受的总结，极富时代气息。洪秀全加了 31 条批注，并删除原稿论及上帝无形的文字。

《立法制喧谕》，同为主政之初发布，指斥“动以升迁为荣，几若一岁九迁而犹缓，一月三迁而犹未足”之歪风，晓以利害，力主整饬吏治。洪仁玕初来乍到，寸功未立就位居群臣之首，以致众口沸腾；此时欲革除时弊，触犯权贵利益，势必会引火烧身。但洪仁玕不计个人荣辱进退，表示“惟是丈夫自命，宁捐躯以殉国，不隐忍以偷生”。这反映了他的节操与眼光。

《开朝精忠军师干王洪宝制》，系洪仁玕主政初期的文论汇编，首为颁新政喧谕，后接《克敌诱惑论》《兵要四则》以及一些宗教短论，末为新撰的祈祷文。强调振作精神、同仇敌忾；宗教部分，委婉表述了一些正统基督教观点，反映了他与洪秀全在宗教思想上的区别。

《己未九年会试题》，即《天父天兄天王太平天国己未九年会试题》，系洪仁玕奉命总典秋闱时根据试题所写文章，主旨是神化洪秀全。洪氏兄弟当年都是落榜童生，如今开科取士，心境迥然相同。

致英国传教士艾约瑟书，邀其来苏州“面倾一切”，系洪仁玕为太平军进占上海进行外交斡旋所做的努力之一。干王想通过私交来促成与洋人和谈。但西方国家的对华政策由各国公使主导，非传教士所能左右。他显然对此缺乏认识。

《钦定英杰归真》，假托某张姓清政府官员倒戈故事，以对话形式，诠释了太平天国的相关思想及典章制度。凡太平天国书籍均须送审，洪秀全旨准后才能刊刻，故而书名冠有“钦定”二字。

凛遵敬避字样喧谕，重申凡奏章等一切文书须严格遵守避讳制度，并详细开列敬避字样并代替各字。这从一个侧面折射出太平天国的政治氛围。事实上，相关规定过于烦琐，疏漏在所难免。洪仁玕本人将“天酉年”“丁酉年”混用便是一例。

致英国驻天京翻译官富礼赐书，计两封，谈及外交礼仪，婉拒赴英舰做客，表示“尔不轻跪，我不轻出，各守各礼，是为两得”；另谈及英方照会没有直称自己官衔这一细节，婉转表达了对英国不予太平天国外交承认的不满。

《钦定军次实录》，系洪仁玕奉旨外出催兵途中所写诗文的汇编，同时辑录他本人及洪秀全的一些旧作；末为洪仁玕返天京后领衔颁布的一件文书，申令戒浮文巧言。从各自作品看，洪仁玕的经史知识及写作水准似在洪秀全之上，内容也比后者有生气。栖身香港时，他曾作为理雅各牧师(后来成为享誉欧洲的汉学家，牛津大学首位中国语言和文学专业的教授)的学术助手，参与翻译中国典籍。理雅各对洪仁玕评价较高，认为“他的文学造诣令人敬重”。

献试士条例本章，由洪仁玕以文衡正总裁身份领衔奏陈，所附“条例”对科举考试制度规定甚详，有推陈出新之意，计划自太平天国甲子(1864年)科实行。不过，先前开科取士时，士子出于观望心理和文化隔阂，大多视之为畏途，应试者多为粗通文墨的医卜星相之流，以致太平军不得不捉考、逼考。随着战局急剧恶化，太平天国在甲子年已危在旦夕，新条例未及实施，成为一纸空文。

《诛妖檄文》，计两篇，谴责清朝腐朽之统治，从满汉仇雠、华夷之辨的角度，号召为清廷效力的汉族官兵弃暗投明，共佐天朝事业，迎来太平一统。这反映了传统夷夏观念对洪仁玕的影响。还值得注意的是，檄文有“丁酉年之上天，玺剑赐由上帝；四十日之灵体，诗章教自父皇”一说(《钦定英杰归真》也有类似描述)，与当年对韩山文牧师的叙述大异。由此可以看出他对太平天国话语的适应，以及他对洪秀全的绝对忠诚。

然而，因太平天国大势已去，洪仁玕无力回天。在江西被俘后，他先后有两份亲笔自述，另有五份口述，结合亲身经历，从不同侧面讲述太平天国历史，对败亡原因多有检讨和反思。从中可以窥见其悲愤、自责、不甘等心态，再就是决意杀身成仁的信念。洪仁玕以文天祥自励，说：“予每读其史传及《正气歌》，未尝不三叹流涕也。今予亦只法文丞相已。”表示“我鞠躬尽瘁，只求速死”。其气节于此可见一斑。

忠王李秀成先于洪仁玕被俘，同样亲笔自述，同样结合亲身经历谈太平天国历史，同样在临刑时毫无戚容，甚至两人享年也相差无几(干王年长一岁)。所不同的是，李秀成在自述中对洪秀全颇多指责，对曾国藩大加奉承，并流露出乞降求抚之意。曾国藩处死李秀成后，对其亲供加以删改，以“各处索阅逆供者多”为由，在安庆刊印《李秀成供》一册，分送军机处和地方大员。关于太平天国败亡原因，洪、李二人几乎各执一词，尤其是在对当事人的评价上。江西巡抚沈葆桢便将《李秀成供》交洪仁玕看，以试探其反应。洪仁玕大受刺激，就相关段落写下反驳文字，陈述事情的原委与真相。他一再提到忠王“变更不一”“己多更张”“变迁不常”“变迁不一”，并谈及苏州叛将向李鸿章献城一事，认为“即忠王亦几几不免”。围绕李秀成是伪降还是变节，学界意见不一，1964 年一度从学术问题上升为政治问题，至今仍存有争议，成为太平天国研究中最大的一桩公案。洪仁玕的文字，为我们进一步思考这个问题提供了重要参考资料。

在狱中，洪仁玕曾在一天内连写四首诗，抒发胸臆，为“志在攘夷愿未酬”而嘘唏不已。他在被俘之日就已抱必死之心，所以这些诗可以看作他的绝命诗。

被俘 44 天后，洪仁玕在南昌被凌迟处死。当日，他写有一首真正意义上的绝命诗，坚信“我国虽消逝，他日必复生”。他以正值英年的生命，实践了自己“宁捐躯以殉国，不隐忍以偷生”的誓言。

本卷有一附录，即 1860 年 8 月 2 日洪仁玕与艾约瑟牧师在苏州的对话。当日艾约瑟提了 30 个问题，洪仁玕逐一解答。艾约瑟据此整理成文，刊发于《北华捷报》。双方的对话主要围绕宗教话题展开，包含一些重要信息，是一篇有价值的报道。

本文系笔者为《中国近代思想家文库·洪秀全　洪仁玕卷》所写的又一“导言”，标题为新拟。

洪仁玕流亡期间的交游与经历

在 1850 年夏发布团营起义命令的前夕，洪秀全曾派信使江隆昌赴广东搬取自己的亲友。其时洪仁玕仍在清远教书，没有应召入桂。次年 1 月金田揭帜后，洪秀全在江口圩再次派江隆昌赴粤召集滞留亲属来广西会合。洪仁玕此次未再犹豫，但当他随众人赶到广西浔州蒙圩镇时，太平军已拔营而去。由于清兵沿途稽查甚严，洪仁玕被迫折回广东，而官府此时正在官禄㘵大肆搜捕。洪仁玕见无法家居，便投到清远友人处暂避，从此开始了长达 8 年的流亡生活，直到 1859 年 4 月赶抵天京(南京)后才告结束。

在太平天国人物研究中，有关洪仁玕的研究较为薄弱。关于洪仁玕的这段流亡生活，尤其是他栖身香港期间的交游与经历，以往的论著囿于史料，大多语焉不详，且有一些以讹传讹之说。① 而洪仁玕总理太平天国朝政后的种种举措，包括提出著名的《资政新篇》，均与其流亡生活有着极深的渊源关系。因此，为了把握洪仁玕思想的发展脉络，有必要对之作一番钩沉考释。

自 1994 年访美始，笔者陆续搜集了一些相关的中西文资料，内有部分资料披露了一些以前鲜为人知的史实，为我们考订这段史事提供了有益的线索。本文拟据此对洪仁玕的这段流亡生活作一全面的考察，

---

① 迄今为止，洪仁玕传记仅推出了 2 种，分别是郦纯的《洪仁玕》(上海人民出版社 1978 年版)和沈渭滨的《洪仁玕》(上海人民出版社 1982 年版)。这两本书均不足 9 万字，对其流亡生活只是一笔带过。海内外其他相关论著对之也较少论述，仅香港李志刚先生(《洪仁玕在港与西教士之交游》，《东方杂志》第 20 卷第 3 期，台北，1986 年)和美国学者史景迁教授(《上帝的中国儿子：洪秀全的太平天国》)对部分史事作了重要研究。

凡论及众所周知的史实时则不复赘述。不过，相对于研究而言，现所掌握的史料仍谈不上充足，本文只是一个初步的尝试性的探讨。

一、早期流亡生活

太平军攻克永安城后，洪秀全第三次派江隆昌前去接应亲友来桂会合。江隆昌抵粤时已是1852年年初。① 广东上帝会信徒早已不堪官府的迫害，决定举兵起事，并以清远西南与花县、三水相邻的回岐山谷岭作为会合地点。但由于江隆昌提前仓促行事，谷岭起义不幸夭折。

洪仁玕率十余人在起义流产后才赶到谷岭，结果俱被附近山民关押起来。洪仁玕侥幸逃脱，几经周折，搭船来到毗邻香港的新安县，拟投奔居住该县李朗地方的洪氏宗族远亲。孰料当地也有赶赴谷岭的洪氏族人生死未卜，一些出事者亲属情急之下，竟欲将洪仁玕交给官府，后被一族中耆老劝止。该耆老有一孙，名洪升(Hung Sen)，年21岁，以裁缝为业，与西教士有较多接触。同年4月26日，洪升领洪仁玕来到香港，将他介绍给了瑞典巴色会传教士韩山文。②

韩山文牧师通晓客家话，常赴广东东南部客家人居住地传教，与客家人联系甚广。这也正是洪升领洪仁玕来韩山文处避难的缘由。与洪仁玕见面后，韩山文不禁为他言语中所流露出的对基督教的浓厚兴趣和了解程度而感到惊讶。他饶有兴趣地听洪仁玕讲述有关洪

---

① Theodore Hamberg, *The Visions of Hung Siu-tshuen and the Origin of the Kwang-si Insurrection*, Hong Kong, 1854, reprinted by Yenching University Library, 1935, p. 59. 按：原文为“In the beginning of 1852”，简又文中译本《太平天国起义记》译成“至一八五二年”，时间较原文欠确，而前之研究者均沿袭此说。

② Theodore Hamberg, *op. cit.* pp. 60-62; Carl T. Smith, *Chinese Christians: Elites, Middlemen, and the Church in Hongkong*, Oxford University Press, 1985, p. 77. 按：关于洪仁玕的早期流亡经历，韩山文一书出于对当事者安全的考虑，对时间、地点、人物等细节曲意隐讳，未作详述；而施其乐(Carl T. Smith)一书则征引了大量教会档案材料，使我们得以了解以前所不知的一些史实。详参下文。又，洪升在领洪仁玕到港的两天后才正式在巴色会受洗入教，韩山文一书说他当时已是位基督徒，实误。

秀全、冯云山及其信徒们的事情，尽管此时由于对太平天国几乎毫无了解，他颇有雾里看花之感。为了让韩山文理出头绪，洪仁玕就洪秀全和他本人的简历写了几页纸，并提出了学道和受洗入教的请求。韩山文本以为洪仁玕会在香港待上一段时间，但当他赴内地传教数周后回来时，发现后者已经离去。①

由于在香港无法谋生，洪仁玕被迫重返内地。他乔装成算命先生，潜抵东莞县牛眠埔村，投奔好友张家修(字彩庭)，被后者藏于家中书塾"永培书屋"内。风声过后，洪仁玕便隐姓埋名，在此授徒营生。其间，他曾作有一七律诗，内有"际会风云应有日，扶摇直上脱红尘"句。② 洪仁玕期待他日能与洪秀全等风云际会，这成为他此时的主要精神支柱。

在东莞藏匿一年后，洪仁玕又潜回清远，结果与李正高邂逅。李正高是清远人，其父是洪秀全的密友，他本人则由洪秀全亲自施洗入教。金田起义爆发后，李正高曾拟赴广西参加太平军，在遭到官府缉捕后一直流亡在外。两人相遇后，决定结伴去寻求西教士的庇护。

费尽周折，洪仁玕终于在新安布吉找到韩山文牧师。他再次提出受洗入教的请求，并为此接受了相关指导。1853 年 9 月 20 日，韩山文在布吉替洪仁玕施洗。他在一份报告中提到当天共为 6 个人施洗，首位受洗者"姓洪，花县人，31 岁，塾师兼医生"，并说此人是太平王洪秀全的亲戚和朋友。这样，洪仁玕便正式成为巴色会的一名教徒。至于李正高，他并没有继续待在布吉，而是作为一名问道者径自来到香港巴色会所，后于次年 2 月 28 日由业已返港的韩山文牧师施洗，也加入了教会。③

出于安全的考虑，洪仁玕受洗后，韩山文又将他带回香港。居港期间，洪仁玕除授书西牧外，平时主要随韩山文学习基督教教义。韩山文则根据洪仁玕的口述，用英文撰成《洪秀全之异梦和广西叛乱

---

① Theodore Hamberg，*op. cit.* p. 62.

② 简又文：《太平天国文学之鳞爪》，《太平天国杂记》第 1 辑，208～211 页及卷首张祝龄序，上海，商务印书馆，1935。

③ Carl T. Smith，*op. cit.* pp. 78-79.

的起源》一书。该书出版后在西方读者中畅销一时，并为后世史家研究这段历史留下了一份珍贵的文献资料。

需要指出的是，不少论者认为韩山文此书于 1852 年写就，实属误解。韩山文与洪仁玕初识时，太平军仅转战于广西一隅，直到次年攻占南京后才引起西方朝野的普遍关注。乍听洪仁玕叙述时，韩山文感兴趣的只是这场运动的基督教色彩，他坦陈“尚不能对整个事件有个清晰的概念，其时外界对之几乎毫不知晓，且他不太相信”①。这和西方最初的反应是相吻合的，显而易见，他不可能于此时动笔。另一方面，洪仁玕首次来港时仅作短暂停留，韩山文所得到的信息实很有限，且他不久便撇下洪仁玕赴内地传教，足见他此时撰书的主客观条件都还不成熟。此外，韩山文在书中还提到太平军攻克南京一事，称此事“人所共知”②；其卷首“导言”的署期则为 1854 年 4 月。这些都说明韩山文撰写此书应是在与洪仁玕再度见面之后。

洪仁玕此次在香港约盘桓了半年多时间。1854 年 5 月 4 日，在韩山文牧师的安排下，他和李正高等乘船离开香港，拟取道上海赶往天京。在当天写给巴色会总部的一份报告中，韩山文牧师就此写道：

> 迄今我已在洪(仁玕)和他的友人身上花费不少。为了不使教会承受这一负担，我已将洪的叙述译成英文，写了一本小册子，即将出版。洪和他的两位友人于今日前往上海。我为他们准备了三种不同的《新旧约全书》译本，巴思(Barth)的《圣经历史》，叶纳清(Genahr)的《圣会大学》，一本历书和其他书籍，以及世界地图、中国地图、巴勒斯坦地图各一幅；一个钢制打孔器，一些铜制字模和寻常铅字，以说明汉字何以能够以西方的方式制版印刷。此外尚有几件小玩意，诸如望远镜、指南针、寒暑表、小刀等。

① Theodore Hamberg，*op. cit.* p. 62.

② Theodore Hamberg，*op. cit.* p. 57.

对于洪仁玕此行，韩山文抱有一种特殊的期望，即通过洪仁玕对太平天国宗教施加影响。他接着写道：

……我常被问起是否愿意去南京，但我已经拿定主张，直至接到正式、明确的邀请之后，我才去南京。我一直试图在这件事上恪守自己的义务和职责。我已对被领到鄙处的这些人施洗，并尽我所能地指导和帮助他们。我相信洪是尊敬我的，并且就像他常说的那样，希望能在南京见到我。然而，我们对此事不能过于乐观，因为我们还不知道他是否能够顺利地到达南京，而且，我们不能肯定他在南京的朋友是否会乐意接受这种想法，外人在赴南京的途中是否会一帆风顺，他们是否真正希望进一步接受有关《圣经》真理的指导。总之。一切都还是个未知数。我们唯有将整个传教——甚至包括我们自己——的前途托付给上帝。①

9 天后，即 5 月 13 日，韩山文牧师带着未竟的心愿在港病逝，时年 35 岁。

来到上海后，洪仁玕持韩山文所写的介绍信找到伦敦会的麦都思牧师，后者为他们在教会医院安排了住宿。② 此时，清军与小刀会起义军在上海互有攻守，上海到天京之间的水陆交通要道也均被清军封锁。麦都思认为此时去天京过于冒险，劝洪仁玕打消这一念头。洪仁玕转求小刀会的帮助，也告失败，只好暂时落脚在麦都思处。

在逗留上海约半年左右的时间里，洪仁玕进一步研习了基督教教义。每天早餐前，他都与麦都思一同阅读《圣经》一小时；在麦都

---

① "Letter from Hamberg Dated May 1854," *Die Evangelischen Heidenboten*, October, 1854, quoted from Carl T. Smith, *op. cit.* pp. 79-80. 按：该书称韩山文在写出此信的 9 天后病逝，据此推断，该信写于是年 5 月 4 日。

② "Letter from Hamberg Dated May 1854," quoted from Carl T. Smith, *op. cit.* p. 80.

思的指导下，洪仁玕完成了对《新约全书·哥林多前书》的注解工作。① 伦敦会在上海的其他传教士，如艾约瑟、慕维廉、伟烈亚力等，也均与洪仁玕“交游酬应，朝夕聚晤”②。洪仁玕还常到墨海书馆随伟烈亚力学习天文历数。除西教士外，洪仁玕另结识了英国驻上海总领事馆翻译密迪乐（T. T. Meadows），后者对洪仁玕评价甚高。③

在沪期间，洪仁玕等人还遇到一来自广州的李正高的旧友，便邀其过来同住。孰料此公是位瘾君子，由此引发一场意想不到的风波。某日，麦都思牧师碰巧走进洪仁玕等人的居室，一眼看见此人放在床上的鸦片烟管，一气之下，便喝令众人统统搬出教会。洪仁玕不禁迁怒于李正高，责备他过于粗疏和行为不检，两人为此而争执起来。事后，麦都思又生怜悯之心，给了李正高盘缠，使他得以返回香港。④

同年冬，眼见赴天京无望，洪仁玕也返回了香港。

二、在港的交游与经历

洪仁玕第三次来港前后共盘桓三年多，是其流亡生活中最为重要的一个时期。主要基于这期间的交游与经历，洪仁玕的内心世界发生了深刻变化。

在《资政新篇》一书中略述各邦大势时，洪仁玕曾逐一罗列各邦与他“相善”之外人的名字，计提到 23 人。其中，除“米士”（一译密

---

① “J. Edkins’ Reports from Shanghai to London Missionary Society,”quoted from S. Y. Teng, *The Taiping Rebellion and the Western Powers*, Oxford University Press, 1971, p. 151.

② 《洪仁玕庚申十年致艾约瑟书》，《太平天国文书汇编》，312 页。

③ S. Y. Teng, *op. cit.* p. 151.

④ Carl T. Smith, *op. cit.* p. 80. 按：洪仁玕到达天京后，曾写信相邀李正高。李正高在赴天京的途中又返回香港，此后一直服务于巴色会，直到 1885 年病逝。

迪乐，Thomas T. Meadows)、“威大人”(威妥玛，Thomas F. Wade)属英国驻华外交官外，其余21人均为传教士，详参下表：

与洪仁玕关系相善之西教士名单

国籍	汉　名	原　名	所属教会	传教中心	来华时间
英吉利邦	理雅各	James Legge	英国伦敦会	香港	1839
	湛孖士(湛约翰)	John Chalmers	英国伦敦会	香港	1852
	俾士	George Piercy	英国循道会	广州	1851
	合信	Benjamin Hobson	英国伦敦会	香港	1839
	觉士(郭修理)	Josiah Cox	英国循道会	广州	1853
	滨先生(宾威廉)	William C. Burns	英国长老会	香港	1848
	慕维廉	William Muirhead	英国伦敦会	上海	1847
	艾约瑟	Joseph Edkins	英国伦敦会	上海	1848
	韦律(伟烈亚力)	Alexander Wylie	英国伦敦会	上海	1847
花旗邦	罗孝(罗孝全)	Issachar J. Roberts	美南浸信会	广州	1836
	卑治文(裨治文)	Elijah C. Bridgman	美国公理会	上海	1830
	花兰芷(花琏治)	John B. French	美国长老会	广州	1846
	高先生(高第丕)	Tarlton P. Crawford	美南浸信会	上海	1852
	晏先生(晏马太)	Matthew T. Yates	美南浸信会	上海	1847
	赞臣	Francis C. Johnson	美南浸信会	广州	1847
	寡先生(卦德明)	John W. Quarterman	美国长老会	宁波	1846
日耳曼邦	黎力居(黎力基)	Rudolf Lechler	德国巴色会	香港	1847
	韦牧司(韦腓力)	Philip Winnes	德国巴色会	香港	1852
	叶纳清	Ferdinand Genahr	德国巴勉会	香港	1848
	韩士伯	August Hanspach	德国巴陵会	香港	1855
瑞　邦	韩山明(韩山文)	Theodore Hamberg	德国巴色会	香港	1847

注：本表主要参据洪仁玕：《资政新篇》，《太平天国印书》，683～684页；Alexander Wylie, *Memorials of Protestant Missionaries to the Chinese*, Shanghai, 1867, pp. 7-8；[美]卫三畏：《太平天国起义前后外国传教士在华活动的几项资料》，史其志译，《太平天国史译丛》第2辑，131～144页，北京，中华书局，1983；李志刚：《香港基督教会史研究》，93～94、104～105页，香港，道声出版社，1987。按：西人在华之传教中心常有变易，本表以传教士与洪仁玕结识时的情形为准。

不过，洪仁玕所开列的这份名单显然并不完整，除德国一名传教士“忘其名”外，曾在上海关照他约半年之久的麦都思牧师也未被列入其中。

洪仁玕与上述传教士的交往主要发生在香港、上海两地，尤以在香港结识者居多(广州传教士多以香港为依托之地)。其中，韩山文与理雅各是洪仁玕社交圈中最为关键的两个人物。正是在韩山文处，洪仁玕正式受洗入教，接受了较为系统的基督教训练；而理雅各则是洪仁玕后期在港的主要庇护人，也是对他影响最大的一名传教士。

理雅各 1815 年出生于苏格兰阿伯丁郡的一个商人家庭，1836 年毕业于阿拉丁英王学院，后在希伯利神学院接受了两年的神学训练，1839 年被伦敦会派至马六甲，担任英华书院院长。1843 年 11 月，理雅各随伦敦会总部和英华书院一并自马六甲迁到香港。他除主持校务外，还负责伦敦会香港分会的传教事务。不久，伦敦会在皇后大道设立真神堂，在湾仔设福音堂，另在荷李活道设立联合教堂，逐渐在香港打开了局面。

理雅各在洪仁玕第三次来港前便已与他有所接触。当年韩山文在内地替洪仁玕施洗后，又偕之返港，将他引见给理雅各牧师，相告“他是太平王的堂弟”，托其为洪仁玕找份差事。洪仁玕也向理雅各讲述了自己近年来的流亡经历及其处境。理雅各遂为他谋了个教席。① 洪仁玕自沪返港后，理雅各便顶替业已辞世的韩山文的角色，成为洪仁玕的主要庇护人，两人从此开始了长达三年多的密切交往。

洪仁玕被伦敦会接纳后，起初担任湛约翰牧师的中文教师，不久便广泛参与其各种传教活动，诸如在教堂里布道，到监狱探视囚犯，赴伦敦会传教医生夏士毕(Henry J. Hirschberg)新近在皇后大道开设的诊所向病人宣讲福音。②

英华书院迁港后，仍以招收华人子弟、培养华人传教士为办学方

① Helen Edith Legge, *James Legge: Missionary and Scholar*, London, 1905, pp. 91-92.

② Carl T. Smith, *op. cit.* p. 82.

针，中西文教育并重。洪仁玕也参与其事，负责向学童讲授古书。①该校后于1856年因资金短缺而停办。

此外，洪仁玕还是理雅各的学术助手。随着对汉语的日益精通，理雅各制订了一个庞大计划，拟将中国的系列儒家典籍翻译成英文。自幼熟读经书的洪仁玕应邀襄助其事，成为理雅各翻译、注释中国典籍的中文助手。②

以上便是洪仁玕供职伦敦会期间的大致活动脉络。一个鲜为人知的细节是，洪仁玕这几年间并未一直待在香港，而是曾随理雅各赴广州布道约两个月。1858年1月，即英法联军攻陷广州后不久，理雅各偕洪仁玕到广州设堂传教。他就此回忆说："我布道完之后，由太平王的一个亲戚——他后来在南京以干王的身份而著称——接着布道。"③

洪仁玕在香港时一直沿用韩山文书中所用的名字——洪仁。他每月从伦敦会领取10港元，这点薪水低于港府的华人公务员和洋行买办，高于一般的华警和华工(苦力、仆役等)。他的为人和表现赢得周围人的交口称赞。1857年12月24日，随洪仁玕学习中文的湛约翰牧师写给德国巴色会黎力基牧师一份鉴定书，对身为巴色会教

---

① 《洪仁玕在南昌府问供之二》说道："小的在夷馆中教中华小孩，系读唐书。"按：洪仁玕供词现均收藏于台北"故宫博物院"，计七件，内席宝田军营"问供"一件，"亲供"一件(由清吏抄录)；南昌府"问供"三件，"亲书供词"一件；江西巡抚衙门"亲供"一件(由清吏抄录)。该院另藏有洪仁玕四首亲书绝命诗。上述文献，中国史学会主编《中国近代史资料丛刊·太平天国》第2册收有"洪仁玕自述"一篇，即洪仁玕亲书供词；简又文《太平天国全史》下册录有绝命诗的英文译本；萧一山《清代通史》卷下则片断引录了部分供词和诗句。1994年，王庆成先生在台北获见这七件供词和四首绝命诗，并订正了前之排印本中的一些错、脱、衍字，使我们得以窥其全豹。拙文所引洪仁玕供词均据王先生所提供的复印件，各篇标题均由王先生所加，以下恕不一一注明。

② Lauren F. Pfister, "Some New Dimensions in the Study of the Works of James Legge (1815—1897): Part I," *Sino-Western Cultural Relations Journal*, XII, 1990, pp. 44-45.

③ James Legge, "The Colony of Hongkong," *The China Review*, Vol. I, 1872, p. 172.

徒的洪仁玕作出如下评价：

> 我非常乐意就洪仁——洪秀全的亲戚——的基督徒品格提供下述证言。自从1854年从上海返港后，他一直受雇于我们传教团，起初担任教会的教师，后又充当布道师和传教士助理。他的总体表现始终与《福音书》中的教诲相一致；我们交给他去做的工作，他总是完成得让人满意。不仅如此，他一直对促进主的事业抱有明显的热忱。他是个能力超凡的年轻人，我希望他能够再接再厉，在向他的同胞传播福音方面不间断地获得成功。①

理雅各牧师对洪仁玕在伦敦会的表现也给予了极高的评价：

> 他很快就赢得了本会成员和与之有关联的中国教徒的信任与尊敬。他的文学造诣令人敬重；他的性情温和而又友善；他的心智因其为一般中国人所罕有的才华而不同寻常。他对基督教义的知识较过去增长许多，并且其皈依基督教的诚意不容置疑。他与中国教徒之间的交往可用"谆谆教诲"一词来形容，有意识地进一步纯洁其灵性，激发其热忱。同其他中国人在一起时，他又是位劝道者，毅然剖明其谬误，规劝其悔悟并信奉福音。他尤其对年轻人产生了有益的影响。事实上，正如湛约翰先生曾经评述的那样，无论这个人年纪大小，"只要你看到任何人与洪仁有过一段较长并且频繁的交往，那么，你就可以确信一些好的东西正在这个人身上滋长着"。②

基于这种好感，加之平素朝夕相处，理雅各与洪仁玕之间逐渐

① Basel Missionary Society Archives, Vol. IV, 1857—1862. Cited from Carl T. Smith, *op. cit.* p. 228.

② R. W. Thompson, *Griffith John: The Story of Fifty Years in China*, London, 1907, p. 125.

建立了一种十分亲密的私人友谊。据理雅各后来回忆,“他(指洪仁玕,引者按)是唯一一位我与之散步时互相用手臂搂住对方脖子的中国人”①。借助于与理雅各的这层特殊关系,洪仁玕得以有更多的机会来了解、考察西方文化。

理雅各不仅有藏书嗜好,还勤于著述。在19世纪四五十年代,在华西教士除致力于《圣经》的翻译、刊印工作外,还用中文撰刊了不少介绍西学的小册子。其中,理雅各撰有《致马六甲华人有关霍乱书》《英华通书》《智环启蒙塾课初步》《往金山要诀》,麦都思撰有《地理便童略传》《东西史记和合》,裨治文撰有《美利哥全省国志略》,合信撰有《惠爱医院年纪》《全体新论》《博物新论》《西医略论》《妇婴新说》《内科新识》,慕维廉撰有《格物穷理问答》《地理全志》《大英国志》,伟烈亚力撰有《数学启蒙》《续几何原本》。② 洪仁玕与上述传教士均关系甚密,可以设想,通过接受作者赠书或借阅理雅各藏书等途径,他对这些书籍必多有涉猎。

教会主办的中文报刊是洪仁玕了解西学的另一媒介,其中,《遐迩贯珍》应是他最便于阅读的一种刊物。该报是香港的第一份中文月刊,创刊于1853年8月,由英华书院印行,麦都思、奚礼尔先后担任主编,1856年改由理雅各主笔,同年6月停刊。其所刊文章涉及面甚广,客观上推动了西学在中国的传播。例如,该报创刊号上刊有一篇“序言”,将中国落后的原因归结为不与泰西各国交接,内云:

> 中国虽有此俊秀蕃庶,其古昔威时,教化隆美,久已超迈侪伦,何期倏忽至今,列邦间有蒸蒸日上之势,而中国且将降格以从焉?是可叹已。我英国创始之祖未备冠裳之时,中国已能用丝帛;古之亚墨利加国(指美国,引者按)人,只识泛海捕鱼、刳木为舟,中国已有指南针,制造巨船出海载运。惟今日

① James Legge, “Reminisences,” cited from Lauren F. Pfister, *op. cit. Sino-Western Cultural Relations Journal*, XII, p. 44.

② 参见李志刚:《香港基督教会史研究》,84～85页。

不然，列邦日进月盛，而中国每降日下。……列邦纷兴火船，遇风水俱逆，每一时可行八十余里，而中国一无所有，亦无人解造。泰西各国俱有火车，人货并载，每一时可行三百六十余里，而中国至速仅属乘骑，每时可驰二十余里；其平常行旅，每时不过十余里耳。泰西各国创造电器秘机，凡有所欲言，瞬息可达数千里，而中国从未闻矣。其致此之由，总缘中国迩年与列邦不通闻问。昔年列邦于中土随意游骋，近年阻其来往，即偶有交接，每受中国人欺侮，惟准五港通商而已。彼此不相交，我有所得，不能指示见授；尔有所闻，无从剖析相传。倘若此土恒如列邦，准与外国交道相通，则两获其益。

这段文字出自西人笔下，不免带有偏见，但却多少道出了中国社会的症结所在，发人深省。洪仁玕后来在《资政新篇》中批评了“拘拘不与人交接”的现象，主张与外邦通商，准许传教士和科技人员入内地传播指导，另主张兴办火车、火轮船等近代交通运输业，从文字到思想与此都有相通之处。该序言还列举了报刊的种种功用，主张中国也兴此新闻业，“其内备载各种信息，商船之出入，要人之往来，并各项善作篇章。设如此方，遇有要务所关或奇信始现，顷刻而四方皆悉其详，前此一二人所仅知者，今乃为众人所瞩目焉”，认为“中国苟能同此，岂不愉快”。① 正是受此类文章以及香港方兴未艾的中英文报刊业的启迪和影响，洪仁玕日后在《资政新篇》中多次强调发展新闻业，并提出了设立新闻官和兴办新闻馆的具体方案。

对于西方的其他政教设施，《遐迩贯珍》也多有介绍。如《补灾救患普行良法》一文(1854 年第 1 号)对保险业叙述甚详；《英国政治制度》一文(1853 年第 5 号)介绍了英国的君主立宪制度；《花旗国政治制度》一文(1854 年第 2 号)则介绍了美国的三权分立制度及其相应的选举制度。上述内容，洪仁玕在《资政新篇》中均不同程度地有所

---

① 以上均引自李志刚：《香港基督教会史研究》，110～111 页。文中标点略有改动。

论述。

与理雅各的密切接触不仅为洪仁玕阅读教会印行的书刊提供了便利，还使他有机会细致地观察到发生在传教士身边的一些事情，包括香港早期历史上轰动一时的毒面包案。1857 年 1 月 15 日早晨，香港有三四百名欧人因食用华人“裕升”店供应的带有砒霜的面包而不同程度地中毒，理雅各牧师便是其一。当天他一共两次吃了带毒的面包，一大早一次，早餐时又吃了一次，后因引起剧烈呕吐才幸免于难。在洋人一片歇斯底里的复仇鼓噪声中，香港高等法院连续 5 天开庭审理此案，终因证据不足而不得不宣布该店老板张亚霖等人蓄意谋杀的罪名不能成立。结案后，张亚霖又在监狱中被“保护”监控了一段时间。当时，华囚一般白天出外筑路或在狱中服苦役，星期天则由传教士前来主持礼拜。理雅各因此而和张亚霖相识。据理雅各回忆，张亚霖受过良好教育，在狱中颇有人缘和威望，每逢他去主持礼拜时，后者总是事先准备好祈祷用书，“并使所有的参加者秩序井然”①。

毋庸讳言，由英国殖民统治的性质所决定，早期的香港司法制度明显带有歧视华人的一面，毒面包案便是一例。张亚霖等虽被宣布无罪，但为了缓和中毒欧人的情绪，港英当局最终仍强行对之科以罚款，并将其陆续驱逐出境。然而，此案却为洪仁玕了解西方司法制度提供了一个契机，并使他有所触动和启发。后来，他在《资政新篇》中详细论述了自己中西合璧的法制思想，并主张改用绞刑，让囚犯修街渠道路以促其改过自新等，反映了西方司法体系对他的影响。

总之，在港期间，以理雅各为主的传教士构成了洪仁玕的主要社交网络。需要指出的是，个别外人的名字虽不见于《资政新篇》，但洪仁玕仍与之有接触，如上文提到的伦敦会传教医生夏士毕。除上海的密迪乐外，威妥玛是已知的洪仁玕所接触过的另一位西方驻华外交官。威妥玛时任英国驻华汉文正使(汉务参赞)，据他后来回

① James Legge, “The Colony of Hongkong,” *The China Review*, Vol. I, 1872, p. 171.

忆："洪仁玕前于咸丰六年(1856年，引者按)未从贼之时到香港，本参赞闻知伊为逆首家亲，邀来两次细问，颇为明晰"。① 不过，他们之间的接触显然很有限，关系一般。

除上述西人外，香港华人是洪仁玕在港社交网络中另一个不容忽视的群体，其中最重要的人物为黄胜、黄宽、容闳三人。

黄胜系广东香山(今中山)人，与黄宽、容闳同为马礼逊英华学校(1842年自澳门迁港)的首期学生，1847年又一同随该校校长勃朗牧师(Rev. Sumuel R. Brown，一译鲍留云)赴美，就读于麻省的孟松预备学校，成为中国第一批留美学生。次年秋，黄胜因病返回香港，先在《德臣西报》学习印刷技术，后任英华书院印字局监督，负责《遐迩贯珍》的出版总务工作，并正式受洗入教。1858年成为香港高等法院的首位华人陪审员。由于受雇于同一个教会的缘故，黄胜与洪仁玕接触频繁，交谊甚深。1860年夏，已身为太平天国干王的洪仁玕致函艾约瑟牧师，邀其访问苏州，并托其将绸文一包"劳心转寄广东香港，交递湛孖士先生、黄胜先生收启"②，对黄胜的思念之情溢于言表。

黄宽同为广东香山人，先后就读于马礼逊英华学校、美国孟松预备学校。1850年夏转赴英国，入苏格兰爱丁堡大学医学院学习西医。1857年以优异成绩学成回国后，暂在香港夏士毕的教会诊所行医，并因此而和常来此布道的洪仁玕结识。黄宽对洪仁玕颇有好感，认为他是"一个非常聪明并且极富口才的人"③。

容闳是广东香山南屏镇(今属珠海)人，早年经历与前二人同。1850年考入耶鲁大学，4年后获文学士学位。1855年4月回国，先

---

① 同治元年十二月戊寅奕䜣等奏附威妥玛来函，见光绪六年刊同治朝《筹办夷务始末》卷12。按：在1860年以前，英国驻华商务监督和全权代表均由港督兼任，故威妥玛时在香港供职。

② 《洪仁玕致艾约瑟书》，《太平天国文书汇编》，313页。

③ "Letter from Wong Fun(黄宽)Dated 8 May 1857," Archives of the London Missionary Society, South China, Box 6, Folder 1, Jacket A, quoted from Carl T. Smith, *op. cit.* p. 82.

在广州担任美国驻华临时代办伯驾(Peter Parker)的私人秘书，三个月后改任香港高等法院翻译，直至次年 8 月离港转沪。居港期间，容闳与洪仁玕相识，两人时常见面。①

以上三人都有过出国留学的不寻常经历，对西方社会和西方文化有着较为深切的体会，属于香港华人社会中的精英。其中，黄胜是近代中文报业的创始人之一；黄宽是中国第一位留洋学医的毕业生，且医术高超，后被誉为好望角以东最为出色的外科医生之一；容闳则是中国首位留美毕业生，此时正雄心勃勃，抱着通过介绍、推广西式教育使中国复兴的信念。与他们的交往成为洪仁玕了解、接受西学的另一重要渠道。

除了与上述中西人士的交游外，香港本身的变化和发展也给了洪仁玕极大的启示。19 世纪 50 年代中期是香港早期发展史上的一个重要时期。此时，香港已变成一个中外商贾云集、市政建设进展迅速的新兴海港城市，随着航运、金融保险、邮政等业的兴起，经济渐趋稳定，并呈现出初步的繁荣，教育、新闻和医疗卫生事业也开始起步。② 洪仁玕身临其境，恰好成为这段历史的见证人。英国在香港所移植和建立的近代文明虽是通过实行殖民统治这一非正常途径实现的，但与停滞、落后的中国内地相比，仍对洪仁玕触动很大。他后来在《资政新篇》中所提出的不少改革方案便直接以香港社会为蓝本。

一个不容置辩的事实是，香港早期的发展和进步凝聚着作为香港居民主体和开发香港主力军的广大华人的血汗，同时也掩盖不了英国在香港实行残酷的殖民统治的一面。然而，以主人身份自居的殖民主义者——包括西教士——却佻天之功，将香港迅速崛起的功绩全然揽为己有。理雅各牧师就曾洋洋自得地说过：“有时，我想象大英帝国站在山顶上，带着自豪的神情鸟瞰着这座由他的子孙所建

---

① Yung Wing, *My life in China and America*, New York, 1969, pp. 58-62, 108.

② 关于 19 世纪 50 年代香港的社会发展状况，可参看余绳武、刘存宽主编：《十九世纪的香港》，北京，中华书局，1994。

起的奢华的城市。”①

尽管理雅各自称对洪仁玕十分敬重，双方甚至经常用手臂搂着对方的脖子一同散步，但他仍不时毫无顾忌地伤害后者的民族自尊心。1857 年 7 月 2 日下午，理雅各正沿着海滨散步，恰逢英国特命全权大使额尔金勋爵的坐舰驶进港湾，一阵震耳欲聋的礼炮声在薄雾遮掩的山脊间引起久久回荡。理雅各竟对同伴说道：“这是中国往昔的哀鸣。她没有任何办法来对付这些庞然大物。”②

在后来回忆香港这段生活时，洪仁玕对理雅各曾有所评述，内云：“那香港系英吉利所属，有两个夷长理雅各、詹马士二人在那里，名为叫人学好，实为他国中办事。”③可谓一针见血。他日后所条陈的《资政新篇》以“奋为中地倡”“与番人并雄”为主旨，字里行间渗透着一种强烈的忧患意识和自强意识，而追根溯源，他的这种意识最早正源于他在香港寄人篱下期间所受到的种种刺激。洪仁玕到香港“本为避祸隐身，并用意在夷人风土，并不为名利计”④，因此，如果说洪仁玕当初栖身香港纯属偶然或迫于无奈的话，那么，他后来毅然再度投奔天京，无疑是一种历史的必然。

三、千里来京

居港期间，洪仁玕从未打消过投效太平军的念头。他曾向容闳表示，希望他日彼此能在南京再次见面。⑤ 他在理雅各、湛约翰面前也曾流露过这一念头，但遭到对方劝阻。出于对太平天国宗教的

---

① James Legge, “The Colony of Hongkong,” *The China Review*, Vol. I, 1872, p. 165.

② James Legge, “The Colony of Hongkong,” *The China Review*, Vol. I, 1872, pp. 171-172.

③ 《洪仁玕在南昌府问供之二》。按：“詹马士”即“湛孖士”，系清吏记录口供时笔误。

④ 《洪仁玕在南昌府问供之二》。

⑤ Yung Wing, *op. cit.* p. 61.

反感，理雅各尤其反对洪仁玕这么做，“劝告他不要与叛军有任何瓜葛，并说他应当为已经摆脱牵连而感到庆幸”，要他“安静地留在香港做名布道师”。①

1858年3月，理雅各因故返英，行前又特地严令洪仁玕待在香港，不要去参加太平军。② 其时，适逢洪仁玕老母病逝，鉴于“为子道终”，他更加坚定了追随洪秀全的信念，“以尽臣道弟道”。③ 湛约翰见无力劝阻，加之他本人一直想到太平天国境内的城市开设教堂，便只好放行，并以教会名义赞助了路费。洪仁玕将家小留在香港，交由同族兄弟洪世甫照看。伦敦会允诺每月发给其家眷7港元生活津贴，以十个月为限，或到洪仁玕本人能够自行供养时为止。④

同年5月左右，洪仁玕离港踏上了前往天京的漫漫长途。⑤ 此次他扮作江湖医生，先由水路到广州⑥，然后再穿越偏僻的乡村北上。关于此后的旅行路线和经历，洪仁玕被俘后的几份供词均有所述及，但由于时隔较久，其追忆颇有不确或互相抵牾之处，如将启程时间误作“己未年”(1859)等。

所幸的是，洪仁玕在旅途中曾先后给香港教会写过五封信，内有三封辗转送抵。其最末一封信写于汉口以东约170里处，理雅各和湛约翰在1859年1月11日写给伦敦会总部的一封信中将其译件作为附件一同寄上，后均被收入《伦敦会档案·华南部分》C卷宗第1夹第6匣，从而为我们考订这段史事提供了更为可靠的资料。洪仁

---

① Helen E. Legge, *op. cit.* p. 92; James Legge, “The Colony of Hongkong,” *The China Review*, Vol. I, 1872, p. 172.

② Helen E. Legge, *op. cit.* p. 92.

③ 《洪仁玕在席宝田军营亲供》。

④ Carl T. Smith, *op. cit.* pp. 83-84.

⑤ 湛约翰于同年6月5日写有一信，信中谈到洪仁玕的旅行路线、此行的目的和他本人所寄予的希望。据此推断，洪仁玕动身的时间应在5月左右。Carl T. Smith, *op. cit.* p. 82.

⑥ 洪仁玕在广州曾与传教士迪克森(Dickson)相遇，他留给后者的印象是“身材高大，皮肤黝黑，一副十足的苦力模样”。See Andrew Wilson, *The“Ever-Victorious Army”*, London, 1868, p. 330.

玕在信中写道：

> (1858年)10月16日，我意外地被清军哨兵扣押并搜查，但他们仅发现了一些医书和钱。19日，我逃到饶州。11月14日，8名不愿再为清军效力的军官将我带到湖北境内的龙坪。我安然地与来自同省罗定和乳源的两个人寄宿在一起，他们对清军的残暴行为十分憎恨，曾从其手中搭救过几名长毛。他们家中有些人住在(安徽)省城安庆，因此想让我带上一大笔钱前去做生意。但就在我正准备雇一条舢板船动身时，长毛开抵黄梅。于是，我便在此作短暂停留，以察看能否有机会到黄梅。然而，12月1日，江面上出现4艘汽轮船。我被告知他们是英、法和美国人，便抓住这一机会写信给你们。

理雅各等还说明该信系慕维廉牧师从上海寄来，“他是从一位随额尔金勋爵溯扬子江远征的中国人那里接到这封信的”；另外他还提到洪仁玕此前的四封信分别写于昭关、南安、南昌和饶州的清军营地。①

但是，由于战局变化太快，当洪仁玕赶到黄梅时，太平军已弃城而去。值此困顿之际，恰逢清黄梅知县覃瀚元的侄儿患头风症，延洪仁玕入治，结果竟告治愈。覃知县遂重金酬谢，并欲推荐他到罗田县当差。洪仁玕风闻清江南大营围攻天京甚紧，内心急如星火，便假意应承，辞别后以所得酬金购办货物，改扮成行商，即刻搭船顺江而下。行至皖省辰塘河时，已进入太平军地盘。洪仁玕向守将黄玉成通报了姓名及其来意，并取出藏在衣襟夹缝中的履历递上。黄玉成便亲领洪仁玕赶往天京。②

---

① See Carl T. Smith, *op. cit.* pp. 83, 228. 按：郭廷以《太平天国史事日志》称龙坪属黄梅县(617页，上海，商务印书馆，1946)，后之论著均沿袭此说，实误。据光绪十年《黄州府志》卷7《建置志·乡镇》，龙坪镇属广济县，在县东南90里处。又，洪仁玕信中“长毛”等用语疑是英译者所改易。

② 《洪仁玕在南昌府问供之二》《洪仁玕在南昌府亲书供词》《洪仁玕在江西巡抚衙门亲供》。按：辰塘河，旧本误作“长塘河”。

1859年4月22日，在经过历时约11个月，途经粤、赣、鄂、皖、苏等数省的艰难跋涉后，洪仁玕终于行抵天京，实现了自己多年来的夙愿。洪秀全对洪仁玕的到来大喜过望，在两旬之内叠加封赐，直至晋封其为开朝精忠军师干王。这样，38岁的洪仁玕便从塾师、基督徒一跃而为太平天国的首辅大臣，总理后期朝政，对太平天国后期政治带来了一定的影响。

需要附带说明的是，自抵达天京后，洪仁玕与伦敦会香港分会之间一时联系不上。教会承诺发给他家人的生活津贴到1859年9月宣告中止。当洪仁玕之妻张氏被迫偕子返回内地时，理雅各与湛约翰同意由他们个人出资继续帮助到年底。洪世甫则一直在理雅各家中当侍仆总管，并于1859年年初由理雅各施洗入教。1860年夏，鳏居多年再婚的理雅各在香港举行庆祝宴会，洪仁玕曾特地来函表示祝贺。同年8月，洪世甫潜回广州，将洪仁玕和他自己的家眷一并接到香港。他们的生活一开始难以维持，直到洪仁玕寄来5000银元后才摆脱困境。① 其后，洋人用轮船将洪仁玕的家眷送到天京，洪仁玕以银二千两作为酬谢。这样，在经历了几番聚散离合之后，洪仁玕终于在太平天国都城与家人团聚。洪世甫后来也辗转赶到天京，参加了太平军。理雅各曾去信促其返港，但被洪世甫拒绝。②

四、结束语

8年的流亡生活尽管占据了洪仁玕一生中约1/5的光阴，但正是通过在此期间的种种交游与经历，洪仁玕的内心世界发生深刻变化，使他从一个屡试不第的乡村士子转变为一名热衷西学、讲求时务的新型士子，并成为他那个时代学习西方的杰出代表人物之一。

洪仁玕之所以抛却在香港的安逸生活，毅然加入与清军血战正酣的太平军的行列，除了身为洪秀全族弟这一因素外，更为其拳拳

---

① Carl T. Smith，*op. cit.* pp. 83-84.

② Helen E. Legge，*op. cit.* p. 96.

报国之心所驱使，即试图在太平天国实施他的改革方案，使中国走上富强之路。对此，连湛约翰牧师也不得不承认，“他的宗教热忱和爱国情感是联系在一起的”①。另一方面，洪仁玕尽管深受西学浸润，但他并没有对西学一味崇拜，也没有对中国传统文化妄自菲薄。② 此外，洪仁玕虽与西教士关系甚密，并且正式受洗入教，但他最终并没有像后者所期望的那样，成为太平天国的“马丁·路德”，将太平天国宗教纳入正统基督教的轨道。难怪理雅各牧师后来叹息道：“我对此感到莫大的失望。”③洪仁玕的抉择很值得后人仔细地咀嚼玩味。

然而，洪仁玕虽是太平天国的一等人才，但由于缺乏征伐鏖战等军旅生活的锤炼，他的个别思想仍不免有流于迂阔的一面。同时，由于资历较浅，一些握有重兵的高级将领并不把他放在眼里，不时掣肘，而洪秀全对他的信任也有反复。这使得洪仁玕虽然名为总理朝政，但权力实很有限，颇有高处不胜寒之感。因此，洪仁玕的到来虽给太平天国后期较为沉闷的政局带来了生气，但并未能产生实质性的重大影响。

（本文在撰写过程中，蒙业师王庆成研究员、美国耶鲁大学史景迁教授、台北“中央研究院”近代史研究所张力副研究员、香港信义宗神学院李志刚教授惠赠资料或参考书籍，谨表谢意。）

原载《近代史研究》1998 年第 3 期。

① “Letter from Chalmers dated 5 June 1858,”Archives of the London Missionary Society，South China，Box 6，folder 1，Jacket B，quoted from Carl T. Smith，*op. cit.* p. 82.

② 关于洪仁玕对中国传统文化的态度，可参看拙著《太平天国宗教》，221～224 页。

③ “Letter from Legge dated 14 January 1861，”Archives of the London Missionary Society，South China，Box 6，Folder 3，Jacket B，quoted from Carl T. Smith，*op. cit.* p. 84.

再论李秀成被俘后的“变节”问题

忠王李秀成被俘后，在囚笼中写下数万字供词①。围绕其供词中的内容，学术界在1949年后就李秀成伪降还是变节的问题展开了激烈争论，甚至一度从单纯的学术问题上升为政治问题，并且至今未有定论，成为太平天国史研究中最大的一桩悬案。笔者几年前曾就此问题写过一篇短文②，但由于受到篇幅限制，未能展开论述。兹不揣浅陋，再度就此略陈管见。

一

李秀成是广西藤县大黎乡人，家境贫寒，儿时随舅父读过3年书，10岁开始种山帮工，以烧炭为业。1851年9月，萧朝贵率太平军路过大黎，时年29岁的李秀成应征人伍，随后参加了攻打永安的战斗，隶属石达开部。在此后的戎马生涯中，李秀成因战功显赫而不断升迁，从士兵直至跻身统帅层，37岁时被封为忠王，成为太平天国后期一员威震四方的名将，在军中的地位仅次于英王陈玉成。

1861年9月，在经过长达一年多的拉锯战后，安庆终告沦陷，陈玉成部主力折损殆尽，都城天京上游屏障尽失。次年5月，陈玉成在寿州被皖北团练头目苗沛霖诱捕，6月在河南延津就义。从此，

---

① 为了避讳，今之学者将起义者被俘后的供词改称“自述”或“自传”。按照辞书通行的解释，“供”字作“受审者的陈述”解，似乎本无贬义。李秀成则自称其亲笔供词为“书供”。本文采用“供词”一词。

② 夏春涛：《李秀成伪降还是变节》，载《北京日报》2000年5月15日。

李秀成便成为太平军的首席大将。当时，太平天国所面临的局势已经异常严峻：曾国荃部湘军主力顺流而下直逼天京，李鸿章部淮军会同英法军队进攻上海外围，左宗棠部湘军从江西觊觎浙江，形成三路围攻之势，曾国藩则坐镇安庆指挥全局。曾国荃一路3万余人尤为气势汹汹，到1862年5月底，其水师已进泊天京护城河，陆师则进逼雨花台，兵临天京城下。同年10月中旬，李秀成从上海外围抽身，会同其他主力共13王，10余万人，兵分三路前来解天京之围。太平军与湘军在天京城南大战40余日，始终未能攻破敌雨花台营垒。

解围受挫后，洪秀全将李秀成严责革爵，令其“进北攻南”，即移兵皖北、鄂北，以调动围攻天京的南岸湘军上援。鉴于苏福省局势不稳，李秀成先赶回苏州安顿后方，直到1863年2月末才督师进军皖北。而此时湘军早已增兵设防，加上筹粮困难，李部征战不利。同年6月13日，天京雨花台石城等要塞失守。李秀成奉诏急返，结果在渡江时遭湘军水师拦截，所部损失惨重。28日，由于李鸿章、左宗棠大举进犯，苏、浙吃紧，李秀成又火速赶回苏州主持战局。

此时的李秀成几乎成了救火队长，哪里告急就赶到哪里，但因三面受敌，分身乏术，故而疲于奔命。同年8月，忠王返京督战，组织反扑未果。9月，又驰返苏州指挥攻防。12月1日，忠王撤离苏州。4日，纳王部永宽等叛将刺杀慕王谭绍光，开门揖盗，将苏州拱手献给了李鸿章。数日后，无锡也告失守。李秀成率余部败走丹阳。苏南腹地的沦陷使天京失去了粮饷的主要供给地，加上京外残存据点的守军自顾不暇，天京解围的希望实际上已成镜花水月。因此，李秀成返京后，力劝天王“让城别走”，但遭到天王严斥，只得督兵死守。

1864年初春，湘军正式合围天京，封锁了所有粮道，并在城外开挖多处隧道，试图穴地攻城。李秀成指挥太平军以构筑月城和横挖暗壕的方法相拒，战况异常惨烈。6月1日，洪秀全病逝，终年51岁。7月19日午后，湘军攻破天京。李秀成火速赶到天朝宫殿护驾。他改骑一匹劣马，将自己的战马让给幼天王，于当夜率千余名将士打扮成清军，借着夜色的掩护，护卫幼天王从太平门缺口处突围。李秀成舍死领头冲锋，在冲到城外后与大队人马走散。天明时分，人困马乏的忠王潜抵城郊方山一破庙中暂避，结果因随身所带财物而暴露身份，于23日被两个乡民缚送清营。

为了泄恨，曾国荃随即下令对李秀成施以酷刑，用刀锥割其臀股，一时血流如注。李秀成"殊不动"，泰然自若。3天后，清军制成一个大木笼，将李秀成囚禁其中。8月7日傍晚，李秀成被曾国藩处死，时年42岁。在临刑前，李秀成毫无戚容，谈笑自若，并写有10句绝命词，"叙其尽忠之意"。①

李秀成从被俘到被杀，前后仅有16天。在此期间，他曾历时9天，在囚笼中亲笔写下数万字供词，虽然文理欠通，但结合自己的亲身经历，详细叙述了太平天国的兴亡始末。与在此前后的表现判若两人的是，李秀成在供词中明显流露出乞降求抚之意。他对曾国藩和清王朝大加谀颂，谓"久悉中堂(指曾国藩，引者按)恩深量广，切救世人之心，玉驾出临瑶"，"久知中堂有仁爱惠四方，兼有德化之心，良可深佩"，表示"我见老中堂大义恩深，实大鸿才，心悔莫及"，自叹"一身[生]屈错，未遇明良"；并将天京沦陷喻作"我主无谋，清朝有福"，认为"曾家亦有厚福，而辅清朝得此城而威扬天下，实中堂之谋，九帅(指曾国荃，引者按)之才谋算，将相用命而成全功也"；声称"今天国已亡，实大清皇上之福德，万幸之至"云云。他还提出"收齐章程"，自愿以"罪将"之身，出面代为招降太平军余部，从而"尽义对大清皇上，以酎旧日有罪愚民"，"免大清心腹之患再生"。②

李秀成此举的动机和原因究竟是什么？这一历史之谜引起史家的极大关注。以此为焦点，围绕李秀成的评价问题，学术界展开了一场旷日持久的争论。

---

① 赵烈文：《能静居士日记》卷20，《太平天国史料丛编简辑》第3册，373、381页。

② 罗尔纲：《增补本李秀成自述原稿注》，180、219、377、385页。以下该书引文恕不一一注明。

根据其供词来评价李秀成，首先必然会涉及这份文献的真伪问题。当年曾国藩在处死李秀成后，随即与幕僚赵烈文对忠王亲供反复审核、删改甚至部分撕毁，并加以分段。不久，曾国藩以“各处索阅逆供者多”为由，将处理过的忠王亲供在安庆刊刻，印成《李秀成供》一册，分送军机处备查和各地方大吏阅读，计 27818 字，即世传“九如堂本”。至于李秀成亲供手迹，曾国藩却讳莫如深，一直秘不示人，从而留下许多悬念。

1944 年，广西通志馆秘书吕集义在湘乡曾国藩故宅获见这一秘本，便据九如堂本与之对勘，补抄被曾国藩删除的 5600 余字(仍脱漏大约 2880 字)，并摄影 16 页。罗尔纲从 1931 年起开始注释李秀成供词，此时便改以吕氏补抄本和照片四帧作为底本作注。1951 年，罗氏《忠王李秀成自传原稿笺证》一书由开明书店出版，很快一版再版，轰动一时。1956 年，年子敏、束世澄撰文质疑，认为从内容来考察，李秀成不应向曾国藩乞降；笔迹上经法医鉴定，《自传原稿》与《李秀成谕李昭寿书》的笔迹相异，据此断言李秀成“自述”系曾国藩伪造，并非出自李秀成亲笔。① 学术界就此展开了争论。罗尔纲根据“书家八法”理论，将上述两件文书中的笔迹逐一拆开来比较，阐明了笔迹鉴定的有效性与限制性，判定这两件手迹表面相异但实际相同，进而断言李秀成“自述”确系真迹。1957 年，根据吕集义当年拍摄的所有原稿照片，罗尔纲再次调整版本，由中华书局推出《忠王李秀成自传原稿笺证》一书的增订本。1962 年，曾国藩的曾孙曾约农将秘藏的李秀成笔供原稿交台北世界书局影印出版，题签《李秀成亲供手迹》(以下简称《手迹》)。《手迹》的篇幅比当年的安庆刻本多出 9000 余字，并且清晰地保留着曾国藩等人用朱笔、墨笔进行删改的痕迹。《手迹》的公布进一步印证了罗尔纲的结论，同时也宣告世传的 20 余种忠王供词版本从此作废。罗尔纲便第三次调整底本，1982 年由中华书局出版《李秀成自述原稿注》一书。此时，仍有学者对李

---

① 年子敏、束世澄：《关于“忠王自传原稿”真伪问题的商榷》，载《华东师范大学学报》1956 年第 4 期。

秀成供词手迹的真实性质疑，推断台北影印出版的手稿并不是李秀成的真迹，而是曾国藩在删改忠王真迹后找人誊录的抄件。罗先生从其笔迹、内容等方面详作考证，指出这份文献虽不完整，有被曾国藩撕毁、删改和伪饰的地方，但确系出自李秀成手笔。这一结论最终得到多数学者的认同。

几乎在辨别李秀成供词之真伪的同时，学术界就忠王在文中流露出的乞降求抚之意展开了讨论。在1951年初版《忠王李秀成自传原稿笺证》一书中，罗尔纲提出一个假设，认为忠王此举意在效仿蜀汉大将姜维伪降钟会故智，以图恢复太平天国。1957年出版的该书增订本依然持"伪降"说。1959年，赵矢元对此提出异议，强调李秀成"承认太平天国革命已经失败，消失了对革命前途的信心，要求曾国藩招降他的部众，这也是应该承认的"①。1961年，苑书义也刊文指出，李秀成此举是对革命前途丧失信心和对封建势力产生幻想的表现，其性质是"妥协投降"。作者同时指出，"由于他并非想入伙为盗，加上乞降未成，招降未就，和临刑时表现尚好，所以还不应以叛徒论处。乞降固然给他的历史留下了不可磨灭的污点，却不能改变他对太平天国的巨大贡献依然是其一生主流的这一事实"②。对于上述两种不同的观点，学者们纷纷撰文表态，臧否不一。李秀成评价问题一时成为史学界的研究热点。

然而，这种正常的学术争鸣很快就被引入歧途。1964年，戚本禹等人断言忠王不"忠"，其自述"是一个背叛太平天国革命事业的'自白书'"，并打着揪"叛徒"、彰"气节"的旗号，发起一场批判李秀成的政治运动。于是，单纯的学术问题被无端上升为政治问题，对李秀成持肯定态度的学者竟被视为"站错了立场"。罗尔纲因坚持认为李秀成此举是"苦肉缓兵计"而受到冲击；茅家琦、祁龙威等学者不同意戚本禹全盘否定李秀成的观点，认为李秀成虽晚节不保，但

① 赵矢元：《评〈忠王李秀成自传原稿笺证〉增订本》，载《历史研究》1959年第3期。

② 苑书义：《略论农民革命英雄李秀成》，载《北京日报》1961年9月7日。

功大于过，结果也被扣上“叛徒李秀成辩护士”的大帽子，遭到打压。一时间，给历史人物贴政治标签成为人物研究风行的模式。按照这种模式，洪秀全被塑造成完美无缺的农民革命领袖，并以他的是非为是非，将杨秀清定性为“野心家”，韦昌辉为“阶级异己分子”，石达开为“分裂主义者”，李秀成为“叛徒”。简单化、脸谱化的研究被发挥到登峰造极的地步，对学术风气产生恶劣影响。将李秀成简单地定性为“叛徒”不足为训。它是当时极左思潮的产物，其实质是搞影射史学，以便为后来借“叛徒”罪名打倒党内一大批功勋卓著的老干部制造舆论。

1981 年，根据曾国藩曾外孙女俞大缜教授提供的“李秀成劝文正公当皇帝，文正公不敢”这一口碑，罗尔纲再作考证，力持李秀成“伪降”说，认为李秀成劝曾国藩反清做皇帝是假，试图借此恢复太平天国是真。①

苏双碧则认为，李秀成在被俘前后，经历了一个从愚忠到不忠的质变，它的起点是被俘，终点则是写了“自述”，流露出“乞活偷生”之意。在“自述”中，李秀成奉承敌人、贬斥自己，其行为是对太平天国革命事业的背叛，属于“变节”，这是“白纸黑字，非常明白的事”。郭毅生也对“伪降”说质疑，认为“由于李秀成写完自述，即被处死，他是否属于伪降，并无实践证明，只能就其生前表现而推考，难以得出定论。从《自述》本身看，应属求降或投降，无论其为何种动机，都是错误或有害的。这种错误既有个人的原因，也有农民阶级的局限性”。不过，苏、郭两位学者都主张就事论事，认为不能因此而全盘否定李秀成。苏氏指出，“把李秀成打成‘可耻的叛徒’，而否认他的一生，那也不是实事求是的”。郭氏也不同意将李秀成定性为“叛徒”，强调不能脱离历史条件而苛求前人，认为“历史的悲剧造成了李秀成的个人悲剧，而不是李秀成的晚节不终造成了太平天国

---

① 罗尔纲：《一条关于李秀成学姜维的曾国藩后人的口碑》，载《广西日报》，1981-03-02。其详细考证文章见《李秀成伪降考》，收入罗尔纲《困学丛书·李秀成传》，南宁，广西人民出版社，1989。

覆亡的悲剧”。①

罗先生也承认李秀成学姜维用假投降计，有亏革命气节，不足为训，但他再三强调李秀成是“伪降”。这成为双方分歧的焦点。近20年来，随着太平天国史研究日趋冷落，有关李秀成评价问题的讨论逐渐归于沉寂，但学术界在此问题上的看法并没有取得一致。那么，究竟应当如何评价李秀成被俘后的“变节”问题呢?

二

作为国内太平天国史研究的一代宗师和学术带头人，罗尔纲先生所取得的学术成就为世人所景仰，《李秀成自述原稿注》便堪称当代考证学的经典之作，但就李秀成“伪降”说而论，似乎并不足以令人信服。罗先生列举了李秀成供词中的12处疑窦，诸如“假造与天王不和”“遮掩天王对他的重任”等，将其中的乞降求抚之语一概解释成“伪饰的话”，坚持认为李秀成“是一个百折不挠的革命者”，“有坚定的革命立场与强烈的革命感情”。这种推断不免有以偏概全、曲意为尊者讳之嫌。

后期，以血缘和利益关系为纽带，李秀成等异姓诸王与王长次兄等洪氏宗室成员逐渐成为朝中分庭抗礼的两大派系。在经历天京事变这场噩梦之后，心有余悸的洪秀全对异姓大臣猜忌甚深，倾向于重用自己的兄弟子侄。在天历辛酉十一年四、五月天王颁发的几道诏旨中，在受诏人名次的排列顺序上，洪氏宗室成员均赫然排在英王、忠王等异姓诸王之前，其亲疏厚薄一目了然。然而，洪氏亲属尽管地位显赫，但并无一人掌握兵权和地盘，而这些正是李秀成等人与前者抗衡的资本。洪秀全一心想营建自己的家天下，始终对异姓诸王抱有戒心，但他同时却又不得不在军事上借重后者，这是他无法回避的一个矛盾。无奈之下，洪秀全只好在两者之间寻找平

---

① 参见苏双碧：《论李秀成》，载《北方论坛》1979年第5期；郭毅生、任恒俊：《关于历史人物的评价与李秀成伪降问题》，载《文史哲》1979年第4期。

衡。但是，洪秀全性情暴烈而又固执，本不擅长协调人际关系。这使得他在处理朝内纷争时往往过于偏执和意气用事。这种用人思路上的摇摆不定既引发了异姓大臣的离心倾向和抵触情绪，同时又激化了异姓大臣与洪氏宗亲之间的矛盾，加之洪秀全在后期一味沉溺于宗教，无心亲理朝政，遂使这一局面更加失控。忠王对洪氏宗亲很不服气。他在供词中直斥王长次兄是“佞臣”，列数其鬻官纳贿、搜刮民财、玩弄权术等种种劣迹。他还愤愤不平地说，天王第一重用幼西王，第二重用王长次兄，第三重用干王，第四重用其驸马，第五重用英王，第六才轮到他李秀成。可谓冰冻三尺，非一日之寒。当时，洪氏宗室与异姓诸王之间的明争暗斗闹得沸沸扬扬，就连清方也有所耳闻。在同治元年(1862 年)九月廿三日的一份奏折中，左宗棠就此写道：“查贼中伪王可数者共三十余，惟伪忠王李秀成、伪章王林绍璋与李世贤尚称投合，余则彼此猜疑，势不相下；金陵逆首洪秀全之兄伪勇王洪仁达尤为各贼所恨。似从前杨、韦两逆互相吞噬之事，不久必将复见。”①李秀成在供词中检讨太平天国败亡的原因时，反复抱怨天王“不信外臣”“不问政事”“不用贤才”“立政无章”，认为“我主用人不专，信人之不实，谗佞张扬，明贤偃避，豪杰不登，故有今之败”，虽言语偏激，但确系有感而发。总之，忠王与天王不和是不争的事实，斑斑可考，并非出自前者的“假造”。

平心而论，李秀成也有自己的过失，诸如专注于经略苏杭，对天京上游的安危较为淡漠，缺乏全局意识；在朝内党争中多少有些意气用事；对怀有二心的部将和亲友过于宽恕，甚至不惜牺牲大局来体现自己的所谓仁义，等等。但瑕不掩瑜，李秀成毕竟是太平天国后期的支柱之一，战功卓著。他体恤民情，减租薄赋，保护工商业，在苏南民间口碑较好。当大局糜烂之际，李秀成更是疲于奔命，所部几乎成了救火队。然而，他却不时受到天王的猜忌和洪姓大臣的掣肘。为了获准回救苏杭，李秀成被迫将包括自己老母在内的家

---

① 《左宗棠奏报官兵攻剿龙游等处获胜并攻克寿昌折》，《清政府镇压太平天国档案史料》第 24 册，605 页。

眷留在京城作为人质，并且捐助饷银十万两，便是一例。他所受的委屈是显而易见的。尽管如此，李秀成依旧对天王忠心耿耿，忍辱负重，苦撑残局，乃至在京城沦陷后舍身救护幼天王，用他自己的话说，“尽心而救天王这点骨血，是尽我愚忠而为”。因此，在国破家亡、身陷囹圄之后，李秀成痛定思痛，如骨鲠在喉，难免会在供词中倒苦水、发牢骚，其文字也难免会有些情绪化。这是情理之中的事，是李秀成真实心态的一种流露。认为李秀成始终忍辱负重，毫无怨言，即使兵败被俘之后，仍然使出假投降的计谋与清方进行周旋，以图恢复太平天国，这种假设明显带有个人的主观美好愿望在里面。认为忠王不会写出丧失革命气节的“自述”，进而断言这份文献是曾国藩伪造，也是出于类似的心理。

“伪降”说唯一的直接依据是曾家流传的“李秀成劝文正公当皇帝，文正公不敢”这一口碑。然而，口碑倘若没有文献资料作为佐证，便成了孤证，其可信度也就大打折扣。现存的忠王供词原稿是一残本，结尾部分作“今我国末，亦是先天之定数，下民应劫难，如其此劫，何生天王而乱天下，何我不才而佐他乎？今已被拿在禁，非因天意使然，我亦不知我前世之来历，天下多少英雄才子，何不为此事而独我为，实我不知(原文衍一‘知’字，引者按)也。如知”，就此戛然而止，卷末显然已被曾国藩撕毁。① 著名学者陈寅恪当年曾经推测，曾国藩不肯将原稿公布，必有不可告人之隐。那么，被撕毁的部分究竟包含哪些内容呢？这已是一个永远也无法破解的历史之谜了。不过，至少在残本忠王供词原稿中，丝毫看不到任何挑动曾国藩反清的痕迹，相反，“大清”“大清皇上”之类的称谓倒并不少见。退一步说，即使口碑属实，也只能说明李秀成有心投效曾国藩，而不能据此断言李秀成这么做仅是一种手段，伺机恢复太平天国才是他的真正目的。

---

① 曾国藩在家书中透露，“伪忠王自写亲供，多至五万余字”(《曾国藩全集》第20册，1146页)。而九如堂本《李秀成供》仅27818字，后来在台北公布的《李秀成亲供手迹》也不足4万字。可见存世李秀成供词原稿是一残本，被曾国藩撕毁、删除的篇幅多达万余字。

将干王洪仁玕被俘后的表现与忠王李秀成做一对比，对我们思考这一问题不无启发。在先后被俘的太平天国诸王中，洪仁玕是唯一一位从满汉仇雠角度为太平天国败亡浩叹不已的人。从被俘那一刻起，他就已经抱定杀身成仁的信念，决意效法文天祥。在狱中所写的绝命诗中，洪仁玕强调“春秋大义别华夷”，为“志在攘夷愿未酬”而抱恨终天。相比之下，李秀成从被俘直至被杀，始终没有在任何场合流露过华夷（汉满）有别之类的思想，可见所谓忠王效仿姜维伪降、意在挑动曾国藩反清的说法值得重新认识。此外，洪仁玕在就义前曾从江西巡抚沈葆桢处读到《李秀成供》，并就其相关段落签附反驳意见，是太平天国内部唯一一位读过《李秀成供》并对之加以评述的人。他在签驳时反复数落李秀成“变更不一”“已多更张”“变迁不常”“变迁不一”，并提到苏州叛将向李鸿章献城一事，认为“即忠王亦几几不免”。① 这实际上是洪仁玕对李秀成变节行为一种含蓄的谴责。

当然，李秀成之所以在供词中写下有辱其“忠王”封号的言辞，并非单纯出于对天王和洪氏宗亲的怨艾心理。李秀成在被俘后所产生的心理变化以及曾国藩对他的诱骗，都在这一过程中起了很大作用。这些均是我们在研究时所不应忽视的细节。

在被俘之后，李秀成最大的心理变化是对太平天国的前景感到彻底绝望。在亲笔供词中，包括在与曾国藩机要幕僚赵烈文的对话中，李秀成都流露出一种强烈的宿命意识。在被俘当晚与赵烈文进行的长谈中，李秀成将 1861 年错失解救安庆的良机解释为“天意”，并根据天上的星象，预言洋人在十余年后必成大患。赵烈文询问星名度数，李秀成便搬出民间的星宿八卦之说做了一通解释。② 在亲笔供词中，类似的文字更是屡见不鲜。例如，他将当初太平天国的兴起解释为“此是天机，升平日久，应出此人（指天王，引者按），集

① 《洪仁玕亲书绝命诗》《洪仁玕亲书签驳〈李秀成供〉》，王庆成编著：《稀见清世史料并考释》，496～498、511～514 页。按：昭王黄文英认为，“那忠王也是顾己不顾人、顾私不顾公的”（《黄文英在江西巡抚衙门供词》，同上书，544 页）。

② 赵烈文：《能静居士日记》卷 20，《太平天国史料丛编简辑》第 3 册，375 页。

传许多乱星下降”，将战场上的失利归结为“于今气数已满，谋而不中”，将太平天国最终的败亡解释为“五百年之大数转限数难逃”，“数尽国崩”。在谈到幼天王的下落时，他推断后者出城后凶多吉少，“十六岁幼童，自幼至长，并未奇[骑]过马，又未受过惊慌，九帅四方兵追，定言[然]被杀矣”①。在再三批评天王“一味靠天”“言天说地”的同时，李秀成自己的宿命思想却急剧膨胀。这一矛盾现象恰好说明，此时的李秀成心如死灰，已对太平天国彻底感到绝望，断无伺机复国的念头。②

李秀成身经百战，九死一生，断然不会怕死。但在被俘之后，他却多少显得有些贪生。这也不难理解，他曾经叱咤风云威震四方，如今却束手就擒，生死仅在旦夕之间。这使他感到心有不甘，求生的欲望也陡然变得强烈起来。在上报清廷的奏折中，曾国藩谈了自己对李秀成的印象，认为他“献谀乞怜，无非图延旦夕之一命”③。曾国荃也以一种胜利者的口吻，说李秀成“阱虎乞怜，曾狗鼠之不若，殊可嗤也”④。当然，这种言语明显带有夸张和泄恨的成分。赵烈文则在日记中记述了他在李秀成被俘当晚与其长谈的内容。据载，当被问到“汝今计安出”时，忠王答道：“死耳。顾至江右者皆旧部，得以尺书散遣之，免戕贼彼此之命，则瞑目无憾。”既做好了死的准备，同时又主动提出招降旧部，隐约流露出求生的念头。赵烈文觉

---

① 不能简单地将这段话理解为李秀成刻意隐瞒幼天王的行踪。李秀成对幼天王的评判比较准确，后者确实十分稚嫩和软弱，后来在逃亡途中因险象环生，曾数次试图自杀。

② 天京陷落后，失败情绪逐渐在太平军残部中蔓延，并非为李秀成独有。逃到皖南广德后，幼天王在十二三万太平军的护卫下赴江西，拟与侍王李世贤等部会合，以便重整旗鼓。但由于士气低落，号令不一，在清军围追堵截下，这支远征军屡遭重创，并不时发生哗变、开小差事件，抵江西石城县境时已不足万人，最终全军覆没。幼天王、洪仁玕被俘后，相继在南昌被凌迟处死。

③ 曾国藩：《遵旨查明各事分条复陈折》，《曾国藩全集》第 8 册《奏稿》(八)，4645 页。

④ 《复浙江抚台曾》，《李鸿章全集》第 29 册《信函》(一)，329 页，合肥，安徽教育出版社，2008。

察出忠王“言次有乞活之意”，便答复说：“汝罪大，当听中旨，此亦非统帅所得主也。”忠王听后低头不语。① 日记是个人心灵的独白，因为不公开，所以也就没有刻意伪饰或夸张的必要。赵烈文在日记中便描述了湘军在攻陷天京后烧杀抢掠的种种暴行，认为“其乱如此，可为发指”。因此，他认为李秀成“有乞活之意”的判断应是可信的。李秀成亲笔供词中的内容也证实了这一点。

而老辣的曾国藩正是利用李秀成在被俘后产生的心理变化，抓住其性格中的弱点，使事态沿着自己的思路发展。

曾国藩将民人缚送李秀成吹嘘成湘军“生缚名王归夜半”，颇为洋洋自得。1864 年 7 月 26 日，他在安庆上奏清廷说，“李秀成、洪仁达应否献俘，俟到金陵后察酌具奏”②。28 日下午，曾国藩赶到南京，几小时后便亲自审讯李秀成。曾国藩毕竟老谋深算，他并没有像曾国荃那样对李秀成动刑，而是展开攻心战，但随即便萌生将李秀成就地处决的念头。在次日写给其子曾纪泽的信中，曾国藩相告：“伪忠王曾亲讯一次，拟即在此杀之。”③当然，他也清楚有一件事不可忽视，所以在同一天的日记里又特意写上“取伪忠王详供”这一条附记。

曾国藩的攻心策略果然奏效，李秀成自愿书写供词。李秀成是从 7 月 30 日开始动笔的。他在供词中写有这样一段话：“今自愿所呈此书，实见中堂之恩情厚义，中承[丞](指曾国荃，引者按)恩容，佩服良谋，我深足愿。所作之书供，定由列位师爷手过，恐有违犯字样，是烦劳清心改除可也。”文中的“师爷”指奉命会鞫李秀成的曾国藩随从庞际云、李鸿裔等人。从李秀成说曾国藩“有仁爱”“有德化之心”等语判断，曾国藩肯定对李秀成表露过安抚之意。至于曾国藩究竟对李秀成有过什么暗示或许诺，令李秀成感到前者对他有“恩情厚义”，现已无从知晓。以李秀成的阅历，他绝不可能天真到对曾国

① 赵烈文：《能静居士日记》卷 20，《太平天国史料丛编简辑》第 3 册，375 页。

② 曾国藩：《奏报攻克金陵尽歼全股悍贼并生俘逆酋李秀成洪仁达折》，《曾国藩全集》第 8 册《奏稿》(七)，4222 页。

③ 曾国藩：《谕纪泽》，《曾国藩全集》第 20 册《家书》(二)，1143 页。

藩深信不疑的地步，但他显然对后者抱有幻想。他在供词中自叹“一身[生]屈错，未遇明良”，这可能掺杂着他当时的一些真实心态。他虽然不是怕死之辈，但因为哀莫大于心死，对太平天国已彻底感到绝望，对曾国藩抱有幻想，所以难免会流露出一些反常、复杂的心态和意识，萌发一丝求生的念头。至于李秀成求生的动机究竟是什么，这只有他本人清楚。更确切地说，或许连他自己也不十分清楚。李秀成明知自己活下去的希望极为渺茫，同时，他并不知道曾国藩在看了他的供词后会做出何种反应。这种命运的不确定性决定了他不可能对未来有什么具体打算。他之所以流露出求生的欲望，更多是抱着一种侥幸心理，带有浓厚的听天由命的色彩。

李秀成是在一种恍若隔世百感交集的状态下，被困在囚笼中，在死亡威胁下，冒着酷暑，以每天六七千字的进度写下这份供词的。这与在正常状态下的写作有着天壤之别。当写到三万七八千字时，李秀成用完了纸，写坏了笔，便提出再给一本纸簿和一支好笔，同时表示“烦各位师爷转禀老中堂及中承[丞]大人宽限，我亦赶写”。可见李秀成尽管心存侥幸，但已预感到自己来日无多。鸟之将死，其鸣也哀；人之将死，其言也善。忠王在供词中有“我今临终之候”一语；在写出“收齐章程”后，又自云“昨夜深惠厚情，死而足愿，欢乐归阴”。既抱定必死的信念，同时又对曾国藩表示感戴，这真切地折射出忠王当时反常、复杂的心态。尽管他对昔日不共戴天之敌的谀颂之词多少有些言不由衷，所提的“收齐章程”多少带有保全旧部性命和避免生灵涂炭的意图，但就具体事实而论，这的确是李秀成晚节的一个污点。

可怜李秀成终究还是被曾国藩算计了。8 月 3 日晚，曾国藩对赵烈文表示，打算不等朝廷降旨，便将李秀成从速“正法”。赵烈文回答说：“生擒已十余日，众目共睹，且经中堂录供，当无人复疑。而此贼甚狡，不宜使入都。”两人不谋而合。

8 月 6 日夜，曾国藩第二次也是最后一次与李秀成照面。据赵烈文讲，李秀成“有乞恩之意”，曾国藩“答以听旨，连日正踟蹰此事，俟定见后再相复”。

第二天，即8月7日，仍在赶写供词的李秀成写下了“昨夜承老中堂调至驾前讯问，承恩惠示，真报无由”“昨夜深惠厚情”等语。结果墨迹未干，曾国藩就派李鸿裔向李秀成摊牌，表示“国法难逭，不能开脱”，并于当天傍晚将李秀成处死。①

清廷吩咐将李秀成押解来京的谕旨是8月1日发出的。而曾国藩却先斩后奏，捏称部将萧孚泗“生擒”李秀成后，乡民为了替他报仇，竟将亲兵王三清捉杀，投尸水中；又说李秀成被关进囚笼后，松王陈德风被押到营中，一见李秀成便长跪请安。曾国藩表示：“臣闻此二端，恶其民心之未去，党羽之尚坚，即决计就地正法。”他还辩解说，上谕被驿站误投到安庆，耽搁4日之久，等转到南京时，李秀成已被处死。②

曾国藩之所以擅杀李秀成，与他心存忧虑有很大关系。他早就认为李秀成“狡诈百端”，对他在供词中奉承自己的话并不当真。曾国藩心里清楚，一旦献俘到京城，他们兄弟二人欺瞒朝廷的一些事情，诸如李秀成被俘和曾国荃洗劫天京中饱私囊的真相，统统都会曝光，难免会落个欺君之罪。无论从哪个方面考虑，他都不能留下李秀成这个活口。

于是，尽管早就动了杀气，但曾国藩仍然不露声色，抓住李秀成在绝望中的复杂心理，如愿以偿地获取了其供状。事后，他又玩起文字游戏，凡是吹捧自己的话一字不删，对自己不利的段落则加以删改甚至撕毁。在曾国藩看来，能让李秀成这样的敌手如此心悦诚服地归顺自己，这是足以夸耀于世的资本。曾国藩既欺骗了李秀成，又蒙骗了朝廷，更折腾苦了后世的历史学家。在这件事情上，曾国藩做得很不地道，却将自己粉饰成正人君子。不过，他也许没有料到，事情的真相在百年后依旧会大白于天下。这正应验了那句老话：若要人不知，除非己莫为。

---

① 以上参见赵烈文：《能静居士日记》卷20，《太平天国史料丛编简辑》第3册，378、381页。

② 曾国藩：《复奏李秀成等囚未能槛送京师已先就地处决情由及洪逆三印已早解送军机处片》，《曾国藩全集》第7册《奏稿》(七)，4249～4250页。

就在一手将李秀成送上黄泉路的时候，曾国藩仍然惺惺作态。他下令将李秀成斩首，其首级传示各省，尸身则用棺材装殓掩埋。但在次日写给清廷的奏折中，他却说已将李秀成就地“凌迟处死”。

同在8月8日，定下心来的曾国荃从城外大营入城，择定房屋，饮酒作乐。次日下午，清廷赏赐曾氏兄弟的消息已经传到南京。11日，谕旨正式颁到：曾国藩封一等毅勇侯，世袭罔替，加太子太保，赏双眼花翎；曾国荃封一等威毅伯，加太子少保，赏双眼花翎。曾国藩顿时乐不可支。赵烈文打趣说：“此后当称中堂，抑称侯爷?”曾国藩笑曰：“君勿称猴子可矣。”①自从与太平军开战以来，曾国藩曾经屡遭惨败，先后在靖港投水自尽，在九江险被生擒，在祁门预写遗嘱以防不测。但他还是笑到了最后。

三

从对洪秀全、对太平天国一片愚忠，发展到被俘后在绝望心理的驱策下，对洪秀全和太平天国有所不忠，李秀成在生命尽头表现的起伏十分令人感喟。忠王不“忠”的现象从一个侧面说明，太平天国后期人心离散，士气低落，气数已尽，纵然有再多天才的将领和忠勇的士卒，也无法使太平天国摆脱败亡的厄运。

在后期兵败被俘的太平天国重要首领中，英王陈玉成、干王洪仁玕视死如归是一种模式，翼王石达开舍命以全三军是另一种模式，但他们都死得十分壮烈，令人肃然起敬。而忠王李秀成的模式显然有悖于传统的“忠贞不贰”“气节”观念和今人心中的英雄情结。正因为学者们围绕李秀成“变节”问题所展开的争论既是一种政治评判，同时又掺杂着一种道德评判，遂使这场争论大有永无了期之势，使原本扑朔迷离的史实变得更加复杂。在我看来，将李秀成设想成完美无缺的英雄或寡廉鲜耻的叛徒都不免过于简单化。李秀成被俘后所产生的心理变化是合乎逻辑的，本来不难理解，在某种程度上甚

---

① 赵烈文：《能静居士日记》卷20，《太平天国史料丛编简辑》第3册，381页。

至还值得同情。这就是有血有肉、真实的李秀成，而不是我们刻意美化或丑化的李秀成。李秀成在供词中能够认真检讨太平天国覆灭的原因，对自己的一生进行回顾、反思，这何尝不需要几分勇气、冷静和思想呢？李秀成对太平天国败亡原因所做的分析，诸如“我主无谋”“自惹而亡”，湘军“将相用命”等，虽然字面有些刺眼，但总体上仍比较中肯和深刻。至于认为中国日后“要防鬼(指洋人，引者按)反为先”，确乎是过人之见。尽管他写了一些有辱气节的话，给他的晚节留下了污点，但他并没有一味地向曾国藩卑躬屈膝，并且最终慷慨赴死。就此而论，李秀成仍然不失为一个有污点的英雄。

当然，我们讨论李秀成被俘后的变节问题，是站在太平天国的角度来评判的。时下全盘否定洪秀全和太平天国的声音有增无减，或许有人会质疑道：难道李秀成只有对洪秀全和太平天国愚忠到底才算是没有污点吗？这就牵涉到如何评价洪秀全和太平天国的问题，已不在本文论述之列了。

原载《广西师范大学学报(哲学社会科学版)》2003年第4期。中国人民大学书报资料中心《中国近代史》2004年第1期全文转载。

洪天贵福的启蒙教育与宫廷生活

——兼论其登极后的结局

洪天贵福是天王洪秀全的长子，后者所指定的接班人。关于洪天贵福的生平行迹，以往的各相关论著着墨不多，语焉不详，且有一些以讹传讹之说。笔者认为，洪天贵福尽管在太平天国的实际政治生活中无足轻重，但毕竟身份特殊，考察其生平不仅可以充实对该人物自身的研究，还有助于从另一个侧面了解洪秀全的行为和思想，包括太平天国历史上（尤其是权力中枢）的一些重要史实。本文尝试结合近年来公布的洪天贵福被俘后的亲书供词等原始资料①，侧重就洪天贵福的启蒙教育与宫廷生活，包括其登极后的命运，作一较为系统的探讨。

---

① 1994年，业师王庆成先生在台北“故宫博物院”文献馆寻访到洪天贵福亲书供词、诗句等9件材料。次年，日本学者小岛晋治教授据此线索踵往台北寻访，结果又发现一件洪天贵福亲笔供词。王庆成先生对之一并加以整理考订（包括干王洪仁玕等诸王被俘后的供词），并拟定各篇标题，编入《稀见清世史料并考释》一书（武汉出版社，1998）。上述文献绝大多数系首次公布，披露了不少以往鲜为人知的史实。王先生据此撰有《太平天国幼天王、干王等未刊供词中的新史料及辨证》一文（载《历史研究》2000年第5期），对相关史事钩沉探赜，颇多发明，其中也谈到了洪天贵福。凡与该文重叠的内容，除必要之处外，本文一概从略。

一

1849 年 11 月 23 日晨(清道光二十九年十月初九日卯时①)，洪天贵福出生在广东花县官禄㘵村；生母名叫赖莲英②，即后来太平天国文献中所说的“又正月宫”。洪天贵福降生时，恰好有群鸟栖息在其屋顶上，飞鸣数日不散。后来，太平天国便将这种所谓的祥瑞之兆写进了正式出版的书籍中，说“万鸟来朝，早征幼主降生之瑞”③。

当时，洪秀全远在广西紫荆山区酝酿起义，具体家务均交给其族弟洪仁玕代为料理。受洪秀全的嘱托，洪仁玕代为婴儿取名。他预先写了多张纸条放进筒内，此刻便用筷子钳起一张，得“天贵”两字，这便是洪秀全长子洪天贵一名的由来。洪秀全一度将其长子的名字改为洪贵福，后来又在其原名上添加一个“福”字，改称洪天贵福。清方则把他的名字误传为洪福瑱。④

次年 6 月，即正式揭帜起义前夕，洪秀全特地派遣黄盛爵、侯昌伯两人潜赴花县，将自己的家眷接到广西会合。黄、侯两人是在

---

① 《洪天贵福亲笔供词(又一件)》，王庆成编著：《稀见清世史料并考释》，559 页。

② 洪秀全元配(“正月宫”)早逝，赖氏是填房，但具体姓名不详。《洪天贵福在南昌府供词》则交代了这一细节，内称“我系第二房赖氏名莲英所出，现年四十多岁”(王庆成编著：《稀见清世史料并考释》，527 页)。

③ 《诛妖檄文》，《太平天国印书》，734 页。

④ 参见《洪仁玕在南昌府问供之一》《洪天贵福在江西巡抚衙门供词》《洪天贵福亲笔供词(又一件)》，王庆成编著：《稀见清世史料并考释》，486、531、561 页；洪秀全《万国来朝及敬避字样诏》，《太平天国文书汇编》，61 页。按：洪天贵福就“洪福瑱”一名的由来解释说，他一度被封为“真王”，“救世幼主真王洪天贵福，外人不知，将‘真王’二字合起叫做福瑱”；又云“登极后，玉玺于名字下横刻‘真主’二字，致外人错叫洪福瑱”。所言虽较错乱，但因玺文引起对他名字的误解一说是可信的。对照现存幼主诏旨上所盖玉玺的玺文，其中央竖刻一行字，依次排列天父上帝、天兄基督、天王洪秀全和幼主洪天贵福四人的名号，幼主作“救世幼主真王福”，其中“真王”两字系从右到左横刻(参见王庆成《太平天国的文献和历史——海外新文献刊布和文献史事研究》，246 页)。

晚上赶到的，据他们事后描述，当晚屋顶上发出一道红色圆光，远处乍一看以为是房屋在燃烧，走近后发觉光环逐渐升高褪散。于是，太平天国官书日后又据此加了一笔："红光绕室，足验天启发迹之祥。"①按照中国传统的计算年龄的方法，这一年洪天贵福才 2 岁，实际年龄尚不足 8 个月。

起义立国后，天王洪秀全随即册立洪天贵福为"幼主"，其身份相当于过去的皇太子。② 从时间上推算，洪秀全此时还没有别的儿子出世。如此早早地立储，而不是等到时机成熟之时，通过考察甄别，在所有的子嗣当中挑选一个最为中意的人选，这是太平天国不同于清王朝的地方。③ 就这样，在没有任何竞争对手的情况下，尚在牙牙学语的洪天贵福被立为太平天国的储君、洪秀全未来的接班人，尽管太平军此时还只是一群"流寇"，尚未占据一寸疆土。

随后，士气高涨的太平军一举攻克永安州城，接着突围北上，迭攻桂林、全州。不久，太平军又跳出广西，挥师湖南，沿长江顺流而下，一路高歌猛进，直至于 1853 年春定都天京(今南京)。

洪天贵福正是随着这股铁流，从西南边陲的崇山峻岭来到江天一色虎踞龙盘的金陵古城，只是他此时年仅 5 岁，因而对这段辉煌的太平天国开国史几乎没有留下任何记忆或印象。天朝宫殿(俗称"天王府")建成后，洪天贵福便住了进去，从此便被高楼危墙与外界隔绝开来。直到 11 年后天京沦陷，他始终没有出过宫城之门。④

---

① 《诛妖檄文》，《太平天国印书》，734 页。按：《钦定英杰归真》则描述了黄、侯两人所见到的异象。

② 《洪仁玕在南昌府亲书供词》云："……此时天王在花州胡豫光家驻跸，乃大会各队，齐到花州，迎接圣驾，合到金田，恭祝万寿起义，正号太平天国元年，封立幼主。"(王庆成编著：《稀见清世史料并考释》，482 页)

③ 中国历代封建王朝基本上采用预先公开建储的方式来解决皇位继承问题，太平天国与此近似。清代则不立皇太子，并由雍正帝始创秘密立储制度。

④ 《洪天贵福在江西巡抚衙门供词》云："从来没有出过城门。"(王庆成编著：《稀见清世史料并考释》，531 页)文中"城门"虽未确指，但就连洪秀全本人也深居简出，洪天贵福也始终只字未提宫殿之外的见闻，据此推断，"城门"似应指宫城之门，而非天京城门。

儿时的洪天贵福任性顽劣，有关他的故事传到宫外，乃至惊动了权倾一时的东王杨秀清。1853 年 12 月 25 日，杨秀清在向洪秀全抖落天父下凡的威风时，小题大做，干涉洪秀全的家务事，其中便谈到管束幼主洪天贵福的问题。杨秀清先是以天父名义降旨说："即今幼主，我天父降生，虽性本善，然亦要及时教导，方不至性相近而为习相远也。现今将其初生本性顺机教导，使其炼得正正，为天下万国楷模，使天下万国皆为法则。观其所言所行，合乎天情者，则可任其所言所行；若有不合天情之处，便要节制，切不可任其率性所为。"接着，天父(杨)上门兴师问罪，下令杖责洪秀全四十，在洪秀全甘愿受杖和北王韦昌辉等人苦苦哀求的情况下，方才收回成命。天父下凡的闹剧结束后，双方恢复了君臣名分，杨秀清又奏陈天王说："天父圣旨，命二兄要将幼主时时教导，须要教得好好，使其一言一行、一举一动，总要合乎准则，不可任其心意所向。譬如天父降雨之时，幼主意欲出去游玩，若任其意游玩，是[势]必雨淋身湿。即此一事，就要节制，使其天晴之时方可游玩。"①杨秀清话里话外，分明是在批评洪秀全教子无方，对洪天贵福过于娇宠。

两天后，杨秀清以臣下身份拜谒天王，又唠叨起了管教洪天贵福的话题。他说："……我主二兄曾经上过高天，得蒙天父亲自一一教过，然后始差下凡，为天下万国真主，今日尚且有错，还要劳天父下凡教导，何况我幼主年轻未知人性，尚属婴孩？今将天父所赐景物戏弄破坏则可，至若既知人性，将来天父赐来宝物甚多，若是任其心性，把来故意戏弄破烂则不可。务要其体念物力维艰，为天下法则。"②这等于捎带着把洪氏父子又数落了一遍。

二

定都天京后，杨秀清居功自傲，权力欲日益膨胀，不时借天父

---

① 《天父下凡诏书》(第二部)，《太平天国印书》，471～474 页。

② 《天父下凡诏书》(第二部)，《太平天国印书》，478～479 页。

下凡的名义羞辱洪秀全，逼迫其就范。不过，单就插手幼主教育问题一事而论，杨秀清虽有借题发挥之嫌，但其所言却不无道理。事隔不久，洪天贵福正式开始接受启蒙教育，这与杨秀清的干预似乎不无关系。

洪天贵福 6 岁开始读书。因为内宫不允许有别的男性居住或出入，所以，洪天贵福最初的启蒙老师是比他年长 10 岁的同父异母姐姐洪天姣①。后来，出于对洪天贵福教育问题的重视，洪秀全也亲自过问此事，只不过受太平天国意识形态的左右，他向自己儿子所灌输的东西颇为独特。

上帝教教义是洪秀全对洪天贵福实施教育的核心内容。太平天国以宗教起家，又以宗教立国，因此，在洪秀全看来，既然洪天贵福日后是自己的接班人，那么，他首先就得继承自己所手创的宗教学说。

据洪天贵福后来自述，他在宫中先后读过太平天国刊行的《十全大吉诗》《三字经》《幼学诗》《千字诏》《醒世文》《太平救世诏》《太平救世诰》《颁行诏书》。②《太平救世诏》一书不见于太平天国书目，不知何指，恐系洪天贵福误记。其余各书相继刊印于 1851 年至 1858 年间，连篇累牍地讲述上帝的权能和洪秀全奉命下凡救世的使命，告诫人们拜上帝，守天条，修好炼正。不过，洪天贵福所开列的这份书目并不完整，其他一些重要的上帝教典籍，诸如同期刊行的《天条书》《旧遗诏圣书》《新遗诏圣书》《天父诗》，以及后来陆续出版的《天父圣旨》《天兄圣旨》《太平天日》，他照理也应当读过。

洪天贵福的日常生活也同宗教密不可分。每天就餐之前，他照例要祷告上帝，口中念叨"感谢上帝，祝福有衣有食，无灾无难，魂得升天"。每逢举行七日礼拜仪式，他还要念诵赞美经：

---

① 《洪天贵福在南昌府供词》，王庆成编著：《稀见清世史料并考释》，527 页。按：洪天姣系洪秀全元配所生。据洪天贵福讲，她被许给广东人金王钟义信为妻，但尚未成婚，天京失守时身陷城中（王庆成编著：《稀见清世史料并考释》，528 页）。又，钟义信，天王诏旨作"钟万信"，系"天二驸马"，说明洪天姣并不是洪秀全的长女。

② 《洪天贵福亲书自述之三》，王庆成编著：《稀见清世史料并考释》，520 页。

赞美上帝圣神为天帝父，
赞美基督为救世天圣主。
真道岂与，世道相同，
能救人灵，享福无穷。
智者踊跃，接之为福，
愚者省悟，天堂路通。
天父鸿恩，广大无边，
不惜太子，遣降凡间，
捐命代赎，吾侪罪孽，
人知悔改，魂得升天。①

洪秀全所手创的宗教是一个中西合璧的宗教，其源头来自西方基督教。在起义初期，上帝教极大地迎合了下层民众的心理，成为太平军将士征伐江山的巨大精神源泉。然而，随着时间的流逝，上帝教越来越难以自圆其说，从而逐渐失去其原先的感召力，既无力继续充当太平天国的精神支柱，也无法阻遏太平天国内部自相残杀、人心离散等现象的出现。② 洪仁玕于 1859 年总理朝政后，很快就意识到这一日益蔓延的信仰危机，认为“天朝初以天父真道蓄万心如一心，故众弟只知有天父兄，不怕有妖魔鬼”，而“今因人心冷淡，故锐气减半耳”。③ 为了重新收拾人心，洪秀全一味强化上帝信仰。但是，洪秀全后期的宗教实践已不再像前期那样含有丰富的社会意义，很难寻觅到什么足以真正振奋人心的内容，而是动辄便说“爷哥朕幼”(指天父、天兄、天王本人、幼主)，沉溺于渲染自己作为真命天

① 《洪天贵福亲书请安本章格式和赞美诗》，王庆成编著：《稀见清世史料并考释》，525 页。按：上帝教称之为“赞美经”，系据基督教的赞美诗改易而来。与《天条书》中收录的赞美经相比，洪天贵福亲书的赞美经在文字上略有改动，且删除了隐含基督教“三位一体”论的“赞美圣神风为圣灵，赞美三位为合一真神”两句，显系后期所沿用的格式。

② 详参拙著《太平天国宗教》，267～273 页。

③ 《开朝精忠军师干王洪宝制》，《太平天国印书》，703 页。

子的权威，甚至一度将国号改为“上帝天国”。也正因为如此，尽管洪秀全为构建宗教理论殚精竭虑，但他的一切努力终究流于迂阔，不切实际，故而于事无补。忠王李秀成便对此举抱有抵触情绪，在其“自述”中再三批评天王“一味靠天”“言天说地”。以洪秀全这样偏执虚诞的心态，辅以空洞乏味的宗教说教，很难想象能对洪天贵福产生什么积极的影响。

下述事例正说明了这一点。曾有一位名叫熊万泉的清朝降官投其所好，特意训练了一只青鹦鹉进献给洪秀全。这只鹦鹉会说话，每天都说“亚父山河，永永崽坐，永永阔阔扶崽坐”。“亚父”指上帝，“崽”指洪秀全和他的子孙。洪秀全大喜过望，在宫中用银笼将鹦鹉圈养起来。1861 年 6 月 19 日(天历辛酉十一年五月初九)，他还郑重其事地专门就此颁布一道诏旨，说这只鹦鹉是上帝恩赐的“瑞鸟”，所讲的话是“上帝圣旨”。① 时年 13 岁的洪天贵福正是在鹦鹉之语的伴随下成长的。在被俘后的亲笔自述中，他先后两次提到这只青鹦鹉会讲什么话②。可见这一细枝末节在洪天贵福宫廷生活中所占的分量之重，以至于使他刻骨铭心。

除宗教教义外，洪天贵福还接受了一些传统的道德伦理教育，孝亲观念便是其一。

在儒家眼里，孝道与治道原本是相通的，《论语 · 学而》便云：“其为人也孝弟，而好犯上者，鲜也；不好犯上，而好作乱者，未之有也。”也就是说，倘若人人都能成为孝子，自然也就不会有人犯上作乱了。历代封建王朝之所以标榜以孝治天下，其中的奥妙也就在此。太平天国一脉相承，同样十分重视孝亲观念，强调“人伦有五，孝弟为先”，宣称“孝友既尽，出仕事君，移孝作忠，能致其身”③。十款天条系从《旧约 · 出埃及记》中的摩西十诫演变而来，既是上帝教的宗教戒律，同时又是太平天国的法律准绳，其第五天条的内容

① 参见《坚耐踊跃同顶纲常同手足诏》，《太平天国文书汇编》，60 页。

② 《洪天贵福亲书自述之二》《洪天贵福亲书自述之三》，王庆成编著：《稀见清世史料并考释》，520 页。

③ 《太平救世歌》，《太平天国印书》，144 页。

便是“孝顺父母”，严申“凡忤逆父母者是犯天条”①。天父(杨秀清)下凡时也曾明确告诫洪秀全：“今朕差尔治天下，以孝道为先。”②因此，洪秀全十分注重向自己的儿子灌输这一点。

洪天贵福通常每天要四次向洪秀全写本章请安。这些本章很有可能是由洪秀全本人草拟，然后再由年幼的洪天贵福每天依样画葫芦递上去，其具体内容如下——《早朝请安本章》：“小子天贵福跪请爹爹宽心安福坐，爹爹万岁万岁万万岁。跪请爹爹圣体安否，求爹放宽圣怀，永坐天国万万年。”《早饭请安》：“小子天贵福跪请爹爹宽心安福食宴。”《午时请安》：“小子天贵福跪请爹爹宽心安福坐。跪请爹爹身安否，请爹宽心。”《夜饭请安》：“小子天贵福跪请爹爹宽心食宴，食毕宴放宽圣怀安福睡。”③文中凡遇“爹爹”“爹”字眼时，一律照例抬头两格，以示恭敬。概括地说，上述本章的主旨是祝福洪秀全吃好睡好，圣体安泰，坐稳江山。洪秀全每天都被这些动听的语言包围着、缠绕着，或许他都已经看腻了、听烦了，但出自自己长子的笔下，不知他看后是否会有一种异样的感觉？

男女之别是洪秀全向洪天贵福着重灌输的另一个传统伦理观念。由于身份特殊，洪天贵福9岁这一年就已经成婚，实际年龄仅有7周岁，是地地道道的童婚。洪秀全一手包办，给他娶了四个年龄相仿的妻子，其中有两人姓黄，均为广西人；一人姓侯，安庆人；一人姓张，湖北人。据洪天贵福自述，他和自己的四个妻子住在天朝宫殿的左殿上屋，其父洪秀全住在前殿，其母赖莲英和众妈(洪秀全的后宫)住在右殿，两个弟弟洪天光、洪天明分别住在金龙殿和左殿下屋。④

自从9岁成婚之后，洪天贵福就被禁止与自己的生母(包括众妈)和姐妹见面。洪秀全还专门写有《十救诗》，供洪天贵福和自己的

① 《天条书》，《太平天国印书》，32页。

② 《天父圣旨》卷3，见王庆成编注：《天父天兄圣旨》，122页。

③ 《洪天贵福亲书请安本章格式和赞美诗》，王庆成编著：《稀见清世史料并考释》，524～525页。

④ 《洪天贵福在南昌府供词》，王庆成编著：《稀见清世史料并考释》，527页。

女婿钟万信阅读，作为其日常生活的行为准则，敦告“遵此十救诏习炼，上天常生福长悠”。这 10 首诗分别以“妈别崽”“姊别弟”“哥别妹”“嫂别叔”“哥别婶”“爹别媳”“孙别婆”“男别女”“最紧喙”“最紧心”为题，讲述有关严别男女和清心慎言的大道理，其中的规定十分琐屑，具体到男孩年方 7 岁，就必须自己学洗澡，且不得与母亲同床；妹妹到了 5 岁，哥哥就不能摸她的手；弟弟长到 7 岁，姐姐就得与他保持一丈远的距离，等等。9 岁是男女血亲之间进行隔离的年龄杠，遵守了就“命可保”“福多多”，否则就“天诛死”“云雪加”，以触犯天条论处。① 严别男女是洪秀全始终十分强调的一种伦理观念，体现了他对时下人欲横流道德沦丧这一社会现象的严正批判态度，但明显心理反弹过分，走上了另一个极端。缺乏应有的天伦之乐，这对洪天贵福心智的健康发展难免会带来负面影响。

正因为这些规定过于苛刻，不近人情，所以，作为一名幼童，洪天贵福每当想念自己的母亲和姐妹时，总是趁洪秀全有事坐朝时，偷偷地跑过去看望。② 洪秀全的强化教育远没有收到预期的效果。兵败被俘后，洪天贵福就其记忆所及，仅默写出《十救诗》中的部分诗句，可见该诗留给他的印象并不算深刻。

如前所述，洪秀全所强调的男女有别和孝亲观念，在本质上均源于传统的儒家伦理思想。不过，尽管洪秀全毕生都深受儒学影响，但出于确立独尊上帝局面的考虑，他仍然推行了一种以“反孔”为主要特征的激进文化政策，乃至在定都之初明确宣布孔孟诸书为“妖书邪说”，掀起一场狂飙式的焚禁古书运动。说到底，洪秀全所要否定的并不是孔子的学说，而是孔子的权威，即千百年来一直被奉为中国社会精神象征的孔子的地位，以便为确立上帝信仰扫除障碍。换句话说，他所进行的是一种形式上而非内容上的反孔。③ 正是基于

---

① 《幼主诏书》，《太平天国印书》，798～799 页。

② 《洪天贵福在江西巡抚衙门供词》，王庆成编著：《稀见清世史料并考释》，531 页。

③ 参见拙文《太平天国反孔政策的由来及其影响》，76～83 页，见《沧桑足迹》，北京，中国发展出版社，2000。

这种矛盾心理，洪秀全在向洪天贵福灌输传统说教的同时，却又禁止他接触古书。据洪天贵福后来回忆："老子总不准宫内人看古书，且叫古书为妖书。""老天王叫我读天主教的书，不准看古书，把那古书都叫妖书。"他还透露，天王本人在宫中依旧看古书，曾经诏令在杭州进献古书万余卷，"老子不准我看。老子自己看毕，总用火焚"。①

然而，越是被禁的东西，往往越能诱发人们的好奇心。洪秀全早年正是通过阅读《劝世良言》之类的"禁书"，从中接受了上帝信仰。在喜欢读书甚至读杂书、读禁书这一点上，洪天贵福与其父多少有些貌似。他曾经趁洪秀全不注意时，私下拿走 30 多本古书阅读，但大多不成套，其中包括《艺海珠尘》四五本，《续宏简录》卷四十二、卷四十三，《史记》两本，《帝王庙谥年讳谱》一本，《定香亭笔谈》一本，等等。浏览这么多的禁书，再加上是自学，洪天贵福阅读时的费时费力程度可想而知，他由此得到的知识无疑也极为有限，但书中的内容却显然引起了他的兴趣。正式登极后，洪天贵福"写票要有四箱古书"②。直至沦为清军阶下囚后，他仍然满心指望日后能读书考秀才。从这一发展轨迹推论，洪天贵福似乎对正统的传统文化更为心仪，对其父的宗教学说较为淡漠。

总之，洪秀全一心想按照自己的模式来塑造洪天贵福。但事与愿违，单从将上帝教混同于天主教这一事实就可以看出，洪天贵福对上帝教教义的认识极为肤浅。另一方面，洪秀全所实施的教育内容既迂阔又片面，尤其体现在禁止其子阅读古书上。很难想象一个对本国历史和传统文化茫然无知或一知半解的人，能够通晓民情，审时度势，治理好江山。而洪天贵福偷看禁书一事恰好说明，洪秀全这种偏激的做法就连自己的儿子也不能心悦诚服地接受。

---

① 《洪天贵福亲书自述之三》《洪天贵福在江西巡抚衙门供词》，王庆成编著：《稀见清世史料并考释》，520、531 页。

② 《洪天贵福亲书自述之三》，王庆成编著：《稀见清世史料并考释》，520 页。

三

为了培养洪天贵福在治国经邦方面的能力，到了后期，洪秀全开始有意识地尝试让他来涉猎政务。现存洪天贵福以幼主名义发布的诏旨计有20余件，其中最早的一道诏旨颁布于天历庚申十年六月十九日，即1860年7月29日。这说明最迟到1860年夏，洪天贵福已经开始象征性地涉足朝政。此时他才12岁，实际年龄还不满11周岁。

这些所谓的幼主诏旨十有八九是关于人事任命方面的内容，按照其重要程度，无疑经由洪秀全亲自裁定，而且极有可能直接出自洪秀全的手笔，然后再由洪天贵福照抄一遍颁发。看来，洪秀全是想让洪天贵福赢得人望，逐渐培植群臣对幼主的敬畏心理。他甚至吩咐洪天贵福抄录自己撰写的《十救诗》，然后将之刻印成书，冠名为《幼主诏书》。虽说不免有些不伦不类，但从中也可以看出洪秀全用心之良苦。

作为幼主，洪天贵福领略到了与他身份相称的尊严——“各王见我均须跪礼，母磕头礼我的”①。但是，这种尊严是他与生俱来的，或者说是其父洪秀全赐予的。真正意义上的磨炼和丰富的生活阅历，这才是洪天贵福此时最为缺乏、最为需要的东西。然而，洪秀全并没有给他机会去领略和感悟，而是将他圈在深宫之中，在这块方寸之地静静地体验做幼主的滋味。

在被俘后描述自己的逃亡经过时，洪天贵福将“骡”“马”混为一谈，或系神思恍惚所致，或者原本就不辨骡马。在一份亲笔供词中，洪天贵福还写道：“我不晓我是那(同‘哪’，下同，引者按)县人，干王是那县人，我就是那县人。”②身为太平天国的君主，竟然连自己的籍贯都不知晓，实在是匪夷所思，其见识之浅陋于此可略见一斑。概括地说，对洪天贵福的培育是洪秀全一生中的败笔之一。究其原

---

① 《洪天贵福在南昌府供词》，王庆成编著：《稀见清世史料并考释》，531页。

② 《洪天贵福亲笔供词(又一件)》，王庆成编著：《稀见清世史料并考释》，560页。

因，洪秀全即使算不上不尽心尽责，至少也是方法、措施失当。

洪秀全早早地立储，并且严禁宫城内外的沟通与联系，此举既避免了外戚干政和群臣为拥立不同的对象而展开纷争的现象，同时又消除了他的子嗣日后为争夺权力而同室操戈的隐患。不过，这也使洪天贵福变得极为肤浅和稚嫩，一旦失去洪秀全的呵护，便立刻方寸全无。

随着局势的急转直下，洪天贵福很快就陷入了这种境地。

1864 年 6 月 1 日夜四更时分，洪秀全病逝。6 月 6 日，众臣拥戴时年 16 岁的洪天贵福即位，奉其为幼天王；洪天贵福的四个妻子则被称作幼娘娘，此时都还没有生子。由于缺乏能力和主见，洪天贵福并不实际料理政务。据他后来自述："一切朝政系信王洪仁发、勇王洪仁达、幼西王萧有和及安徽歙县人沈桂四人执掌。洪仁达并管银库及封官钱粮等事。兵权是忠王李秀成总管。""所下诏旨都是他们做现成了叫我写的。"①

洪天贵福即位时，太平天国气数已尽，原先的疆土丧失殆尽，天京也成为一座孤城，外无援军，内无粮草，处在湘军狂攻之下，危在旦夕。面对这种突如其来的变局，洪天贵福一下子傻眼了！

7 月 19 日午后，湘军轰塌太平门城墙 20 余丈，蜂拥而入。洪天贵福在宫楼上望见湘军已经入城，便赶紧往下跑。幼娘娘拉住不放，洪天贵福谎称下去看一下就回来，一溜烟来到荣光殿，想离开天朝

---

① 《洪天贵福在南昌府供词》《洪天贵福在江西巡抚衙门供词》，王庆成编著：《稀见清世史料并考释》，528、532 页。按：洪天贵福还透露，他曾采纳沈桂（人称"沈真人"）的建议，诏封六主帅，由此可见沈桂在朝中的地位。沈桂其人其事在其他文献中没有任何记载，幼天王所言披露了一个以前不为人知的重要史实。不过，沈桂的出身或来历颇费揣摩。笔者推测，鉴于太平天国宗教是一神教，排斥一切异教神灵和异教徒，因此，沈桂断不可能是位名副其实的"真人"。另一方面，由于政治上的偏见和文化上的隔阂，士大夫阶层通常对太平天国持不合作乃至敌对的态度，故而沈桂似是位落魄江湖的寒士，因通晓医卜星相之术而被称作"真人"。上帝教原本就是一个中西合璧的宗教，而且随着时间的推移，其本土文化（儒学与民间宗教）的色彩变得越来越浓厚，故人们私下里习称沈桂为"真人"并非不可思议之事。

宫殿，但被守护朝门的女官挡驾。后来，忠王李秀成和侍卫黄享乾火速赶到，带洪天贵福出了朝。幼天王骑着忠王的白马，先一同来到忠王府。当夜初更时分，忠王李秀成、尊王刘庆汉等千余名将士假扮成清军，护卫幼天王从太平门缺口处冲出。

突围的人流还没有全部冲出去，守城的湘军就截杀而来，城外的湘军大营也开炮堵截，加之壕沟纵横，可谓险象环生。沈桂中炮身亡。李秀成与大队人马被打散，随后被俘。幼天王"自幼至长，并未奇[骑]过马，又未受过惊慌"①，幸亏尊王率部拼死杀出一条血路，护侍他取道孝陵卫、淳化镇、湖熟镇，于7月31日逃到皖南广德。因为事起仓促，洪天贵福没有随带包括玉玺在内的任何东西，也没有带出一名女眷。他根本就没有料到，自己即位才40多天，在天朝宫殿的宝座上还没有坐热，就被清军撵出京城，走上了逃亡之路。

干王洪仁玕在湖州得此消息后，连日备办贡物，于8月10日赶到广德朝觐幼天王。君臣(叔侄)相见，悲喜交集。干王在与湖州守将堵王黄文金等人商议后，决定率余部开赴江西抚州、建昌，先与侍王李世贤、康王汪海洋等部会合，然后取道湖北进军陕西，再举大业。8月末，太平军撤出湖州、广德，共有十二三万之众，兵分三路向江西挺进。②

洪天贵福在洪仁玕等人簇拥下，骑马居中而行。他"只穿了蓝白单夹长褂，头扎绉纱巾，脚穿鞋子"③，全然没有了当初在天朝宫殿的那种派头。身处险恶之境，他更缺乏其父洪秀全那种坚忍不拔的意志和信念，只是听凭臣下拿主意，依计行事。说到底，洪天贵福仅是名存实亡的太平天国中央政权的一种象征。而且，他始终处在惶恐不安的精神状态，反倒成为这支远征军的累赘。这也难怪，自1853年以来，他一直生活在宫墙之内，从未接触过外面的世界。

太平军一开始就出师不利，没走多远，负责断后的堵王黄文金

---

① 罗尔纲：《增补本李秀成自述原稿注》，368页。

② 详参拙著《从塾师、基督徒到王爷：洪仁玕》，285～286页，武汉，湖北教育出版社，1999。

③ 《洪天贵福在南昌府供词》，王庆成编著：《稀见清世史料并考释》，529页。

便在宁国中炮身亡，使作为这支远征军主力的湖州守军顿时处于号令不一、军心浮动的状况，严重影响了部队的战斗力。在清军围追堵截之下，太平军伤亡惨重，哗变事件也时有发生，一路上风声鹤唳。9月28日，太平军在江西湖坊一带又遭重创，誉王李瑞生被擒，王宗谭乾元、谭庆元等倒戈。幼天王“心怯，欲自尽，为祐王、干王等所救，即剃头装作难民而逃”①。

当时，咬在幼天王身后的是席宝田部清军。席氏前因援救南丰不力，被革除江西布政使衔和云南按察使一职，降补为知府，所以立功心切，传令“不擒幼逆(指幼天王，引者按)，毋得收队”②，驱众昼夜紧追不舍。10月9日夜，已不足万人的太平军残部行至石城境内一个名叫杨家牌的村落。洪仁玕本想连夜沿小路继续行军，但苦于找不到当地人充当向导，便打算等到四更时再动身。三更月落时分，席宝田部清军赶到，见太平军人困马乏，蚁聚为炊，烟火相望，便悄然压上，然后鼓角齐鸣，杀将而来。太平军人不及甲，马不及鞍，纷纷夺路而逃。洪仁玕喝令众人回头阻击，让幼天王先走，但军无斗志，人马拥挤，局面已经失控。洪天贵福被乱军冲散，慌不择路地骑马逃命。经玉山口过桥走了几里地后，眼见就要被清军追上，他跌进一个深坑。

清军过去后，洪天贵福惊魂未定，独自一人躲进山中。一连藏匿四天后，洪天贵福饥饿难忍，便又产生轻生念头。就在这时，一位好心的路人给了他一块面饼充饥。吃饼后，洪天贵福又在山上藏了两天，因为实在支撑不住，这才壮胆下了山。

下山后，洪天贵福来到一户唐姓人家，谎称自己是湖北人，姓张。对方收留幼天王，让他帮着割禾。碰巧有一个剃头佬来给主人剃头，幼天王遂顺便再次剃了头。干完四天短工后，姓唐的人打发他回家。幼天王根本就不认识路，一时手足无措。他先是一路北上，

① 《誉王李瑞生供词》，王庆成编著：《稀见清世史料并考释》，565页。

② 沈葆桢：《席军翦除湖逆搜获伪酋折》(同治三年九月廿五日)，《沈文肃公政书》卷3，89页，光绪六年吴门节署刻本。

走到广昌县白水镇，一打听才知道此路通往建昌。因为害怕建昌有清军驻守，幼天王便返身往回走。当时，清军正在四处搜捕逃逸的太平军，风声很紧。幼天王不走运，在高田一带撞见清军。一个兵勇咬定幼天王是“长毛”，向他勒索金银，见一无所获，便剥下他的衣服。走到瑞金地界后，又有兵勇逼迫幼天王挑担。10 月 25 日，他在石城荒谷被清军押入兵营。幼天王终于不幸落入虎口。①

四

此前，幼天王下落不明一直是清方的一块心病。偷袭杨家牌得手后，席宝田特意于 10 月 16 日移驻石城县城，派所部会同石城县令曾继勋四山搜捕。洪天贵福被席军游击周家良拘捕后，他的年龄、口音、相貌等自然引起了对方的怀疑。由于涉世未深，再加上恐惧，抱有侥幸心理的洪天贵福遂和盘托出，将自己的真实身份和所知道的内情，全都一五一十地供了出来。他对政治斗争的残酷性和人情的险恶一无所知。他压根就不知道，一旦承认了自己的身份，等待他的便只有死亡。

江西巡抚沈葆桢道破了其中的利害关系。在他看来，“洪福瑱黄口小儿，无足介意。惟洪秀全窃号十有余岁，流毒十有余省，遗孽犹在，则神奸巨憝倚其名号，足以挥召群凶”。因此，在接到席宝田禀报后，沈葆桢如释重负，断言“东南大局，从此底定矣”，并准其所请，“将洪福瑱解省确讯，并将该逆亲书供单呈送前来”。②

---

① 关于洪天贵福兵败被俘的经过，详参《洪天贵福在南昌府供词》《洪天贵福在江西巡抚衙门供词》《洪天贵福亲笔供词(又一件)》，王庆成编著：《稀见清世史料并考释》，529～530、532～533、560 页。按：干王洪仁玕于 10 月 10 日拂晓被俘，其他重要首领或阵亡或被俘或逃逸，不一而足。太平军余部在江西会师的计划遂以失败告终。11 月 23 日，干王在南昌就义。

② 沈葆桢：《席军生擒首逆折》(同治三年十月初三日)，《沈文肃公政书》卷 3，103、104 页。按：另据沈葆桢《报获木质伪玺片》，在幼天王被押解到南昌的当天，席军在广昌、石城交界的一民家搜获幼天王木质玺印各一方，系在皖南广德时补刻。

11 月 3 日，洪天贵福被押解到江西省会南昌。南昌府知府许本墉和沈葆桢又分别对他进行提讯。11 日，沈葆桢就此奏报清廷，内称“察看该逆顶发翦断，仅留数寸，目望视口操粤音，于伪宫中琐屑谬妄之状言之甚悉，其为伪孽无疑”，另谓“将臣及南昌府许本墉所讯供词并护解委员沿途收其自写笔迹咨送军机处备核”，并再次请示如何处置洪天贵福。①

据沈氏奏折和洪天贵福的残存供词分析，洪天贵福被俘后，相继在席宝田大营、押解途中和南昌留下多份亲笔自述、诗句和口供。在这些供词中，洪天贵福讲述了其父洪秀全的死因和去世日期，自己的家庭情况与宫廷生活，登极后的情形，从天京突围逃到广德直至远征江西兵败被俘的经过；另就其记忆所及，详细开列了太平天国诸王的名单，以及随同他从京城逃出来的各王的名单。此外，洪天贵福还写有《十救诗》中的部分诗句，七日礼拜仪式中使用的赞美经，向洪秀全请安的本章格式，等等。

在 11 月 8 日的一份亲笔供词中，洪天贵福写道：“我在南京时，官兵未破城，我先梦见尔们官兵入城。在杨家牌，我亦先知尔们官兵夜会来攻。我先对干王他们说官兵今晚会来打仗，他们说官兵不得来。”他在南昌府和江西巡抚衙门受审时也提到过类似情节。这一段话显得有些神秘兮兮。看来，在洪秀全潜移默化的影响之下，洪天贵福似乎认为自己也不同凡响，冥冥之中觉得自己具有某种超自然的神秘力量。

在该供词中，洪天贵福还多次提到一个名叫唐家桐的人。唐氏系湖南人，以书生身份在席宝田军中效力，授训导衔，曾率队参与搜捕洪天贵福的行动，因功被沈葆桢奏请以知县留江西补用，后又奉命作为“护解委员”押解洪天贵福到南昌。② 他是欺蒙、软化洪天贵福的一个关键人物。对于唐家桐的善待和承诺，洪天贵福信

① 沈葆桢：《讯明首逆供情折》(同治三年十月十三日)，《沈文肃公政书》卷 3，107 页。

② 参见沈葆桢：《席军生擒首逆折》《讯明首逆供情折》，《沈文肃公政书》卷 3，105、107 页。

以为真，误以为只要自己如实招供，洗心革面，便可以万事大吉。他将唐家桐看成是自己的救命稻草，对后者感恩戴德，称他为“老爷”，拜他为“哥哥”(可见唐氏应是个年轻人)，表示“我先是幼天王，今是跟老爷的人。我做唐老爷弟弟。我年轻，道理我有些不晓，望大人老爷怜我年幼，莫怪我。今蒙唐老爷待我甚好，我就放心了。”据末句推测，洪天贵福在被押解到南昌后，仍与唐家桐不时照面，甚至有可能仍旧归后者看押。

在强烈的求生欲望支配下，洪天贵福以近乎哀求的口吻写道：“我今来到大人老爷这里，万望大人老爷带我到老，我感大人老爷恩于世世靡暨。”为了表明心迹，他还附诗一首，肉麻地吹捧唐家桐：

老爷识见高，世世辅清朝。
文臣兼武将，英雄盖世豪。①

在江西巡抚衙门受审时，洪天贵福也拼命洗刷自己，信誓旦旦地表示：“那打江山的事都是老天王做的，与我无干。就是我登极后，也都是干王、忠王他们做的。广东地方不好，我也不愿回去了。我只愿跟唐老爷到湖南读书，想进秀才的。是实。”②言语之中流露出一种天真，并夹杂着十足的奴颜媚骨寡廉鲜耻的味道。当年，洪秀全抱着劝世、救世的宗旨，毅然舍弃科考，并最终走上反清道路，而此时的洪天贵福却竭力表白要做清王朝的顺民，一心想博取功名。如此强烈的反差耐人寻味，更令人嘘唏不已。

除了想考秀才，洪天贵福还谈到对婚姻的态度，表示“我有四个

---

① 以上凡未注明出处的文、诗，均引自《洪天贵福亲笔供词(又一件)》，王庆成编著：《稀见清世史料并考释》，560～561页。按：该供词末署“甲子年九月二十七日”，与其他供词一样，系沿用天历(沈葆桢《讯明首逆供情折》遂有“所供日期，尚沿伪朔”一说)，阳历则为1864年11月8日。

② 《洪天贵福在江西巡抚衙门供词》，王庆成编著：《稀见清世史料并考释》，533页。

老婆。现在我不要妻，二十岁再要”①，似乎对当初那么早就结婚颇感懊悔。他的生活习惯也有所改变。据洪天贵福说：“我父亲不吃猪肉的，并不准众人吃酒，所以从前我只吃牛肉，不吃猪肉。如今也吃猪肉并常吃酒。”②由于天京长时间陷入绝粮困境，洪秀全生前曾带头以“甜露”(野草团)为食，并下令全城军民仿效。因此，洪天贵福登极后开戒吃猪肉、喝酒的可能性不大。联想到洪天贵福在供词中再三提到“唐老爷待我甚好”，文中的“如今”似乎特指其被俘后的日子。

为了表明心迹，1864 年 11 月 17 日凌晨，洪天贵福又写了三首诗送给唐家桐，题签“右送唐家桐哥哥诗三首”，末署“甲子年十月初四日夜五更”。全诗如下：

跟到长毛心难开，东飞西跑多险危。
如今跟哥归家日，回去读书考秀才。

如今我不做长毛，一心一德辅清朝。
清朝皇帝万万岁，乱臣贼子总难跑。

如今跟到唐哥哥，惟有尽弟道恭和。
多感哥哥厚恩德，喜谢哥恩再三多。③

诗中“如今”一词又重复出现了三次。据前引“我只愿跟唐老爷到湖南读书”和“如今跟哥归家日”句分析，唐家桐肯定曾向洪天贵福承

① 《洪天贵福亲笔供词(又一件)》，王庆成编著：《稀见清世史料并考释》，559 页。

② 《洪天贵福在南昌府供词》，王庆成编著：《稀见清世史料并考释》，530～531 页。

③ 《洪天贵福亲书送唐家桐诗三首》，王庆成编著：《稀见清世史料并考释》，526 页。按：在被俘后的供词中，洪仁玕赞颂洪秀全“天生聪明”，并说洪天贵福“也是绝等聪明，我看一行书，他看三行了”(《洪仁玕在江西巡抚衙门供词》，王庆成编著：《稀见清世史料并考释》，491、492 页)。干王气节固然可嘉，但终究不脱“愚忠”二字。核诸史实，他对幼天王的评价明显有夸张、掩饰之嫌。

诺带他回湖南老家读书，而洪天贵福居然深信不疑，并且以为这一天已是指日可待，以至于做起“读书考秀才”的酣梦，全然不知死神的阴影正一步步地向他逼近。

从这几首文理不通形同梦呓的打油诗可以看出，幼天王颟顸平庸之极，与三国时蜀汉后主刘禅实在伯仲之间。倘若洪秀全灵下有知，将会有什么样的感想呢？他一定后悔自己当初没有调教好这个宝贝。可惜，他已经没有机会来纠正自己的过失了。

洪天贵福同样也没有了机会。一天后，即 11 月 18 日，他将上述三首诗又重写一遍，但墨迹未干，就被绑赴市曹凌迟处死，时年 16 岁。① 至此，太平天国世系正式宣告终结。

原载中国社会科学院近代史研究所《青年学术论坛》2001 年卷，北京，社会科学文献出版社，2002。

① 清廷就“洪福瑱应否槛送到京”一节谕示沈葆桢曰：“洪福瑱虽系洪秀泉之子，而幺麽小丑，漏网余生，亦不值槛送京师……”沈氏遂遵旨将幼天王就地处死。参见沈葆桢：《洪福瑱就地凌迟处决折》(同治三年十月二十七日)，《沈文肃公政书》卷 3，112 页。

“拜上帝会”说再辨正

在谈到洪秀全、冯云山早年在广西传播上帝信仰的历史时，几乎所有的论著、工具书和教科书都说冯云山创建了一个名为“拜上帝会”的宗教组织。这几乎成为学术界的不易之论。也有学者认为，“拜上帝会”这一组织实际上并不存在，该名称是他称而不是自称——虽然见解不一，但在“拜上帝会”一说上并无分歧。

在《“拜上帝会”说辨正》一文(载《近代史研究》2005 年第 5 期)和《天国的陨落——太平天国宗教再研究》一书(北京，中国人民大学出版社，2006)中，笔者基于考证，认为该组织是存在的，其确切名称是“上帝会”，“拜上帝会”一说属以讹传讹。有学者赞同这种解释，也有学者提出异议。大家关注这一问题，有助于搞清真相，深化研究。本文拟对此做进一步探讨。部分内容难免会与前引论著相重叠，这是需要事先说明的。

简又文先生是国内太平天国研究的开拓者之一。他最早持“拜上帝会”说，认为该名称是自称，该组织是存在的。在 1944 年初版、1946 年再版的《太平军广西首义史》一书中，简氏在卷三列有“冯云山创立拜上帝会”“拜上帝会之真象[相]”两节，均谈到这一观点，并言之凿凿地说：“‘拜上帝会’是正式的原来的会名，见《起义记》，附印汉文原字。史籍有作‘上帝会’，或‘尚弟会’者，皆误。”①至于“上帝会”一说何以不能成立，作者并没有做具体考释。

文中提到的“《起义记》”指《太平天国起义记》，系瑞典传教士韩山文(Theodore Hamberg)用英文撰写的《洪秀全之异梦和广西叛乱

① 简又文：《太平军广西首义史》，111 页，上海，商务印书馆，1946。

的起源》一书的中译本，译者正是简又文先生。韩山文原著于1854年在香港出版；1935年燕京大学图书馆重印时收录了简氏中译本，成为中英文对照本。原著有云：

> They formed congregations among themselves, gathering together for religious worship, and became soon extensively known under the name of "The congregation of the worshippers of God". ①

简氏译文为："此等新教徒即自立一会结集礼拜，未几，远近驰名，而成为'拜上帝会'。"②正是依据这一记载，简氏持"拜上帝会"说，进而影响到其他学者，使"拜上帝会"说成为一种通行的说法。也有学者对译文做了不同解释，认为该组织并不存在，是其他人用"拜上帝会"来称呼在一起举行拜上帝仪式的人。③ 此说虽未质疑"拜上帝会"这一名称，但没有人云亦云，对于推进研究很有启发意义。

韩山文原著是根据洪仁玕的口述写成的，因此，"拜上帝会"说的源头是洪仁玕。洪仁玕是洪秀全的族弟和最早的信徒之一，与洪秀全的关系非同一般。韩山文一书在"The congregation of the worshippers of God"旁特意附注"拜上帝会"四个汉字。这说明洪仁玕确实认为冯云山创建了一个名为"拜上帝会"的宗教组织。不过，洪仁玕没有亲身随洪秀全赴广西。关于广西布道情形，他是在洪秀全返乡后断续从其口中得知的。按照考证学原理，孤证是不能成立的，

---

① Theodore Hamberg, *The Visions of Hung-Siu-Tshuen and Origin of the Kwang-Si Insurrection*, p. 28.

② 简又文译：《太平天国起义记》，中国史学会主编：《太平天国》第6册，853页。

③ 持"他称"说的学者指出，简氏的译文并不准确，应译为："他们自己成群地会合起来，在一起举行宗教礼拜。很快，他们以'拜上帝会'的名称而远近驰名。"不过，"congregation"一词既指"人群""集会"，也可译为"宗教团体"。译法不同，文义也就不同。因此，仅凭译文似不能直接断定"拜上帝会"是他称。

除非是铁证。关于洪秀全的口述，洪仁玕的记忆是否准确、理解是否正确，直接影响到“拜上帝会”说的可靠性。因此，“拜上帝会”说是否能够成立，单凭不是当事人的洪仁玕的陈述是不足为据的，必须结合其他记载进行考证才能确定。

在西方记载中，英国驻华外交官密迪乐(T. T. Meadows)沿袭韩山文的说法，称太平军最初建立的宗教组织名为“拜上帝会”(The Society of God-worshippers)①。英国人呤唎(A. F. Lindley)也持是说。经校对发现，呤唎在谈到此事时系一字不差地照抄韩山文一书。② 韩山文一书在当时十分畅销，颇有影响，出现这种情形是可以理解的。

不过，仔细查勘西文资料就会发现，“上帝会”说在当时远比“拜上帝会”说流行。

以英文报刊为例，《中国丛报》1851 年 7 月刊文说：“广州及邻近地区有一种很流行的看法，认为他们(指洪秀全等，引者按)与外国人和基督教有某种联系，常以‘上帝会’之名被提起。”③原文中的“上帝会”被标注为“Shanti hwui”。《中国之外友》在 1852 年 5 月 24 日的一篇报道中，两处提到广西“叛军”名为“上帝会”，分别标注为“the Shang te Society”和“the Shang-te hwuy”。④

一些与洪秀全或太平天国有过直接接触的西方人也持相同说法。

---

① T. T. Meadows, *The Chinese and Their Rebellions, Viewed in Connection With Their National Philosophy, and Administration*, London, 1856; Reprinted, Stanford University Press, 1953, p. 85.

② A. F. Lindley, *Ti Ping Tien Kwoh: The History of the Ti-Ping Revolution, Including A Narrative of the Author's Personal Adventures*, 2 Vols., London, 1866, p. 44.

③ “A Report from the *Chinese Repository*,”*Western Reports on the Taiping*, p. 9. 按：当时西方人拼写中国专有名称的方法很不规范，导致所标注的拼音不统一，可谓五花八门。《西方关于太平天国的报道》一书在卷末列有所收文献中原始拼音与现代汉语拼音、威妥玛-贾尔斯式拼写法的对照表。

④ “A Report from the Overland Friend of China”, *Western Reports on the Taiping*, pp. 17, 18.

洪秀全的宗教启蒙老师罗孝全(I. J. Roberts)牧师在1852年10月6日的信中写道："据传，叛军的部分成员是由自称为'上帝会'的一个团体组成。"①原文中"上帝会"写作"the Seongti Society，i. e.，'The God Society'"。美国海军军官费熙邦(E. G. Fishbourne)于1853年访问过天京，也说太平军的原始组织名叫"上帝会"(the Society of God)。②

还值得注意的是，在1853年6月末的一封信中，美国长老会哈巴安德(A. P. Happer)牧师讲述在广州与一名太平军信使会面的情形，内称后者亲口对他说，"上帝会"(Shangti hwui)是他们用来称呼其团体的名称。③ 这是一条有力的直接的证据。意大利方济各会传教士里佐拉蒂(Rizzolati)在同年1月的信中甚至说，太平军的旗帜上写有"上帝会"(Xam-ti-houoei)三字。④

耐人寻味的是，同期的中文记载也普遍持"上帝会"一说，与西文记载两相吻合。

先看清方记载。例如，道光三十年(1850年)十二月二十日，主持广西剿"匪"全局的钦差大臣李星沅奏曰："广西贼势披猖，各自为党。如浔州府桂平县之金田村贼首韦正、洪秀全等私结尚弟会，擅帖伪号伪示，招集游匪万余，肆行不法。"⑤稍后，贵州巡抚乔用迁奏称"浔州桂平县属金田村一带有尚弟会匪"；署理广西巡抚周天爵

---

① "A Letter from the American Baptist Missionary Rev. I. J. Roberts," *Western Reports on the Taiping*, p. 19.

② E. G. Fishbourne, *Impressions of China, and the Present Revolution: Its Progress and Prospects*, London, 1855, p. 57.

③ "A Letter by American Presbyterian Missionary Rev. A Happer," *Western Reports on the Taiping*, p. 78. 按：关于洪秀全是否曾经派信使赴广州邀请罗孝全牧师来天京，学术界存有争议。王庆成经考证，认为确有其事。参见王庆成：《太平天国的文献和历史——海外新文献刊布和文献史事研究》，413～422页，北京，社会科学文献出版社，1993。

④ "A Letter by the Italian Franciscan Missionary Mgr Rizzolati," *Western Reports on the Taiping*, p. 31.

⑤ 《李星沅等奏报桂平金田大股会众抗拒官兵亟筹攻剿并请简提镇大员折》，《清政府镇压太平天国档案史料》第1册，131～132页。

认为“尚地会”在广西“贼匪”中最为凶悍。① 文中“上帝会”被分别避改为“尚弟会”“尚地会”。咸丰元年(1851 年)九月二十九日，广西巡抚邹鸣鹤奏称“尚地会匪韦正等邪说煽惑”②云云。同年秋，广西按察使姚莹致函胡林翼说：“粤西现在名为‘上帝会’，实即天主教之会也。”③咸丰二年(1852 年)二月，钦差大臣赛尚阿为掩饰被太平军自永安突围之败绩而捏造《洪大全供词》，内称洪秀全等人“胆智越大，又将会名改为上帝会”④。同年十二月二十四日，广西提督向荣在奏折中亦云：“奴才查知，逆匪十余年前即有上帝会之名，是煽惑胁从已众。”⑤以上各人除贵州巡抚乔用迁外，均为直接参与镇压太平军的清方要员，其情报来源及陈述时间不一，但均持“上帝会”说。咸丰三年(1853 年)正月十七日，广东巡抚叶名琛也奏报说：“道光二十九年，凌十八在广西金田地方与洪秀泉等因天主教名目已久，改名上帝会，共为结拜。”⑥张德坚《贼情汇纂》是一部有关太平军的情报汇编，亦称“洪逆等结盟之始曰‘上帝会’”⑦。

时人笔记也有不少类似记载。覃元苏《象州乱记略》称“上帝会匪洪秀全、冯云山、杨秀清以左道惑众”，并说象州“乡中入会者殆千

① 《乔用迁奏报续获广西会众并遵旨讯明广西各股情形折》《周天爵奏报广西韦元玠等股情势地方肇事原委及目前对策折》，《清政府镇压太平天国档案史料》第 1 册，140、159 页。

② 《邹鸣鹤奏报随时严惩拿获情罪重大各犯并将刃伤县丞白良栋之雷亚书等正法折》，《清政府镇压太平天国档案史料》第 2 册，442 页。

③ 姚莹：《复贵州黎平府胡》，《中复堂遗稿》卷 5，同治四年刊。

④ 赛尚阿咸丰二年二月二十七日奏折所附《洪大全供词》，《清政府镇压太平天国档案史料》第 3 册，59 页，北京，社会科学文献出版社，1992。

⑤ 《向荣奏复十八日进兵获胜及现筹堵剿情形折》，《清政府镇压太平天国档案史料》第 4 册，258 页，北京，社会科学文献出版社，1992。按：“十余年前”说不确，上帝会系问世于道光二十六年至次年上半年间。

⑥ 《叶名琛奏报审明凌十八案内各犯分别按律定拟折》，《清政府镇压太平天国档案史料》第 4 册，442 页。

⑦ 张德坚：《贼情汇纂》卷 9，《太平天国》第 3 册，249 页。

计"①。谭熙龄《紫荆事略》称洪秀全、冯云山等人"煽惑愚民"，"而上帝会之名目流播闾阎，愚无知者纷纷从贼矣"②。

再以地方志为例。佚名《浔州府志》卷56说，洪秀全、冯云山"倡上帝会"，"首习上帝会，匿紫荆山"③。光绪《玉林州志》说，道光三十年(1850年)九月，"上帝会匪陆川赖九至水车江传播妖术"④。民国《陆川县志》亦云，"道光三十年八月，赖沤铁九纠上帝会党数千人"⑤。类似记载还有许多，兹不一一列举。

以上诸多记载的消息来源不一，时间跨度大，但都一致持"上帝会"说，且大多明确指出该名称是自称。根据这些记载，该组织是否存在，其名称究竟是"拜上帝会"还是"上帝会"，应当十分清楚了。

"拜上帝会"与"上帝会"有一字之差。弄清"拜"字的意思，进而完整准确地理解"拜上帝会"的确切含义，有助于进一步搞清楚这个问题。

"拜"字原指表示恭敬的一种礼节，后来引申为通过某种仪式结成一定的关系，如"拜师""拜堂""拜把子"。自清嘉道年间起，"拜会"一词有着一层约定俗成的含义，指参加民间秘密团体，"拜"字作"参加"解。道光元年(1821年)广西官府颁布的《乡约条规》有云："劝我民，莫拜会，拜会结盟罹重罪。告发获破受严刑，禁押折磨贻后悔。路边墟口挂人头，都是从前逞强辈。好百姓，莫拜会。"⑥这说明"拜会"是当时社会上较为流行的一种说法。两广总督徐广缙在咸丰元年(1851年)三月初九日的奏折中说："信宜县土贼凌十八，在该县大寮寨地方聚党二三千人，拜上帝会，打造器械，肆行劫掠。"⑦

---

① 转引自《广西瑶族社会历史调查》第1册，100页，南宁，广西民族出版社，1984。

② 谭熙龄：《紫荆事略》，《中国近代史资料丛刊续编·太平天国》第5册，1页。

③ 转引自《太平天国革命时期广西农民起义资料》，127、128页。

④ 冯德材、文德馨：《玉林州志》卷18，光绪二十年重修。

⑤ 古济勋、吕浚堃：《陆川县志》卷21，民国十二年重修。

⑥ 转引自《太平天国革命时期广西农民起义资料》，26页。

⑦ 《徐广缙等奏复遵查信宜凌十八股骚扰地方及官军剿办实在情形折》，《清政府镇压太平天国档案史料》第1册，277页。

另据佚名《浔州府志》卷 56 记载，官府壮勇讹索紫荆山区鹏隘山乡民，称“奴[汝]辈拜上帝会，谋不轨”①云云。这里的“拜”字均作“参加”解，“拜上帝会”即“参加上帝会”之意。

有研究者指出，在包括被俘起义者供词的太平天国自身文献中，均无“拜上帝会”字样。此说不确，在理解上也有偏差。太平军士兵李进富的供词便提到“拜上帝会”，但这里的“拜”字仍作“参加”解。李进富是鹏隘山人，起义初期被俘。他在口供中谈到当初各地“拜会”的情形，并说自己于道光三十年(1850 年)八月间“与哥子一同去拜尚弟会”②。供词系清吏笔录，故“上帝会”被改写成“尚弟会”。李进富还分别讲到“均去拜会”“前往拜会”“入会”“拜了尚弟”“拜了之后”“我们会内”“会内人数”等。这无可置辩地说明：文中“拜”字作“参加”解，“拜尚弟会”即参加上帝会之意；该宗教组织名为“上帝会”，系自称。录供与亲笔供词仅是形式或语气上的区别，对具体内容并无实质性损益。因此，作为上帝会成员，李进富的陈述为澄清这一史实提供了最为直接和有力的证据。

洪仁玕没有参加广西的布道活动，对于“拜会”“拜上帝会”这些约定俗成说法的确切含义，很可能不甚了了，因而将“拜上帝会”误解为宗教组织的名称——洪秀全返乡期间，洪仁玕在邻县清远教书，并仍在为参加科考做准备，两人并未朝夕相处。③ 忠实于洪仁玕口述的韩山文据此写进书中；简又文不加深究，信以为真，遂导致以讹传讹。

需要指出的是，在与简又文《太平军广西首义史》同期出版的《太平天国史事日志》一书中，郭廷以最早在国内持“上帝会”说；吴良祚在解释“太平”词条时，也持“上帝会”说。④ 郭、吴两位学者均以太

---

① 转引自《太平天国革命时期广西农民起义资料》，132 页。

② 《李进富口述》，《中国近代史资料丛刊续编·太平天国》第 3 册，271～273 页。

③ 参见拙著《从塾师、基督徒到王爷：洪仁玕》，18 页，北京，社会科学文献出版社，2007。

④ 参见郭廷以：《太平天国史事日志》，36、57 页，上海，商务印书馆，1946；郭毅生主编：《太平天国大辞典》，150 页，北京，中国社会科学出版社，1995。

平天国文献、史事考订见长，虽对“上帝会”说未做只字考释，但显然不会率尔落笔，只可惜他们的表述一直未引起应有的重视。

国家清史编纂委员会《清史编纂通讯》2006 年第 9 期刊发《称“拜上帝会”不对吗?》一文(以下简称“《不》文”)，对笔者的观点以及所做考释提出商榷，在认同“上帝会”说的同时，仍认为“拜上帝会”说是正确的。与以往普遍持“拜上帝会”说相比，这是一种折中的观点。《不》文摘录了五段含“拜上帝会”字眼的资料，认为除两处“拜”字作“参加”解外，其余三处“拜上帝会”均作名词解，进而认为“拜上帝会”“上帝会”两种名称是并存的。不过，经查核原文发现，不知是出于何种原因，作者对原文解读错了。兹据《不》文转录这三段资料如下：

> 拜上帝会则必家属子女俱，产业贱售。(同治《浔州府志》卷二十七)
>
> 道光戊申，红巾贼洪秀全、冯云山匿桂平紫荆山，诱人拜上帝会。(同治《浔州府志》卷四十八)
>
> 冯云山在紫荆山一带……组织教会，聚会礼拜，不久就成为远近闻名的“拜上帝会”。

第一则资料的出处为谭熙龄《紫荆事略》，同治十三年《浔州府志》辑录。《不》文没有完整摘引，原文为“……而拜上帝会，则必家属子女俱，产业贱售”。这里的“拜上帝会”显然应作“参加上帝会”解，理由有二：一是倘若作名词解，整个句子就文义不通；二是《紫荆事略》仅千字左右，另处还谈到洪秀全、冯云山等人“煽惑愚民”，“而上帝会之名目流播闾阎”——这里讲得非常清楚，该组织的名称为“上帝会”。通读全文，丝毫找不到“拜上帝会”是名词以及“上帝会”“拜上帝会”两种名称可以并存的合理依据——退一步讲，谭熙龄断无可能在这篇短文中使用不同名称来指同一个秘密团体。类似的事例还可以找到一些佐证：在咸丰二年(1852 年)六月二十二日奏折中，两广总督徐广缙称“凌十八自道光二十九年即在广西金田地方拜上帝会，往来信宜，踪迹靡定”，又称“况上帝会乃天主教之别名，与外夷所传者同宗一派”①。佚名《浔州府志》卷 56 称洪秀全、冯云山“倡上帝会”，又称洪秀全“谓举世有大灾，非拜上帝会不能免”②。“拜上帝会”“上帝会”在这两处同样同时出现，显见“拜上帝会”即“参加上帝会”之意，不是也不可能是名词。

在第二则资料中，“诱人拜上帝会”作“诱人参加上帝会”解。倘若将此处的“拜上帝会”理解为名词，文义同样解释不通。

第三则资料，《不》文在注释中说明系转引自呤唎著、王维周译《太平天国革命亲历记》一书。上文业已说明，呤唎的这段文字系完全照抄韩山文一书，因而也就不足为据。③

综上所述，除了以韩山文牧师为源头的个别西人记载外，我们迄未发现能证实“拜上帝会”是名词或名称的记载。也就是说，所谓“拜上帝会”，纯属误解或误读。“拜上帝会”既然不是一个名词，也就不存在“拜上帝会”“上帝会”两种名称并存的情况，该名称是自称还是他称之辨也就无从谈起。

《不》文认为：“历史上形成的这个事实，我们最好不要轻易改变”，“我们今天将太平天国的宗教组织继续称为‘拜上帝会’并无不妥之处”。该文还举后世史家称努尔哈赤建立的“大金”国为“后金”为例，认为“既然‘后金’能写在史书上，那么影响并不亚于‘后金’的‘拜上帝会’为何就必须得取消呢?”笔者对此不敢苟同。将努尔哈赤建立的金王朝称为“后金”是为了区别于宋、辽、金并立时期的金王朝，这与将“拜上帝会”误解成名词、将“上帝会”误解为“拜上帝会”不是一回事，不能相提并论。史学的要义之一是求真，即搞清楚历史的真相，自然不可以将错就错、以讹传讹。

上文所列举的诸多原始记载足以证明，“上帝会”是自称，该宗教

① 《徐广缙等奏报尽歼罗镜凌十八股折》，《清政府镇压太平天国档案史料》第 3 册，411、412 页。

② 转引自《太平天国革命时期广西农民起义资料》，127 页。

③ 值得注意的是，王维周译本与简又文译本一致，也将“congregation”译为“教会”“会”。“拜上帝会”是自称，这似乎是洪仁玕的原意。

组织是确实存在的。当然，除李进富口供和广州太平军信使的口述外，太平天国文献并没有提到“上帝会”这一名称。出现这种情况，大体有以下几种可能：自金田团营起，起义会众一律实行军事编制，“上帝会”这一宗教组织已不复存在；太平天国对记述自身历史不够重视①；在洪秀全等人看来，上帝会是一个尽人皆知的事实，没有提的必要②，等等。总之，太平天国文献没有提到“上帝会”，并不意味着该组织不存在、不是自称。反过来说，假设“上帝会”确实不存在、不是自称，那又如何解释以上诸多中西记载众口一词地持“上帝会”说呢？换言之，若认定“上帝会”不存在、是他称，力持“拜上帝会”说，那就必须依据确凿可靠的史料进行有说服力的考释，以证实以上各种中西记载的陈述均属子虚乌有，而不能单凭太平天国文献没有提到“上帝会”这一孤立的现象或表象作为依据。

澄清“拜上帝会”说，有助于澄清一些似是而非的概念或说法。例如，长期以来，将“拜上帝会”“拜上帝教”两个概念混用的现象较为常见。按照宗教学家的解释，宗教的基本要素包括宗教观念或思想，宗教感情或体验，宗教行为或活动，宗教组织和制度。③“会”作为宗教组织，与作为母体的宗教不是同一个层次的概念，有大小之分。当然，如前所说，“拜上帝会”概念，包括由此衍生出的“拜上帝教”概念，本身并不能成立。

---

① 谢介鹤《金陵癸甲纪事略》、张汝南《金陵省难纪略》均谈到有一“诏书”，是记述洪秀全起兵前后史事的手稿本；李秀成在供词中也谈到一部记述天王“出身起义之由”的“诏书”。考太平天国将自身出版的书籍统称为“诏书”，并推行“旨准颁行诏书总目”制度，而谢氏等人所说的“诏书”究竟何指，难以确定，似乎并不是指某一具体的书名。在太平天国已刊书籍中，仅《太平天日》《天兄圣旨》直接记述了洪秀全的早期行迹，但其主旨是为了说明和渲染洪秀全系受命于天，并不是严格意义上的史书。

② 洪秀全等人的思维和表述与今人显然是有区别的。不少在我们看来十分重要的事情，诸如洪秀全等首义诸王被确认为上帝亲生子或“帝婿”（萧朝贵）的时间和经过，起义初期关于定都问题的论争等，太平天国文献均语焉不详甚或只字未提。

③ 参见吕大吉：《宗教学通论新编》，53页，北京，中国社会科学出版社，1998。

这里还牵涉到太平天国宗教的名称问题。太平天国对其宗教没有正式命名,间或称为"天教"。所谓"上帝教",是后人对太平天国宗教的称谓。民国九年(1920 年)《桂平县志》卷 41 称萧朝贵"性悍而痴信上帝教"①,最早采用"上帝教"一说。范文澜、罗尔纲、胡绳、王庆成、吴良祚以及章开沅、郭毅生、华强等学者均将太平天国宗教称为"上帝教"。而"拜上帝教"说更为流行,系从"拜上帝会"推演而来,欠妥。太平天国宗教独尊上帝,称之为"上帝教"最为妥帖,前面不应再画蛇添足,加上"拜"这一动词。否则,照此推理,佛教、基督教亦可称为"拜佛教""拜基督教"。这就不伦不类了。②

有研究者以史料中只有"会"的名称、没有"上帝教"名称为依据,认为洪秀全根本没有创立过"上帝教"。此说在理解上存在偏差。首先,"会"与"教"不是同一个层次的概念,不能等量齐观,已见前述。其次,前已说明,无论是"上帝教"还是误用至今的"拜上帝教",都是后人对太平天国宗教的称谓,太平天国文献当然不可能出现。判断太平天国宗教是否存在,显然不能以太平天国是否曾经对其宗教正式命名、洪秀全是否具有近代意义上的"宗教"概念为依据。只要上帝信仰客观上具备了作为一个宗教的完整要素,太平天国宗教的存在便是一个客观事实。这也是中外大多数学者的共识。

原载《福建论坛》2009 年第 2 期。

---

① 转引自《太平天国革命时期广西农民起义资料》,128 页。

② 关于这一点,拙著《天国的陨落——太平天国宗教再研究》第 35 页已有明确说明。

太平天国宗教"邪教"说辨正

太平天国以宗教起家，又以宗教立国，宗教与太平天国的盛衰兴亡始终息息相关。因此，不了解太平天国宗教(上帝教)，也就难以深入认识太平天国的历史和思想。长期以来，西方学者主要侧重探讨基督教对太平天国意识形态的影响，对上帝教自身的研究涉猎不多。①就国内而论，简又文先生最早重视研究太平天国宗教。他在民国初年留学美国时便形成太平天国兼有"宗教革命"性质的观点，其研究成果主要见于后来在香港出版的《太平天国典制通考》一书。中华人民共和国成立后，史学界在正确否定太平天国为"宗教革命"一说的同时，却又对"宗教是人民的精神鸦片"这一经典论断作简单化理解，始终讳言宗教，宗教问题因而成为太平天国史研究中一个无形的禁区。② 这种状况直到 20 世纪 70 年代末才得以改变，王庆成、吴良祚等学者对此作了若干开拓性研究。1992 年，拙著《太平天国宗教》由南京大学出版社出版。该书忝为学术界研究上帝教的第一部专著，就其各主要内容作了初步探讨。不过，总的来说，该专题研究相对比较沉寂，外界也较少关注。2000 年左右，随着揭批"法轮

---

① 西方相关研究论著主要有：濮友真(E. P. Boardman)的《基督教对太平叛乱意识形态的影响(1851—1864)》(威斯康星大学出版社，1952)；施友忠(Vincent Y. C. Shin)的《太平天国的意识形态》(华盛顿大学出版社，1967)；瓦格纳(Rudolf G. Wagner)的《重析天堂之梦：宗教在太平叛乱中的作用》(伯克莱，1982)；史景迁的《上帝的中国儿子：洪秀全的太平天国》(诺顿公司，1996)。

② 在 1949 年至 1976 年间，该专题严格意义上的论文仅有一篇，见徐绪典：《论太平天国的拜上帝会与基督教的关系》，载《文史哲》1963 年第 5 期。

功”的深入和大型电视连续剧《太平天国》的播出，太平天国宗教忽然成为一个热门话题，太平天国宗教是“邪教”一说被炒得沸沸扬扬。本文拟就此谈谈个人的一些浅见。

一、关于“邪教”的定义

在辨析太平天国宗教是否是“邪教”之前，首先必须搞清楚“邪教”这一概念的历史渊源及其确切含义。

目前，人们对“邪教”的定义大多耳熟能详，即邪教对正常的社会秩序造成严重的威胁和破坏，是披着宗教外衣，带有强烈的政治色彩，具有反科学、反社会、反人类、反政府性质的犯罪集团。1999年10月，《最高人民法院、最高人民检察院关于办理组织和利用邪教组织犯罪案件具体应用法律若干问题的解释》对“邪教组织”作了如下定义：邪教组织是指冒用宗教、气功或者其他名义建立，神化首要分子，利用制造、散布迷信邪说等手段蛊惑、蒙骗他人，发展、控制成员，危害社会的非法组织。

需要说明的是，“邪教”不是一个近期推出的新概念，而是一个在我国沿用已久的传统概念，旧时是对民间宗教的一种贬称。①我国历史上的民间宗教源远流长，最早可以追溯到东汉末年道教系统的太平道、五斗米道，随后大乘教、弥勒教等佛教异端教派又异军突起。它们起初大多被官方视为“妖道”“妖术”，约在唐宋时期被斥为“邪教”。唐武德四年(621年)，太史令傅奕上书唐高祖李渊，建议废除佛法，便已使用“邪教”概念，内云：“胡佛邪教，退还天竺；凡是沙门，放归桑梓。令逃课之党，普乐输租；避役之曹，恒忻效力，

① 作为后起之义，“邪教”概念还被用来指斥基督教等外来宗教。

勿度小秃长揖国家。”①后来，“邪教”概念便约定俗成，成为官方贬斥民间宗教的代名词。明清两代是民间宗教最为活跃的一个时期，各种民间教门林林总总名号繁多，但几乎无一不被官府视为“邪教”。清乾嘉学派代表人物之一钱大昕在谈到南宋摩尼教在民间传播情状时，称该教吃菜事魔，“即今人所谓邪教也”②。道光年间，直隶地方官黄育楩在所撰《破邪详辩》一书中追溯“邪教”的历史脉络，亦云：“噫，邪教一流，始自后汉妖人张角、张梁、张宝，下迨晋、隋、唐、宋、元、明，历代皆有邪教。”③

民间宗教之所以被指斥为“邪教”，主要有宗教与政治两方面的因素，而以政治因素为主。从宗教角度来说，作为从正统宗教分化出来的异端教派，民间教门为了减缓传播时所遇到的阻力，在创建初期通常以正统宗教相标榜，因而遭到后者的排斥。以明代中叶创立的罗教为例，该教打着革新佛教的旗号，以正统禅宗自居，倡言儒、释、道三教合一，对佛教界形成不小冲击。众僧遂迅速作出反应，斥责罗教妄引诸经、唱偈和佛，实属“假正助邪”。这种围绕“正”“邪”的纷争反映了正统宗教对民间教门的打压立场。至于历代封建王朝将民间宗教视为“邪教”，则纯粹出于维护其自身统治的政治考虑。体系完整的正统宗教与教义芜杂的民间宗教是传统中国社会的两大宗教形态。前者在教义上宣扬忍耐顺从，戒恶行善，将现世的苦难和不公正归咎于个人内心的邪念，与封建礼教的精神十分吻合。因此，统治者历来重视对正统宗教的利用，以钳制人们的思想和行为，强化宗教对社会的控制功能。也正因为如此，在正统宗

---

① 傅奕：《请废佛法表》，《全唐文》卷133，转引自赫治清：《清代“邪教”与清朝政府对策》，《清史论丛》(2003～2004年号)，121页，北京，中国广播电视出版社，2004。按：佛教自西汉哀帝元年(公元前2年)经西域传入中国内地后，其正统宗教地位的确立经历了一个曲折反复的过程。为了限制佛教的发展，北魏太武帝、北周武帝、唐武宗、后周世宗先后兴起大规模的灭佛事件，史称“三武一宗”。

② 钱大昕：《十驾斋养新录》卷8，185～186页，上海，商务印书馆，1935。

③ 黄育楩：《破邪详辩》卷4，4页，光绪九年嘉平重镌本。

教与民间宗教的所谓门户之争中，官府通常站在前者的立场，斥民间宗教离经叛道的教义为异端邪说，视以结社拜会形式组建的民间教门为煽惑叛乱的异己力量，采用严刑峻法来加以取缔和镇压。明太祖朱元璋原本借助于这些旁门左道起家，但他在坐上金銮殿后，随即宣布弥勒教、白莲教、明尊教等为“左道乱正之术”，明令厉行查禁。到了清代，除康熙、雍正时期量刑稍宽外，其余各朝镇压“邪教”的严厉程度更是有过之而无不及。某些民间教门尽管并不带有政治色彩，但因为游离于正统宗教之外，所以依旧得不到官方的认同，不能合法地存在和传播。清代秘密流传于畿辅一带的在理教便属于这种情形。

近期有不少论著分析了古今“邪教”组织的相似之处，归纳出以下几个主要特征：大搞教主崇拜；秘密结社；编造“末劫”说等邪说蛊惑人心，对信徒实行严格的精神控制；非法敛取钱财；鼓吹反社会思潮，与现实社会相对抗。历史上的民间宗教确实不同程度地带有上述特征。由于不能获得合法地位，民间教门被迫采用秘密结社的方式暗中传播，故而组织严密，行踪诡秘，内幕鲜为外人所知。这也是民间宗教又被学界冠名为“民间秘密宗教”的缘由。作为封建社会的一种特殊宗教形态和社会力量，民间宗教主要在下层社会中流传，所以不可避免地会打上其特有的印记，封建愚昧色彩十分浓厚，诸如在教义上流行“三期末劫”说，信奉“真空家乡，无生老母”八字真言，流于粗鄙和荒诞不经；在组织上实行严格的家长制统治，等级森严，而且都是世袭传教，神权与族权往往交织在一起。为了在信徒中确立自己的绝对权威，民间教门的教主大搞造神运动，将自己打扮成普度众生、法力无边的救世神明。不少教主借传教大肆敛财，一旦羽翼丰满便又萌发政治野心，伺机起事，使无数痴迷的信徒成为满足其个人私欲的牺牲品。

例如，明万历年间，皮匠出身的直隶人王森诳言得妖狐异香，创立闻香教，其基层组织(“会”)遍布华北数省，信徒达二百万之众，平素以竹签飞筹传递消息。在通过向普通教徒敛钱成为地方豪门后，王森又蓄意进行政治投机。直到清嘉庆年间遭当局严办，王氏族人已世袭传教两个半世纪，主持教门达十代之久。又如，清嘉庆年间，石慈诳称弥勒佛转世，在甘肃重建圆顿教，不仅通过收徒念经四处敛财，还借传丹之名奸淫教中妇女，导致该教声名狼藉。①在利欲熏心的教主的控制下，这些民间教门鱼肉百姓，为害一方，劣迹斑斑，的确邪气十足。我们显然不能因为它们所扰乱的是封建统治秩序，就不加分析地一律拍手叫好。至于近代臭名昭著的一贯道，已是人所周知，此处不复赘述。

但是，需要强调指出的是，历史上的民间宗教是一个盘根错节异常复杂的现象，而上述事例仅是其局部的缩影，并不能代表其全貌。有一种观点认为："反科学、反社会、反人类、反政府，堪称古今中外一切邪教组织共同的邪恶本性。"②倘若据此来给历史上的民间宗教定性，似乎不够完整和确切。对于历史上民间教门反社会、反政府的举动，我们既不能一概肯定，也不能断然否定，必须作具体分析。

民间宗教在下层社会的勃兴有着深刻的文化和社会政治根源，它是正统宗教世俗化、平民化的产物，同时又是社会矛盾日益激化的伴生物，本质上属于封建时代被压迫者的意识形态和社会组织。它以神秘性的宗教预言揭示了现实社会的种种不公正现象，迎合了下层民众谋求生存、避祸求福的心理。宗教上的"劫难"实际上是现实社会的苦难在神学世界的投影，每逢天灾人祸或社会动荡，民间教门往往利用人们的生存危机感，乘机宣传劫难将至、入教避劫，以此来广招门徒。正如马克思在《〈黑格尔法哲学批判〉导言》中所说，"宗教里的苦难既是现实的苦难的表现，又是对这种现实的苦难的抗议"。说到底，封建暴政是酝酿民间宗教的温床，后者的兴起是对前者一种无声的抗议和挑战。这也是民间宗教虽迭遭官府残酷镇压但

---

① 关于王氏家族把持闻香教以及甘肃圆顿教敛钱骗色的情形，详参马西沙、韩秉芳：《中国民间宗教史》，549～610、900～903 页，上海，上海人民出版社，1992。

② 司法部编：《依法取缔邪教组织、防范和惩治邪教活动知识问答》，1 页，北京，法律出版社，1999。

仍然风起云涌、生生不息的根本原因。在特定的历史背景下，民间教门还最终走上武装“反叛”的道路，掀起一股股冲击现行统治秩序的惊涛骇浪。中国历史上的旧式农民起义几乎无一不以宗教形式起事。例如，元末农民起义的洪流便主要由摩尼教、弥勒教、白莲教等民间教门汇聚而成，起义军以谶语“弥勒降生，明王出世”相号召，倡言“天遣魔兵杀不平，世上能有几人平；待看日月双平照，杀尽不平方太平”，道出了挣扎求生的穷苦大众的心声。尽管民间宗教是一种落后的斗争武器，带有与生俱来的封建色彩，无力或无法最终超越封建统治秩序，建立起一个真正公平合理的社会，但其反抗封建暴政斗争的正义性与合理性却是不容否定的。另一方面，尽管民间宗教常被一些教主用作大肆敛财和实现自己政治野心的工具，但是，正是空前激化的社会矛盾和下层民众摆脱现状的迫切要求才将这些凡夫俗子推上了教主地位，而后者的自我造神之举又在一定程度上迎合了下层民众渴望真神下凡解民于倒悬的心理，两者互为因果，正与邪是掺杂在一起的，彼此之间并非泾渭分明。再就晚清而论，暂且撇开太平天国不谈，民间教门在反洋教斗争、义和团运动、辛亥革命等历次重大政治事件中，都曾经发挥了一定的积极作用。抗日战争期间，华北地区的一些红枪会组织还发展成为中国共产党领导下的人民抗日武装。总之，对于历史上的民间宗教，我们应当运用唯物史观来作具体分析，而不能沿袭封建社会的正统观念，不分青红皂白地将之一概视为“邪教”。

需要补充说明的是，关于“邪教”概念的认定，国际上至今仍没有一个统一的标准，中国大百科全书出版社 1999 年出版的国际中文版《大不列颠百科全书》等权威工具书中均无“邪教”条目。西方与“邪教”概念意思相近的英文对应词为“Cult”，国内媒体如《China Daily》在报道“邪教”时便使用该词。英文“Cult”一词作“膜拜团体”解，泛指那些与传统和主流文化相背离、煽动狂热宗教情绪的反社会的极端宗教组织，即从所谓“新兴宗教”中分化出来的一些极端教派(Extreme Church)，诸如美国的“人民圣殿教”“大卫教派”“天堂之门”“上帝之子”，西欧、北美的“太阳圣殿教”，日本的“奥姆真理教”，等等。根据西方学者的研究，这些极端教派大多具有一些共同的特征，诸如大搞教主崇拜；非法敛财；对信徒实施精神控制，组织严密；宣扬"末世"论，带有明显的反社会、反人性倾向。这与目前国内对"邪教"的定性十分接近，但又有所区别，即西方的"膜拜团体"以宗教信仰自由作为盾牌，可以作为宗教团体"合法"存在，政府只有在教主触犯法律的情况下才能将其定罪；而我国则旗帜鲜明地揭穿了此类非法组织利用宗教进行包装的实质，指出"邪教并不是我们平常所说的宗教，邪教与宗教有着本质的区别"，"邪教的'教'并不是指宗教的'教'，而是特指一类邪恶的说教、邪恶的势力"①。

综上所述，古今"邪教"一词尽管都是政治概念，但含义各异；古今"邪教"组织的性质、背景也大不相同。宗教本身有雅俗之别、门户之争，但并没有正邪之分。历史上的民间宗教也是宗教，在教义、社会功能上精华与糟粕并存，正邪互见，只是因为被官方视作危及统治的异端邪说和异己力量，所以被笼统地斥为"邪教"。而现今所界定的"邪教"不是指宗教，而是特指冒用宗教等名义建立的祸国殃民的非法组织。它们代表着一种邪恶说教和邪恶势力，既与宗教有着本质区别，同时又与广大人民群众的利益根本对立，是社会肌体上的一个大毒瘤。因此，我们不能将两者相提并论，更不能沿用封建社会的正统观念，将"邪教"视为历史上民间宗教的代名词。只有认清了这一点，我们才能对历史上的民间宗教，包括太平天国宗教，作出一个客观公正的评价。

---

① 司法部编：《依法取缔邪教组织、防范和惩治邪教活动知识问答》，5页。按：由于文化和国情的差异，中外文互译时选择恰当的对应词颇费斟酌。例如，"上帝"一词源于中国先秦典籍，明末来华的天主教传教士最早将它作为《圣经》中"God"的对应词来使用。儒家典籍所描述的"上帝"与基督教的God有相近之处，都是一位赏善罚恶、主宰自然界和社会中一切事务的至上神，但又存在明显区别，即前者既没有创世功能，也不具备一神教的宗教排他性。这种译法一度导致中国教徒与传教士概念混乱，引发礼仪之争和教会内部关于如何翻译"God"更为妥当的争论，直到近代才约定俗成。

二、太平天国宗教是否是“邪教”

太平天国宗教是中西合璧的产物，从宗教教义到宗教仪式，均融会了不少民间教门的因素，其核心教义天父天兄下凡便直接脱胎于广西浔州地区所流行的降僮巫术。从这个意义上讲，上帝教是较为典型的一种民间宗教，但同时又具有与以往迥然不同的一些特点，标志着在西方基督教的渗透下，近代民间宗教所发生的新与旧的代谢。

基于上帝教的源头来自西方基督教这一表象，清方文献通常将太平天国宗教称为“天主教”，间或称作“耶稣教”“景教”“天竺教”。虽然称法不一，但在清政府看来，上帝教与基督教并无区别，不仅用夷变夏，而且还是煽动“叛乱”的工具，属于地道的“外洋邪教”。曾国藩在《讨粤匪檄》中列数太平军罪状，其一便是“窃外夷之绪，崇天主之教”，表示“痛天主教之横行中原”，以挽救中华文化沦丧的名义号召士庶与太平天国为敌。《贼情汇纂》一书是一群士绅奉曾国藩之命编纂而成，内称“自古草窃之徒，多藉邪教以倡乱。自季汉张角之后，如宋贝州妖人王则，明蒲台妖妇唐赛儿，近之白莲教、八卦教，莫不假托鬼神煽惑愚民，以为渊丛之聚。……洪逆等结盟之始曰‘上帝会’……虽屡更其名，其实即天主教略变其格者也。……是耶稣诸说，非杨非墨，既属异端，在中国即为邪教”，认为“从来叛逆多藉邪教倡乱，而粤匪为尤甚也”。① 南京士子伍承组也持此说，认为“贼始假天主教倡乱”，并将上帝教与历史上的“邪教”视为同类，慨叹“白莲八卦久披猖，谁识狂徒愈益狂”。②上述论者均站在清政府的立场，出于政治上的敌意和文化上的隔阂，自然会得出太平天国宗教是“邪教”的结论，不足为怪。

令人诧异的是，时隔一个多世纪，又有人旧调重弹，对太平天

---

① 张德坚：《贼情汇纂》卷5、卷9，《太平天国》第3册，155、249～251页。

② 伍承组：《山中草》，《太平天国史料丛编简辑》第6册，416页。

国宗教大张挞伐。

在1989年由人民出版社出版的《中国哲学史新编》第6册中，冯友兰先生对太平天国进行重新评价，略谓农民建立的政权就是封建政权，太平天国宗教即西方基督教，两者合而为一便是神权政治；太平天国搞神权政治，是一种历史的反动和倒退，所以搞了十几年只是“一个笑话”；而曾国藩镇压太平天国的战争建立在人权之上，因而是进步的，避免了中国历史倒退到神权政治的黑暗时期。冯先生的论点有两大明显的错误。首先，上帝教的源头虽然来自西方基督教，但它并不等同于基督教或属于基督教的某一教派，而是一种别具特色的新型宗教，两者在宗教仪式、宗教节日、宗教经典等方面迥然不同，在教义上更是大相径庭。与基督教相比，上帝教具有鲜明的形而下色彩，它完全从属于世俗的政治斗争运动，是太平天国的指导思想和理论基础，其主旨并不是追求个人的精神超脱、灵魂不朽或实现无区分的人类博爱，而是以斩邪留正、营建人间天堂为己任；太平天国政权与西方中世纪的神权政治也远不可相提并论。其次，洪秀全与曾国藩之间的战争绝不是什么神权与人权之争，而是两个政权或两个阶级之间的殊死决战。这早已成为学术界的共识。因此，所谓的神权与人权不应成为衡量洪秀全与曾国藩倒退或进步的标准。人称“曾剃头”的曾国藩大肆杀戮，最终将太平天国淹没在血泊之中，难道我们能说曾国藩弘扬了人权，或者说这是人权战胜了神权吗?

继“神权政治”说之后，更有论者直截了当地斥责太平天国宗教是“邪教”，其中最具代表性的是一书一文。潘旭澜先生撰写的《太平杂说》一书于2000年6月由百花文艺出版社出版，共收35篇短文，其核心观点是全盘否定洪秀全和太平天国，痛斥洪秀全是“暴君”“邪教主”“有轻度精神病的准皇帝”，其言论是“用以骗人的门面话，用以蛊惑民众的标语口号”；认为“洪秀全为首的太平军，是头领们利用迷信发动和发展起来的一支造反队伍。他的一套教义、教规、戒律，不但从精神到物质严厉地控制着参加造反者，而且断绝了一切可能的退路。它们的指归，在于由洪秀全个人占有天下，建立他个人的‘地上天国’。这种洪氏宗教，披着基督教外衣，拿着天父上帝的幌子，以中国奴隶主和封建帝王的腐朽思想、条规，对他控制下的军民实行极其残酷的剥夺与统治，实际上是一种极端利己主义的政治性邪教”。与该书笼统地指斥上帝教是“邪教”相比，史式先生《让太平天国恢复本来面目》一文(刊广州《开放时代》2001 年 1 月号)，对相同的观点略有论证。作者按图索骥，援引当今评判“邪教”的标准来与太平天国相比附，诸如“常以世界末日来吓人，并许诺信教可以逃避灾祸，进入天国”，“邪教都会装神弄鬼，特别是会吹嘘教主能知天意，能与天神沟通”，“邪教都需要敛财”，“无不对入教者加以严格控制”，“邪教的教主都是淫棍，年轻的女教徒都是他们的猎物”，进而言之凿凿地说：“以这五项标准来衡量，太平天国正是不折不扣的邪教。”

那么，这种观点是否能够成立呢?

毋庸讳言，在《共产党宣言》业已问世的年代，洪秀全所手创的宗教是一种拙劣落后的意识形态，存在着先天性的致命缺陷，其不成熟性是显而易见的。洪秀全自称是上帝次子、耶稣胞弟，借神权来烘托君权，将自己塑造成绝对权力和绝对真理的化身，但他同时却又认可杨秀清代天父传言的身份，导致自己的绝对权威随时受到杨秀清的严重挑战。以君臣论，杨秀清必须对洪秀全唯命是从；但当杨托称天父下凡时，作为天父之子的洪不得不听命于杨。天无二日，于是，洪、杨权力之争非一死不能了之，终于酿成一场血腥恐怖的内讧，成为太平天国由盛变衰的一个转折点。另一方面，由于身份特殊，洪、杨可以随心所欲地借神的名义行事，从而导致理论上的混乱以及理论与实践的巨大反差。随着时间的推移，上帝教越来越难以自圆其说。尤其是到后期，洪秀全一味强化自己作为真命天子的权威，其宗教思想已变得十分苍白，不再像前期那样含有丰富的社会内容，从而失去其原先的感召力。后期主政的洪仁玕便意识到这一日益蔓延的信仰危机，认为“我天朝初以天父真道蓄万心如一心，故众弟只知有天父兄，不怕有妖魔鬼。此中奥妙无人知觉。

今因人心冷淡，故锐气减半耳”①。太平天国败亡后，缺乏生命力的上帝教随之夭折，在中国大地上几乎没有留下一丝痕迹。

然而，在太平天国时代，受当时认识水平等历史条件的制约，洪秀全依旧借宗教起事，这是可以理解的，原本无可厚非，除非我们否认太平天国揭帜造反的正义性，或是以今天的眼光来苛求洪秀全。对于历史上的宗教现象，必须结合当时的历史背景来作具体分析，这样才能有一个较为客观全面的认识。

科场失意等个人因素确实对洪秀全刺激不小，但只是诱发他皈依上帝，幻想通过人人道德自律来实现一个清平世界，而不是如《太平杂说》所说，“给他留下了刻骨铭心的仇恨”，使他“在内心深处做了造反的准备”。正如王庆成先生所分析的那样，洪秀全的早期思想经历了从追求功名、以道德说教手段改造世道人心到立志反清的发展过程。② 在这一转变过程中，日益尖锐的社会矛盾的刺激和洪秀全救世怀抱的升华起了决定性作用。作为洪秀全早年传教活动的中心，广西境内吏治腐败，盗贼纷起，土客械斗愈演愈烈，同时久旱不雨，瘟疫流行，天灾人祸一起压向困厄中的贫民百姓，导致社会危机四伏，动荡不安。正是在这种山雨欲来风满楼的形势下，随着与当地官绅的冲突日益升级，洪秀全逐渐确立了反清志向，其教义也随之发生变化。在洪秀全早期撰写的宗教诗文中，知命安贫一类的文字俯拾即是，但在决意反清后，他便断然表示：“过于谦卑或忍耐，殊不适用于今时，盖将无以管镇邪恶之世也。”这一番话是对《新约》中所充斥的忍耐谦卑之说的否定，同时也是对基督教教义最大的改造，体现了洪秀全矢志改造邪恶社会的决心和勇气。洪秀全所心仪的理想社会的蓝本是古代天下为公的大同之世。他就此提出“天下一家”理论，宣称“天父上帝人人共，天下一家自古传”，强调世人的灵魂均来自上帝，同为上帝子女，彼此都是兄弟姐妹，因此，人们

① 《开朝精忠军师干王洪宝制》，《太平天国印书》，703页。

② 王庆成：《论洪秀全的早期思想及其发展》，《太平天国的历史和思想》，1～40页。

应胞与为怀，恩和辑睦，一体平均。正是基于这一教义，在秘密筹划起义阶段，家境富裕的韦昌辉、石达开、胡以晃等核心人物纷纷毁家纾难。起义立国后，太平天国又正式实行废除私产、平均分配生活用品的圣库制度，严申一切战利品缴归圣库，严禁私藏金银财物，从而吸引了大量无衣无食者投身起义，并在维护军纪、保障供应方面发挥了积极作用。后来，太平天国又据此颁布了纲领性文献《天朝田亩制度》，憧憬建立一个"有田同耕，有饭同食，有衣同穿，有钱同使，无处不均匀，无人不饱暖"的大同社会。这无疑是封建社会农民所能萌发的最为美好的社会理想。这种理念对维系核心领导层的团结和凝聚力也有帮助，就连清方也不得不承认，"夫首逆数人起自草莽结盟，寝食必俱，情同骨肉，且有事聚商于一室，得计便行，机警迅速，故能成燎原之势"①。尽管洪秀全等人无力挣脱封建制度的六道轮回，原先闪光的思想逐渐被岁月所磨钝，取而代之的是重建旧的封建统治秩序，营造新的不公正、不平等，但是，我们显然不能因此而牵强附会地将圣库制度与邪教敛财混为一谈，把洪秀全描绘成一个借邪教起家的骗子，彻头彻尾利欲熏心的政治野心家，进而将太平天国宗教视为"一种极端利己主义的政治性邪教"。在咸丰初年，清政府的积弱积弊和列强的加紧入侵使国内社会矛盾异常激化，下层民众的武装斗争如火如荼，南有太平天国、天地会，北有捻军、白莲教，以及贵州苗民、云南回民等边远地区的少数民族起义，整个中国几乎成为一片火海。倘若忽视引发这些反清风暴的具体社会背景，单纯从造反者的个人因素来寻找原因，那就很难对历史作出正确的解释。曾有西方学者认为洪秀全等人是近代中国的改革者，"构成了通过引进西方思想及改革来拯救中国的第一个运动"②。姑且不论此说是否可以成立，与前引观点相比，论者至少关注了宗教表象背后所隐藏的社会政治因素，注意到了洪秀全借宗教

① 张德坚：《贼情汇纂》卷6，《太平天国》第3册，172页。

② M. G. Mason, *Western Concepts of China and Chinese*, *1840—1876*. Westport, Connecticut, 1973, pp. 87-88.

造反的初衷。

在创建上帝教的过程中，洪秀全等人采用了民间教门中常见的一些方式，诸如家族皈依、异乡传教、散布恐怖性预言劝人入教等。如前所述，宗教上的所谓“劫难”实际上是现实社会的苦难在神学世界的投影，洪秀全正是借社会矛盾空前激化之机，宣称“肯拜上帝者无灾无难，不拜上帝者蛇虎伤人”“人将瘟疫，宜信者得救”等，在广西发展了大量信徒，并审时度势地对其丁酉年梦境中的升天幻觉加以附会，宣称自己是上帝次子，奉命下凡作主，进而将入教避劫的宗教宣传升华为斩邪留正的起义号令。与清代民间教门和秘密会党相比，上帝教所信奉的独一真神信仰无疑是一种历史的进步。由于盛行多神崇拜等原因，白莲教教派繁多，天地会山堂林立，因此，它们所发起的反清斗争往往因组织涣散、纪律松弛而旋起旋蹶，难成气候。相反，正是借助于威严刚烈、权能无限的上帝形象，洪秀全才得以有效地统一号令，汇聚力量，整肃军纪，使金田起义的星星之火迅速形成燎原之势。另一方面，洪秀全又对上帝形象进行了中国化改造。基督教中原先纯灵的上帝不仅拥有妻室儿女，而且还不时下凡，对信徒们关怀呵护，指点迷津，赏善罚恶，并许下在人间创建“小天堂”的诺言。这些均迎合了中国农民务实的性格，激发起人们对未来的热切向往。正是在上帝信仰的激励下，太平军将士才敢于直斥清朝天子和灵界诸神为“妖魔”，为实现“地上太平，人间恩和”的社会理想而铤而走险，以一种冲决网罗的心态来投身征伐江山的事业，从揭帜金田到定都南京，一路高歌猛进。太平天国在初期之所以势头强劲，与宗教在发动和组织起义方面所发挥的巨大功能是分不开的。尽管洪秀全所推出的独一真神信仰依旧是在造神，带有浓厚的非理性色彩，所孕育出的宗教激情仅是昙花一现，但是，倘若我们脱离当时的历史背景和客观事实，片面地谴责洪秀全装神弄鬼、宣扬“末劫”论、对内部实行空前绝后的严厉控制，并以此作为判定太平天国宗教是“邪教”的依据，则未免过于简单化。

洪秀全从一开始就实行多妻制，定都后更是僻处深宫，足不出户。时人笔记据此推断洪秀全“性淫”“淫恶”；前引潘旭澜一书、史式一文也指斥洪秀全“尽情发泄性欲”“多妻纵欲”，甚至说他与邪教教主一样都是“淫棍”。这种结论似乎过于武断。笔者认为，多妻制与荒淫纵欲并不完全是同一个概念，或者说因人而异，至少洪秀全与纵欲过度的杨秀清就有所区别。《天父诗》一书收录洪秀全诗作四百余首，纯粹以宫闱中事为题，是其私生活的真实写照。该诗集并没有任何描写风花雪月的内容，而是板着面孔，订立了许多清规戒律，不厌其烦地教训自己的后妃如何恪守妇道和遵守礼仪，如第 303 首规定“嫂在洗宫(指浴室，引者按)姑莫进，姑理洗水嫂莫进”，第 462 首规定“不准讲及男人”，等等。①可见洪秀全是真道学，而不是假道学，并且其严别男女、恪守伦常的思想十分偏执。另据洪秀全长子洪天贵福交代，他一共有天光、天明两个弟弟，以及两姐三妹②。照此说法，再加上业已夭折的第二子和乘袭东王爵位的第五子洪天佑，洪秀全一共生有 10 个子女，其中长、次女和洪天贵福还是其元配夫人和续弦赖氏所生。与天王拥有后妃 80 多人相比，这一数字几乎不成比例。

总之，太平天国宗教“邪教”说在立论上存在着明显破绽。论者没有首先就宗教论宗教，对太平天国宗教缺乏最起码的研究和了解，也没有甄别古今“邪教”概念在定义上的本质区别，而是避重就轻，片面罗列一些史实，采用以点代面的方式下结论。当然，论者原本无意探讨太平天国宗教，而是借“邪教”说来全盘否定太平天国。《太

---

① 毋庸讳言，《天父诗》的格调确实不高。这四百余首宫闱诗充其量仅表达了作者本人对家庭和社会伦理的看法，严重脱离太平天国的现实政治，内容苍白乏味。若以一天写一首诗计算，该诗集大致需要耗费洪秀全一年半的时间，多少显得有些“不务正业”。据《天父诗》描述，后宫也有严格的等级区分，内以幼主生母赖莲英(“又正月宫”)地位最尊。这么多女人围着一个男人转，免不了会为互相争宠而暗地里较劲；矛盾一旦激化，便演变成公开的争骂，甚至“暗角暗打人”“暗打毒打”(第 164 首)。据洪天贵福讲，他的生母赖氏与第四母余氏便因为闹不和而被天王一并关了禁闭，他那时年纪还小，常为见不到母亲而啼哭(王庆成编著：《稀见清世史料并考释》，531 页)。可见洪秀全单为处理后宫纠纷便牵扯了不少精力，而这仅是多妻制消极作用的一个侧面。

② 《洪天贵福在南昌府供词》，王庆成编著：《稀见清世史料并考释》，527 页。

平杂说》一书便以断言上帝教是一种“政治性邪教”为前提，将太平天国描述成“‘洪’水滔天，鬼魅横行，蛇鼠袭人，万家墨面，文化荡然”，认为“将洪秀全这个暴君和邪教主送进坟墓，给太平军造反画上句号，从根本上说，是曾国藩对中国的重大贡献”。史式一文干脆套用时下的“邪教”定义将太平天国对号入座，断言“太平天国正是不折不扣的邪教”，全然不顾太平天国是国号的名称，与上帝教是两个完全不同的概念。

三、几点随想

作为南方某高校的一名中文系教授，潘旭澜先生在《太平杂说》一书中还对史学界的太平天国研究工作提出了严重质疑，宣称“我写这一批杂说一个重要的内驱力已经释放，它就是向一些‘太平天国’论著和作品说一声：不，历史不可随意颠倒，也不可阿世曲学”。在《太平杂说》一书问世之前，笔者曾撰文对类似现象加以评析，在批评“片面美化太平天国的偏向至今仍隐约可见”的同时，指出“太平天国史研究‘内冷外热’则是令人瞩目的另一现象。近年来，一些圈外学者进行客串研究，其论断虽不无启迪，但往往流于偏颇，否定太平天国、替曾国藩翻案的观点被炒得沸沸扬扬，出现了对前期研究中过‘左’之处反弹过分的倾向”①。在拜读了潘先生的煌煌高论后，我更加认为自己的判断不无道理。

作为中国历史上旧式农民起义的最高峰，太平天国是一幕既想挣脱枷锁却又无法超越封建制度的悲喜剧，其中的是非功过，绝非一味的肯定或否定所能够涵盖。孙中山、毛泽东都是从正反两方面来反思这段历史的。20世纪五六十年代，太平天国史研究在取得骄人成绩的同时，确实存在着偏差，主要表现为在理解和运用唯物史

---

① 参见拙文《50年来的太平天国史研究》，载《近代史研究》1999年第5期。拙文《二十世纪的太平天国史研究》(载《历史研究》2000年第2期)也有相同表述。

观时存在简单化、教条化倾向，一味地美化太平天国。虽然当时已有学者不同程度地针砭了这种现象，但这一在摸索中前进的良好势头很快便被突如其来的政治风暴所打断。随着极左思潮的泛滥，太平天国史研究成为近代史学科受害最深的一个领域，脸谱化、公式化的研究被发挥到无以复加的地步。但是，十年动乱结束后，史学界痛定思痛，已经做了大量拨乱反正、正本清源的工作，扬弃太平天国曾经倡导政治、经济、民族、男女“四大平等”这一主流观点便是一例。尤其是近二十多年来，多数学者都能够本着实事求是的科学态度，力求客观公正地探讨这段历史，包括对太平天国的阴暗面进行剖析，并围绕一些热点问题展开了积极的学术争鸣，推出了一大批有分量、有影响的研究成果。然而，或许是故意对上述事实置若罔闻，或许是出于对太平天国学术史的隔膜，潘先生等人却拿早就被否定的一些昔日流行观点作为靶子，讥讽、否定史学界的研究成果，祭起还太平天国史本来面目的大旗，严厉声讨太平天国，将太平天国描述得一团漆黑。其实，这些貌似新颖的说法早就有人讲过。曾国藩便在《讨粤匪檄》中声讨太平军“称乱”五年来的种种“暴行”，诸如“荼毒生灵数百余万，蹂躏州县五千余里。所过之境，船只无论大小，人民无论贫富，一概抢掠罄尽，寸草不留”，“妇女而不肯解脚者，则立斩其足以示众妇；船户而阴谋逃归者，则倒抬其尸以示众船”；声称“此其残忍惨酷，凡有血气者，未有闻之而不痛憾者也”。《贼情汇纂》也指斥说，“逆党倡乱以来，蹂躏数千里，非常暴虐，亘古所无”。太平天国败亡后，清方又陆续刊行《钦定剿平粤匪方略》《湘军志》等公私著述，对太平天国竭尽诋毁之能事，推许曾国藩等人为“中兴名臣”。民国年间，洪秀全等人虽被正式尊崇为近代民族革命的先驱①，但学者们在对太平天国的具体评价上仍然

---

① 蒋介石在对曾国藩推崇备至的同时，又对太平天国大加赞颂道：“太平天国之战争，为十九世纪东方第一之大战。太平天国之历史，为十九世纪东方第一光荣之历史。”(《增补曾胡治兵语录注释》序)“往者，洪杨诸先民，崛起东南，以抗满清，虽志业未究而遽尔败亡，而其民族思想之发皇，轰轰烈烈，在历史上足以留一重大纪念焉。”(《太平天国诗文钞》序)

褒贬不一。简又文先生承认太平天国是“民族革命运动”，但明确反对运用马克思主义来解释太平天国史，主张站在客观的立场从事研究，并由此得出太平天国“大破坏”论，认为“在吾国全部历史中，若连内乱外患合计，以破坏性及毁灭力论，太平天国革命运动仅亚于现今日本侵略之一役耳，其前盖无匹也”①。史学界在新中国成立初期的主要成绩之一，便是运用唯物史观澄清了有关太平天国的若干重大理论问题。孰料时至今日，这些片面否定太平天国的陈词旧说经过新辞藻的包装，居然又作为新观点大行其道，形成一个轮回。这不能不让人感到悲哀。

在《太平杂说》一书“后记”中，潘先生转引马克思 1862 年《中国记事》一文将太平军比喻成“魔鬼化身”的一段话，借此来印证自己的观点。在 2001 年 5 月于南京举行的太平天国史学术研讨会上，曹志

---

① 简又文：《太平军广西首义史》，5 页。按：1962 年，简先生在香港出版《太平天国全史》，仍持类似观点。郭廷以先生在《太平天国的极权政治》一文中也指出：“太平天国简直是一个低级的迷信，绝对的暴力集团，神权、极权、愚蠢的统治，只为满足自己的无限欲望，丝毫不顾及大众的福利，所造成的是遍野白骨，满地荆棘，丧失的生命最少是二千万至五千万。以富庶著称的长江下游各省，受祸尤烈，几于无地不焚，无户不掳，死亡殆尽。幸存者亦均面无人色，呻吟垂毙。真是中国历史上的浩劫惨剧。”(台北《大陆杂志》第 10 卷第 2 期)1998 年，唐德刚先生的《晚清七十年》(全 5 册)由台北远流出版公司推出，其第 2 册为《太平天国》。只需浏览一下该书的章节标题，诸如“玉石俱焚的周期性内乱”，“洪天王乡里的开国昏君”，“‘四不像’的洪杨割据”，“渣滓普罗的王洪文和杨秀清”等，读者对作者的写作风格及其对太平天国的评价也就了然于胸了。潘旭澜先生的联想更为丰富。他举例指出：“一百五十年来，南京的大劫难有三次，第一次是洪秀全定‘都’于此，第二次是日本侵略军的占领和大屠杀，第三次是‘史无前例’的‘文革’。这三者之间，可以看出它们或潜或隐的历史联系。”(《太平杂说》，261 页)太平天国时期江南人口锐减、社会经济凋敝是不争的事实，但是否可以把这些账全部算在太平军头上呢？以人口为例，当太平军大兵压境时，民众普遍十分惊恐，纷纷自杀，加上瘟疫(死尸不能及时清理、生态环境恶化引发)、饥馑(战乱导致大量田地抛荒，加上水、旱、蝗虫等天灾因素)流行所造成的死亡，这些情形在人口折损中占了较大比重。其他原因还包括民人避乱迁徙，被太平军拉壮丁，以及直接在战乱中死于非命。后期太平军虽有滥杀无辜的现象，但其军纪总体上要好于清军。

君、张铁宝等学者已经对此进行了详细论证，指出在1860年左右，西方媒体出于为镇压太平天国制造舆论的考虑，刊载了大量攻讦、歪曲太平天国的报道，马克思正是根据英国驻宁波领事夏福礼的不实之词作出这一论断的，显然有悖事实；强调不能因为马克思起初充分肯定太平天国的革命性就神化太平天国，更不能因为他对后期太平天国封建性的指责就鬼化太平天国。而潘先生却不加辨析。他将马克思的这段话比作“姜子牙的杏黄旗”，同时又志得意满地声明自己无意打出这面旗子，“因为，我对太平军的看法是在读到马克思文章以前就形成的，是以史实为根据，以我所了解的人类文化良知为准则的”。那么，潘先生究竟是如何以史实为根据、以人类文化良知为准则的呢？

谈到史实，自然就撇不开史料。在该书正文中，潘先生列举了三种太平天国史料，分别是《贼情汇纂》《李秀成供辞》《太平天国天京观察记》。他郑重其事地说：“我认为，读了它们，就可以了解太平军本来的面目，不易将各种各样的偏见、成见，以正说包装出现的倒说、戏说、假说，当成是真的那么回事了。”实际上，《贼情汇纂》一书的政治偏见从书名上就一目了然。李秀成供述是忠王在囚笼中写就，因被俘后心理变化，在讲述太平天国兴亡史时不乏推诿、夸张、隐瞒之词。吴士礼(G. J. Wolseley)是名英国军官，1860年随英法联军进犯北京，1861年3月作为英国水师提督何伯的随员在天京逗留数日，次年在伦敦出版《1860年对华战争纪事》一书，所谓《太平天国天京观察记》仅是该书的第14章。以吴士礼的身份，他在天京的观察充其量不过是管窥蠡测，而且适逢太平天国国力衰微、军纪松弛、铨政紊乱之时。总之，这三种书虽然重要，但都带有明显的偏见或局限性，更何况太平天国史料堪称汗牛充栋，多达数千万字，而潘先生居然认为读了这区区三种资料就可以了解太平军的本来面目，就可以掌握纷繁复杂、扑朔迷离的太平天国史，这实在令人感到惊愕，也不由得让人对该书内容的可信程度表示怀疑。例如，洪秀全是在天京沦陷之前卧病而死，曾国藩为了向清廷邀功，捏称洪秀全是在官军猛攻时“服毒而死”，并编造一黄姓宫女的供词作为佐证，乃至于盗改李秀成亲供手迹中的相关文字，以免露出作伪的马脚。经过罗尔纲先生的考证，这桩公案的真相早已大白于天下。幼天王在被俘后的笔供中多次谈到其父是病死的，更为洪秀全的死因提供了铁证。这些供词现藏台北“故宫博物院”，王庆成研究员搜访发现后，将之辑入1998年出版的《稀见清世史料并考释》一书。而2000年问世的《太平杂说》却仍将曾国藩的弥天大谎当成信史，嘲讽洪秀全“在五十岁的盛年服毒自杀”，并且全书重复此说达10处之多。书中类似的硬伤还有不少，限于篇幅，兹不一一列举。该书的立论也很值得推敲，往往以点带面、以偏概全，甚至是信马由缰，三言两语就得出一个很大的结论，“太平天国”作为国号名称不能成立的说法便是一例。太平天国占有东南半壁江山，其中央政权存世达14年之久，地方行政建制分省、郡、县三级，县以下还设有乡村基层政权(乡官)，如今却被潘先生轻描淡写地一笔勾销，这岂不成了咄咄怪事？潘先生毕竟有自知之明，承认《太平杂说》仅是“一个写历史题材的散文集”，但他同时却又自诩该书揭开了太平天国“被冷藏的真相”，这就不免令人费解了。

在该书“后记”中，潘先生还谈到自己写作时的心态，自言“有一个扛着自己脑袋的学人，说出了一种不同的认知”，似乎有些危言耸听。按理说，一个以探求真知自勉的人应当更懂得宽容，心态也更为平和，但随后的一段话却让人读起来感到很不和谐。潘先生说：“顺便说一句，有的专家，当马克思在中国被借用频率最高的时候，以马克思主义者自居，胡适重新成为偶像时，又以胡适及门弟子自炫，令人联想不少而感触更多。”明眼人一看就知道，作者是在隐指罗尔纲先生。众所周知，罗老是国内太平天国史研究的学术带头人和一代宗师，一度曾因与胡适的特殊关系而承受巨大精神压力，1964年又因李秀成评价问题而被扣上为“叛徒”辩护的大帽子，横遭冲击。罗老毕生潜心治学，淡泊名利，在学术界享有“布衣学者”的美誉。对于这样一位有口皆碑的大学者，潘先生竟然含沙射影地进行嘲讽，这难道就是他津津乐道的“人类文化良知”吗？

与潘先生相比，史式先生是一名专业研究者，而且以考证见长。

这使得吾辈后学原以为《让太平天国恢复本来面目》一文是篇振聋发聩之作，但最终却大失所望。在套用当今评判“邪教”的标准，断言“太平天国正是不折不扣的邪教”的同时，该文又沿用封建时代的正统观念，将“邪教”视为民间宗教的代名词，认为“‘邪教’可以发展为‘叛乱’”，“历代农民起义或流民起事，大都利用过邪教”，而太平天国也“依靠邪教以策动起事”；声称洪秀全、冯云山与杨秀清、萧朝贵的力量结合，“承认了天父、天兄下凡等神鬼附身的荒唐举动，当然就成了道地的邪教”。作者还以是否坚持邪教为标准，将太平天国领导成员划分为“正”“邪”两类人，说冯云山、石达开、洪仁玕都“极不愿意让太平天国堕落为邪教组织”，而作为“暴君”“野心家”的洪秀全却拒绝抛弃邪教，几次亲手掐断了太平天国的一线生机；认为“在这一点上，洪秀全和慈禧太后的态度是惊人的一致——宁肯亡国，不愿变法!”除了牵强附会、逻辑混乱外，该文对一些具体史实的描述也值得商榷：杨秀清代天父传言的身份是在得到洪秀全承认后才得以确立的，并非在得到冯云山的“追认之后才能继续下去”。《奉天讨胡檄》系 1852 年太平军从广西向湖南挺进途中由杨、萧两人联衔发布，后被编入同年刊行的《颁行诏书》一书，而太平军北伐揭幕于次年 5 月，何以会说这篇檄文发布于“出师北伐，向中原进军之时”呢？至于说“太平军入南京，洪秀全一头钻进深宫，安享富贵，不坐朝，不见人，连一个国君的基本动作也不做”，则更是匪夷所思——《天父下凡诏书》第二部便明确记载了 1853 年年末杨秀清等人在三天之内两次登朝的经过，作者为何竟视而不见呢？

耐人寻味的是，作者在以往论著中所持的观点与该文形成强烈反差。以对太平天国的评价为例，1984 年由四川人民出版社出版的《太平天国词语汇释》一书的“自序”开头就写道：“波澜壮阔的太平天国革命，是我国历史上规模最大的一次农民起义。这次革命产生在鸦片战争之后，立下了不可磨灭的丰功伟绩。在十多年的英勇斗争中，太平天国已经动摇了清王朝反动统治的基础，从而为辛亥革命铺平了道路。”该书第 90 页又云：“把中国几千年来广大农民梦寐以求的‘太平’理想与基督教教义中人人平等的‘天国’相结合，就是‘太平天国'这一国名的由来。"又如，1993年由广西人民出版社出版的《太平天国词语研究》第22页在谈到交战双方的军纪时写道："太平天国失败以后，清代统治者把杀人放火、破坏生产的责任全部加到太平军的头上(实际上双方都有，清军更甚)。"而前引文却断言"太平天国后期，神话破产，军心涣散，太平军军纪败坏，也就和清军不相上下"，改将双方各打五十大板。学术观点产生变化本不足怪，自我否定的勇气也并非人人都有，但这篇文章实在难以自圆其说，显然不是深思熟虑之作，倒更像是附和"邪教"说的急就篇，而且作者的观点又提升了一个层次，直接指斥太平天国是"邪教"。

在某种程度上，对洪秀全和太平天国持全盘否定态度的论者多少带有借历史之陈酒浇胸中块垒的意味，流露出一种对极左思潮的抵触和厌恶心理，这是可以理解的，但不能矫枉过正。我十分赞同潘先生"隔行论史"的倡议，但不敢苟同其"不能论或不想论就短说，杂谈，七嘴八舌"的高论。论史不能信口开河，同样必须以研究为基础；掌握最基本的史料和史实，了解学术史的发展脉络和相关的最新研究成果，这是最起码的前提。历史学是一门严谨求实的学问，倘若采用非正即邪、非此即彼的简单化模式，陶醉于对历史事件和人物进行一种单纯政治或道德层面上的评价，并且总是在全盘否定或肯定的怪圈里颠来倒去，那么，历史研究也就沦落为人人都可以参与的文字游戏了。以杂说、戏说的方式随意评点历史，将陈词旧说当作新观点炫人耳目，片面追求轰动效应，赶时髦，追新潮，这些都不是健康的学风，距离真正意义上的学术研究也相去甚远，不但丝毫无助于推动学术进步，而且还会混淆视听。此风可以休矣。

原载《山西大学学报(哲学社会科学版)》2002年第2期(山西大学百年校庆专号)，中国人民大学书报资料中心《中国近代史》2002年第8期全文转载。收入本书时内容略有增补。

太平天国毁灭偶像政策的由来及其影响

严禁偶像崇拜是太平天国贯彻始终的一个宗教法令，并由此掀起一场暴风骤雨般的毁灭偶像运动。太平天国为何要严禁偶像崇拜？太平天国领导层内部在毁灭偶像问题上的认识是否一致？该政策在前后期是否有所变化？其具体执行过程如何？民间对此做何反应？此举在政治、文化等层面上造成了何种后果或影响？究竟应当如何评价？关于上述问题，以往的各相关论著或论述得不够充分，或未曾涉及，留有很大的研究余地。本文尝试就此做一较为系统的考察。

一

所谓偶像崇拜，指塑造所信奉之神灵的具体形象并加以崇拜，认为偶像一旦制成，便由神降附其身，且与神一样成为神圣。就世界三大宗教而论，基督教、伊斯兰教都是一神教，排斥偶像崇拜，佛教则反之。太平天国宗教(上帝教)由洪秀全手创，其源头来自西方基督教，尊奉上帝为独一真神，斥其他一切神灵为“邪神”。这是上帝教教义中最富有基督教色彩的地方，体现了两者之间的渊源关系。洪秀全所拥有的基督教神学知识主要通过两个渠道获得：一是阅读梁发撰写的布道手册《劝世良言》，二是在广州随美国传教士罗孝全学道三个多月。《劝世良言》一书连篇累牍地抨击偶像崇拜，敦促世人敬拜独一真神上帝，其卷一便宣称“舍此自然而然之神不肯敬拜之者，任你拜尽千百万样之神像，亦不能求得福，反有后祸也”。受梁发影响，洪秀全在创立上帝会之初就排斥偶像崇拜，撤除了书塾中孔子的牌位。在说服族弟洪仁玕皈依上帝后，洪秀全写有一诗，强调“神天之外更无神”；洪仁玕和诗一首，亦称“全能天父是为神，木刻泥团枉认真”，均表明了这一态度。作为洪秀全的宗教启蒙老师，罗孝全是一个虔诚的原教旨主义者，恪守《圣经》中所记载的传统基督教信仰，极力反对偶像崇拜。在罗孝全影响下，洪秀全排斥偶像崇拜的态度变得更为强硬。从广州再度赴桂后不久，洪秀全便率人捣毁了象州甘王庙的甘王像。据载，洪秀全斥甘王为“妖魔”，亲自“以大竹搞此妖魔”，并命冯云山等四人“将妖眼挖出，须割去，帽踏烂，龙袍扯碎，身放倒，手放断”。[①] 这是洪秀全首次以激进的手段排斥偶像崇拜，具有重要的象征意义。在同期撰写的《原道觉世训》一文中，洪秀全也激烈地抨击偶像崇拜，阐述世间所立一切木石泥团纸画各偶像断不可拜的道理。

但是，这一信条却与中国传统的宗教信仰习俗格格不入。自从“家家弥勒佛，处处观世音”的局面形成后，佛教便成为中国民间神灵信仰中的一个重要组成部分。寻常百姓对玄妙深奥的佛教哲学并不感兴趣，而是抱着实用的宗旨，采用烧香拜佛、许愿还愿等喜闻乐见的方式，来从事自己的宗教实践，以实现祈福禳灾的现世目的。这便形成了民间以偶像崇拜为主要特征的神灵信仰习俗。除佛教的佛陀、菩萨、罗汉、金刚、阎罗诸神外，民间所奉祀的神灵还有儒教的至圣先师孔子，道教的玉皇大帝、太上老君、王母娘娘、赵公元帅诸神，以及东岳大帝、城隍、土地、灶君、门神、财神、各种行业神等为数众多的俗神。明朝末年，随着“三教合一”说的兴起，民间还修建了不少三教堂，将孔子、佛陀、太上老君的偶像搁在一起，一并顶礼膜拜。基督教在华传播之所以迟迟打不开局面，其原因之一就在于它是一神教，与中国所盛行的多神崇拜、偶像崇拜的传统信仰习俗水火不相容，从而难以为中国民众所认同。

与西方基督教相异的是，上帝教是一种中西合璧的新式宗教，其源头虽然来自基督教，但同时又吸取了中国本土文化中的不少成分，除儒家孔学外，还有中国民间宗教。例如，上帝教的天堂、地

---

① 《太平天日》，《太平天国印书》，48～49 页。

狱概念便具有亦中亦西的特征，有时又被称作“三十三天”“十八重地狱”，均为佛教用语。天父天兄下凡是上帝教的核心教义，则直接从广西浔州地区所流行的降僮巫术演变而来。

然而，上帝教毕竟是一神教。在洪秀全看来，若想在中国社会确立独尊上帝的局面，就不得不设法消除多神崇拜、偶像崇拜在民间的影响，尽管上帝教与基督教中的“上帝”并不是同一个概念。① 早在《原道觉世训》一文中，洪秀全便严厉抨击佛、道两教，逐一批驳了佛教的阎罗注生死说和道教的神仙方术。不过，洪秀全并没有就佛、道教义做进一步的批驳。他之所以抨击中国本土宗教，主要是从反对偶像崇拜的角度出发的。洪秀全强调指出，上帝在六日内造成天地山海人物，无所不知，无所不能，无所不在，世人只有敬拜上帝，才能升入天堂享永福；反之，邪神偶像都是用木石泥团纸画做成的蠢物，有口不能言，有鼻不能闻，有耳不能听，有手不能持，有足不能行，世人倘若跪拜这些偶像便是惹鬼，将会被鬼缠捉，罚落十八层地狱受永苦。该文首次提出了“老蛇”“阎罗妖”“东海龙妖”概念，说“阎罗妖乃是老蛇，妖鬼也，最作怪多变，迷惑缠捉凡间人灵魂”，“东海龙妖即是阎罗妖变身”，而邪神偶像都是它们的“妖徒鬼卒”；正告“皇上帝乃是真神也，尔世人跪拜各偶像正是惹鬼”。②于是，蛇、阎罗妖、东海龙妖三位一体，被列为上帝教中的魔鬼头子，即上帝的冤家对头。蛇是《圣经》中原有的魔鬼概念，而阎罗王、东海龙王均是民间妇孺皆知的佛教神灵。洪秀全将后者列

---

① 基督教持三位一体论，认为上帝纯灵，耶稣升天后也是个灵，且与上帝互为一体。而上帝教中的“上帝”却是一个中西合璧、政教合一的概念，他不仅指派洪秀全下凡作主，而且还拥有妻室(洪秀全的“天妈”)，有着具体的形象，甚至可以降托杨秀清下凡。这成为洋人和一般士大夫攻讦上帝教的焦点。参见拙著《太平天国宗教》，45～64页，南京，南京大学出版社，1992。又，“上帝”一词源于中国先秦典籍，明末来华的天主教传教士最早将它作为《圣经》中“God”的对应词来使用，最终约定俗成。儒家典籍中所描述的“上帝”与基督教中的God有相近之处，但又存在明显区别，即前者既没有创世功能，也不具备一神教的宗教排他性。

② 《太平诏书·原道觉世训》，《太平天国印书》，17～21页。

为妖魔头，突出体现了其排斥一切异教神灵的强硬立场。鉴于佛教神灵在民间的影响最为深远，除了将阎罗王、东海龙王列为妖魔头外，洪秀全等人还将菩萨作为邪神偶像的代名词，并称为“菩萨偶像”。《原道觉世训》有云：“尔凡人却另立各偶像，另求保佑有得食有得穿，曰：‘我菩萨灵。’”由杨秀清、萧朝贵联名颁布的一道檄文亦云：“魔鬼者何？就是尔等所拜祭各菩萨偶像也。各菩萨偶像者何？就是蛇魔红眼睛阎罗妖之妖徒鬼卒也。”①

需要补充说明的是，上帝教既是一神教，同时又是一帝教，尊奉上帝为世间独一无二的皇帝。《原道觉世训》就此强调说：“实情谕尔等，尔凡人何能识得帝乎？皇上帝乃是帝也，虽世间之主称王足矣，岂容一毫僭越于其间哉！救世主耶稣，皇上帝太子也，亦只称主已耳。天上地下人间，有谁大过耶稣者乎？耶稣尚不得称帝，他是何人，敢觍称帝者乎！”正是基于这种教义，洪秀全在起义立国后并不称帝，而是称作“天王”，意即“上帝之王”；“天国”“天朝”“天京”“天历”“天书”等词中的“天”也作如是解。在洪秀全眼里，天无二日，国无二君，宗教意义上的一神论与政治意义上的一帝论是互为一体的。这是当时中国社会的政治伦理观念在太平天国宗教中的反映。不过，洪秀全的一帝论与历史上篝火狐鸣、符瑞图谶的做法殊途同归，都是为了证明自己是“应天承运”。按照上帝教的解释，洪秀全是天父上帝的次子、耶稣基督的胞弟，奉命下凡作主。由此不难看出，太平天国敦促四民从真向化，独尊上帝，这既是宗教宣传，同时也是一种政治动员。因为拜上帝即意味着归顺太平天国、效忠洪秀全，宗教信仰与政治立场的选择是互为表里的。同样，作为上帝的对立面，上帝教中的“妖魔”具有宗教、政治、伦理三层含义，既指灵界的异教诸神及其偶像（“死妖”），同时又指世间的清朝统治者和拜邪神、行邪事之人（“生妖”）。

正是由一神教或一帝教的性质所决定，上帝教独尊上帝，极力排斥偶像崇拜，并将这一信条列为十款天条的首要内容。十款天条

① 《颁行诏书》，《太平天国印书》，111 页。

既是上帝教的宗教戒律，同时又是太平天国的最高法律，系参照《旧约》中的摩西十诫而订立。摩西十诫前两条的内容依次为“除耶和华外，不可信奉别的神”“不可雕刻和崇拜任何偶像”。洪秀全在《原道觉世训》一文中曾引经据典地指出：“考《旧遗诏书》，皇上帝当初下降西奈山，亲手缮写十款天条在石碑上，付畀摩西。皇上帝亲口吩咐摩西曰：‘我乃上主皇上帝，尔凡人切不好设立天上地下各偶像来跪拜也。’今尔凡人设立各偶像来跪拜，正是违逆皇上帝旨意。”1852年正式刊行的《天条书》则详列十款天条的内容，其第一、第二天条分别为“崇拜皇上帝”“不好拜邪神”，并附注云：“皇上帝曰：‘除我外，不可有别神也。’故皇上帝以外皆是邪神，迷惑害累世人者，断不可拜。凡拜一切邪神者，是犯天条。”①按照太平天国刑律的规定，“凡《天条书》中各条如有违犯，斩首不留”②。由此可以看出洪秀全等人查禁偶像崇拜的严苛程度。

总之，为了确立独尊上帝的局面，洪秀全等人在起义立国后，以法令的形式严禁民间沿袭偶像崇拜的习俗，并延续早年捣毁象州甘王像的举措，贬斥一切偶像为“死妖”或“泥妖”，寺庙为“妖庙”，在太平军足迹所到之处，掀起一场狂飙式的毁灭偶像运动。

对于这种激进政策，太平天国领导中枢起初态度一致，后来随着人员的重组，才稍有意见分歧。干王洪仁玕于1859年春开始总理朝政。他反对偶像崇拜的态度同样十分坚决，但并不赞同一味毁坏神像及其建筑的做法，主张对庙宇寺观采取禁而不毁的政策，“既成者还其俗，焚其书，改其室为礼拜堂，借其资为医院等院”③。太平军经略苏南期间，常熟乡下的一座猛将庙便被改成了天父堂。④猛将是刘猛将军的省称，系民间崇祀的驱蝗神。不过，有关变通使用庙宇的记载极为罕见。据此推测，干王的建议远远没有被广泛采纳。

忠王李秀成的态度与干王比较接近。占领苏州之初，城西南30

① 《天条书》，《太平天国印书》，31页。

② 张德坚：《贼情汇纂》卷8，《太平天国》第3册，229页。

③ 洪仁玕：《资政新篇》，《太平天国印书》，689页。

④ 龚又村：《自怡日记》卷20，《太平天国史料丛编简辑》第4册，404页。

里外的吴县木渎镇民团聚众对抗，太平军大队人马前去围剿，事后纵火焚烧，邻近的灵岩梵刹因此而沦为废墟。灵岩寺位于灵岩山半山腰的平坦处，是一座千年古寺，系在春秋时期吴王阖闾为越女西施所修“馆娃宫”的旧址上建成，山上另有吴王井、西施洞、琴台等遗址。忠王闻讯大怒，“以为不当毁名胜”，下令将40多名肇事者斩首，以儆效尤。①

然而，在毁灭偶像政策没有丝毫变更的背景下，庙宇寺观、名胜古迹连带遭殃的事情在所难免。因此，洪仁玕、李秀成的上述主张或态度并不能使局面失控的状况有所改观。

据《天兄圣旨》卷一记载，戊申年（1848年）冬，天兄降托萧朝贵下凡后，与洪秀全有过一次对话，其中特意谈到观音：“天王曰：‘观音是好人否乎？’天兄曰：‘他是好人。他今在高天享福，亦不准他下凡矣。’天王曰：‘观音在高天享福，天兄呼他为何乎？’天兄曰：‘我呼他为妹。’天王曰：‘我呼他为何乎？’天兄曰：‘亦是呼他为妹。’”②观音是“观世音”的略称，佛教菩萨名。与早期文献斥观音菩萨为“妖鬼”相比，这段文字不仅明确肯定观音是“好人”，而且洪秀全还与观音以兄妹相称，前后的定位有天壤之别。考《天兄圣旨》一书于天历庚申十年（1860年）八月至十月出版，而且照例事先要经过洪秀全的亲自审订。那么，这是否意味着洪秀全已完全改变对佛教神灵的态度，并对毁灭偶像政策做出重大调整呢？答案是否定的。据同书记载，在谈论观音之前，天兄与洪秀全首先谈到了孔子，这对正确理解该书对观音的重新定位很有启示。天兄提及孔子在高天被捆绑鞭打、罚跪的情节，表示：“他从前下凡教导人之书，虽亦有合真道，但差错甚多。到太平时，一概要焚烧矣。孔丘亦是好人，今准他在天享福，永不准他下凡矣。”反孔是太平天国文化政策的一个主要特征。定都天京后，太平天国明确指斥孔子为“妖”，宣布孔

---

① 赵烈文：《能静居士日记》卷6，《太平天国史料丛编简辑》第3册，162页。

② 《天兄圣旨》卷1，王庆成编注：《天父天兄圣旨》，7～8页，沈阳，辽宁人民出版社，1986。

孟诸子百家之书为“妖书邪说”，严禁民间买卖藏读，并大举焚毁古书。此刻借《天兄圣旨》一书宣布“孔丘亦是好人”，仅是洪秀全为缓解民间的对立情绪而被迫摆出的一种温和姿态，但他反孔的真实心态并没有随之软化，所以直到太平天国覆灭，孔孟经书始终没有被解禁。《天兄圣旨》对观音的表述与此类似。另据该书记载，在与洪秀全对话后，天兄随即吩咐黄权政父子“毁除家中各邪神”“尔回去毁除各邪神”，也正说明了这一点。一则时人记载亦云，洪秀全后期曾经颁布一道“禁诏”，其中包括“土、木、石、金、纸、瓦像，死妖该杀六样”①，即明令由这六种材料制成的神像均在毁禁之列。

综上所述，从起义立国直至最终败亡，太平天国一直推行激进的毁灭偶像政策。

二

至于太平天国毁灭偶像政策的具体实施过程，按照时间顺序及其主要发展脉络，大致可以划分为三个阶段，即从金田起义到定都天京时期，从定都天京到进军苏南时期，从经略苏杭到最终覆亡时期。

自从捣毁象州甘王像后，洪秀全等人类似的举动便一发而不可收，导致与当地士绅的冲突日益升级。紫荆山生员王作新状告冯云山的罪名之一便是“践踏社稷神明”。金田起义初期，起义会众在摧毁偶像时还举行一定的仪式，“若毁打神庙，口念咒语恳祈天父上帝，念‘将妖魔诛灭，大发天威’三句”②。在进军湖南期间，太平军“自孔圣不加毁灭外，其余诸神概目为‘邪’，遇神则斩，遇庙则烧”③。占据武昌后，太平军“遇寺观辄火之，目为妖庙”，“斥阎罗

① 余一鳌：《见闻录》，《太平天国史料丛编简辑》第2册，132页。按：“该杀”系“菩萨”之谐音。

② 《李进富供词》，中国社会科学院近代史研究所编：《太平天国文献史料集》，19页，北京，中国社会科学出版社，1982。

③ 佚名：《粤匪犯湖南纪略》，《太平天国史料丛编简辑》第1册，67页。

为妖，诸凡百神皆为妖魔，遇庙像辄焚毁”①。不过，在定都天京之前，太平军一直处于流动作战状态，沿途虽攻克不少城池，但除了在永安、武昌稍事休整外，其余均旋占旋弃，没有固定的根据地。这就决定了太平天国不能从容地实施毁灭偶像政策，力度虽大，但波及范围有限。

1853 年 3 月攻占南京后，太平天国在此建都，改名天京，接着发兵北伐、西征，开疆拓土，逐渐建立了以天京为大本营的大片根据地。毁灭偶像运动随之进入一个高潮。

江南地区佛教的流传和寺院的兴建源远流长，三国时经东吴孙权的倡导而渐成风气，南朝时达到鼎盛，隋唐时期依旧势头强劲。与北方的寺院建筑相比，江南多名寺古刹，且丛林众多，规模宏大，如南京一带就有约 500 座寺院，苏州一带也是寺院林立，杭州素有“佛海”之称。到 19 世纪中叶，江南佛教虽已呈现出落日的光景，远不可与极盛时期同日而语，但保存下来的梵宇古刹仍然蔚为大观。1854 年 2 月，正值太平天国如火如荼地进行毁灭偶像之际，曾国藩发布《讨粤匪檄》，对此举大加抨击，试图借神道观念来鼓动民众与太平天国为敌，内云：“自古生有功德，没则为神。王道治明，神道治幽。虽乱臣贼子穷凶极丑，亦往往敬畏神祇。……粤匪焚郴州之学宫，毁宣圣之木主，十哲两庑，狼藉满地。嗣是所过郡县，先毁庙宇，即忠臣义士如关帝、岳王之凛凛，亦皆污其宫室，残其身首。以至佛寺、道院、城隍、社坛，无庙不焚，无像不灭。”②张德坚《贼情汇纂》也说太平军“见庙宇即烧，神像即毁”③。那么，实际情形究竟如何呢？

“无像不灭”一说基本属实。以南京为例，举凡泥塑、木雕、石刻、纸画、金属铸造、陶瓷烧制六类神像，均在劫难逃。太平军“以

① 佚名：《武昌兵燹纪略》，陈徽言：《武昌纪事》，《太平天国》第 4 册，571、599 页。

② 曾国藩：《讨粤匪檄》，《曾国藩全集》第 14 册《诗文》，232 页，长沙，岳麓书社，1986。

③ 张德坚：《贼情汇纂》卷 12，《太平天国》第 3 册，315 页。

神庙为‘妖庙’，毁神佛，抛于水与厕”①。这是最为常见的情形。不少木质神像用檀香木制成，有时竟被劈成碎木烧锅，故时人有“任教梨枣与旃檀，雠视神灵要毁完”②一说。金属神像则被改铸成兵器，南京高座寺便是一例。该寺坐落在城南石子岗附近，系为纪念东晋时来此传播佛教密宗的著名西域僧人帛尸梨蜜多罗而建，原有铁罗汉 500 尊，此时均被太平军销毁铸成兵器，时人遂有“古佛何年铸作兵”③之叹。除神像首当其冲外，其他性质的偶像也难逃厄运。南京莫愁湖后楼原先立有明代中山王徐达的塑像，太平军“不知何神，斩首毁像，并焚其楼”④。江宁学宫中的孔子牌位则被弃掷于地，与马粪堆杂在一起。⑤

“无庙不焚”一说则未免以偏概全，过于夸张。定都后，太平天国为改建、扩建各府邸衙门而大兴土木，迫切需要大量建材，所以改以拆庙这种一举两得的做法为主，并没有千篇一律地焚毁庙宇，故时人有“拆妖庙，梁柱成山储木料”⑥一说。当时，拆庙工作声势浩大，规模空前，就连城内男馆中被划为“牌尾”的耄耋老人也在征派之列。时人就此描述道：“蛮呼神道尽妖魔，胜迹名山拆毁多。鞭扑老人升峻屋，龙钟几辈见阎罗。”⑦“乱离高隐南山雾，方外犹为归宿处，无端忿恨到缁黄，殃及木雕与泥塑。不知老人筋力疲，长梯倚楼楼半危，接瓦人立岩墙下，存亡俱在呼吸时。汉唐之碑一时仆，齐梁之树一时锯，纵横榱桷当柴薪，晌息庭阶走狐兔……”⑧这的确是一幅触目惊心的画面，由于覆巢无完卵，连带古碑、古树也悉数被毁。因此，就破坏程度而言，拆庙与焚庙实在伯仲之间。

概括地说，在定都后的七年间，太平天国的毁灭偶像之举以建都

---

① 佚名：《金陵纪事》，《太平天国史料丛编简辑》第 2 册，45 页。

② 《山曲寄人题壁》，《太平天国史料丛编简辑》第 6 册，389 页。

③ 伍承组：《山中草》，《太平天国史料丛编简辑》第 6 册，420～421 页。

④ 汪堃：《盾鼻随闻录》卷 5，《太平天国》第 4 册，398 页。

⑤ 《山曲寄人题壁》，《太平天国史料丛编简辑》第 6 册，389 页。

⑥ 马寿龄：《金陵癸甲新乐府》“禁偷窃”诗，《太平天国》第 4 册，735 页。

⑦ 《山曲寄人题壁》，《太平天国史料丛编简辑》第 6 册，389 页。

⑧ 马寿龄：《金陵癸甲新乐府》“拆妖庙”诗，《太平天国》第 4 册，734 页。

初期声势最大，地点以南京为主。天京事变后，太平天国在军事上处于战略退却阶段，除皖北形势尚还乐观外，湖北、江西根据地均告沦陷，天京周围的城池也相继失守。尽管从1858年8月起，太平军发起局部反攻，但并未能根本扭转军事上的被动局面。在原有庙宇毁坏殆尽、疆域面积不增反减的背景下，毁灭偶像运动也就相对比较沉寂。

1860年5月，太平军举兵东征苏南，不久新设以苏州为中心的苏福省。次年下半年，又陆续攻占包括省会杭州在内的浙江大部分府县，改设浙江天省，使之与苏福省连成一片，成为太平天国后期的重要基地。太平天国在此建立城乡各级政权，前后统治了约三年时间。于是，毁灭偶像运动又迅速蔓延到苏杭地区，形成一个新高潮。

与此前的情形类似，太平天国对各类神像一概予以毁灭。在常熟，太平军“称寺庙为‘妖庙’，神佛像为‘大死妖’，有见即毁。北门外普仁禅院有铁佛三尊，古亦称铁佛寺，相传明季倭寇乱后以所余大炮铸成。贼毁之，仍以之铸炮用”①。在无锡，太平军“遇祠庙寺院诸佛神像，称‘死妖魔’，毁铜佛钟磬之类作戒[械]器，及千百年之大树必踞[锯]之；拆寺观庐舍为伪官伪府，征工匠，穷绘事”②。在浙江嘉兴，太平军“与释、道两家仇如水火，所过庙宇祠观，无论土木形骸金碧神像，悉遭残剥，且目之为‘死妖’”③。在乐清，太平军“毁城内神祠殆甚，仆其像，投之水火；乡村诸社庙虽未毁，然像设罕有完者”，“木偶付烈焰，土偶投浊流，金支翠旂皆赘疣”④。其他性质的偶像也一并遭殃。以常熟为例，太平军“于圣贤像、神像、佛像及专祠中之有像者，若范公祠、杨公祠、于公祠，皆毁坏无遗。若东周市普善庵内之佛像，深藏而完好如故者，不多得矣”⑤。这种

---

① 陆筠：《海角续编》，《漏网喁鱼集》外一种，125页，北京，中华书局，1959。

② 佚名：《平贼纪略》(下)，《太平天国史料丛编简辑》第1册，332页。

③ 佚名：《寇难琐记》卷2，《江浙豫皖太平天国史料选编》，166页，南京，江苏人民出版社，1983。

④ 林大椿：《粤寇纪事诗》“毁神像”诗，《太平天国史料丛编简辑》第6册，452页。

⑤ 佚名：《避难纪略》，《太平天国史料专辑》，64页。

现象比较具有代表性。

拆庙依旧是太平军处置庙宇的主要手段，前引文中的“拆寺观庐舍为伪官伪府”句即指此事。个别建筑因名称独特才侥幸得以保全。在常州，“凡寺院神庙无得免者，文庙神牌亦弃掷，惟城北天王堂独免，以有‘天王’二字云”①。苏州天后宫也是一例，“据云城中所有庙宇被贼尽行拆毁，惟此宫该贼尚知畏惧，故未曾损坏”②。

与前期相比，太平天国此时的毁灭偶像举措力度更大，覆盖面更广，几乎席卷苏杭一带的城乡各地，成为这一时期毁灭偶像运动的一大特点。这与太平天国在该地区前后统治达三年左右时间、普遍建立了乡村基层政权有很大关系。仍以拆庙为例，在苏州吴县乡间，举凡南厍城隍庙，绿稼桥永兴庵、圆通庵，杨山太尉堂，均被太平军斥为“妖庙”，“悉拆毁，将神像或抛于河，或投诸火”③。

浙江桐乡县濮院镇拆毁梵宫琳宇的经过是比较典型的个案。据载，同治二年癸亥(1863 年)二月间，主持嘉兴全局的荣王廖发寿传谕境内各乡官，下令“拆妖庙，毁妖像”，严申“乡间有私留妖庙者，每圩罚洋五百元”。不久，太平军开始拆除濮院镇的翔云观三清阁，先后有五六人因登高坠死或被砖木砸死。由于楼上的梁栋均重达数百斤，太平军无从拆卸，便在楼柱下面堆积柴薪用火烧烤，楼柱在延烧三天后折断，顶楼这才倒塌。太平军接着征派乡民抬木，运到新桥港后拼装成木排撑走。三清阁共有五间七楹，巍峨壮丽，与香海寺千佛阁并峙镇中，濮川八景之一的“翔云高眺”因此而得名。该阁的五色琉璃铜瓦和四座瓦将军都是稀世之宝。其东端偏庑下有泥塑八仙像，传说是根据中元节八仙在此下凡时的真容所雕塑，嗣后每逢中元节时，“士女云集，百戏骈至，举国若狂，岁以为常”。该阁武殿前的舞台并无梁木，均用木料榫卯而成，外墙门则俱用方砖砌起，高三丈许。云官殿的“翔云胜境”匾额系元代杨维桢所书，另有“三清宝阁”和“三元宝殿”两额系董其昌所书，均是传世佳作。三

① 赵烈文：《能静居士日记》卷 7，《太平天国史料丛编简辑》第 3 册，165 页。

② 蒋寅生：《寅生日录》，《太平天国史料专辑》，441 页。

③ 蓼村遁客：《虎窟纪略》，《太平天国史料专辑》，37 页。

清阁曾于清乾隆年间修缮一新，费时 10 年，耗银 12 万两，至此毁于一旦，“不及一月，无片瓦寸椽矣”。紧接着，太平军如法炮制，又拆毁香海寺千佛阁和钟鼓楼，寺内正殿两个权梁上的赵孟頫题字等名迹，连同一尊护法天神韦驮的金装塑像，均化为乌有，仅元代银杏树独存。该镇其余的寺观庙宇，诸如福寿寺、福清宫、白雀寺、土地庙、水木庵、朝北观音堂、指南庵、化檀庵、梅泾庵、宝华庵、三教堂等，也相继被毁。唯有立关庵被辟为赐粥局，关帝庙为漕粮局，水月庵为过往太平军住宿的馆子，才暂时得以保全。数月后，立关庵也被拆毁。① 至此，濮院镇历朝积聚下来的精美建筑和珍贵文物几乎扫地以尽。

在大规模摧毁偶像及其寺院梵宫的同时，太平天国还延续前期的做法，严禁民间沿袭与偶像崇拜相关的信仰习俗。

前已说明，与指斥神像为“死妖”相对应，上帝教将拜邪神之人一概称作“生妖”。后期，洪秀全笼统地将 19 类人划为“生妖”，其中异教从业人员就占了 11 种，分别是邪教、堪舆、卜、筮、祝、命、相、聃、佛、尼、女巫。② 这些人所从事的职业直接与太平天国宗教相对立，所以首当其冲地遭到排斥，被勒令弃邪归正。嘉兴太平军便颁布通告，“出令沙汰僧道优婆尼，勒令还俗，秃子蓄发，不准衣袈裟黄冠，不许著羽士服”③。寻常百姓习以为常的宗教活动也在查禁之列。在苏南地区，太平军“禁人间僧道追荐，不许奉佛敬神，

---

① 参见沈梓：《避寇日记》卷 4，《太平天国史料丛编简辑》第 4 册，244、248～249、264 页。

② 余一鳌：《见闻录》，《太平天国史料丛编简辑》第 2 册，132 页。

③ 佚名：《寇难琐记》卷 2，《江浙豫皖太平天国史料选编》，166 页。按：太平天国如何处置异教神职人员，是一个耐人寻味的问题。海虞学钓翁《粤氛纪事诗》写于 1853 年夏，内有一诗记镇江事，曰“江滨古刹晋梁余，灰灭烟消僧尽诛”，附注则云“贼所过之处，见僧道即杀”（《太平天国史料丛编简辑》第 6 册，380 页），未免过于夸张。据英国驻上海领事馆官员密迪乐回忆，同年 4 月 26 日，他在镇江焦山从僧侣处得知，太平军三天前捣毁了该岛寺院中的所有神像，将其残骸扔进长江，但僧侣本身并没有受到伤害。（T. T. Meadows，*The Chinese and Their Rebellions*，London，1856，pp. 251-252）结合《寇难琐记》等相关记载可以推断，太平天国对僧道虽十分厌恶，但并没有妄加杀戮。

见则以香烛置之厕中”①，甚至“禁民间供奉家堂、灶神”②。该禁令的执行情况于此可略见一斑。有一则记载说，在浙江会稽，一名老妪因为念阿弥陀佛，被割去了双耳。③ 这尽管属于偶发性的极端事例，但从中也可以看出太平天国推行禁令的严厉程度。

以上便是苏杭地区毁灭偶像运动的总体情况和主要特征。需要指出的是，该地区推行禁令的过程比较复杂，各地的具体情形也并不一致。例如，坐镇嘉兴的廖发寿起初态度比较暧昧，一度明令禁止拆毁濮院镇的关帝庙等庙宇。嘉兴的拆庙工作最初之所以进展迟缓，且旧的宗教活动没有多少收敛，与他的态度不无关联。1862 年春夏之交，嘉兴、湖州一带亢旱月余，河水日退半尺许，“农人皆仰首而叹”。情急之下，秀水县新塍镇太平军竟然“出告示，禁屠宰一礼拜期求雨”；乌程县乌镇驻军则更为出格，干脆“出示叫僧道求雨”④。次年仲春，濮院镇东岳庙杂役金聋子诳言该镇将有大火灾，不久恰好接连发生四起火灾，全镇居民一时人心惶惶，便在周家场曹氏祠堂设醮坛三天，敛钱延请道士禳灾。而该镇最高长官顶天豫张镇邦不但不予追究，还亲自前往烧香。⑤ 这一幕与该镇大举拆庙几乎是同时进行，显得极不协调。与嘉兴等地出现反复相比，苏南一带则显得有些虎头蛇尾，部分官兵以身试法的现象也时有发生。后期在常熟，一熊姓将领因病到山塘度凡庵求药方，病愈后酬佛檀香一担、鞭炮二千响，施红绫等物。此事遂引发瀑布效应，信从者甚众，使得该庵“香筵极盛”；城里一些驻军患病后也祀神斋佛，原先被查禁的纸马也在各店铺公然出售。⑥ 在苏州，胥门一带风传夜夜闹鬼，太平军“向禁纸钱锭，后亦用以禳谢”⑦。在杭州，随着战

① 沧浪钓徒：《劫余灰录》，《太平天国史料丛编简辑》第 2 册，162 页。
② 蓼村遁客：《虎窟纪略》，《太平天国史料专辑》，37 页。
③ 鲁叔容：《虎口日记》，《太平天国》第 6 册，795 页。
④ 沈梓：《避寇日记》卷 3，《太平天国史料丛编简辑》第 4 册，220 页。
⑤ 沈梓：《避寇日记》卷 4，《太平天国史料丛编简辑》第 4 册，242 页。
⑥ 龚又村：《自怡日记》卷 21，《太平天国史料丛编简辑》第 4 册，450 页。
⑦ 赵烈文：《能静居士日记》卷 16，《太平天国史料丛编简辑》第 3 册，256 页。

局吃紧，一些将领的眷属“仍乞佛慈，以保性命。上天竺大殿已毁，复起小殿，争相祈祷”①。

乡官在这当中也扮演了一个重要角色。城市是太平天国的政治、军事中心，而县以下的各级乡官均由本地人出任，所以，乡镇推行毁灭偶像政策的力度总体上不及城市。不少乡官力保当地的神像和庙宇，向太平军行贿便是其手段之一，且往往奏效。例如，右肆武军政司魏某(俗称“魏长毛”)率部驻防乌镇后，除占据利济寺作为营房外，原拟尽拆该镇的寺院庵观，并已相继拆毁车桥庙、佑圣宫。当地僧侣知道魏某贪财，便通过乡官向其行贿，终于使镇上的庙宇大半得以保全，诸如索度祠、寿圣寺、崇福宫、密印寺等。② 吴县横泾镇的城隍庙也通过同样的方法得以不废。吴县甪直镇保圣寺的16尊罗汉像是唐代“塑圣”杨惠的作品，具有极高的艺术水准，被元代大书法家赵孟頫赞誉为“江南佛像无双”。为了利用陈年墙硝制造火药，曾有十余名太平军专程来到甪直镇，捣毁保圣寺头门和哼哈二将塑像，但在乡官行贿后便离镇而去。③

除行贿外，乡官还采取其他巧妙的对策。以常熟为例，太平军拆毁普仁寺、清凉寺，下一个目标便是县北八里处的破山。破山之麓破龙涧旁的兴福寺(又名破山寺)是江南名刹，始建于齐，飞泉石梁，修廊复阁，唐代尊胜陀罗经石幢与宋代大书法家米芾书写的《题破山寺后禅院》诗碑远近闻名，并称该寺“双绝”。乡官曹和卿利用太平军急于安抚地方的心理，提议将兴福寺改设留养局，其山田暂时划归难民局，终于借此保全了名刹。④ 仿效太平军士兵装束，在神像额部扎上红巾，是民间应付毁灭偶像法令的又一方法。例如，坐镇常(熟)昭(文)的慷天福钱桂仁某晚查卡，途经紫竹庵时，喝令卫

---

① 丁葆和：《归里杂诗》，《太平天国史料丛编简辑》第6册，461页。

② 佚名：《寇难琐记》卷1，《江浙豫皖太平天国史料选编》，144～147页。

③ 杨引传：《野烟录》，《太平天国史料丛编简辑》第2册，177页。按：1927年保圣寺遭遇火灾后，蔡元培、马叙伦等人筹款重修古寺。残存的9尊罗汉像被散置于山水塑壁上，一直保存至今。

④ 龚又村：《自怡日记》卷20，《太平天国史料丛编简辑》第4册，388页。

士用枪狂射佛像，并亲自动手拽倒观音像。当他渡河来到蕊香庵后，见水仙神像已头扎红巾，方才罢手。①

不过，与大规模被毁的寺院梵宫相比，通过上述途径侥幸保存下来的庙宇祠观仅是凤毛麟角，根本不成比例。

以上便是太平天国毁灭偶像政策的具体实施过程。概括地说，该政策与太平天国的兴亡相始终，一直是太平天国对待偶像崇拜的一个主导政策。

三

罗尔纲先生曾就太平天国毁灭偶像之举做了提纲挈领式评述。他指出："太平天国打倒偶像，就是为的要扫除这种压在人民头上的神权。""在迷信神权的社会里，封建统治者和地主阶级是崇奉神佛为至神至圣的。太平天国起义，却以地震一般的威势到处扫荡了偶像，把封建社会的最高权威踏在地下，在革命战争当中，起了使敌人丧胆失魄的作用。所以太平天国从起义前，到起义后，以至起义后期，一直进行扫除偶像。太平大国的捣毁偶像，是为它的政治目的服务的。"②

的确，在一个迷信神权的社会中，太平天国此举堪称石破天惊，"使敌人丧胆失魄"。不过，此举最直接的作用并不在此，而在于极大地改变了太平军的精神面貌。这在起义初期体现得尤为突出。清钦差大臣赛尚阿曾就此慨叹说："此股会匪与他游匪迥不相同，死党累千盈万，固结甚坚。不惟设谋用间，解散未从，即叠经擒斩芟薙之余，而所过地方向有愚民陆续煽聚，一经入会从逆，辄皆愍不畏死。所有军前临阵生擒及地方拿获奸细，加以刑拷，毫不知所惊惧及哀求免死情状，奉其天父天兄邪谬之说，至死不移。"③陈徽言《武昌纪事》亦云，太平军斥阎罗为"妖"，诸凡百神皆为"妖魔"，遇庙像

① 龚又村：《自怡日记》卷 20，《太平天国史料丛编简辑》第 4 册，392 页。

② 罗尔纲：《太平天国史》第 2 册，736、738 页，北京，中华书局，1991。

③ 《赛尚阿等奏洪秀全并非朱九涛广西亦无李丹折(附单)》，《太平天国文献史料集》，315 页。

辄焚毁，“无识愚氓见彼所为，谓天壤间无复有鬼神，爰敢肆无忌惮，助之为虐，其死心为彼、甘蹈白刃者以此”①。

正因为信奉上帝为独一真神，摈弃了偶像崇拜，太平军将士才敢于公然蔑视世间君主和灵界诸神，以一种冲决网罗的心态来投身征伐江山的事业，为追求“地上太平，人间恩和”的社会理想而铤而走险，义无反顾。

但是，洪秀全并不是无神论者。他之所以推行毁灭偶像政策，纯粹是出于确立独尊上帝局面的考虑。因此，此举虽然猛烈冲击了压在人民头上的神权，但并不具有破除迷信、排斥一切神灵的意义，其实质依旧是造神，区别仅在于以一神替代了众神。而大凡造神运动无不带有浓厚的非理性色彩，所孕育的宗教激情最终仅是泡沫现象。

洪秀全自称是上帝次子、耶稣胞弟，借神权来烘托君权，将自己塑造成绝对权力和绝对真理的化身。特别是在天京事变之后，洪秀全一味强化自己作为真命天子的权威，其宗教思想已变得十分苍白，很难寻觅到足以真正振奋人心的内容，无法继续充当太平天国的精神支柱。随着时间的流逝，上帝教越来越难以自圆其说，从而失去了其原先的感召力。后期主政的洪仁玕便意识到这一日渐蔓延的信仰危机。他分析说：“即我天朝初以天父真道蓄万心如一心，故众弟只知有天父兄，不怕有妖魔鬼。此中奥妙无人知觉。今因人心冷淡，故锐气减半耳。”②在此背景下，一些太平军将士旧的信仰习俗和观念死灰复燃，急来抱佛脚，指望神灵能够保佑自己消灾弭祸，也就成为情理之中的事了。它所折射出的是一种士气低落、人人自危的末世心态。

与太平军内部逐渐产生信仰危机相比，民间从一开始就普遍拒绝认同上帝教。前已说明，上帝教是一个中西结合的宗教，其源头来自西方基督教。基于这一表象，时人通常将太平天国宗教称为“天主教”或“耶稣教”，甚至称作“景教”或“天竺教”。虽然称法不一，但在时人看来，上帝教即“外洋邪教”，与基督教并无区别。而洪秀全对此估计不足。尽管上帝教本身糅合了不少儒家孔学和中国民间宗

---

① 陈徽言：《武昌纪事》，《太平天国》第4册，599页。

② 洪仁玕：《开朝精忠军师干王洪宝制》，《太平天国印书》，703页。

教中的内容，但为了在中国社会开拓独尊上帝的局面，洪秀全借助严刑峻法，既激烈反孔，同时又严厉打击本土宗教，明显流于意气用事，缺乏深思熟虑。这种简单粗暴的做法无异于火上浇油，从而加剧了人们对上帝信仰的排斥心理。江南一士子曾就太平天国摧毁偶像之举评述道："神佛塑像，吴人敬奉如生，偶一触犯，即有疾病灾殃，应验不爽。而贼来处处残毁之，目为'死妖魔'，玩弄亵渎，无所不至，而神不加怒，未尝显示恶报，何也？"①这种心态很有代表性，从中可以窥见民间对此举的抵触和厌恶情绪。

当时，由于时局动荡，天灾人祸频繁，寻常百姓面对命运的种种不确定性，十分渴望能得到神灵庇佑，以寻求精神慰藉和情感依托。在这种心理驱使下，尽管太平天国法令森严，但人们仍不由自主地求助于民间诸神。后期在苏杭一带，闭门暗地里祭奉神灵是较为普遍的一种现象，许多民户为此而受到程度不等的处罚。时人笔记中有不少关于这方面的记载。正因为民间在宗教生活方面存在着如此巨大的需求，所以僧尼人等并没有销声匿迹，一旦风声稍缓便重操旧业。例如，1860 年秋，桐乡濮院镇瘟疫大作，日死四五十人，"僧以镇人死者多而佛事忙"，一时应接不暇，居然成了走俏人物。②与僧尼相比，行走江湖的巫婆神汉因为行踪飘忽，所以一直伺机而动，显得更为活跃。

事实证明，征服心灵远没有摧毁神像那么简单，改变人们世代传习的宗教信仰习俗和观念不可能一蹴而就，而且绝非单凭严刑峻法便可以奏效，必须经过一个潜移默化、循序渐进的过程。而太平天国的毁灭偶像政策既有悖于国情民心，同时又过于简单粗暴，违背了移风易俗的客观规律，所以注定会以失败告终。尽管太平天国摧毁了无数偶像，但民众始终没有心悦诚服地接受上帝信仰，相反却在心理上拉大了与太平天国政权之间的距离，进而削弱了太平天国的统治基础。也正因为如此，太平天国败亡后，缺乏生命力的上帝教便告夭折，几乎没有留下一丝痕迹，而民间的宗教信仰习俗又

---

① 潘钟瑞：《苏台麋鹿记》卷上，《太平天国》第 5 册，273 页。

② 沈梓：《避寇日记》卷 1，《太平天国史料丛编简辑》第 4 册，48 页。

悄然恢复了原貌。

然而，这种恢复仅是相对于昔日遭禁而言。一方面，在经历这场暴风骤雨般的毁灭偶像运动之后，江南以佛教为主体的宗教文化元气大伤，从而导致民间的宗教活动大为减色，远不可与过去同日而语。以杭州为例，据张岱《西湖香市志》、范述祖《杭俗遗风》记载，往年每到春季，苏南和杭、嘉、湖三府各乡村前往西湖西北天竺寺进香者纷至沓来，摩肩接踵。香客所带银钱无不丰足，昭庆寺四周遂形成集市，店铺厂棚林立，百货云集，异常喧闹，名曰“香市”。但时过境迁，“张岱述香市之盛，今不复睹。至范述祖所记，则道光、咸丰间犹然也；兵事而后，湖上梵宫灰烬大半，惟天竺、灵隐及吴山各庙，大吏发币、富户捐募，次第修复”①。

另一方面，太平天国的毁灭偶像政策前后持续十余年，带有很强的盲目破坏性，加上战争所造成的自然毁坏，江南的宗教建筑和名胜古迹蒙受一场空前浩劫，其破坏程度与唐武宗会昌五年(845 年)的灭佛之举相比，实有过之而无不及。仍以杭州为例，该城素称“佛海”，“寺观楼台架山叠壑，十年被陷尚有存者，至此(指咸丰十一年末太平军再克杭州，引者按)荡然矣”②。这是整个苏杭一带庙宇被毁情形的一个缩影。又如，江南茅山是道教名山之一，位于江苏西南部，地跨句容、金坛、溧水、溧阳等县境，为道教茅山派的发源地，素有“第八洞天”“第一福地”之誉。1860 年 4 月下旬太平军再度攻占句容后，先将茅山“上下宫观数十区投诸一炬”，后又“毁宝华山铜殿，并拆各殿宇梁栋运至金陵……累月不辍”③。再以南京为例，“城南四百八十寺，所存尚数十处，而牛首、天阙为最绝，兵燹后无复孑遗。此一劫，千年所罕也”④。时人有“一塔长干冠天下，可怜金碧总成尘”之叹。长干塔即报恩寺琉璃塔。报恩寺坐落在南京南门

① 参见《中国地方志民俗资料汇编(华东卷)》，573～574 页，北京，书目文献出版社，1995。

② 许瑶光：《谈浙》卷 2，《太平天国》第 6 册，590 页。

③ 张绍棠：《句容县志续纂》卷 19，光绪三十年修。

④ 欧阳兆熊、金安清：《水窗春呓》卷下，47～48 页，北京，中华书局，1984。

外雨花台下，系明成祖为纪念其生母而建，前后历时19年，共耗银3000万两。寺中宝塔九层八面，高80米，全部采用五彩琉璃砖构件建成，“巨丽甲海内，每燃塔灯，远望如火焰山”①。该塔在西方享有很高的知名度，明末清初来华的天主教传教士将之与比萨斜塔等并称为“世界七大奇观”。太平军攻克南京后，该塔内部结构已被烧坏，故时人有“琉璃宝塔古长干，镇住金陵一大观。内美烧残空有外，欲穷千里上来难”②一说。1854年5月美国使团来访时，一些水兵特意慕名前去游览，事后因为未经许可便擅往瞻望“妖塔”，受到太平天国官方的警告。③在两年后的天京事变中，这座已有四百余年历史的宝塔彻底被毁，沦为一片废墟。

以上所列举的仅是荦荦大者。如此众多的名胜古迹毁于一旦，令人唏嘘不已。

原载《广西师范大学学报(哲学社会科学版)》2002年第2期。中国人民大学书报资料中心《中国近代史》2002年第9期全文转载。

---

① 欧阳兆熊、金安清：《水窗春呓》卷下，47页。

② 《山曲寄人题壁》“烧长干塔”诗，《太平天国史料丛编简辑》第6册，389页。

③ 《正提中关江丙新致美国水师提督布嘉南照会》《殿右贰检点胡海隆致美国水师提督布嘉南札谕》，《太平天国文书汇编》，297～298页。按：后期派驻南京的英国翻译官富礼赐就琉璃塔写道：“我们清楚地记得早在童年时代就从一些作家的书中了解到这一伟大工程。有关中国的每一种地图、小册子或书中的篇章，往往都附有这座世界闻名的塔的图片，但如今它已成为一堆白色的废墟。由一个狭窄的洞孔分隔开的两堵巨墙是该塔现今仍然挺立的仅存部分。……到南京的每一艘船都去那里作一次掠夺性的旅行，凯旋式地从灰白堆里带走大批的琉璃砖。而现在，除非向那些围在外国旅客四周的刁民们行贿，否则一块砖也得不到。”(T. W. Blakiston, *Five Months on the Yang-Tsze*, p. 28)又，在过访南京的洋人中，窃取该塔残存的琉璃砖是一个较为普遍的现象。美国赫氏公司商人赫德在1861年4月22日的日记中写道：“现在琉璃塔已经荡然无存，只剩下一堆杂乱的砖块。我们在废墟中盲目地寻找琉璃砖，直到忍受不了太阳的暴晒，才把我们所能带走的都带走了。”(The Diary of John Heard, *Western Reports on the Taiping*, p. 347)

太平天国筹饷问题及其对战局的影响

太平天国打江山，清政府全力保江山，双方势不两立。俗话说“兵马未动，粮草先行”，在这场旷日持久的争战中，军饷供应对双方来说都是一个至关紧要的问题，事关军心是否稳定、能否继续支撑战事，涉及社会经济政策、吏治、军纪等，对战局走势影响甚巨。关于太平天国筹饷问题，学界以往论著已有不同程度论述，但不够系统全面，某些史实未纳入研究视野之内，对一些具体史实的解读也存有争议，仍留有较大研究余地。本文尝试就太平天国筹饷的基本脉络及相关主要内容进行梳理和考察，希望对该问题的研究有所推进。

一

金田团营时，起义者一概实行军事编制，上缴所有私财，统一供应食物。随着会集金田的人数越来越多，粮食逐渐不敷，只好概行食粥。张钊、田芳等天地会武装遂退出团营，又在浔江沿线劫掠钱财。一些上帝会成员也产生动摇，欲前去入伙。萧朝贵以天兄下凡名义及时出面制止，告诫众人修好练正，从而稳定了队伍。事见太平天国刊刻的《天情道理书》及《天兄圣旨》卷二。面对清军的重兵围剿，太平军避实就虚流动作战，数次在接济断绝的险境下跳出包围圈。清广西按察使姚莹分析说：“窃谓人心齐，地理熟，胆气旺，此三者贼之所长而我之所短也；火器精，粮饷足，兵勇众，此三者我之所长而贼之所短也。”①永安（今蒙山）是太平军攻克的第一座城

① 姚莹：《与严观察》，《中复堂遗稿》卷5，同治四年刊。

池，破城后缴获战利品自此成为补充给养的重要渠道。为整肃军纪，洪秀全在永安下令："继自今，其令众兵将，凡一切杀妖取城所得金宝、绸帛、宝物等项，不得私藏，尽缴归天朝圣库。逆者议罪。"①进军湖南长沙时，他重申这一禁令，宣布"倘再私藏私带，一经察出，斩首示众"②。武昌是太平军攻占的第一座省城。据陈徽言《武昌纪事》记载，太平军在武昌起获约一百万两库银；一个月后弃城蔽江而下时，谷米不能悉载而去，"犹余数百石"。另据佚名《武昌兵燹纪略》，太平军仅装载金银、缯布、器械、米盐的船只就多达百艘。

定都天京(时称江宁，今南京)并攻占镇江、扬州后，太平军又相继发兵北伐、西征。西征的主要战略意图是奔袭毗连六省的清江南大营粮饷基地江西，并相机在上游筹措粮食接济天京。不久，太平天国将西征作为军事重点，着力开辟上游疆土以屏蔽天京，由翼王石达开亲赴安庆主持战事。筹措军饷依然主要靠攻陷城池接收官库、剥夺官绅浮财，再就是绅民进贡。例如，太平军进占扬州后，"先至各衙署搜库币"，"嗣出伪示，令民进贡"③。围攻南昌期间，南昌、新建两邑民人"以豕鸡鹅鸭银米进贡者不知凡几"；太平军军纪严明，"不淫杀，不剽劫，乡村进贡人迎接"④。

可是，接收官库、剥夺官绅浮财是一次性的；民众进贡是表示归顺之举，也不可能保持常态。这使得太平军筹饷带有不稳定、不确定性。随着定都后结束流动作战状态，不断开拓疆域，特别是随着军队不断扩充，太平天国亟须拿出可靠、稳定的筹饷之策。

江南是清政府所倚重的财赋之区。江宁、苏州、杭州等城市以及江北扬州都是商贸中心，店铺林立，百货云屯，工商辐辏；以扬州为中心的两淮盐业虽积弊甚深呈现颓势，但利税仍较可观。太平军每至一地，辄规劝四民各安恒业。在攻克江宁前四天便颁布过一

---

① 《令兵将杀妖取城所得财物尽缴归天朝圣库诏》，《太平天国文书汇编》，33～34 页。

② 《严禁私藏私带金宝诏》，《太平天国文书汇编》，37 页。

③ 臧谷：《劫余小记》，《太平天国资料》，82 页。

④ 邹树荣：《蔼青诗草》，《太平天国资料》，71～73 页。

份安民告示，强调“士农工商各力其业”①。从字面上看，太平天国是鼓励私人从事工商业的，其实不然。当时，双方交战主要表现为对城市的争夺。清政府为收复失地，调集重兵围攻天京、镇江、扬州三城便是例证。受战争状态所迫，太平天国在所占城市均实行军事化管理，取缔私人工商活动，严禁人员自由出入。以江宁即天京为例：该城始终处于戒严和战备状态，取消家庭，对全城军民按性别实行军事编制，以每馆 25 人为基本单位，逐月登记、清点人口，进出城须持印凭，稽查甚严，以防范清方奸细。人们日常所需实行供给制；城内设有诸匠营和百工衙，分食品、日用品、服饰、兵器、火药、建筑、印刷等大类，“使被胁百工技艺各有所归，各效其职役，凡军中所需，咄嗟立办”②。但随着逃者日众和物资减少，这些官营手工工场渐趋式微。后期在苏杭等城，同样实施戒严，导致商旅裹足。为缓解物资匮乏问题，1854 年，天京一度在城内北门桥开设官营店铺，名曰“五市”，但未及两月俱闭歇。后来改在城外设立买卖街，“出入城门，俱有火烙印牌，无者即作奸细论”，“街内巡查极多”③，仍实行严格控制。于是，包括县城在内的大小城市均变相成为军营，丧失了原先作为商贸中心的功能。当时到过太平天国控制区的不少西方人都指出了这一特征。

这意味着太平天国尽管占据了国内最为富庶的江南地区，但城市自身在筹饷上几乎不起作用。由此引出的问题是：庞大军队和行政系统的粮饷供应如何解决？不外乎两个途径：一是攻占新地盘开辟新饷源，二是依靠所掌控版图内的乡村。后期进军苏南新辟苏福省

---

① 《东王杨秀清西王萧朝贵安抚四民诰谕》，《太平天国文书汇编》，111 页。

② 张德坚：《贼情汇纂》卷 4，《太平天国》第 3 册，117 页。按：太平天国在天京以“馆”为基本单位组织民人进行生产，统称“衙”。因规模、人数不一，又有“营”“馆”之别，大者如典织衙又称“织营”，小者如豆腐衙又称“豆腐馆”。其具体细目可考者有 42 种(罗尔纲：《太平天国史》第 2 册，842～847 页，北京，中华书局，1991)，一说有 59 种之多(涤浮道人：《金陵杂记》，《太平天国》第 4 册，618 页)。

③ 赵烈文：《能静居日记》卷 16，《中国近代史资料丛刊续编·太平天国》第 7 册，168 页。

不久，幼主洪天贵福特意下诏，褒扬忠王李秀成“开疆裕国建奇功”“又善筹谋库币充”，宣称“富庶之区首苏福，陪辅京都军用丰”①。所谓“又善筹谋库币充”，除接收官库、剥夺官绅浮财外，主要指设立乡官着手征收田赋。相比而言，后者更具有稳定性和可持续性。

与以往单纯杀富济贫、攻城劫狱的旧式农民战争相比，太平天国有着具体的改造中国社会的思想和政策。早年举兵出广西沿长江东进时，每以豁免钱粮号召民众归附。定都不久，太平天国颁布《待百姓条例》，其要点是“不要钱漕，但百姓之田皆系天王之田，每年所得米粒全行归于天王收去，每月大口给米一担、小口减半，以作养生之资。……店铺买卖本利，皆系天王之本利，不许百姓使用，总归天王”②。此令一出，民间哗然，无法推行。太平天国随后又颁布主旨相近的《天朝田亩制度》，提出按人口平分土地，实行财产公有、平均消费制度，即“有田同耕，有饭同食，有衣同穿，有钱同使，无处不均匀，无人不饱暖”。该方案满足了广大农民对土地的渴求和均匀饱暖的愿望，试图按照理想中的远古大同模式来重塑中国社会，有值得赞许的一面，但同时又将小农生活理想化、绝对化。今之学者一致认为该文献带有浓厚的空想色彩。细究起来，该文献的空想性首先表现在所提方案根本无助于解决筹饷问题，而筹饷是太平天国当务之急。1854 年夏，天京城因上游米谷不继，被迫削减口粮配额，令人一概食粥。于是，太平天国不得不从理想或空想回归现实，急寻筹饷之策。

约在 1854 年秋，杨秀清、韦昌辉、石达开联名奏请在皖赣地区

---

① 洪天贵福：《谕忠王李秀成诏》，《太平天国文书汇编》，63～64 页。

② 上元锋镝余生述、目击者批谬：《金陵述略》，《中国近代史资料丛刊续编·太平天国》第 5 册，81 页。按：《条例》之大意现存三种转述本。郭毅生经对勘，认为其全名应为《待百姓条例》(郭毅生：《太平天国经济史》，380 页，南宁，广西人民出版社，1991)。又，姜涛认为太平天国提出《条例》在先，制定《天朝田亩制度》在后(龙盛运主编：《清代全史》第 7 卷，127 页，北京，方志出版社，2007)。本文采用这两说。

实行"照旧交粮纳税"，广积米粮，"以充军储而裕国课"①，获洪秀全首肯。"照旧交粮纳税"遂成为太平天国辖境贯彻始终的田赋政策，实际上是筹饷政策。在定都一年多后，太平天国终于确定以田赋作为固定饷源的政策。这便形成以农村供给城市、穷四方之力支撑城市特别是天京的格局；早期粮饷主要依赖天京上游，后期则以新开辟的苏浙大片腹地作为依托。

田赋征收由乡官具体承办。太平天国在县以下分设各级乡官，由民人充任。早期在皖赣鄂等地，后期在苏南、浙江地区，均推行乡官制度。与往昔充当官府职役的保甲长相比，太平天国乡官属正式行政序列。20世纪五六十年代，史学界围绕乡官的阶级成分展开过热烈讨论，主要有两种截然不同的观点，或认为各地乡官大多由地主阶级分子担任，或认为劳动人民始终占据多数。到七八十年代，又由此引申出关于太平天国政权性质的讨论，且迄无定论。结合筹饷来分析，或许有助于深化对这些问题的认识。

征收钱粮即筹饷是乡官的首要职责，尽管不是唯一的职责(还负责治安、诉讼、教化等)。1860年6月16日，即占领苏州不到半月，李秀成颁布告示，敦促四乡从速举官造册，"凡乡邻熟识之人，举为乡官，办理民务……盖所举之人，必度其干事才能称职者充当其任"②。不过，实际运作时，乡官通常并不是由乡民公举产生，而是由太平军指派。选人的标准很现实：谁更有能力担负筹饷急务，就任命谁充当乡官。很难想象一个半世纪前的太平军能够掌握并运用阶级分析观点。于是，有名望有田产的乡绅，以及谙练公差的旧衙门胥吏和地保，便进入太平军视野。在同期颁布的另一份告示中，忠王明确表示"绅董可速出首，来城递册投诚"③，将绅董视为首要人选。这方面有一些具体事例可作佐证。坐镇浙江绍兴的绫天安周文嘉得

---

① 《东王杨秀清奏请准良民照旧交粮纳税本章》，《太平天国文书汇编》，168页。

② 《忠王李秀成命苏郡四乡百姓举官造册谆谕》，《太平天国文书汇编》，122页。

③ 《忠王给苏郡四乡谆谕》，《太平天国文书汇编》，121页。

知山阴县富绅何蕺民“为该县巨擘”，“曾为伪朝官宰，又系总理绍郡捐费”，认为他“才干有为”，延纳唯恐不及，表示“仰其出身办事，原为军饷大有裨益”，“以为民望”；及至得知何氏死讯，又深表悯恤，下令对其家室不得“擅行滋扰”。① 嘉善县乡绅顾午花曾率乡勇抵抗太平军，太平军并不介意，仍请他出来做事，“逼之再三”。迨其进城后，佐将陶金会“敬之如上宾”，表示“久慕大名，出来甚好”，并当即采纳顾午花告示乡民赶紧砻米还租，然后“业户”即地主取租办赋的建议。陶佐将还开导说：“你一则胆怯，二则恐妖朝复兴，然妖朝断不能兴矣，你到来正好了结。”②在秀水县新塍镇，太平军专门发布一份针对“各地保及富户人等”的告示，敦促他们“速即到局投册报名，输粮纳贡”③。温州乐清县太平军甚至采用强硬手段，“不论贤，不论能，但呼富人强趋承，胁从不应系以绳”④，以逼迫绅富就范。

正是出于筹饷的现实考虑，太平军主观上无心指派穷人出任乡官，特别是高级别乡官。以苏南常熟、昭文为例，太平军当局一心物色富户充乡官，“倘遇差徭，有财应抵，亏缺粮饷，可使赔偿”，“军、师、旅帅，三大伪职，非无资者所能营干”。“而无业者欲做伪官，争谋不易到手，盖患其亏空无偿，获财逃去耳。”⑤在这一思想主导下，“军帅请当地有身价者充当，师帅以书役及土豪充当，旅帅、卒长以地保、正身伙计分当，惟两司马、伍长硬派地着中殷实者承值”⑥。据载，

---

① 《绫天安周文嘉批珊阴军帅何万春禀》《绫天安周文嘉给珊阴军帅何万春珍醒》，《太平天国文书汇编》，196～197页。按：清代绍兴府与山阴县同城而治，治所即今绍兴市。太平天国避冯云山名讳，改“山阴”为“珊阴”。

② 赵氏：《嘉善庚申纪事》，王庆成编著：《稀见清世史料并考释》，421～422页。

③ 《嘉兴新塍镇军帅吴春波谕各地保富户人等限即到局投册报名输粮纳贡告示》，《太平天国文书汇编》，128～129页。

④ 林大椿：《粤寇纪事诗》“立乡官”诗，《太平天国史料丛编简辑》第6册，444页。按：为避杨秀清名讳，“乐清”改作“乐菁”。

⑤ 汤氏：《鳅闻日记》卷下，《中国近代史资料丛刊续编·太平天国》第6册，337～338页。按：常熟、昭文两县同城而治，合称常昭，今常熟市（县级市）。

⑥ 顾汝钰：《海虞贼乱志》，《太平天国》第5册，370页。

1860年冬，“常熟伪军帅六人，昭文四人，两邑大小乡官约共二千有零。有自愿，有逼勒，有几人合做”①。有些乡官出面辅佐郡县范围的民政，其职衔也就在军帅以上，甚至官至六爵。

二

太平天国要在战争背景下顺利筹饷，必须具备两个基本前提：一是军事上处于主动或强势，对农村有足够控制力，城乡能连为一片②；二是征收钱粮的额度在老百姓能够承受的范围内，否则筹饷便难以为继。

“照旧交粮纳税”，意味着沿袭清朝旧制来征收钱粮，即不触动旧的地权关系，包括允许业户收租。但伴随着政权更迭，“照旧”不可能是原封不动，变化在所难免，只是不同时期、不同地区的具体情况不尽相同。太平天国重视与清政府争夺民心。石达开在主持天京上游军政时便推行轻徭薄赋政策，且军纪严明，故而颇得民心。时人慨叹道：“传闻贼首称翼王，仁慈义勇头发长，所到之处迎壶浆，耕市不惊民如常，贼至犹可兵则殃。”③后期以苏州为中心建立苏福省后，洪秀全随即下诏，对民众过去深受清朝官吏“厚敛重征”之苦表示同情，宣布体恤民艰，将应征钱漕正款酌减若干；表示“尔庶民得薄一分赋税，即宽出无限生机”④。苏浙地区的土地及租佃关系也有变化。随着太平军大兵压境，不少地主因拒绝归顺而被杀或逃匿。一些在乡地主的日子也不好过，面临佃户抗租这一棘手问题。常熟乡间甚至出现“业户二年无租，饿死不少，幸而降价鬻田佃户，

---

① 汤氏：《鳅闻日记》卷下，《中国近代史资料丛刊续编·太平天国》第6册，338页。

② 例如，扬州在清江北大营围困下成为孤城。据佚名《咸同广陵史稿》记载，太平军粮食断绝，“食狗食猫，猫尽食鼠，鸦雀亦枪毙无孑余，甚且煮钉鞋底、煨牛皮箱”，被迫于1853年年底弃城突围。

③ 邹树荣：《蔼青诗草》，《太平天国资料》，78页。注：文中“兵”指湘军。

④ 洪秀全：《谕苏省及所属郡县四民诏》，《太平天国文书汇编》，52页。

十得二三”[1]的情形。不少富室在动荡中家道中落。针对地主或死或逃以及有些在乡地主拒领田凭(土地证)的现象，为避免田赋落空，太平天国允许佃户自行完粮，即“着佃交粮”。李秀成体恤民生，“田亩亦是听其造纳，并不深追”[2]。在吴江，“领凭后，租田概作自产，农民窃喜，陆续完纳”[3]。同样出于筹饷考虑，鉴于地主收不到租就无法完粮，太平天国不支持佃农抗租。1861年征收下忙时，驻防杭州一带的恋天福董顺泰劝谕民人“完粮以济军饷”。他解释说，“同胞之将执戟之兵，虽有忠心，岂能枵腹?业各有主未可屯田，民既受招又难掠野。凡在军籍，必须散粮，况守城垣，尤宜积粟”，强调“论产征粮”。其部属据此发布告示，申令“业户固贵按亩输粮，佃户尤当照额完租。兹值业户粮宜急征之候，正属该佃户租难拖欠之时。倘有托词延宕，一经控追，抗租与抗粮同办”。[4] 太平军镇压佃农抗租事件正是在此背景下发生的。

轻徭薄赋政策客观上有利于休养生息和稳定民心。李秀成认真执行减征政策，“苏州百姓应征粮税并未足收”[5]，从而减轻了包括自耕农在内的所有土地占有者的负担。地主在领取田凭的前提下向佃户收租，同时有些地区的太平军还实行减租、限租。以上举措兼顾各方利益，产生较好反响。为称颂忠王减粮德政，苏州乡官特意在阊门外捐建一座牌坊，上题“民不能忘”四字；常熟南门外也建有一座“报恩牌坊”，镌碑记述了“平租佣之额赋，准课税之重轻”等惠民之举。这两块牌坊究竟在多大程度上符合真实情况尚可存疑，但至少说明当地确实推行了轻徭薄赋政策。

---

① 龚又村：《自怡日记》卷21，《中国近代史资料丛刊续编·太平天国》第6册，114页。

② 罗尔纲：《增补本李秀成自述原稿注》，251页。

③ 倦圃野老：《庚癸纪略》卷下，《太平天国资料》，104页。

④ 《恋天福董顺泰为令完粮以济军饷劝谕》《忠天豫马丙兴谕刀鞘坞等处告示》，《太平天国文书汇编》，136～137、140页。按：同期无锡太平军也“示谕佃农照常输租”“赶早还租”(同上书，134页)。

⑤ 罗尔纲：《增补本李秀成自述原稿注》，251页。

但是，受诸多因素的影响，轻徭薄赋政策变得十分脆弱，未能切实持久推行。首要原因在于战局的变化。清政府虽丢失最为富庶的苏浙地区，筹措粮饷更形棘手，但湘军在上游打开局面，于1861年9月攻陷安庆，自此以建瓴之势进攻天京，并相继攻占庐州(今合肥)等皖北重要城池。1862年年初，李秀成再次发兵攻打清方饷源重地上海，遭英法军队、洋枪队和清军堵击。随后数月，双方在上海外围互有攻守，战事呈胶着状态。至同年春夏之交，曾国荃部湘军攻至天京城下。不久，太平军皖南城池丢失殆尽；浙东遭左宗棠进攻，也丢失不少地盘。至此，苏浙尚存地盘便成为太平军粮饷的唯一供应地。

与疆域缩小形成反差的是，太平天国的兵力急剧扩充。各路将帅为谋名位，热衷于广招兵马、抢占地盘，仅李秀成部据云就有百余万众①。但这种扩充漫无节制，战败归降的清军兵勇和无业游民占很大比例，大多桀骜不驯漫无纪律，且非战斗人员增多。据镇守常州的护王陈坤书部残存名册统计，超过四分之三的官兵系1860—1863年入伍，其中打杂之人为数甚众，包括开店、官伺、看馆、看马、买菜、种菜、打柴、挑水、煮食、成衣等。② 再就是随着洪秀全大肆加官封爵，官员队伍迅速膨胀；随之膨胀的还有为官者的腐化享乐意识，非分需索增多。

非军事开支在太平天国早期财政中便占据不小比重。据载，天王、东王的净桶、夜壶、碗箸均以金造，1853年秋冬间还准备打造金桌、金灯台，但金子已罄。大小官员纷纷效尤，严禁私藏私带金银的法令逐渐失去约束力，“贼臂必带镯，手必戒指。广西、湖南人鲜有不备者，无金则银”③。后期官场风气愈益恶化，加之乡官推波助澜，遂使这一现象更加失控。

---

① 李秀成有云：“那时主见我部辖百余万众，而何不忌我乎!”(罗尔纲：《增补本李秀成自述原稿注》，306页)按：“主”指洪秀全。

② 《军中档册》，王庆成编注：《影印太平天国文献十二种》，389～465页，北京，中华书局，2004。

③ 张晓秋：《粤匪纪略》，《中国近代史资料丛刊续编·太平天国》第4册，56页。

作为筹饷经办者，不少乡官沾染旧官场陋习，趁机巧取豪夺聚敛钱财，致使轻徭薄赋政策严重扭曲。浮收勒索是常见的一种伎俩。以嘉善监军顾午花为例，“平时包漕米，主词讼，豪横乡里。其收漕也，仍用故衙门吏胥，仍贪酷旧规，以零尖、插替浮收三石四石不等，百姓大怨。又有陶庄举人袁姓，承伪命于陶庄收漕，亦如此”。结果，顾、袁二人“皆为乡人所杀，而顾死尤酷，裂其尸为四五块”。① 借征收捐税中饱私囊的现象也很突出。据载，1862 年秋，常熟乡官“借征下忙以助军饷，各户无租，仍复苛捐，知不归城主，均军、师帅取肥私橐”②。这方面还有一些具体事例可考。苏州桃花坞人汪心耕总理嘉兴粮饷，在盛泽镇设立筹饷总局，创设厘捐、卡捐、铺捐、房捐、军柴捐、红粉捐诸名目，专以强派勒罚为事；另开设天章机捐局，凡绉纱、绸缎、湖丝在盛泽经过者，先抽佣钱三分，然后再行收捐，每匹丝绸俱要盖上天章机捐局图记，始准销售；又开公估钱庄，洋钱进出必先到钱庄用印，每洋捐钱 70 文，未曾用印者概不准用。在任职两年多时间里，汪心耕“总办各处厘卡，每月包解军饷，议定银数，陆续解赴嘉兴，余下者悉饱私橐”，仅此一项便“获银数十万”。盛泽人沈枝珊分辖嘉兴境内厘卡，各卡每日征收税银四五百两，而汇解嘉兴军营者不过十之二三，其余悉归已有；又借修建听王府、修筑嘉兴海塘之名，按田各摊派一次；凡有官员路过，必摊捐居民迎送各费。沈氏也由此成为暴发户，“积资至数十万金之多”。太平军攻占杭州后，将所得珍宝、珠玉、衣饰、古玩、字画运至盛泽售卖，沈氏“用贱价收买，所收无不精良”，又发了一笔

---

① 沈梓：《避寇日记》卷 1，《中国近代史资料丛刊续编·太平天国》第 8 册，45 页。按：《柳兆薰日记》也记述顾氏之死，内云：“众乡人不服，已率众入城，斩其首，分三段，一家三代遇害。斯人罪大恶极，报施不爽之至。”(《太平天国史料专辑》，155 页)

② 龚又村：《自怡日记》卷 21，《中国近代史资料丛刊续编·太平天国》第 6 册，109 页。

横财。①

乡官就职或升迁时饮“开印酒”、做生日等陋习也风行一时。据载，汪心耕因筹饷有功，被封为九门御林听殿刑部尚书、耕天福，遂开贺演戏，遍请官员赴宴；“又为其母做生日，舁以彩舆，游行街市，鼓吹旗帜，后拥前导；铺户、居民各摆香案迎接。镇中大小各户派敛银洋为寿分[份]”，“饮宴连日”。② 常熟归家庄地保出身的汪万被任命为军帅后，“设局于何市，开印大张筵宴，先期遍发请帖”，接帖者“不得不趋贺”③。浙西桐乡县濮院镇师帅董春圃也在镇上分发请帖，“各店口及人家均送开印贺份，共收份五十余千。大张筵席，日中用奏演曲，夜以影戏娱宾客”④。

这股歪风也在太平军中蔓延开来，开印时摊派费用几成惯例，官越大，征敛的钱越多。例如，1862 年夏，浙江诸暨县许军帅吩咐三十七都师帅徐君连，称“现在义大人开印，饬办各色货物，每都派费钱三十千”。仅隔 6 天，许军帅又指示徐，称“前奉张大人面谕，以现在首、梯二王暨余大人次第开印，每都师帅各派费洋八十元，断不能少，限于二十日缴齐，今又亲自来局坐收。为此飞札，仰弟于即日亲自携带来局，面听铺派，勿迟为祷”；同时不忘催讨上次摊派的义大人开印费：“再：领令箭、印凭费十五元，又派买办货物费钱三十千，一同带来。”⑤透过诸暨这一个案，可以想见乡民额外负担之沉重。再如，常熟守军为庆贺忠王 40 岁生日，在乡间征收贺钱，每师摊银 1500 两。听王陈炳文的妻子做寿，仅嘉兴王店镇就摊银 3000 两。开印费、生日费以及建造王府、官场应酬均不属于正常

① 以上参见鹤樵居士：《盛川稗乘》，《太平天国史料丛编简辑》第 2 册，184、186、191～192 页。按：汪心耕原名吴清祥；沈枝珊原名沈枝山，“珊”系避改字。

② 鹤樵居士：《盛川稗乘》，《太平天国史料丛编简辑》第 2 册，184 页。

③ 柯悟迟：《漏网喁鱼集》，50 页，北京，中华书局，1959。

④ 沈梓：《避寇日记》卷 4，《中国近代史资料丛刊续编·太平天国》第 8 册，184 页。

⑤ 《前营前贰军帅许为催缴开印款事给三十七都师帅徐君连札》，《太平天国文书汇编》，208 页。按：文中“首、梯二王”指首王范汝增、梯王练业坤。

的军政开支，无形中加重了民众负担，从中折射出一种文恬武嬉、颓废奢靡、漠视民生的官场风气。

由于单靠田赋无法支撑各项庞大开支，各地遂不时向民间摊派银两、物资，同时开征各种名目的捐税，并征派徭役。这必然导致民众实际负担远超出田赋正额。时人就 1861 年夏常熟东乡的情形描述道："六月，常城贼目慷天福饬军、师、旅帅派捐，每旅捐米三十石、银一百两，勒限交解。里中又挨户逼迫，虽罄其所有，仍不敷所欲。乡官有挈家而逃矣。其贼目大小甚多，彼可以催钱粮，此可以催捐款；彼可以着办衣料，此可以着办食物。"次年催讨更急："三月，菜、麦勃然兴起。贼忽而要米数百石，忽而要金数百两，忽而要水木工、作衣匠，忽而要油盐柴烛，忽而要封船数十，忽而要小工数百，时时变，局局新，其横征暴敛莫可名状。师、旅帅亦无可奈何，虽鸡犬亦不宁也。……现青黄不接，挪措丝毫无告，粮食极贵，丝织无利，家家洗荡一空，已所谓室如悬罄。……而贼目催粮愈加严酷，勒乡官，具限状，非捆锁即杖枷，乡里日夜不宁。农家典质无路，告贷无门，田地又无卖处，什物未能变偿，甚有情极[急]自尽。"①税卡则越设越多，"各处商贾往来要津，无不设立卡局尽力征税，贾人无路可避。所最要者如上海至盛泽二百里间，约有七八路关津，无怪货物之昂贵也"②。

筹饷问题从侧面反映了太平天国战略思想的片面性，尤其是在治理乡村上的失策。为了推翻清政府，太平天国贯彻军事优先原则，实行战时体制，以攻占和守护城池为主要目标，在战略指导思想上重军事、轻建设，重城市、轻乡村。问题在于，乡村是城市的军事依托和粮饷供应地，而太平天国集重兵于城市，乡镇间有驻军也以设税卡为主，所设乡官主要从事征办粮饷，在乡村政权建设、重建秩序方面明显认识不足，用力不够。这使得太平天国对乡村控制不

---

① 柯悟迟：《漏网喁鱼集》，54、56～57 页。按：慷天福为钱桂仁(后封比王)，参与密谋常熟兵变，后在杭州降清。

② 佚名《寇难琐记》卷 3，《江浙豫皖太平天国史料选编》，195 页。

力。枪匪、土匪(俗称“短毛”)、乡勇(俗呼“白头”)利用水乡泽国特殊的地理环境不时伺机劫掠，社会秩序迟迟不能稳定，便是例证。太平天国在民间推行的一些政策法令，诸如严禁偶像崇拜、祖先崇拜，以及留发易服、推行天历、废止婚丧旧俗等，与民俗激烈冲突，而近乎竭泽而渔式的强制征敛使减征政策严重变形，完全背离洪秀全体恤民生的初衷，更是大失人心，加剧了乡村的经济衰落、社会动荡，使民生状况更加恶化。柳兆薰是吴江芦墟镇拥地三四千亩的大地主，1861 年收租 1300 余石。鉴于乡官局“赋上有加无已，其横暴视胥吏凶十倍，田之为累，恐无穷也”①，加之局面纷扰，他于次年秋撇下田产逃到上海。寻常农户更是难以度日，上文引述的常熟东乡情形正说明了这一点。乡官队伍原本不稳定。太平天国苏浙地盘与清军控制区犬牙交错，在战局不明朗的情况下，不少人系在逼勒之下或抱着投机目的出任乡官，与太平军貌合神离。1862 年夏，官至侯爵的乡绅王梦兰拟将家眷从嘉兴城迁至濮院镇。他解释说：“去年看来，长毛正在上锋[风]，尽可做得。今年看来，长毛日衰，做不得也。”②这种心态较有代表性。太平军则总体上对乡官缺乏信任和尊重，时人笔记中有不少关于乡官因筹饷不力而被锁拿拷打甚至被迫逃亡或自杀的记载，从而加速了乡官队伍的解体。正因为在广大乡村的统治基础十分薄弱，太平天国军事上的兴衰主要以城市得失为标志，缺乏稳固的乡村作为依托和回旋之地，所以一旦大小城市相继失守，苏浙版图便随即丧失殆尽。随后战事的发展正印证了这一点。

筹饷问题还从侧面反映了太平天国内部存在的拥兵自重、各争雄长、人心涣散等严重问题。争地盘的实质是争饷源。太平军有主兵、客兵之分，前者为当地驻军，后者为过境部队(俗称“客长毛”或“野长毛”)。主兵与客兵不时发生利益冲突。顾汝钰《海虞贼乱志》记

① 柳兆薰：《柳兆薰日记》，《太平天国史料专辑》，228 页。

② 沈梓：《避寇日记》卷 3，《中国近代史资料丛刊续编 · 太平天国》第 8 册，124 页。

述了忠王李秀成、英王陈玉成为争夺常熟控制权互相斗气一事；沈梓《避寇日记》卷四记嘉兴主客兵为争馆子引发火并；佚名《寇难琐记》记石门、德清守将为争夺新市镇税收发生火并，导致“市人罢肆”。又如，吴江夹浦关由苏州城驻军派兵把守，日收税银几千两，“时值新丝既登，湖州丝商至上海卖与洋人必经此路”，且米艘来往亦多，停船二百余艘。1861 年夏某夜，“吴江贼垂涎，截杀掳掠，死三百余人，船货银钱数百万。苏酋索取为首者，几相斗，久之无所问，而过关之船寥寥矣”。①

战火纷扰造成的创伤更是暴风骤雨式和毁灭性的。太平军对组织团练抵抗者严惩不贷，其安民告示常有此类表述，申明倘顽梗不化，将“尽行剿洗，鸡犬不留”“剿洗尽净”“玉石俱焚，噬脐无及”②等。于是，这些人群或地方便成为太平军打击的目标，“凡经过市镇村坊，掳掠焚杀，名‘打先锋’，贼中以为公事美差”③。太平军败退苏南前夕，“打先锋”次数增多，“贼愈乱窜，乡官逃避，钱粮愈无济解；贼愈穷蹙，四野掳掠，民愈逃避，贼愈打先锋”④。不少市镇因此沦为废墟。

粮饷不继导致战局愈益恶化，战局恶化则导致筹饷愈发艰难，形成恶性循环。1863 年年末，天京陷入缺兵断粮的绝境，而京外远近不一的城池仍屯扎数十万大军，“无如各处援兵苦京外无粮，按兵不动”⑤。干王洪仁玕亲自出城催兵解围，但无一应命。次年孟夏，洪仁玕辗转至浙江湖州与堵王黄文金会合，拟等到秋收时分再领兵回救天京。但尚未等到这一刻，天京便已被湘军攻陷。

---

① 倦圃野老：《庚癸纪略》卷上，《太平天国资料》，102 页。

② 参见《太平天国文书汇编》，112、121、122、126、128、130、133、137、139 页。

③ 汤氏：《鳅闻日记》卷上，《中国近代史资料丛刊续编·太平天国》第 6 册，320 页。

④ 柯悟迟：《漏网喁鱼集》，90 页。

⑤ 《洪仁玕在席宝田军营亲书供词》，王庆成编著：《稀见清世史料并考释》，473 页。

三

对太平天国来说，筹饷属军事、经济问题，同时也是政治问题，既反映了其战略思想、战局演变以及社会经济状况，又折射出军队精神面貌、官场风气，以及军民、官民关系。

清政府同样面临筹饷这一棘手问题，财政窘迫、入不敷出。为此百方罗掘，包括劝谕绅民捐输助饷(各地大多名为劝捐，实系勒派)，甚至通过捐纳公开卖官鬻爵；滥发钱币，主要是铸大钱、发宝钞、发银票，导致通货膨胀、币制混乱；厘金系江北大营以自行筹饷名义开征的新税种，自扬州仙女庙推及全国，成为各路清军所依赖的重要饷源，但病商病民，且导致清廷财权下移地方。面对空前的统治危机，清政府也有心整饬吏治，但雷声大雨点小，官场贪渎玩泄之风依旧，1859 年扯出的官商勾结侵吞巨款的户部宝钞案便是例证。

不过，清朝立国已逾二百年，其辖境幅员辽阔，回旋余地大。这使得清政府能够调动全国资源来应对危机。尤其是以曾国藩、胡林翼、左宗棠为代表的两湖官绅及湘军的兴起，给清政府注入强心剂，使湘鄂赣皖等省战局不至于在太平天国凌厉攻势下迅速崩溃，形成对峙局面，并为日后大举反攻打下基础。在筹饷方面，左宗棠在湖南从吏治入手整顿漕政，革冗费、禁浮收，并通过减漕以纾民力，使湖南岁增银 20 余万两，绅民减赋数百万两。此举嗣后为胡林翼在湖北、曾国藩在江西仿行，收到显著成效，既缓和了社会矛盾，又有效缓解了军饷匮乏的压力。由于治理有方，两湖地区成为湘军稳固的后方基地，源源不断地为前线提供军饷、兵员。双方对后方经营情况的好坏，包括筹饷是否得力，直接关乎各自力量之消长，对战局走势产生重大影响。

原载《安徽大学学报(哲学社会科学版)》2012 年第 2 期。中国人民大学书报资料中心《中国近代史》2012 年第 5 期全文转载。

太平天国的权力格局及吏治

在太平天国与清政府的这场殊死搏杀中，内部稳定情况以及人心向背、粮饷供应、外交等因素，都对战局走势产生了不小影响。领导层内部互相倾轧便是导致太平天国由盛转衰乃至最终败亡的一个重要原因。

自起义立国始，太平天国实际上有两个权力核心。洪秀全并不拥有一言九鼎的绝对权力，因为他与杨秀清除君臣名分外，还有一层子与父的关系：当杨托称天父下凡时，作为天父次子的洪不得不俯首听命。这种怪异的权力格局为洪杨之争埋下隐患。不过，太平军初期一直流动作战、处境险恶，加上资历甚深的冯云山、代天兄下凡传言的萧朝贵所起的权力制衡和居中协调作用，所以首义诸王尚能做到和衷共济。就连清方也承认，“夫首逆数人起自草莽结盟，寝食必俱，情同骨肉，且有事聚商于一室，得计便行，机警迅速，故能成燎原之势”①。及至定都，冯、萧业已阵亡，北王韦昌辉、翼王石达开资历相对较浅，前之有人居中协调牵制的局面已不复存在，变成洪杨的直接碰撞，两人的摩擦随之增多。

定都后的杨秀清居功自傲，专横跋扈，每当与洪秀全意见相左时，便以天父下凡名义逼迫其就范，甚至以天父身份下令杖责后者，事详《天父下凡诏书》第二部。在韦昌辉等人面前，他更是百无禁忌，动辄滥施淫威，故而结怨太多，陷入孤立。就连清方也看出端倪，推测“杨贼与昌辉互相猜忌，似不久必有并吞之事”②。

---

① 张德坚：《贼情汇纂》卷 6，《太平天国》第 3 册，172 页。

② 张德坚：《贼情汇纂》卷 1，《太平天国》第 3 册，48 页。

以杨秀清逼封万岁为导火线，洪、韦、石等人密议诛杨。昔日同打江山的生死兄弟变得水火不容，非一死不能了之。韦昌辉率秦日纲、陈承瑢具体执行诛杀行动，血洗东王府，将杨秀清悬首示众，接着在全城清洗杨秀清部属，前后杀戮两万多人。洪秀全以及闻讯返京的石达开均不赞同滥杀无辜。韦昌辉又将石达开满门抄斩，并胁迫天王悬赏诛杀缒城脱逃的石达开。内讧进一步升级。石达开起兵讨韦。洪秀全将韦昌辉凌迟处死，召石达开回天京。追随韦昌辉大肆杀戮的秦日纲、陈承瑢被诛。但变乱并没有就此结束。因洪秀全心有余悸，对异姓大臣放心不下，石达开负气出走，率十余万精锐远征他方，从此与洪分道扬镳，直至最终兵败大渡河。这场内讧使太平天国一时间“朝中无将，国内无人”①，元气大伤，人心离散，导致战局急转直下。

天京事变后，太平天国经过两年多过渡，直至1859年才形成较稳定的新的领导中枢。但没过多久，朝内党争又起，并且愈演愈烈。陈玉成与李秀成之间，陈、李与洪氏宗亲之间，都不同程度地存在矛盾或嫌隙，其中以洪氏宗亲与李秀成等异姓大臣之间的权力摩擦最为牵动全局。干王洪仁玕是总理大臣，李秀成为军中大将，两人关系的演变很具代表性，从一个侧面凸显了朝内党争的脉络。

洪仁玕1859年4月辗转抵天京，不到两旬，寸功未立，就被委以总理朝纲的重任。这引起一班功臣宿将的不满。洪仁玕见众人不服，恐军心散乱，具本屡辞。洪秀全降诏抚慰，谓“风浪暂腾久自息”，并准洪仁玕保奏，封陈玉成为英王，随后又封李秀成为忠王、李世贤为侍王，从而安抚了军中将领。至此，太平天国确立了新的领导中枢，且诸王受命于危难之际，均抱有建功立业之念，相互间的关系也较为融洽。太平天国之所以随后能重整旗鼓，二破江南大营、开辟苏南大片版图，与将相之和是分不开的。

上海事件是洪、李关系的一个转折点。1860年夏，洪仁玕为进占上海一事，亲自来苏州进行外交斡旋，但各国驻沪外交官丝毫不

---

① 罗尔纲：《增补本李秀成自述原稿注》，183页。

予理会。眼见外交途径交涉无望，李秀成便直接发兵攻打上海，结果被英法军队击退。苏州之行无功而返是洪仁玕主政期间的一大败笔，导致威望受损。在兵败被俘后各自所写的供述中，李秀成对干王表示不屑，说他“初来封长，又冇才情”，“封过后未见一谋”①，当有所隐指；洪仁玕则指责忠王执意主战，惹恼洋人，搅了和谈大局，而且事后还不肯认错。② 双方所言均与事实有较大出入。这说明围绕上海未下的责任，两人心存芥蒂，关系出现裂痕。

李秀成在军中的地位仅次于陈玉成，侍王李世贤是其堂弟，洪仁玕副手章王林绍璋也与忠王关系甚密。而洪仁玕在太平天国原本根基甚浅，一旦失去实力派将领的支持，其影响力便大不如前，甚至一度被排挤出天京，以总理大臣身份催调兵马援救安庆。此时，以血缘和利益关系为纽带，李秀成等异姓诸王与洪秀全两位兄长(王长次兄)等洪氏宗室成员成为朝中分庭抗礼的两大派系，李秀成与洪仁玕随之嫌隙日深。安庆失陷后，洪仁玕具本弹劾军中各主要将领，结果触怒天王，由此引发朝中走马灯似的人事更迭：天王先是将洪仁玕和英王、章王等一并革职，不久恢复洪仁玕王爵，但未复军师一职；接着又恢复林绍璋爵位，不准王长次兄及洪仁玕干预朝政，未几又将林绍璋撵出京城，重新起用洪仁玕。朝内党争之激烈，于此可见一斑。

出现这种局面，与洪秀全用人不当有很大关系。天京事变后，心有余悸的洪秀全对异姓大臣猜忌甚深，倾向于重用自己的兄弟子侄。不过，洪氏亲属过于平庸或少不更事，洪仁玕虽才堪大用但资历甚浅，故而引发功臣宿将的离心倾向和抵触情绪。而洪秀全后期专注宗教，无心亲理政事，遂使局面失控。李秀成在其供词中一再抱怨天王不信外臣、不用贤才、不问政事，确系有感而发。然而，洪氏宗亲尽管地位显赫，但无人握有兵权和地盘，洪秀全在军事上

① 罗尔纲：《增补本李秀成自述原稿注》，352 页。按：“冇”系粤语方言，作“没有”解。

② 参见王庆成编著：《稀见清世史料并考释》，472、488、492 页。

不得不倚重异姓诸王。这使得他在用人上摇摆不定，对群臣驾驭不力。

洪氏宗亲与异姓诸王之间的明争暗斗闹得沸沸扬扬，就连清方也知其梗概。左宗棠在 1862 年 10 月末的一份奏折中写道："查贼中伪王可数者共三十余，惟伪忠王李秀成、伪章王林绍璋与李世贤尚称投合，余则彼此猜疑，势不相下；金陵逆首洪秀全之兄伪勇王洪仁达尤为各贼所恨。似从前杨、韦两逆互相吞噬之事，不久必将复见。"①朝内党争使太平天国领导中枢薄弱无方、波动涣散，无法从容应对日益严峻的政治军事形势。

朝内党争的实质是结党营私党同伐异，这与官场风气的恶化有着紧密联系。

吏治是洪秀全思考解决社会问题的着眼点之一。他在推行森严的等级制度的同时，反复强调世人都是兄弟姐妹，试图借虚拟的亲情来化解上下尊卑之间的隔膜与矛盾，营造一个和谐有序的社会。这种思想有积极的一面，但如何使两者并行不悖，却是太平天国从一开始就无法也不可能解开的一个死结。

例如，洪、杨等人在全体军民中推行禁欲主义，虽夫妻同宿也被问斩，而自己却大搞多妻制，在天京城频繁选美，引起一片恐慌和怨声。再如，首义诸王的净桶、夜壶均以金造，一度还准备打造金桌、金灯台，但金子已罄。大小官员群起效尤，"臂必带镯，手必戒指。广西、湖南人鲜有不备者，无金则银"②。在洪、杨等人看来，自己打江山、自己坐江山，享有特权是天经地义之事。在严判上下尊卑的背景下，是否为官及官职大小直接决定着每个人的社会地位和待遇，从而极大刺激了人们谋求当官和升迁的心理。

在太平天国，官员升迁主要看军功大小，但血缘、地缘关系也起很大作用。这种用人上的褊狭进一步败坏了官场风气。既然上下

---

① 《左宗棠奏报官兵攻剿龙游等处获胜并攻克寿昌折》，《清政府镇压太平天国档案史料》第 24 册，605 页，北京，社会科学文献出版社，1999。

② 张晓秋：《粤匪纪略》，《中国近代史资料丛刊续编·太平天国》第 4 册，56 页。

尊卑泾渭分明，少数人的尊贵需要以多数人的卑贱作为衬托和基础，那么，官兵、军民之间也就无法真正体现“四海皆兄弟”“胞与为怀”等理念。正是随着私欲膨胀，太平天国核心层的冲突日益升级，还没等打下江山就争夺起江山，结果酿成一场惊心动魄血流漂杵的内讧。为走出内乱阴影，刺激众人效命，洪秀全不断给群臣加官晋爵。但在失去素以铁腕治军理政的杨秀清后，他又掌控不了局面。人们醉心于升迁，跑官要官现象日甚一日；在外统兵将领则僭权任命官员，培植亲信。洪仁玕主政不久便觉察到问题的严重性，为此颁布《立法制喧谕》。但他根本压不住阵脚，这场以统一事权为主旨的改革很快便告夭折。

军中将领拥兵自重，必然导致各自为政。后期，诸王各镇一方，如陈玉成在安徽，李秀成在苏南、浙西，李世贤在浙东，成为各地的实际最高长官；城市则各由其部将驻防，官制混乱、职权不清的现象十分突出。各省之间甚至一省之内，不仅彼此呼应不够，有时还为争夺粮饷与地盘发生摩擦。安庆是陈玉成辖区的首府，该城之所以在湘军围攻一年多后最终失守，与李秀成、李世贤消极迁延救援不力有很大关系。

文武百官“动以升迁为荣”现象则使局面更加失控。天京事变后，洪秀全为避免重蹈覆辙，曾宣布永不封王；嗣后一度封自己两个兄长为王，但不久就削去其王爵，直到洪仁玕投效后才再度破例。到1860年，洪秀全共计封了七个王，即干王洪仁玕、英王陈玉成、忠王李秀成、赞王蒙得恩、侍王李世贤、辅王杨辅清、章王林绍璋。随后则越封越多，竟然封出2700多个王，不仅血缘、地缘关系照样起作用，卖官鬻爵也几乎公开化，铨选制度形同虚设。滥施爵赏助长了朝中贪渎之风。据载，后期在天京城内，“各伪目无不极富，一馆内箱栊总不下数百件”①。在军中，拥兵自重、各争雄长、安富尊荣之风则日益滋蔓。从广西穷乡僻壤挺进到江南繁华富庶之地，太

① 赵烈文：《能静居日记》卷16，《中国近代史资料丛刊续编·太平天国》第7册，168页。

平军在开疆拓土的同时，其理想与锐气却悄然褪色。时人就此喟叹道："故世谓'发逆之亡，亡于苏州'。盖恋恋于此，即怀安之一念足以败之矣。"①由于不少将领贪念子女玉帛，加上军心涣散，新兵良莠不齐且疏于管束和训练，太平军总兵力虽超轶往昔，远比清军占优，但战斗力却大不如前。

与朝内、军中相似，太平天国乡村基层政权的情况也不乐观。

太平天国在县以下分设各级乡官，由民人出任。太平军攻占苏州不到一个月，忠王李秀成便颁布告示，促令举官造册。实际操作时，乡官通常不是由乡民公举产生，而是由太平军指派。由于设立乡官的主要目的是解决军饷急务，太平军在遴选乡官时，倾向于任用有名望有田产的乡绅，其次是谙练公差的旧衙门胥吏和地保。苏南常熟便大多指派富户充乡官，"倘遇差徭，有财应抵；亏缺粮饷，可使赔偿"，"军、师、旅帅三大伪职，非无资者所能营干。……此时，乡中有家者最为难过，而无业者欲做伪官，争谋不易到手，盖患其亏空无偿、获财逃去耳"②。为使绅富就范，浙江乐清县太平军还采用强硬手段，故时人有"不论贤，不论能，但呼富人强趋承，胁从不应系以绳"③一说。

这些染有官场旧习的人出任乡官后，与太平军貌合神离；有些人采用浮收勒索等手段，趁机巧取豪夺聚敛钱财。乡官做生日、赴任或升迁时饮"开印酒"等陋习很快风行一时。太平军也逐渐沾染上这种风气，官越大，征敛的钱越多。例如，听王陈炳文的妻子做寿，仅嘉兴王店镇就摊银三千两。这些非正常开支加重了民众负担，进一步腐蚀了太平天国肌体，败坏了官民、军民关系。

再看看清政府的情况。为挽救统治危机、争取民心，咸丰帝在即位初期数次下罪己诏，并着手整饬吏治，主要是广开言路、罗致

---

① 潘钟瑞：《苏台麋鹿记》卷下，《太平天国》第5册，302页。

② 汤氏：《鳅闻日记》卷下，《中国近代史资料丛刊续编·太平天国》第6册，337～338页。

③ 林大椿：《粤寇纪事诗》"立乡官"诗，《太平天国史料丛编简辑》第6册，444页。

人才、调整人事，并宣布凡被兵省份，分别蠲缓钱粮、酌情抚恤，以苏民困，严禁地方官借捐输之名苛派骚扰民间。但雷声大雨点小，这些旨令基本上形同具文，很难落实到位。而军功保举以及捐班人员激增，使仕途愈益拥挤，泥沙俱下，更增大了整饬吏治的难度。

曾国藩等人在两湖地区则显露出新气象。针对官场疲玩泄沓百弊丛生的现象，曾国藩一再表示，“思欲稍易三四十年来不白不黑、不痛不痒、牢不可破之习……但求宏才伟识，共济时艰”①。自组建湘军起，他一直重视延纳人才；衡量人才时，主要看对方是否有血性、无官气，期望借此“引出一班正人，倡成一时风气”②。湖北巡抚胡林翼、以抚署幕客身份治理湖南的左宗棠同样重视整饬吏治，对官僚队伍进行大换血。通过广泛网罗、培植人才，曾、胡、左均集聚了一大批有“忠义血性”且各具才干之人，倡立一种有别于官场陋习的新风气，从而有效改变了当地人才匮乏、军政萎靡不振的现状。曾国藩还重视从严治军，一再强调禁止扰民，并写有一首浅显通俗的《爱民歌》讲明有关事项，强调“爱民之军处处喜，扰民之军处处嫌”；另注意防范不良习气在军中滋蔓，认为“军事有骄气、惰气，皆败气也”。③ 尽管湘军无法摆脱日渐萎靡军纪败坏的趋势，但直至攻打天京时，总体上仍保持着相当的战斗力。

更为重要的是，曾、胡、左三人均以忍辱负重共济时艰相标榜，在战略、治军、吏治、用人等方面颇多共识，并且都深知唇亡齿寒、保大局即所以自保的道理，鄙弃败不相救、胜则相妒的恶习。湘军之所以得以发展壮大，得益于有两湖地区作为稳固的后方基地，而这与三人顾全大局通力合作是分不开的。正是依靠以曾、胡、左为代表的两湖官绅所创立的湘军和两湖基地，清政府才得以抵挡住太平天国潮水般的攻势，避免了湘鄂赣皖四省及相邻省份战局的迅速崩溃，并为日后大举反攻积蓄了力量。清廷为应对危机，也注意调

---

① 曾国藩：《复黄淳熙》，《曾国藩全集》第 21 册《书信》(一)，431 页。

② 曾国藩：《复胡林翼》，《曾国藩全集》第 22 册《书信》(二)，1546 页。

③ 曾国藩：《致李榕》，《曾国藩全集》第 22 册《书信》(二)，1182 页。

整内部特别是满汉官僚之间的关系。左宗棠后来因为樊燮案遭弹劾，最终得以躲过此劫，以及曾国藩在1860年被任命为钦差大臣、官授两江总督，与咸丰帝亲信肃顺的斡旋与大力举荐有很大关联。

拙稿《太平天国的兴起与败亡》，载《两岸新编中国近代史·晚清卷》(上)，北京，社会科学文献出版社，2016。本文摘自原稿第二节。

太平天国后期的朝内纷争

——兼论洪仁玕与李秀成之间的关系

领导层内部的权力摩擦和派系斗争是贯穿太平天国始终的一个突出现象。其中，由洪秀全、杨秀清之争引发的天京内讧是太平天国由盛变衰的一个转折点，而后期的朝内纷争则是导致太平天国从衰落走向败亡的一个主要内在原因。天京事变的脉络较为清晰，相关研究业已十分深入。相比之下，由于头绪繁多，具体情形扑朔迷离，加之相关史料零散残缺，学术界对后者的研究一直较为薄弱，且众说不一。洪仁玕是太平天国后期的总理大臣，而李秀成则是军方统帅之一，因此，他俩之间关系的走向很具有代表性，是太平天国后期朝中党争的一个缩影。本文拟以洪、李之间的关系为线索，就太平天国后期的朝内纷争作一尝试性探讨。

一

当初从香港投奔天京，洪仁玕寸功未立便被族兄洪秀全赐封为王，委以总理朝纲的重任。这引起包括李秀成在内的一班功臣宿将的不满。洪仁玕见众人不服，恐军心散乱，便具本屡辞。洪秀全降诏抚慰，谓“风浪暂腾久自息”，并准洪仁玕保奏，封陈玉成为英王，后又加封李秀成为忠王，李世贤为侍王，从而安抚了这班武将。至此，太平天国新的领导中枢大体确立，且诸王“各有奋兴之志”①。

---

① 《洪仁玕在南昌府亲书供词》，王庆成编著：《稀见清世史料并考释》，484 页。

就李秀成来说，他在受封之后，当即具禀向干王“求示以行征之策”，旋又“踵府三次求教当攻取之策”。① 洪仁玕以《兵要四则》作答，并向李秀成面授机宜，主张以“围魏救赵”之计打破敌江南大营对天京的围困。李秀成依计行事，在其他主力的策应下，于1860年5月大解京围。此后，在登朝商议下一步作战部署时，陈玉成力主解安庆之围，李世贤建议经略闽浙，唯独李秀成附和洪仁玕，主张乘胜东进，先攻取长江三角洲地区，然后再沿江上取。在得到天王首肯后，李秀成率部东征，一路高歌猛进。在兵临上海外围后，他又忠实执行了洪仁玕的新外交政策，主动与上海的各国驻华公使进行沟通，申明太平天国的友好态度，试图在进占上海一事上赢得对方的理解和合作。总之，尽管李秀成当初曾对洪仁玕受封一事表示不服，但两人之间的关系并没有因此而受到太大影响，相反，李秀成在受封为王后，一时间对洪仁玕还颇为尊重和听命。太平天国之所以能够在1860年春夏之交重整旗鼓，二破江南大营，并开辟出苏福省根据地，在很大程度上正是得益于将相之和。

上海之役是洪、李关系的一个转折点。1860年7月中旬，洪仁玕亲自来到苏州进行外交斡旋，诚邀各国驻沪领事就太平军进占上海一事进行磋商，但对方丝毫不予理会。眼见外交途径交涉无望，李秀成便直接发兵攻打上海，结果被英、法军队击退。

苏州之行无功而返是洪仁玕总理朝政期间的一大败笔。在《资政新篇》一书中，洪仁玕曾详列与他“相善”的23个洋人的名单；他在行前写给李秀成的信中也自称与外国诸大臣“素有交情”②。这使得太平天国上下均对洪仁玕的苏州之行抱有厚望，如天王便认为他“必能和酌妥议通商和好章程”③；与洋人交涉未果的李秀成更是翘首巴

---

① 《洪仁玕在席宝田军营亲书供词》，王庆成编著：《稀见清世史料并考释》，470页。

② 静吾、仲丁编：《吴煦档案中的太平天国史料选编》，4页，北京，生活·读书·新知三联书店，1958。

③ 《洪仁玕在席宝田军营亲书供词》，王庆成编著：《稀见清世史料并考释》，472页。

望着他的到来。然而，由于列强以武力协助清军防守上海的态度异常强硬，洪仁玕的外交努力未能奏效。这一结局虽是无法规避，但毕竟出乎人们的意料，从而影响到洪仁玕在朝中的威望。他与李秀成之间也随之嫌隙日深。

在兵败被俘后的供词中，洪仁玕对李秀成颇多批评，其中谈论得最多的便是上海战役。干王共在三篇供词中提到此事，认为之所以上海未下，皆因李秀成一意主战，惹恼了洋人。他说：

> 我天王……乃降诏令余往苏邀洋人来会，颇能如议。而忠王自恃兵强将广，取上海如掌中之物，不依所议，云我天王江山可以打得来，不能讲得来也。众洋人知不能和乃去，仍多有保护洋行者。而忠王遂发师进取，见是空城，遂掠取洋楼物件，被洋人伏兵杀起，出其不意，败回苏城。此刻始信吾议，然究不肯认错也。
>
> 那上海本有夷人，伪忠王带了二千人想破上海，被夷人空城计败回。伪忠王于庚戌年五月破苏州，小的想与夷人和好，亲到苏州。夷人因闻伪忠王有洋人只好打不好和的话，以致不能得上海。
>
> 我本想与外洋连和，取武汉、荆襄，扼得全个长江，再由四川下陕西东向。那李秀成偏要与洋人为难，我将洋官都请来苏州讲和，被他闹散了。①

洪仁玕以上所言与事实有较大出入。实际上，李秀成一直在进行外交努力，始终无意与洋人兵戎相见，乃至于在遭到对方袭击后未予还击就撤离上海。反过来讲，列强在上海问题上丝毫不肯让步，无论太平军是和还是打，他们都不会拱手出让上海。就此而论，上

---

① 以上分别引自《洪仁玕在席宝田军营亲书供词》《洪仁玕在南昌府问供之二》《洪仁玕在江西抚衙供词》，见王庆成编著：《稀见清世史料并考释》，472、488、492 页。按：“伪忠王”等语气系清吏录供时所擅改。

海未下，其责任并不在李秀成。从文意上推测，在洪仁玕斡旋无望的情形下，李秀成执意发兵攻取，这可能便是双方产生争执的由来。洪仁玕称李秀成是被洋人用空城计败回，说明他对此役的经过不甚明了。与洋人闹翻本是洪仁玕力图避免的局面，而李秀成正是这次军事行动的统帅，洪仁玕自然会认为后者难辞其咎。① 而李秀成也难免会对洪仁玕苏州之行的无所作为感到失望和不满。在被俘后所写的供词中，李秀成对洪仁玕明显流露出不服和不屑，说他"初来封长，又有才情"，"封过后未见一谋"，当是意有所指。这说明围绕上海未下的责任，洪、李两人曾互有抱怨，将相失和已渐现端倪。

李秀成在军中的地位仅次于英王陈玉成，另一重要将领侍王李世贤则是他的堂弟。而洪仁玕在太平天国原本资历甚浅，根柢不深，一旦失去拥有军队和地盘的实力派将领的支持，其新政的推行便更加显得力不从心，他在朝中的地位也随之开始发生动摇。随后发生的一连串事情正验证了这一点。

同年 11 月 19 日，洪仁玕在天京与来访的中国第一位留美毕业生容闳举行会谈。容闳根据旅途中对太平天国的观察，向自己的旧友提出 7 项改革建议，内容包括改组政府和军队、推行西式教育等，并表示愿为太平天国效力，以促成这些改革。然而，当双方再次会晤时，干王一脸无奈地向容闳表示：他深知这些举措的重要性，但其他各王均在外征战，在他们没有返京之前，一切都无从谈起，因为任何举措在付诸实施之前，必须得到大多数人的首肯。容闳这才对洪仁玕的处境有所了解，意识到"他是孤单的，没有人在倡导这些改革方面向他伸出援手"。实地考察后的容闳不禁大失所望，转而对太平天国的前景持悲观态度，"确信太平天国既不能革新中国，也无力复兴中国"。② 于是，他最终谢绝洪仁玕的任命和挽留，重新回到

① 遵王赖文光的看法与干王相近，但措辞远比后者严厉。他批评忠王"该不知机，违君命而妄攻上海，不惟上海攻之不克，且失外国和约之义"，认为"败国亡家，生死皆由此举"(《赖文光自述》，《太平天国文书汇编》，558 页)。

② Yung Wing, *My Life in China and America*, New York, 1909, pp. 110, 123.

上海。洪仁玕身为总理大臣，却始终不能对容闳的建议作任何实质性的表态，不得不顾忌到其他各王的态度，这足以说明他对诸王的影响力已大不如前。

事隔两个多月后，幼主洪天贵福于1861年2月4日降诏，下令废止前之本章依次传盖各王金印后递达幼东王转献的制度，改设殿前正副赍奏官；次日，又宣布新颁的本章进献制度“永以为例”，“自今内外本章免盖玕叔金印及一概金印，单准盖幼东印”。幼主就此解释道：“自今免盖玕叔印，恐人起议踵东王。爷排东王乃龑世，免盖各印理事张。”另以抚慰的口吻说：“至玕叔总理，仍如前也。”①从此，洪仁玕虽然名义上依旧总理朝政，但已经无权决定文武百官的奏章能否递献天王。幼主此诏隐约透露出洪仁玕遭人非议的信息。为了保持上帝教神学体系的完整性和连续性，洪秀全在石达开离京出走后，很快就替杨秀清恢复了名誉，后来又将自己的第五子洪天佑过继给他，使之袭东王爵位，成为幼东王。幼东王尽管还是个幼童，但毕竟承袭了前之东王的地位，按照昔日所封各王俱受东王节制的定制，理应序列群臣之首。于是，有人便以“爷排东王乃龑世”为借口，私议干王权倾一时，取代或排斥了(幼)东王的地位和权威。这大概便是幼主诏旨中“恐人起议踵东王”句的由来。该诏虽然是以幼主名义发出，但从其重要程度来推断，必定经由洪秀全一手裁定，反映了洪秀全对洪仁玕态度的微妙变化。

紧接着，同年2月9日，即天历辛酉十一年(1861年)元旦，天王洪秀全又诏令洪仁玕外出催调兵马救援安庆。洪仁玕原本是个书生，又肩负总理朝纲的重任，此刻离京出征，多少让人感到有些蹊跷。关于个中原委，当时身处天京的英国翻译官富礼赐透露说：“他不是军人出身，因此，在外征战的其他王爷对他一直呆在京城十分嫉妒。他甚至被迫离京出征，但搞得一团糟，后被告知番鬼正在南

---

① 《太平天国文书汇编》，75～77页。按：“龑”系太平天国新造字，“乃龑”作“提携”“帮助”解。

京提出蛮横无理的要求，这才从前线匆匆返回。"①洪仁玕后来在供词中亦云："那广西老贼都是开国的功臣，各顾自己，不顾大局，见小的言语公正，都想推小的出京。"②可见干王此番出征是受他人排挤所致。

上述事实说明，自上海战役后，洪仁玕在朝中的地位开始日渐下跌。有论者认为，洪仁玕处境不妙，主要是受王长次兄洪仁发、洪仁达的排挤所致。这种推测与史实不符。太平天国后期的朝内纷争错综复杂，扑朔迷离，陈玉成与李秀成之间，陈、李与洪氏宗亲之间，包括洪氏宗室成员内部，都存在着不同程度的矛盾或嫌隙，这在现存史料中均斑斑可考。不过，从总体上看，由于"血浓于水"的缘故，洪仁玕与王长次兄几乎是休戚与共，洪氏宗亲与李秀成等异姓诸王之间的权力摩擦才是当时朝内纷争的核心问题。

约从1860年下半年起，以血缘和利害关系为纽带，李秀成等异姓诸王和王长次兄等洪氏宗室成员逐渐成为朝中分庭抗礼的两大派系，李秀成与洪仁玕之间也随之成见日深。就李秀成而言，除堂弟侍王李世贤外，与他结为奥援的还有章王林绍璋。林绍璋系广西老兄弟，1854年因湘潭丧师革职，1858年经李秀成保举出任地官又副丞相，1860年封章王，协助洪仁玕料理朝政。上海之役后，洪仁玕在朝中主要受到李氏兄弟和林绍璋三人的掣肘。天历辛酉十一年冬，洪仁玕具本弹劾对安庆失守负有直接责任的军中各主要将领，结果触怒天王，由此引发朝中走马灯似的人事更迭。据洪仁玕后来回忆，洪秀全先是将干王、英王、章王等人相继革职，一并问罪；未几恢复了洪仁玕的王爵，但未复军师一职；紧接着，天王又恢复林绍璋的爵位，"不准王长次兄及予干与[预]朝政，内则专任章、顺王掌政，外则专任忠、侍、辅王掌兵"；但到了天历壬戌十二年(1862年)

---

① T. W. Blakiston, *Five Months on the Yang-Tsze*. London, 1862, p. 50.

② 《洪仁玕在南昌府问供之二》，王庆成编著：《稀见清世史料并考释》，488页。按：文中"广西老贼""小的"等表述系清吏记录口供时改易。

春，天王又将林绍璋撵出京城，重新起用洪仁玕掌政。① 在短短几个月内，洪仁玕几度沉浮，朝内人事更迭频繁。朝中党争之激烈，于此可略见一斑。

在被俘后的供词中，李秀成一味贬低洪仁玕，认为干王所写的书籍不值得一读，只字不提他在主政期间的建树，并直斥王长次兄为"佞臣"，列数其鬻官纳贿、搜刮民财、玩弄权术等种种劣迹；相反，却对林绍璋大加赞许，认为他"聪明，样样晓得，能勤劳"。忠王还愤愤不平地说，天王第一重用幼西王，第二重用王长次兄，第三重用干王，第四重用其驸马，第五重用英王，第六才轮到他李秀成。②

与此形成反差的是，洪仁玕在供词中着重点名批评了李秀成和林绍璋两人，除责备忠王在上海事件中"不依所议""究不肯认错"外，另指责章王在顶替自己主政期间为人"奸猾"，"凡事瞒上自专"。③ 及至从清江西巡抚沈葆桢处看到曾国藩刻《李秀成供》后，他又就其相关文字签附反驳意见，申辩幼西王、王长次兄等人爵位虽然尊显，不过是天王对亲臣和功臣之后的荣宠而已，但兵粮之权归忠王总握，"岂尺寸疆土粮饷得归亲臣及功臣后乎"？洪仁玕还直斥林绍璋是"佞人"，说他在安庆保卫战中"弃江北不守不战"，在朝中"内则蒙蔽不奏，外则阴结私行"；至于被李秀成斥作"佞臣"的王长次兄，洪仁玕则视之为"忠正人"，并指责忠王、侍王、章王三人结党营私，谓"忠、侍王在外，专靠章王柔猾之言为之耳目，不认王长次兄为忠正人，不信本军师为才学之士"。④

---

① 《洪仁玕亲书签驳〈李秀成供〉》，王庆成编著：《稀见清世史料并考释》，513页。

② 罗尔纲：《增补本李秀成自述原稿注》，139、218、257、306、307、328页。

③ 《洪仁玕在席宝田军营亲书供词》，王庆成编著：《稀见清世史料并考释》，472页。

④ 《洪仁玕亲书签驳〈李秀成供〉》，王庆成编著：《稀见清世史料并考释》，513～514页。

冰冻三尺，非一日之寒。关于王长次兄和章王的为人与政绩，李秀成和洪仁玕各执一词，评价各异。这从侧面说明李秀成等人与洪氏宗亲平素互有成见，积怨甚深。

二

造成这种局面的原因是多方面的，除了朝中大臣各存私念、心胸狭窄的因素外，与天王洪秀全在用人上的过失也有很大关系。

天京事变后，心有余悸的洪秀全对异姓大臣疑忌甚深，倾向于重用自己的兄弟子侄。他先是封其长次兄洪仁发、洪仁达为安王、福王，以牵制翼王石达开，结果导致石达开负气出走。洪仁玕投奔天京后，他又很快破格任命其为首辅大臣。后来，他又让自己的儿子洪天佑袭东王爵位，以所谓的“外甥”萧有和掌内外本章是否转献之权，另改封长次兄为信王、勇王，封堂兄洪仁正为恤王，并重用驸马钟万信、黄栋梁和他的一群侄子。在天王于辛酉十一年春颁发的几道诏旨中，洪氏宗室成员在受诏人名次的排列顺序上均赫然排在英王、忠王等异姓诸王之前，其亲疏厚薄十分明显。平心而论，洪氏亲属中除洪仁玕才堪大用外，其余或过于平庸，或年幼无知，大多不胜其任，其结果不但于事无补，反而加剧了异姓大臣的离心倾向和抵触情绪。而此时的洪秀全专注于宗教，无心亲理政事，遂使这一局面愈益失控。李秀成在其供词中再三抱怨天王不信外臣、不用贤才、不问政事，虽言语偏激，但也确系有感而发。

然而，正如洪仁玕所言，洪氏亲属尽管地位显赫，但并无一人握有兵权和地盘，而这些正是李秀成等外姓大臣与前者抗衡的资本。洪秀全一心想营建自己的家天下，对异姓诸王抱有戒心，但他却又不得不在军事上倚重后者。处此两难境地，洪秀全只好在两者之间搞些平衡。但洪秀全性情孤傲而又刚烈，本不擅长协调人际关系，更谈不上熟谙权术。因此，他在处理朝内纷争时往往过于偏执和意气用事，导致对群臣驾驭不力。由洪仁玕弹劾事件所引发的频繁人事更迭便是一个很好的说明。如此朝令夕改，反复无常，既不利于中央政权的稳定性和延续性，也无法起到笼络、凝聚人心的效果，相反，只能促使原有的矛盾进一步激化。正是由于在用人思路上的摇摆不定，洪秀全远不能做到用人不疑、疑人不用。无论是洪仁玕，还是陈玉成、李秀成、林绍璋，都没有赢得洪秀全的绝对信任，都曾经有过被罢黜的经历。这就使得太平天国后期的领导中枢薄弱无力，始终处于一种波动涣散的状况。李秀成在其供词中批评天王"言天说地，并不以国为由。朝中政事，并未实托一人，人人各理一事"①，多少道出了太平天国中央政权的症结所在。

就洪仁玕个人而言，他较识大体，不像天王那样对异姓诸王抱有太多的戒心或偏见。在掌政之初发布的《颁新政喧谕》中，洪仁玕专门论及洪氏宗亲与异姓大臣之间的同心同德，强调"况我真圣主……宗藩笃爱，金枝与玉叶交辉。异姓者俨若同胞，永为腹心之寄托；同姓者更联一体，当效手足之勤劳"；在写给李秀成的《兵要四则》中，他又以"廉、蔺相和，而秦有十五年不敢出函谷关"为例，说明"师克在和"的道理，强调"不和则人心不一，不一则涣，何蓄锐之有"?② 可见他深知团结的重要性。如果说王长次兄与李秀成之间的矛盾主要表现为权力摩擦和意气之争的话，那么，洪仁玕与李秀成之间的隔阂则大多由具体决策上的争执所引起，诸如围绕攻打上海而引发的嫌隙。再就安庆本章而论，洪仁玕所弹劾的对象除林绍璋等人外，还包括曾同自己携手整饬吏治的陈玉成。这说明洪仁玕此举基本上是就事论事，并没有拘泥于个人之间的意气之争。风波过后，洪仁玕仍然主动寻求与李秀成的合作，再三规劝他着眼全局，不要贪乐苏杭，不顾江北和天京的安危。在被俘后的陈述中，洪仁玕虽然一再批评李秀成不听劝告，不依计行事，但仍对后者在军事上的才能和贡献给予了充分肯定。他说："1860 年至 1861 年间，吾等虽连遭挫败，但效命之下，仍迭获胜绩，开疆拓土。在此期间，

---

① 罗尔纲：《增补本李秀成自述原稿注》，346 页。

② 以上均见洪仁玕：《开朝精忠军师干王洪宝制》，《太平天国印书》，701、703、704 页。

我军在沙场上有两名优秀将领，即英王和忠王。”①可谓不失公允。

直到看了《李秀成供》之后，洪仁玕对忠王的批评才变得尖锐起来，言语之中不无偏颇之处。从表面上看，这一论争似乎是太平天国朝内纷争的余绪，但稍加分析不难看出，洪仁玕此举主要是出于维护太平天国和洪秀全尊严的考虑。针对李秀成在其供词中佻天之功以为己力、诿过他人以开脱自己的文字，洪仁玕列举事实予以了反驳。尽管如此，他在文末仍表示“予原存厚道，不肯自毁”，强调其本意只是为了让世人了解事情的真相，而非刻意诋毁对方。值得注意的是，在太平天国内部，洪仁玕是唯一一位读过《李秀成供》并对之加以评述的人。对于早就矢志“宁捐躯以殉国，不隐忍以偷生”②的洪仁玕而言，当他读到李秀成流露出乞降求抚之意的段落时，其内心的惊诧和痛楚是不言而喻的。他在签驳时愤然指斥忠王“屡多非上(指洪秀全，引者按)推罪之言”，反复提到李秀成“变更不一”“已多更张”“变迁不常”“变迁不一”，并论及苏州叛将向李鸿章献城一事，认为“即忠王也几几不免”。③ 这实际上是洪仁玕对李秀成变节行为的一种含蓄的谴责。

总之，上述事实表明，洪仁玕基本上能以大局为重。在太平天国后期的朝内纷争中，他并不是主要责任者。

在太平天国后期，要官买官现象十分普遍，最终居然封出2700多个王，铨政之紊乱简直形同儿戏，实为亡国之先兆。有一种观点认为，洪仁玕骤封为王是太平天国后期铨政紊乱的滥觞，甚至认为天王之所以广封王爵以分李秀成等人的兵权，是受洪仁玕《资政新篇》中强化中央集权、防止弱本强末政纲的影响。事实果真如此吗?

洪秀全当初之所以封洪仁玕为王，除爱才心切的因素外，明显

---

① 《洪仁玕在南昌府亲书供词》结尾部分佚，此据英文回译，*The Taiping Rebellion*: *History and Documents*, ed. Franz Michael, University of Washington Press, 1966～1971, p. 1527.

② 洪仁玕：《立法制喧谕》，《太平天国文书汇编》，95页。

③ 《洪仁玕亲书签驳〈李秀成供〉》，王庆成编著：《稀见清世史料并考释》，511～514页。

是受家天下意识的驱使。在引起文武群臣不满后，他只好为安抚人心而陆续加封。但是，直到1860年间，新封之王仅干王、英王、忠王、赞王、侍王、辅王、章王7人。这说明洪秀全最初把关甚严，远远谈不上滥封。换句话说，洪仁玕封王一事与后来滥封王爵局面的出现并没有直接的因果关系。另一方面，铨选制度紊乱的苗头早在洪仁玕封王之前就已经出现。在执政之初，针对大小官员“动以升迁为荣，几若一岁九迁而犹缓，一月三迁而犹未足”的现象，洪仁玕曾痛切陈词，严申“国家机要，惟在铨选”①。正是为了杜绝事权不一、假公济私、弱本强末等积弊，洪仁玕在《资政新篇》中提出严禁结盟联党，并拟定了权归于一、禁私门请谒等法令。这与主张广封王爵以分高级将领兵权完全风马牛不相及，其文字本身也丝毫没有这一层含意或暗示。反过来讲，倘若此举确是出自洪仁玕的主意，以李秀成对前者的成见，他在供词中不会缄默不言。而事实上，李秀成在谈到此事时只字未提洪仁玕，仅指名道姓地斥责王次兄洪仁达为“佞臣”，说他在朝中弄奏，“惑主而行，忌我之势，密中暗折我兵”，并说部将陈坤书封王和童容海变心都是洪仁达暗中捣鬼所致。② 因此，将铨政紊乱、天王滥封王爵的责任一股脑推到洪仁玕身上，未免过于牵强。

另有论者认为，洪仁玕既然身为军师，那么，他应对滥施爵赏、封王过多一事负一定的责任，至少应负没有设法制止的责任。这就必须结合当时的实际情形来作具体分析。

严格说来，滥封王爵现象直到天历辛酉十一年冬左右才初现端倪。其时，洪秀全诏令陈玉成残部远征西北广招兵马，以期尽早收复安庆。面对陈玉成部士气低落和朝中人心浮动的局面，洪秀全寄希望于通过加官晋爵来激励群臣效命，所新封之王仅可考者就达十

① 洪仁玕：《立法制喧谕》，《太平天国文书汇编》，94页。

② 罗尔纲：《增补本李秀成自述原稿注》，306～307、328页。

余人。① 稍后，为了牵制李秀成兼笼络人心，洪秀全又陆续加封李秀成部将为王，计有护王陈坤书、慕王谭绍光、纳王部永宽、归王邓光明等。前已说明，在辛酉十一年冬到壬戌十二年春期间，洪仁玕先是遭到罢黜，后虽恢复王位，但未复军师头衔，且被禁止过问朝政，取代他的是章王林绍璋。因此，洪仁玕并没有参与此时发生的广封王爵一事，自然也就谈不上有什么责任。至于洪仁玕复出后的表现，在天朝专制政治的氛围下，关键并不在于他是否曾设法制止，而应看他是否能设法制止。事权不一、铨选制度松弛是洪仁玕上任伊始便着手加以整顿的弊政，但当时就遇到不小阻力，此时更是难乎为继。一方面，受制于朝内的派系斗争，他的权限早已大打折扣，加之已有因安庆本章直言贾祸的前车之鉴，他多少会有所顾忌。另一方面，由于此前广施爵赏的冲击，原本脆弱的铨选制度早已形同虚设，大小官员对升迁趋之若鹜，欲罢不能。后来，眼见封王太滥，连洪秀全自己也意识到失算，但“言如箭发难收，又无法解”②，便只好硬着头皮走下去。在此情形下，面对爵赏失控的局面，洪仁玕实难有所作为。

不过，对于朝内的派系纷争，洪仁玕多少负有一定责任。王长次兄本是颟顸平庸之辈，加之家天下意识浓厚，对异姓诸王猜忌甚深，故而成事不足，败事有余。正是由于他们的频频干政，颐指气使，先是使得石达开负气出走，后又导致洪氏宗室与李秀成等人之

---

① 天历壬戌十二年正月十四日，已遭斥革的陈玉成在庐州(今合肥)分别致函其部将和捻军首领酌议军机。信中共提到新封王爵者 8 人，即扶王、启王、遵王、祜王、导王、沃王、敬王、畏王(《太平天国文书汇编》，198～200 页)。除此 8 人外，新封之王可考者尚有顺王李春发、尊王刘庆汉、顾王吴汝孝、从王陈德隆等。

② 罗尔纲：《增补本李秀成自述原稿注》，353 页。按：滥封王爵是洪秀全晚年决策上的一大失误，既助长了朝中贪污腐败之风，同时又因赏罚不公、苦乐不均而导致人心离散。更为严重的是，此举丝毫没能改变内轻外重、事权不一的局面，相反，不但中央对异姓诸王依旧调点不灵，就连李秀成等人对下属将领也不再驾驭自如，拥兵自重、各争雄长的现象愈演愈烈，从而为日后太平灭国的败亡埋下祸根。

间关系恶化。而洪仁玕却认为他俩是“忠正人”。“忠”字无可非议，“正”则有护短之嫌。事实上，洪仁玕对王长次兄并非没有反感。1861 年 12 月中旬，时遭斥革的洪仁玕私下向来访的英国遁道会郭修理牧师(Rev. Josiah Cox)表示：除了他本人外，天朝其他各王都是无知之辈。① 此言明显流于情绪化，掺杂着洪仁玕因自己的思想和策略不被理解和执行而产生的一种孤寂失落感，而他所抱怨的对象包括朝中的所有同僚，自然也包括王长次兄在内。然而，抱怨归抱怨，受宗族意识影响，在王长次兄与异姓诸王的权力摩擦中，洪仁玕并没有做到不偏不倚，而是对前者有所偏袒。这是洪仁玕的一大弱点，也是导致他不自觉地卷入朝内纷争的主要原因。

三

在某种意义上，洪氏宗室与异姓诸王之间的矛盾既是朝中文臣与武将之间的矛盾，同时又是中央与地方实力派之间的矛盾。双方的明争暗斗在当时闹得沸沸扬扬，就连清方也有所耳闻。在 1862 年 10 月 31 日奏折中，左宗棠就此写道：“查贼中伪王可数者共三十余，惟伪忠王李秀成、伪章王林绍璋与李世贤尚称投合，余则彼此猜疑，势不相下；金陵逆首洪秀全之兄伪勇王洪仁达尤为各贼所恨。似从前杨、韦两逆互相吞噬之事，不久必将复见。”②由于太平天国中央政权不到两年便告覆灭，左宗棠的预言最终并没有变成事实。但是，这场朝内纷争所产生的负面影响却是致命的，其危害程度并不亚于早年的天京事变。它使得太平天国领导中枢薄弱无方，始终处于一种波动涣散的状况，无法从容应对当时已十分严峻的政治军事形势。随着人心离散、各争雄长的现象愈演愈烈，太平天国距离败亡的深渊也就越来越近。在主政之初，洪仁玕曾正颜厉色地向大小官员敲

① “Journal of Rev. Josiah Cox,”See P. Clarke and J. Gregory eds., *Western Reports on the Taiping*, p. 313.

② 《左宗棠奏报官兵攻剿龙游等处获胜并攻克寿昌折》，中国第一历史档案馆编：《清政府镇压太平天国档案史料》第 24 册，605 页。

响过警钟，强调整饬吏治以救时弊已是“万不容已之急务”，坦言“时势至此，再一隐忍姑息，我辈并无生理”①。后来事态的发展证明，这一番话绝非危言耸听。

在太平天国领导层中，洪仁玕可说是唯一见过大世面的人，但在以军功论升迁的背景下，单凭这种阅历或见识，并不足以让那些草莽出身的统兵诸王对他心悦诚服。而洪秀全对他的信任又有反复。这就使得洪仁玕虽然名为总理朝政，但权力实很有限，颇有高处不胜寒之感。因此，尽管洪仁玕励精图治，推行了一系列新政举措，但依旧无力回天，最终未能挽狂澜于既倒。在就义前所写绝命诗中，洪仁玕发出“世间谁是英雄辈，徒使企予叹白头”②的感喟，似乎隐含着他对太平天国的一丝失望。透过太平天国朝内的互相倾轧和纷争，人们不难领悟太平天国“其兴也浡焉，其亡也忽焉”的一些内在原因。

原载中国社会科学院近代史研究所《青年学术论坛》1999年卷，北京，社会科学文献出版社，2000。

---

① 洪仁玕：《立法制喧谕》，《太平天国文书汇编》，94、95页。

② 《洪仁玕亲书绝命诗》，王庆成编著：《稀见清世史料并考释》，497页。按：天历辛酉年初带队出征行至安徽宁国一带时，洪仁玕作有一首《四十千秋自咏》，首句为“不惑之年惑转滋”，流露出类似的怅惘、失望之心境。

天国的陨落与陨落的天国

——太平天国败亡原因探析

从1851年起义立国到1864年7月都城天京沦陷，太平天国共与清政府对峙了14年，可谓“其兴也浡焉”，“其亡也忽焉”。导致太平天国败亡的原因是多方面的，单就内部因素而论，便包括政治理念与政治行为之间的巨大反差，内部倾轧现象，吏治腐败现象，等等。学术界对此已基本上形成共识。不过，这些笼统的结论均牵涉到太平天国具体的历史和思想，而学者们对于这些相关历史和思想的认识并不一致，某些史实本身又不甚明了，从而直接影响到人们对太平天国败亡原因的理解和认识。本文拟结合对相关具体史实的考订，从上述三个方面，就导致太平天国败亡的内部原因谈谈自己的一得之见。限于篇幅，本文对大家所熟知的史实尽可能从略，重点探讨那些以往较少涉及或存有争议的史实。

一、大同社会的理论构想与等级森严的礼仪制度——兼析上帝教与太平天国兴亡之间的关系

太平天国以宗教起家，又以宗教立国。作为太平天国占统治地位的宗教意识形态，上帝教是太平天国制定一切政策、法令的理论依据，反映了洪秀全等人的思想，并对太平天国的盛衰兴亡产生了举足轻重的影响。

清道光年间，老态龙钟的中国封建社会已经呈现出一派末世光景，吏治腐败，民生凋敝，种种黑暗邪恶现象充斥于社会的各个角落，而鸦片战争又使得国内所固有的各种社会矛盾进一步激化，两

广地区更是首当其冲。包世臣曾就广东的情形评述道："广东多宝之乡，吏治至芜；舶市之所，人心至浇。"①毗邻的广西同样不容乐观，政府官员文恬武嬉，民间的土客械斗愈演愈烈，天地会也异常活跃，同时久旱不雨，瘟疫流行，社会动荡不安，危机四伏。在籍翰林院侍讲龙启瑞忧心忡忡地比喻道："窃念粤西近日情事，如人满身疮毒，脓血所至，随即溃烂。非得良药重剂，内扶元气，外拔毒根，则因循敷衍，断难痊愈，终必有溃烂不可收之一日。"②

面对日益严重的社会危机，当时的有识之士提出了各种解救方案。下层寒士出身的洪秀全选择了以道德说教手段改造世道人心的方法。1843年，科场连番失意的洪秀全偶读基督教布道手册《劝世良言》，深为书中内容所打动。他从个人的遭遇联想到时下的社会现实，痛感世道人心之堕落，便将作者梁发那一番引起他共鸣的"良言"奉为劝世、救世的真理，从此舍弃功名仕进之途，成为一名虔诚的上帝真道的传播者。在早年出游广西和返回广东花县家乡充当塾师期间，洪秀全陆续撰写了大量的宗教宣传品，具体表达了其救世思想。

在这些宗教诗文中，"正"与"不正"是洪秀全反复强调的两个道德概念。其中，《百正歌》认为"正乃人生本性"，强调"一家不正多乖逆，一国不正多争竞"，将"正"与"不正"视为决定个人祸福与国家治乱的根源。《原道救世歌》则进一步阐释了"正"的含义，以古代圣贤为例，宣扬忠厚、廉耻、孝亲、非礼四勿、安贫乐命等行为规范，另痛斥了六种"不正"的行为，即奸淫、忤父母、行杀害、为盗贼、为巫觋、赌博，宣称"不正天所恶，能正天所亲"，"积善之家有余庆，积恶之家有余殃"，呼吁世人"脱俗缘，莫将一切俗情牵，须将一切妄念捐"。《原道醒世训》则以国与国之间、省府县乃至乡里各种姓之间相陵相夺相斗相杀的现象为例，谴责了"世道乖离，人心浇薄，所爱所憎，一出于私"的社会现状，并开出了根治这种社会病症的药方，即"天下一家"理论。

早在《原道救世歌》中，洪秀全就已经提及"天下一家"概念，宣

---

① 包世臣：《致广东按察姚中丞书》，《安吴四种》卷35。

② 龙启瑞：《上某公书》，《经德堂文集》卷6，5页。

称“天父上帝人人共，天下一家自古传”，《原道醒世训》则对该理论作了具体阐述。作者强调，上帝是天下凡间大共之父，故“天下多男人，尽是兄弟之辈；天下多女子，尽是姐妹之群”，彼此情同骨肉，本不该存在此疆彼界之私和尔吞我并之念，理应“相与淑身淑世，相与正己正人”，“行见天下一家，共享太平，几何乖离浇薄之世，其不一旦变而为公平正直之世也”！洪秀全所心仪的理想社会蓝本是传说中的古代大同社会，他就此描述道：

> 遐想唐虞三代之世，天下有无相恤，患难相救，门不闭户，道不拾遗，男女别涂，举选尚德。……是故孔丘曰：“大道之行也，天下为公，选贤与能，讲信修睦。故人不独亲其亲，不独子其子，使老有所终，壮有所用，幼有所长，鳏寡孤独废疾者皆有所养。男有分，女有归。货恶其弃于地也，不必藏于己；力恶其不出于身也，不必为己。是故奸邪谋闭而不兴，盗窃乱贼而不作，故外户而不闭，是谓大同。”

文中孔子的这段话引自《礼记·礼运》，但“是故谋闭而不兴”句被添加了“奸邪”两字。在洪秀全看来，“善正”是上帝真道的要旨，人们只要力遵天诫，彼此视同手足，习善正，弃奸邪，便可以返璞归真，世界清平。

那么，为什么说没有血缘亲情的芸芸众生均为上帝子女、彼此都是兄弟姐妹呢？在随后撰写的《原道觉世训》一文中，洪秀全就此进行了解释，宣称“自人肉身论，各有父母姓氏”，但若自人灵魂论，“皆禀皇上帝一元之气以生以出”，所以“天下总一家，凡间皆兄弟”。他还补充说，“敬拜皇上帝，则为皇上帝子女”；反之，“溺信各邪神，则变成妖徒鬼卒”，从而被排斥在“天下一家”之外。①

“天下一家”理论是洪秀全早年救世学说的理论基石。从起初对

① 以上凡未注明出处的引文均转引自《太平诏书》，见太平天国历史博物馆编：《太平天国印书》，1～22页。按：上帝教对“上帝”的别称多达40余种，“皇上帝”便是其一。

社会单纯的道德批判发展到提出改造社会的具体设想，并将全体社会成员划分为正、邪势不两立的两大群体，“天下一家”理论日趋完善的过程也正是洪秀全思想不断深化的过程。随着上帝信徒与广西地方官绅的冲突日趋升级，洪秀全逐渐从一位悲天悯人的宗教说教家转变为一名矢志武装反清的农民领袖。起义立国后，洪秀全等人明确提出“斩邪留正”的战斗口号，指斥清朝统治者为“妖魔”，列数其种种罪状，诸如“凡有水旱，略不怜恤，坐视其饿莩流离，暴露如莽”，“纵贪官污吏，布满天下，使剥民脂膏，士女皆哭泣道路”，“官以贿得，刑以钱免，富儿当权，豪杰绝望”①，等等。同时，他们又从中国传统的儒家学说和西方基督教教义中挖掘思想材料，大力铺陈“天下一家”理论，尽情渲染己方阵营内部的手足之情。

例如，1852年由杨秀清、萧朝贵会衔颁布的檄文在动员民众附和起义时表示：“本军师体上帝好生之德，痌瘝在抱；行仁义之师，胞与为怀……”；“本军师实情谕尔等，尔等肉身是尔凡肉父母所生，尔等灵魂是上帝所生。上帝是本军师亲爷，亦是尔等亲爷，又亦是天下万国人民亲爷。此所以古语云天下一家、四海皆兄弟也。”②文中的四海皆兄弟、胞与(即“民胞物与”)思想分别源自《论语·颜渊》和北宋哲学家张载的《西铭》一文。又如，在1857年刊行的《天父诗》中，洪秀全反复强调“爱人如己”观念，而这正是儒家先哲和基督教“黄金律”所共同推崇的道德准则。该书第102首还借用一个形象的比喻阐述道：“得罪自家真是好，得罪人侪真是了，化运尔头只扫开，千祈莫与人计校。”③太平天国称如厕为“运化”，又作“化运”，全诗大意是说：倘若有人在你头上拉屎，你只管用手扫开，千万不要恼羞成怒。这和耶稣说教中“有人打你的右脸，连左脸也转过来由他打”的警句堪称异曲同工。

太平天国尤其强调关爱鳏寡孤独废疾等弱势人群，曾经就此谆

① 《颁行诏书·奉天讨胡檄布四方谕》，《太平天国印书》，109页。

② 《颁行诏书·奉天诛妖救世安民谕》《颁行诏书·救一切天生天养中国人民谕》，《太平天国印书》，108、111页。

③ 《天父诗》第102首，《太平天国印书》，588页。

谆教诲道：

> 我们蒙天父生养以来，异体同形，异地同气，所谓四海之内皆兄弟也。今日深沐天恩，共成一家，兄弟姐妹皆是同胞，共一魂爷所生，何分尔我，何分异同，有衣同衣，有食同食。凡有灾病，必要延医调治，提理汤药；若有孤子孤女以及年岁衰迈者，更宜小心看待，与其盥浴身体，洗换衣服，斯不失休戚与共、疴痒相关之义。盖安老怜幼恤孤，皆出自东王体天父好生之心、天王胞与之量，是以恩极下民，无微不至也。①

除强调安老怜幼恤孤外，人皆兄弟、民胞物与的观念还被进一步引申为军队必须爱护老百姓，官长必须体恤士兵。太平天国规定，部队行营时，“不准沿途拿捉卖茶粥外小挑送行李军装”，“不准损坏所过地方民间各器具，以及在民房运化、掳掠”，“不准兵士强奸民间妇女”；为佐将者“当知爱惜兵士”，对伤员和老幼人等更应加以体恤；凡伤员无亲属者，“本营兄弟总要小心提理，念同魂父所生，视为骨肉一样”。②

根据“天下一家”理论，太平天国还对社会经济生活进行重新设计，于1853年颁布了纲领性文献《天朝田亩制度》。该文献依照“凡天下田，天下人同耕”的原则，规定计口分田(15岁以下减半，但不论性别)，每人所分田地的数量、肥瘠程度一律相同，且多寡相济，丰荒相通；收成时，每人除留下口粮外，其余均上缴国库。凡麦豆苎麻布帛鸡犬各物及银钱亦然；日常消费也是一体平均，“通天下皆一式”；鳏寡孤独废疾“皆颁国库以养”；另就农村行政组织的建制、职能和各级职官的保举、黜陟制度作了具体规定。该文献将上述思想和规定精练地概括为26个字，即“有田同耕，有饭同食，有衣同

---

① 《天情道理书》，《太平天国印书》，528页。按：以下该篇引文恕不一一注明。

② 《行军总要》，《太平天国印书》，567～568页。

穿，有钱同使，无处不均匀，无人不饱暖”。①

纵观中国农民战争史，在理论上将农民对土地的渴求和均匀饱暖的愿望表达得最为淋漓尽致，并且酝酿按照这种设想来重塑中国社会的，首推太平天国。1949 年以后，史学界之所以高度讴歌、颂扬太平天国，与此有很大关系。范文澜便认为太平天国使旧式农民起义的面目“为之大变”，“揭开了中国旧民主主义革命的序幕”，“是中国历史上第一次提出政治、经济、民族、男女四大平等的革命运动”②。这一观点在很长一段时间内一直是国内太平天国史研究的主流观点。

太平天国的政治敌手曾经搬出中国传统的礼义人伦，大肆攻讦太平天国的“天下一家”理论。曾国藩有云：“自唐虞三代以来，历世圣人扶持名教，敦叙人伦，君臣父子上下尊卑秩然，如冠履之不可倒置。粤匪窃外夷之绪，崇天主之教，自其伪君伪相，下逮兵卒贱役，皆以兄弟称之，谓惟天可称父，此外凡民之父皆兄弟也，凡民之母皆姐妹也”，认为这是举中国数千年礼义人伦“一旦扫地荡尽”③。王鑫亦云：“人有君臣、父子、兄弟、夫妇、朋友，是天制定的，是大圣大贤所讲明的，从古到今，人人缺不得的。今长毛都称兄弟，是五伦中丢去了四伦。……就是这一件事，便是讨厌的门头。”④这种结论实属皮相之见。事实上，太平天国不但明确承认五伦关系的存在，而且还十分强调中国传统的礼义人伦。

按照上帝教的解释，上帝是人类的绝对主宰，人与人之间的尊卑等级由上帝一手排定，体现了上帝的意志。在此意义上，太平天国又将“人伦”称为“天伦”。洪秀全强调：“子不敬父失天伦，弟不敬兄失天伦，臣不敬君失天伦，下不敬上失天伦。”⑤也就是说，尽管

---

① 《天朝田亩制度》，《太平天国印书》，409～413 页。

② 范文澜：《中国近代史》上编第 1 分册，162～163 页，北京，人民出版社，1953。

③ 曾国藩：《讨粤匪檄》，《曾国藩全集》第 14 册《诗文》，232 页。

④ 王鑫：《团练说》，《王鑫杂著》。

⑤ 《天父诗》第 475 首，《太平天国印书》，644～645 页。

芸芸众生同为上帝子女，彼此都是兄弟姐妹，但在实际生活中，人们又各有名分，上下尊卑秩然，进而构成一个和谐有序的上帝大家庭。那么，如何确立上帝子女之间这种上下尊卑的人伦关系呢？太平天国十分强调“礼”的作用，试图通过习礼来确立一种礼治秩序。

礼在成型之初指祭祖的仪式，商代被神学化，到周代演变为一套按照人伦关系来限定人们行为和道德规范的系统制度，即周礼。孔子便推崇礼治，力主恢复周礼。在儒家看来，只要人人都恪守自己的名分，社会秩序就不会被扰乱，从而由礼达到治。太平天国沿袭了儒家这一思想。《原道救世歌》有“颜回好学不贰过，非礼四勿励精神”句，将颜回奉为习礼的楷模。《天情道理书》也敦促人们习礼，内云：“抑知礼之用，和为贵，为上者不可以贵凌贱，不可以大压小，为下者不可以少陵长，以卑逾尊，务宜以礼自持，以和相接，方不失为天国之良民也。”文中“礼之用，和为贵”句系引自《论语·学而》。为了严格区分上下尊卑，太平天国要求人们在等级制给自己圈定的位置上对号入座。《幼学诗》共收 34 首五言诗，内有 16 首诗分别以朝廷、君道、臣道、家道、父道、母道、子道、媳道、兄道、弟道、姐道、妹道、夫道、妻道、嫂道、婶道为题，从社会到家庭，规定了人们在扮演不同角色时所必须遵循的伦理准则。其中，“朝廷”诗云，“天朝严肃地，咫尺凛天威，生杀由天子，诸官莫得违”，即君为臣纲；“子道”诗云，“子道刑于妻，顺亲分本宜，妇言终莫听，骨肉自无离”，即父为子纲；“妻道”诗云，“妻道在三从，无违尔夫主，牝鸡若司晨，自求家道苦”，即夫为妻纲。①《天父诗》更是连篇累牍地渲染这种伦理思想，内以第 378 首诗讲得最为直白：“只有媳错无爷错，只有婶错无哥错，只有人错无天错，只有臣错无主错。”为了维护这种礼治秩序，太平天国同样强调“正名”。《王长次兄亲目亲耳共证福音书》引天王预诏曰：“君不君，臣不臣，父不父，子不子，夫不夫，妇不妇，总要君君、臣臣、父父、子子、夫夫、

① 《幼学诗》，《太平天国印书》，60～62 页。

妇妇。”①此语源自《论语·颜渊》，但已添加上“夫夫、妇妇”的内容，以凑成完整的君臣、父子、夫妇三纲。

与推行礼教相呼应，太平天国建立了一整套礼仪制度，早在建元之初便颁布《太平礼制》，按照尊卑等级，规定了首义诸王亲属、各级职官及其亲属的各自称谓，极为烦琐。定都后，太平天国的礼仪制度日臻完善，从府邸、官印、仪卫舆马到饮食、服饰、婚姻(能否娶妻及娶妻多少)，均按官职大小严格区分。

试以服饰制度为例。太平天国的朝服由袍服与补褂组成。袍服沿用明代上衣连下裳的旧制，诸王均为黄缎袍，以绣龙多寡分等差：天王九龙，东王八龙，北王七龙，翼王六龙，后来加封的燕王秦日纲和豫王胡以晃五龙(国宗从同姓各王之制)；侯、丞相黄缎袍绣四龙，检点为素黄袍，指挥至两司马为素红袍。补褂用来区分官职大小。天王至总制均穿黄马褂：天王黄马褂绣八团龙，正中一团绣双龙，合九龙之数；东王锈八团龙，其余各王均绣四团龙；侯至指挥绣两团龙；将军、总制的黄马褂前后各绣一团牡丹；监军至旅帅均穿红马褂，前后各绣一团牡丹；卒长、两司马也穿红马褂，不绣花，仅在前后刷印两团。补褂绣衔也有定制：天王至指挥均绣官衔于前面正中的团龙上，将军至旅帅绣在前团牡丹上，卒长、两司马绣于前团；官衔绣字也相应地分金、红、黑三色。正因为服饰是区分上下尊卑的一种标志，太平天国再三严申红、黄两色是官服的专用颜色，无官之人仅准用红色包头，其余一概不得僭用，强调“贵贱宜分上下，制度必判尊卑”，告诫人们“遵守礼仪，郑重红、黄二色，其已成之物，只准穿在内服，不准作为外观。倘限期已满，一经查出，按照天法，斩首不留”②。

这种思想和制度还被正式写进了纲领性文献《天朝田亩制度》。它将所有社会成员划分为“功勋等臣”和“后来归从者”两大类，规定

---

① 《王长次兄亲目亲耳共证福音书》，《太平天国印书》，714页。

② 《佐天侯陈承瑢告官员兵士人等恪遵定制晓谕》，《太平天国文书汇编》，90～91页。

前者“世食天禄”，而后者则承担“杀敌捕贼”和“耕田奉上”的义务。可见，田产均耕、财富均分的设想实际上仅适用于“后来归从者”的范围，相对于特权阶层“功勋等臣”来说，全体社会成员的政治、经济地位并不平等。总之，《天朝田亩制度》所描绘的并不是一个无君无父的世外桃源，而是一个既有尊卑之别同时又洋溢着手足亲情的太平盛世，在君贤臣良的背景下，庶民百姓一体沐浴在天父上帝的恩泽之中，均匀饱暖，恩和辑睦，男耕女织，沐浴教化，诉讼有序，怜恤孤寡废疾。应当说，这是封建社会的农民所能萌发的最为美好的社会理想。

太平天国在推崇礼义人伦的同时，反复强调世人都是兄弟姐妹，试图借虚拟的亲情来化解君民士庶之间的隔膜或矛盾，营造一个和谐有序的社会。这种构想很有想象力，有值得称道的一面，但如何使两者并行不悖，这却是太平天国无法解开的一个死结。归根到底，太平天国要求人们各按人伦关系中的名分行事，不得越雷池一步，并且切实推行等级森严的礼仪制度，从思想到实践，都没有跳出传统的窠臼。以绝大多数人的卑贱来衬托极少数人的尊贵，这就注定了所谓“四海皆兄弟”“胞与为怀”最终仅徒有宣传层面上的意义。在太平天国，每个人社会地位的高低完全取决于是否为官和官职之大小。衣食温饱乃至荣华富贵、威风排场，这是中国农民对幸福生活较为通俗、朴素的理解。太平天国也时常借此来进行打江山的鼓动宣传，诸如“出则服御显扬，侍从罗列，乃马者有人，打扇者有人，前呼后拥，威风排场”，“分茅裂土，衣锦荣归，闾里辉煌”①，等等。因此，当太平军长歌涌入繁华富庶的江南地区后，人们长期遭到压抑的物质欲望便急剧膨胀起来。尤其是到后期，大小官员对升迁趋之若鹜，贪渎之风盛行，而官场恶习又反过来腐蚀了社会风气，形成恶性循环，使得曾被洪秀全早年所痛斥过的“世道乖离，人心浇薄，所爱所憎，一出于私”的社会现象又悄然在太平天国境内蔓延。关于这方面的情形，下文将作详细论述，此处从略。

---

① 《天情道理书》《诛妖檄文》，《太平天国印书》，532、738～739页。

显然，上帝赐给凡间子女的恩典并不均匀。为了安抚人心，太平天国十分重视思想政治工作，将政治道德化，一方面标榜以孝治天下，强调“人伦有五，孝弟为先”，劝导人们“孝友既尽，出仕事君，移孝作忠，能致其身”①；同时又不断地向人们灌输禁欲、坚耐等观念。这一类的道德箴言不胜枚举，诸如“眼前荣光一阵烟，坚耐享福万万年”，“各坚耐，万不知”，“真福多寒”，“欲享天堂真实福，须从克己苦修来”，“不历苦中苦，难为人上人”，“成人不自在，自在不成人。越受苦，越威风”②，等等。此外，他们还反复强调“贫穷富贵皆皇上帝赐定”，“总之贫富天排定”，“富贵在天生死命”，“富贵功名天分定”③。按照这种说法，人伦关系是上帝意志的体现，人们应安贫乐命、循规蹈矩，否则就是犯了逆天之罪，便是“妖”。这就不难理解，太平天国何以会在宣扬“上帝好生之德”“胞与为怀”等观念的同时，却又施行五马分尸、点天灯等令人谈虎色变的酷刑，因为受刑的对象并不是人，而是“妖”。

在中国封建社会漫长的历史上，治乱交替、江山易主的现象屡见不鲜，但无论新旧王朝的更迭采用何种形式，都无一例外地重建贵贱有差、尊卑有等的礼治秩序，只不过君主的位置有所替换而已。只要礼治秩序不被扬弃，“救民于水火”也罢，“解民于倒悬”也罢，最终还是民跌入水火，民陷于倒悬。时代的局限是真正的局限。作为一个农民的宗教，上帝教不可避免地会打上农民小生产者所固有的思想的烙印。事实证明，上帝教的外在形式虽然不无新意，但在本质上并不具有新的历史内涵，绝无可能引导太平天国挣脱封建制度的六道轮回。总之，在太平天国时代，洪秀全等人根本就不可能

---

① 《太平救世歌》，《太平天国印书》，144 页。

② 《天情道理书》，《太平天国印书》，523、532、533 页。

③ 《天条书》(重刻本)、《太平诏书》(重刻本)、《天父上帝言题皇诏》，《太平天国印书》，154、390、391、404 页。

萌发任何具有近代意义的平等思想。①

宗教上的所谓"劫难"实际上是现实社会的苦难在神学世界的投影，洪秀全正是借社会矛盾空前激化之机，宣称"肯拜上帝者无灾无难，不拜上帝者蛇虎伤人"，"人将瘟疫，宜信者得救"等等，在广西发展了大量信徒，并最终将入教避劫的宗教宣传升华为斩邪留正的起义号令。在太平天国时代，受当时认识水平等历史条件的制约，洪秀全依旧借宗教起事，这是可以理解的，原本无可厚非，除非我们否认太平天国揭帜造反的正义性，或是以今天的眼光来苛求洪秀全。与清代民间教门和秘密会党相比，上帝教所信奉的独一真神信仰无疑是一种历史的进步。正是借助于独一真神上帝的信仰，洪秀全得以有效地统一号令，汇聚力量，整肃军纪，使金田起义的星星之火迅速形成燎原之势。另一方面，洪秀全又对上帝形象进行了中国化改造，许诺在人间营建"小天堂"等，迎合了中国农民的务实性格，激发起人们对"地上太平，人间恩和"之理想社会的无限向往。由此唤起的精神力量是超乎想象的。清钦差大臣赛尚阿就此喟叹道："此股会匪与他游匪迥不相同，死党累千盈万，固结甚坚，不惟设谋用间，解散未从，即叠经擒斩芟剃之余，而所过地方向有愚民陆续煽聚。一经入会从逆，辄皆瞀不畏死，所有军前临阵生擒及地方拿获奸细，加以刑拷，毫不知所惊惧及哀求免死情状，奉其天父天兄邪谬之说，至死不移。睹此顽愚受惑情形，使人莫可其哀矜，尤堪长虑。"②显然，太平天国初期的迅猛发展，与宗教在发动和组织起义方面所发挥的巨大功能是分不开的。

---

① 关于太平天国政权的性质，学术界向有争议，主要有封建政权说、农民革命政权说、农民政权封建化说三种不同观点，且迄无定论。问题的症结在于这种争论过分拘泥于概念之争，实证性的研究做得不够充分。另一方面，按照唯物史观的解释，地主阶级与农民阶级构成封建社会的两大对立阶级。据此推论，农民政权仅是相对于地主政权而言，但两者都不是新的生产关系的代表，无疑同属于封建政权。

② 《赛尚阿等奏洪秀全并非朱九涛广西亦无李丹折》(咸丰元年九月二十三日)，《太平天国文献史料集》，315 页。

然而，尽管在起义初期，上帝教的“天下一家”理论极大地迎合了下层民众的心理，成为太平军将士征伐江山的巨大精神源泉，但说到底，洪秀全所推出的独一真神信仰依旧是在造神，带有浓厚的非理性色彩，所孕育出的宗教激情最终仅是泡沫现象。在《共产党宣言》业已问世的年代，洪秀全所手创的宗教无疑是一种拙劣、落后的意识形态。基督教的独一真神信仰与儒家的纲常伦理观念相糅合，再加上中国民间宗教中人神沟媾的巫术，这就使得上帝教存在着致命的先天性缺陷，成为一种缺乏生命力的意识形态。如前所述，既强调世人都是兄弟姐妹，同时又严判上下尊卑，这是太平天国始终无法解开的一个死结。随着时间的推移，上帝教越来越难以自圆其说，无力继续充当太平天国的精神支柱，无法阻遏太平天国内部自相残杀、上下离心、人心涣散等现象的出现。尤其是在天京事变后，洪秀全的宗教思想不再像前期那样含有丰富的社会内容，而是一味强化自己作为真命天子的权威，从而失去其原有的感召力。在这种背景下，纵然太平天国有再多天才的将领和忠勇的士卒，也无法挽救其失败的命运。太平天国败亡后，缺乏生命力的上帝教便随之夭折。辛亥革命时期的仁人志士之所以怀念洪秀全，并不是因为他曾经创立了一个中西合璧的宗教，而是因为他曾经领导了一场狂飙式的反清运动。孙中山先生以“洪秀全第二”自励的寓意也即在此。

二、内部倾轧　自隳长城

孙中山先生在分析太平天国败亡的原因时，着重提到了天京事变，并由此感喟道：“嗟乎！洪氏之覆亡，知有民族而不知有民权，知有君主而不知有民主，此曾国藩诸人所以得奏满清中兴之绩也。”①延安整风时期，毛泽东建议郭沫若继《甲申三百年祭》一文后，再写一篇总结太平军经验教训的文章，认为这“会是很有益的”，可

① 孙中山为刘成禺《太平天国战史》一书所撰序文，刊《逸经》1936年第17期。

谓意味深长。的确，导致太平天国最终覆亡的原因是多方面的，而内部倾轧与吏治流弊正是其中最主要的内因。

说到天京事变，首先得从太平天国领导层的权力格局和彼此之间的微妙关系谈起。

洪秀全是上帝教教主和信徒们的精神领袖。早在秘密酝酿起义之时，洪秀全就已经在广西桂平县紫荆山区神秘地黄袍加身，无可争议地被拥戴为“真主”。起义立国后，他又顺理成章地以天王的身份，成为太平天国的君主。

冯云山是洪秀全最早的信徒之一，同时也是其密友和最为得力的助手。他一手创建上帝会，打开了在广西传教的局面，居功至伟。1854 年刊行的《天情道理书》在追述开国史时，对冯云山给予了高度评价，说他“前随天王遨游天下，宣传真道，援救天下兄弟姐妹，日侍天王左右，历山河之险阻，尝风雨之艰难，去国离乡，抛妻弃子，数年之间，仆仆风尘，几经劳瘁”。

杨秀清与萧朝贵都是紫荆山区以烧炭为业的贫民，属于上帝会大本营的地方实力派。1848 年，在洪秀全因冯云山被官府羁押而远赴广州营救期间，一些信徒大搞神灵附体传言的巫术，致使上帝会一时处于失控状态。结果，杨、萧两人联手，相继托称天父、天兄下凡，从中脱颖而出。他俩在以天父天兄名义发话时，均称洪秀全是天父上帝次子、天兄基督胞弟，积极拥戴洪秀全为真命天子，与洪秀全达成了默契。因此，洪秀全也就认同了杨、萧各代天父、天兄传言的身份。杨、萧后来在起义立国的过程中起了极为关键的作用。

韦昌辉又名韦正，桂平县金田村人，家境富裕，捐得“监生”名分，也是上帝会的核心人物之一。在筹划起义阶段，韦昌辉不惜毁家纾难，借打造农具之名暗中打制兵器，然后沉入村西的犀牛潭密藏起来。后来，韦家又成为组织团营起义的总指挥部，洪秀全正式宣布金田起义的地点便是在韦家祠堂。石达开是贵县(今贵港市)人，家道殷实。他年轻老成，为人豪爽，富有韬略。在洪秀全的亲自延纳下，石达开成为上帝会在贵县的首领，后来率领约四千人的队伍赶赴金田响应起义。《天情道理书》也表彰了韦、石在起义前后的功劳，说他俩“亦是富厚之家，后因认实天父天兄，不惜家产，恭膺帝命，同扶真主，或位居后护，或职掌左军，剿灭妖氛，肃清海宇。盖自起义以来，不惮劳瘁，尽心竭虑，百计图维，又不知若何辛勤矣”。

以上六人都是客家人，共同构成上帝会的领导核心。按年龄大小排序，依次为洪秀全(1814 年出生)、冯云山(1815 年)、萧朝贵(约 1820 年)、杨秀清(1821 年)、韦昌辉(1823 年)、石达开(1831 年)。起义立国后，六人之间又增添了一层血缘关系。按照上帝教的解释，基督是上帝长子，洪秀全是上帝次子，冯云山是第三子，杨秀清是第四子，韦昌辉是第五子，萧朝贵是上帝的女婿，石达开是第七子。在此意义上，洪秀全与其他五人虽是君臣关系，但彼此都以兄弟相称。例如，洪秀全称杨秀清为“清胞”；后者称天王为“二兄”，自称“小弟”。显然，这种血亲关系比历史上的桃园结义更近了一层，有利于加强领导层的凝聚力。

在这六人当中，无论从资历还是齿序上讲，冯云山都排在第二位。然而，当杨秀清、萧朝贵代天父天兄下凡传言的资格被确认后，上帝会原先的权力格局便被打破。杨、萧因为身份特殊，举足轻重，所以很快就后来居上。建国之初洪秀全分封五军主将时，杨秀清为中军主将，萧朝贵为前军主将，冯云山为后军主将，韦昌辉为右军主将，石达开为左军主将，杨、萧的位次已经排在冯云山之前。永安时期，洪秀全又诏封杨为东王，萧为西王，冯为南王，韦为北王，石为翼王，明确宣布“以上所封各王，俱受东王节制”①，将这种人事变动正式固定化。

杨秀清、萧朝贵的崛起不仅直接导致冯云山地位下跌，同时还削弱了洪秀全至高无上的权力。洪秀全虽是太平天国的真命天子，但当杨、萧托称天父天兄下凡时，作为天父次子、天兄胞弟的他却又不得不俯首听命。这种奇特的权力格局便为日后的权力纷争埋下

① 《永安封五王诏》，《太平天国文书汇编》，36 页。

隐患。

不过，由于洪、杨、萧三人之间的相互制衡，以及冯云山所起的牵制作用，加上起义立国初期，太平军一直流动作战，处境险恶，所以，首义诸王尚能够同仇敌忾，齐心协力。就连清方也不得不承认："夫首逆数人起自草莽结盟，寝食必俱，情同骨肉，且有事聚商于一室，得计便行，机警迅速，故能成燎原之势。"①

1952 年 6 月，冯云山在攻打广西全州时中炮身亡。9 月，萧朝贵也在攻打长沙时遇难。首义六王顿时折损了两个重要人物，而韦昌辉与石达开的资历相对较浅。这样一来，以往相互制衡的局面便不复存在，变成了洪秀全与杨秀清之间的直接碰撞。

定都天京后，洪秀全避处深宫，足不出户，军政事务均交给军师杨秀清出面处理。这种现象不免使局外人感到大惑不解，进而引起人们的种种猜测。民间和清方一度纷传洪秀全早已死去，如今居住在天朝宫殿(俗称"天王府")的不过是个木偶；后来看法渐趋一致，认为杨秀清独揽大权，洪秀全徒有其名，形同傀儡。1854 年 6 月英国使节麦华陀一行来访时，对这个问题仍然是一头雾水。他们事后在报告中写道："至于像太平王(洪秀全)这样一个人是否真的存在，仍是很值得怀疑的一件事，因为在我们同他们的所有通信中，对方刻意向我们大谈东王的意愿、权力、威严和影响，但仅是顺便提到他那著名的主子。东王显然是他们政治和宗教体系中的原动力。……以东王名义就我们的询问所作的答复，丝毫未能解答眼下流传的关于太平王是否存在、是否在南京的疑问。"②

政治权力中枢的内幕从来都是一个谜，当事人讳莫如深，局外人则好比雾里看花，终隔一层。天王洪秀全掌握最终的决策权，东王杨秀清出面统筹全局，这种权力格局早在定都以前就已经形成，此时只不过沿袭成规而已。因此，洪秀全形同傀儡一说明显过于夸

---

① 张德坚：《贼情汇纂》卷 6，《太平天国》第 3 册，172 页。

② "A Report by W. H. Medhurst and Lewin Bowring,"*Western Reports on the Taiping*, p. 163.

张。不过，上述种种猜疑并不都是空穴来风，它至少透露出这样一个信息，即洪秀全淡出政治，而杨秀清位高权重，大有取而代之之势。

杨秀清虽然是个半文盲，但才智过人。他身材瘦小，其貌不扬，且一向体弱多病。据《天情道理书》记载，早在金田起义之前，杨秀清就曾经两度重病缠身，首次“口哑耳聋”，第二次除此症状外，还“耳孔出脓，眼内流水，苦楚殆甚”。这极有可能是染上了当地所流行的瘟疫所致。定都后，杨秀清又被眼病所累，最迟在1854年内已有一目失明。谈到杨秀清定都后的表现，人们通常用“功高震主”一词来形容。功高震主的事例在中国历史上可谓屡见不鲜，但把这顶帽子扣在杨秀清头上未必十分恰当。因为洪秀全与杨秀清之间除了君臣关系外，还存在着一层子与父的关系。杨秀清以天父名义对洪秀全发号施令，这在名分上至少是合法的。倒是李秀成一语破的，认为“东王自己威风张扬，不知自忌，一朝之大，是首一人”①。忘了自己同时还身为臣僚，不知收敛和自忌，这才是杨秀清最大的问题。

定都天京后，杨秀清居功自傲，加上拥有天父下凡这块金字招牌，致使他的个人欲望急遽膨胀。以杨秀清出行为例，其坐轿为五彩黄呢轿，共有56名轿夫；其仪仗队则多达千余人，如赛会状。又如，在杨秀清领衔上奏天王的本章中，首句照例是“小弟杨秀清立在陛下暨小弟韦昌辉、石达开跪在陛下”，以示身份特殊。当杨秀清以东王身份上朝时，他称天王为“二兄”，自称“小弟”，并与众臣一同下跪山呼万岁，态度还算恭敬。然而，当杨秀清突然宣布天父附体时，洪秀全却只好向他下跪，并且不得不唯命是从。有时候，杨秀清在同一个地点先后以两种面目出现，而且过渡得十分自然，详参《天父下凡诏书》第二部。该书还详细描述了天父(杨)指斥洪秀全犯有过错(击踢怀有身孕的娘娘、教子无方)，欲借这些家务事杖责其

① 罗尔纲：《增补本李秀成自述原稿注》，138页。

40 大板的经过。① 在这整个过程中，洪秀全可谓颜面扫地，完全处于下风。从中可以看出，洪秀全此时的决策权已经大打折扣，真正一言九鼎的是代天父传言的杨秀清。一旦两人意见相左，杨秀清随时都可以借天父名义，逼迫洪秀全就范，甚至可以由着性子打洪秀全的屁股。

如果说杨秀清在洪秀全面前多少还有所顾忌的话，那么，在朝中文武百官面前，他绝对是百无禁忌，八面威风，常常为一些鸡毛蒜皮的事而大动肝火，滥施淫威。

北王韦昌辉、翼王石达开是朝中的第三、第四号人物，且与杨秀清名义上同为上帝之子，但两人见了东王，却都要行下跪礼。韦昌辉为杨秀清所忌，常遭挫辱，所以对杨秀清十分忌惮，一意逢迎，以为韬晦之计。杨秀清自己也承认，韦昌辉到东王府殿前议事时，“尚有惊恐之心，不敢十分多言”②。1856 年 4 月 11 日，杨秀清以天父名义，下令杖责韦昌辉四十，理由是天父下凡有时免响金锣、鼓乐、圣炮，但北王没有出令传齐众官，致使人们有时不知道天父下凡。

再看看杨秀清惩处其他朝中命官的情况：顶天侯秦日纲的地位仅次于石达开，1854 年被封为燕王，后因与湘军交战失利获罪，相继受到降为顶天燕、罚为奴三年的处置，次年末官复原职。陈承瑢是陈玉成的叔父，时任佐天侯。卫国侯黄玉昆是石达开的岳父，主管刑部事务。1854 年 5 月某日，燕王府某牧马人坐在门前，见东王同庚叔(同岁的远房叔叔)过来时没有起身行礼。东王同庚叔将此人鞭打二百后，又交给黄玉昆加杖，被黄玉昆婉拒。东王闻讯后，命石达开拘押黄玉昆，黄玉昆愤然辞职。陈承瑢、秦日纲也相率辞职，以示抗议。东王大怒，将三人锁拿后交北王处置，吩咐杖秦日纲一百，杖陈承瑢二百，杖黄玉昆三百，并把牧马人五马分尸。黄玉昆

① 《天父下凡诏书》第二部，《太平天国印书》，473～474 页。按：天父下凡是上帝教的核心教义，洪秀全之所以仍然旨准颁行该书，主要是迫于保持教义连贯性的考虑。

② 《天父下凡诏书》第二部，《太平天国印书》，474 页。

气得投水自尽，后被救起。天官正丞相曾水源、东王府吏部尚书李寿春则比窦娥还冤，他们被人告密，说是在东王病重期间表现得无动于衷，结果被杨秀清以“欺天欺东王”的罪名“推出斩首示众”①。

以上被杨秀清借天父名义处罚的人都是太平天国的开国元勋，他们的罪名大多比较牵强，有些纯属杨秀清借题发挥，发泄私愤。杨秀清利令智昏，滥施淫威，只要看谁不顺眼，就抡起天父下凡的大棒胡乱打人。此时的天父下凡已经完全变味了，上帝变成了暴君，天父圣旨变成了一张张罚单，令包括洪秀全在内的所有人谈虎色变。

当时，太平天国正呈现出强劲的上升势头。湖南一寒士就 1855 年秋的局势评述道：“是时，武昌、南京属管之地，粤人出示安民，开科取士，禁头变服，按例征粮，农工商贾各安其业，俨然有王者风。”他还预言改朝换代已是大势所趋，认为“依大势看来，粤今乱清，犹昔清之乱明耳。……然清今受困于粤，与明初受困于清者，势之相去不远矣”②。次年春夏之交，太平军又相继打破清江北大营、江南大营，解天京之围，在军事上处于鼎盛时期。然而，就在这大好形势下，天京却到处弥漫着诡谲和杀气。杨秀清的举动大失人心，其结果必然是众叛亲离，天怒人怨。于是，一股诛杨暗潮正在悄然涌动。就连清方也看出了其中的端倪，预测“杨贼与昌辉互相猜忌，似不久必有并吞之事”③。

囿于史料，天京事变的经过扑朔迷离，现已难考其详。杨秀清逼封万岁④是天京事变的导火线。1856 年 8 月间，在先期将韦昌辉、石达开、秦日纲调离京城，分别派往湖北、江西和丹阳督战后，杨

---

① 《天父圣旨》卷 3，王庆成编注：《天父天兄圣旨》，113～116 页。

② 李汝昭：《镜山野史》，《太平天国》第 3 册，10～11 页。

③ 张德坚：《贼情汇纂》卷 1“剧贼姓名上”韦昌辉条，《太平天国》第 3 册，48 页。

④ 杨秀清逼宫一事早有端倪。东王府参护衙对联赫然写作“参拜天父永为我父　护卫东王早作人王”（张德坚《贼情汇纂》卷 8，《太平天国》第 3 册，247 页）；1855 年刊行的《行军总要》序文则赞颂东王“功烈迈乎前人，恩威超乎后世”（《太平天国印书》，552 页）。

秀清自以为时机已经成熟，终于向洪秀全摊牌。某日，他以天父名义将天王召到东王府(即“九重天府”)，进行了如下对话：

> “尔与东王均为我子，东王有咁大功劳，何止称九千岁?”
>
> “东王打江山，亦当是万岁。”
>
> “东世子岂止是千岁?”
>
> “东王既万岁，世子亦便是万岁，且世代皆万岁。”①

杨秀清逼人太甚，以洪秀全的烈性子，当然不甘心束手就擒。因此，就在承诺加封杨秀清为万岁的同时，天王的心里已经动了杀机！昔日同打江山的生死兄弟一下子变成你死我活不共戴天的敌人，非一死不能了之。

从人心向背的角度讲，洪秀全此时明显处于上风。杨秀清平素结怨太多，逼封万岁之举更是令人侧目，所以除了杨秀清的嫡系(“东党”)外，满朝文武大都站在杨秀清的对立面，同情和拥戴洪秀全。8 月 16 日早晨，天父(杨)又火上加油，宣布“秦日纲帮妖”“陈承瑢帮妖”②，给两人扣上通敌的罪名。这等于给秦、陈二人定了死罪。杨秀清在把别人逼入绝境的同时，也就一手将自己送上了黄泉路。

诛杀杨秀清行动的主要执行者是北王韦昌辉。关于其中的一些具体细节，诸如洪、韦、石三人是否曾经密议诛杨，洪秀全是否曾经向韦昌辉、石达开、秦日纲颁发诛杨密诏，学术界向有争议。笔者认为，洪秀全要想翦除羽毛丰满的杨秀清，不得不倚仗手握重兵的韦、石两人，他们三人就诛杨一事达成默契是情理之中的事；秦

---

① 张汝南：《金陵省难纪略》，《太平天国》第 4 册，703 页。按：涤浮道人《金陵续记》、李秀成供词也持东王逼封万岁说。又，“东世子”指东王长子。

② 《天父圣旨》卷 3，王庆成编注：《天父天兄圣旨》，128 页。按：该书还记载说，当天午时，“天王御驾至九重天府”。这是太平天国文献关于天王亲去东王府的唯一记载。据此推测，杨秀清宣布秦、陈“帮妖”与逼封万岁或许是同一天发生的事。待考。

日纲、陈承瑢在被东王捏控“通妖”前后，也加入了这个诛杨同盟。诛杨一事非同小可，而且事发突然，如果事先没有经过周密的谋划和分工，就绝不可能进展得那么顺利。

8月底，韦昌辉率三千亲兵从江西前线乘船东返，9月1日夜潜抵天京，由陈承瑢接应入城，随即包围了东王府。与此同时，秦日纲也率亲兵从丹阳前线秘密返京策应。

9月2日凌晨，韦昌辉率部突袭东王府。杨秀清猝不及防，遂被杀死，包括54个王娘在内的妻小也同时被杀。① 天明时分，杨秀清的首级被悬挂示众。城内贴出告示，宣布杨秀清“窃据神器，妄称万岁，已遭天殛”。东王被杀后，东殿尚书傅学贤率众进行抵抗，一度与北王手下展开巷战，但很快就被击溃。韦昌辉随即在全城展开大搜捕，下令凡东王所属，无论官兵男女都须自首，匿者连坐。在京外的一些东王亲信将领也被株连。

对于韦昌辉的做法，洪秀全予以了否决，表示诛杨本是出于无奈，东王部属是无辜的，应当体天父好生之心，以宽纵为宜。韦昌辉认为天王起初借刀杀人，如今又反过来收买杨秀清余党的人心，而自己却落了个里外不是人，遂干脆一不作二不休，下令将东王的亲属和旧部，无论男女老幼，全部处死。这场惨绝人寰的大屠杀一连持续了好多天。清军探报说，9月24日左右，从观音门口内漂流到江面上的长发尸骸不可胜数，内有一些尸身被捆缚在一起；城里的秦淮河也是布满尸首，河水几乎为之断流。前后共有两万多人倒在血泊之中。

石达开闻变后，率亲信数人从安庆前线匆匆赶回，力劝韦昌辉恪守当初的协议，不要滥杀无辜，结果反被对方指责为偏袒东党。

---

① 据涤浮道人《金陵杂记·金陵续记》记述，北王率部杀入东王府后，杨秀清“急避登望楼，自去其梯，并在楼顶擂鼓，意在调党羽回巢自卫”。北王部将许宗扬带刀缘梯而上，“东贼见逼急，遂跳而下，潜匿厕坑间。许追至见履，捉缚北贼前。杨云：‘尔我金田起首，尔此时不能杀我。’韦答云：‘尔欲夺位，我奉二哥令杀尔，今日之事两不能全，不杀尔，我即当死。’佯拔剑欲自刎，随目环夺其剑乱砍，遂将东贼杨秀清即时戕毙”(《太平天国》第4册，640页)。

石达开为防不测，连夜缒城而出。韦昌辉一怒之下，又将石达开满门抄斩，同时率部围攻天王府，逼天王悬赏诛杀石达开。至此，内讧又进一步升级。

石达开逃到安庆后，起靖难之师驻扎宁国、芜湖一带，讨伐韦昌辉。韦昌辉因为杀戮太多，居心叵测，此时已是千夫所指，人神共愤。洪秀全遂下令讨韦。11 月 2 日，韦昌辉伏诛，韦家妻小也悉数被杀，但北王旧部并没有受到株连，所杀一共才二百多人。据载，韦昌辉是被肢解而死，其肉被割成二寸许，悬放在城中各栅栏，并标注"北奸肉，只准看，不准取"①。天王派人将韦昌辉首级送到宁国，让石达开验视，同时召他回京。石达开众望所归，合朝文武一致推举他提理政务，并推他为"义王"。11 月下旬，石达开入京。28 日，追随韦昌辉大肆杀戮的秦日纲、陈承瑢二人被诛。

但是，变乱并没有就此结束。次年 5 月中旬，石达开因为天王对自己疑忌重重，负气离京出走，率十余万精锐远征他方。② 洪、石的分道扬镳成为天京事变的尾声。

在这场充满血腥味的内讧中，东王杨秀清、北王韦昌辉先后被杀，翼王石达开离京出走，太平天国一下子失去三个栋梁之材，首

---

① 张汝南：《金陵省难纪略》，《太平天国》第 4 册，704 页。

② 石达开离京出走后，天王一再去诏苦苦相劝，后又遥封他为"开国军师"，并照旧在所颁诏旨中将"达胞"列为受诏人之一。但石达开始终不为所动，走上一条不归路。由于脱离了主战场，翼王所部的精锐之师已沦为一支流动作战的孤军，加上没有根据地作为依托，兵员虽续有扩充，但给养得不到有效保障，处境被动，士气日趋低落，其部将班师回朝投效天王的事件迭有发生。石达开心灰意冷，一度产生归隐山林的念头。1863 年 5 月，石达开部三万余人在大渡河南岸的紫打地陷入绝境，后败走老鸦漩。在突围无望的情况下，石达开决意舍命以全三军，于 6 月 13 日自投洗马姑清营，后被押解到成都凌迟处死，时年 33 岁。据清四川巡抚刘蓉描述，石达开受审时，"其枭杰坚强之气溢于颜面，而词气不亢不卑，不作摇尾乞怜之语"，且"临刑之际，神色怡然"(刘蓉《复曾沅浦中丞书》，《养晦堂文集》卷 6)。

72 年后，即 1935 年，中央工农红军长征途中，也是在紫打地(时称安顺场，位于紫打地原址以北一里处)抢渡大渡河，时间同为 5 月。蒋介石扬言要让红军成为"石达开第二"，但历史的悲剧最终并没有重演。

义诸王至此仅剩下天王洪秀全一人，旧的领导中枢正式宣告解体。

其次，继两万多身经百战的将士在内讧中死于非命后，石达开又带走十余万精锐部队，致使太平军实力锐减，一时间“朝中无将，国中无人”，很快便从战略进攻转入战略防御乃至退却阶段。而迭遭败绩的清军却由此获得喘息之机，趁势重新纠集兵力反扑，使得太平军全线告急。到1857年年末，除皖北局势尚还比较乐观外，湖北、江西根据地全部沦陷，天京外围的一些城镇也相继失守。到1858年年初，天京再次陷入敌江南大营、江北大营的围困之中，腹背受敌，几乎成为一座孤城。曾国藩不无得意地说，与太平军作战，“昔如移山，今如拉朽”。他在咸丰八年(1858年)三月预言，若无意外波折，“则洪杨股匪不患今岁不平耳”①。

精神方面的影响是无形的，但却是最致命的。在这场内讧中，代天父传言的杨秀清身首异处，兄弟姐妹之间手足相残，直杀得天昏地暗血流成河。这对上帝神话来说无疑是一个莫大讽刺。在江西，石达开部与反对分裂的太平军他部发生火并，民间遂有“江西贼杀贼，南京王杀王”一说。太平军内部也流传着“天父杀天兄，江山打不通，长毛非正主，依旧让咸丰”的打油诗。对于依靠上帝信仰来维系军心的太平军而言，这是一个十分危险的信号。

总之，在经历天京事变后，太平天国元气大伤，人心离散，成为由盛变衰的一个转折点。读史至此，不禁令人嘘唏不已。

以往在评述天京事变时，有一种比较有代表性的观点，即认为韦昌辉是隐藏在革命队伍里的阶级异己分子，对这场内讧负有主要责任。有人甚至干脆把天京事变称为杨韦之争。这种观点值得推敲。如果韦昌辉与杨秀清一样，原先也是一个以烧炭为业的穷苦山民，那又该把这笔账算到谁的头上呢？倘若根据韦昌辉的出身来盖棺论定，认为他一心想颠覆太平天国，那又如何解释和评价他为天朝所立下的功勋呢？天京事变的主线不是杨韦之争，而是洪杨之争，已见前述。说到底，这是一幕兄弟相阋自隳长城的悲剧。孙中山先生

① 曾国藩：《致沅弟》，《曾国藩全集》第19册《家书》(一)，379页。

认为洪秀全等人“知有君主而不知有民主”，可谓一针见血。

洪秀全后来对杨秀清、韦昌辉定性的变化颇堪玩味。太平天国以往每年都刻印新书，唯独天京事变这一年例外。次年冬天，《天父诗》一书问世，内收天父(杨)的一些诗体圣旨。这标志着洪秀全已彻底为杨秀清平反，继续确认了他作为天父代言人的身份。而在同期出版的戊午八年(1858年)新历中，北王的名字已被删除。这种处理有两层含义，既是对韦昌辉的贬斥，同时也避开了给韦昌辉定性，反映了洪秀全对韦昌辉的暧昧态度。在随后出版的修订本《天情道理书》中，首义诸王都称爵，唯独北王被直呼为“昌辉”，尽管褒贬分明，但已透露出重新评价韦昌辉的信号。等到《天父圣旨》《天兄圣旨》刊刻时，韦昌辉已与其他首义诸王一样，不再作任何特殊的字面处理。这实际上意味着韦昌辉已被赦罪。洪秀全替杨秀清恢复名誉是出于维系上帝信仰的需要，但对韦昌辉也网开一面，其中必有难言之隐。当然，与只字不提天京事变一样，如此处理也是为了避免揭开疮疤，好让人们淡忘甚至遗忘这场内乱。

在经历天京事变这场噩梦后，太平天国领导层内部互相倾轧的现象并没有就此沉寂，时隔不久，又逐渐呈现出死灰复燃的态势，1860年下半年起趋于白热化。以血缘和利害关系为纽带，李秀成等异姓诸王与王长次兄等洪氏宗室成员逐渐成为朝中分庭抗礼的两大派系。就李秀成而言，除堂弟侍王李世贤外，与他结为奥援的还有作为干王洪仁玕副手的章王林绍璋。1861年冬，洪仁玕具本弹劾对安庆失守负有直接责任的军中各主要将领，结果触怒天王，由此引发朝中走马灯似的人事更迭。朝中党争之激烈，于此可窥一二。

在被俘后的供词中，李秀成对林绍璋大加赞许，同时一味贬低洪仁玕，直斥王长次兄是“佞臣”。洪仁玕则在被俘后的陈述中指责忠王、侍王、章王三人结党营私，为王长次兄等人鸣不平。双方各执一词，评价迥异，说明李秀成等人与洪氏宗亲平素互有成见，积怨甚深。

这种局面的形成，与洪秀全用人上的过失有直接关联。天京事变后，洪秀全心有余悸，对异姓大臣猜忌甚深，倾向于重用自己的兄弟子侄，且越发专注于宗教，无心亲理政事。但洪秀全营建家天下的努力并不顺利，因为他在军事上不得不倚重异姓诸王——洪氏宗亲虽然地位显赫，但并无一人握有兵权和地盘，难堪大任。这使得洪秀全在用人上犹豫不决，摇摆不定。李秀成在其供词中批评天王“言天说地，并不以国为由。朝中政事，并未实托一人，人人各理一事”①，多少道出了太平天国中央政权的症结所在。形势日益严峻，危机接踵而至，而太平天国领导中枢却涣散无力、薄弱无方，其结局可想而知。

三、吏治流弊　动摇根基

由人治的性质所决定，吏治腐败和内部倾轧现象互为因果，一直与太平天国如影随形。如果说早期的腐败现象以权力核心阶层为主的话，那么，后期的官场风气则更加恶化，并且呈迅速蔓延之势，从而加重了太平天国的危机。

官场风气恶化的征兆之一是为官者醉心于升迁，官员的选拔任命和奖惩制度日趋混乱。洪仁玕于1859年总理朝政后，很快便觉察到该问题的严重性。为了纠正时弊，他专门颁布《立法制喧谕》，强调东王在世时，连卑微官员的升降都要由中央最终拍板，所以“官虽少而足贵”“印虽小而可珍”，而如今却是“越队求荣”“私镌伪铸”。他痛心疾首地指出：“前此拓土开疆，犹有日辟千里之势，何至于今而进寸退尺，战胜攻取之威转大逊于曩时？良由昔之日令行禁止由东王而臂指自如，今之日出死入生任各军而事权不一也。”针对文武百官“动以升迁为荣，几若一岁九迁而犹缓，一月三迁而犹不足”的现象，洪仁玕痛陈“国家机要，惟在铨选”，“设仍各如所请，自兹以往，不及一年，举朝内外，皆义皆安，更有何官何爵可为升迁地耶？”洪仁玕明知自己初来乍到，资历甚浅，此时整饬吏治无异于引火烧身，但强烈的危机感驱使他以大局为重，不及考虑个人的进退

① 罗尔纲：《增补本李秀成自述原稿注》，346页。

得失，坦言“时势至此，再一隐忍姑息，我辈并无生理”。他正颜厉色指出，必须遵守由英王陈玉成草拟、天王新近旨准颁行的《钦定功劳部[簿]章程》中的规定，今后凡主将在外远征，官兵如立下战功，只准记在功劳簿上，待班师回朝后奏封，不得私镌印信，私给官凭，否则，封官和受官之人均按律处死。① 在《资政新篇》中，洪仁玕也郑重提出严禁结盟联党，并拟定了权归于一、禁私门请谒等法令。

洪仁玕的节操和眼光无疑都是一流的，但他毕竟缺乏杨秀清那样的威望和铁腕。以他的资历，根本镇不住那些功臣宿将。于是，这场以统一事权为主旨的改革很快便告夭折，官场风气不但丝毫未见好转，相反，以权谋私、玩忽职守、贪图享乐的现象愈演愈烈；人们的胃口也不再满足于义、安、福、燕、豫、侯六爵，而是瞄准更高一级的王爵。

天京事变后，洪秀全为避免重蹈覆辙，曾经宣布永不封王，嗣后虽然一度封自己的两个哥哥为王，但不久就削去其王爵，直到洪仁玕投效后才再度破例。但他仍然比较谨慎，直到1860年间，仅新封干王、英王、忠王、赞王、侍王、辅王、章王七个王。1861年冬，滥封王爵现象开始初现端倪，新封之王仅可考者就达十余人。稍后，洪秀全又陆续加封李秀成部将为王，计有护王陈坤书、慕王谭绍光、纳王部永宽、归王邓光明等。此例一开，原本脆弱的铨选制度更加形同虚设，大小官员对升迁趋之若鹜，跑官买官现象便像决了堤的洪水，一发而不可收。李秀成在供词中就此写道：

> 自此之后，日封日多，封这有功之人，又思那个前劳之不服，故而尽乱封之。不问何人，有人保者俱准。司任保官之部，得私肥己，故而保之。有些有银钱者，欲为作乐者，用钱到部，而又保之。无功偷闲之人，各又封王。外带兵之将，日夜勤劳之人，观之不忿，力少从戎，人心之不服，战守各不争雄。有才能而主不用，庸愚而作国之栋梁。

---

① 洪仁玕：《立法制喧谕》，《太平天国文书汇编》，94～95页。

李秀成还指名道姓地斥责洪仁达“惑主而行，忌我之势，密中暗折我兵”，认为胡乱封王使人心“散无涯也”，“天王失国丧邦，实其自惹而亡”①。

昭王黄文英在被俘后的供词中也认为“天朝的事越做越坏”。据他讲，后期的王共分五等，首义诸王和干王是一等王；执掌兵权的英王、忠王、侍王等人是二等王；领兵打仗的康王、堵王等人是三等王；他本人是四等王；五等王一概称作列王，大多有职无权。他还补充说：“起初是有大功的人才封王，到后来就乱了，由广西跟出来的都封王，本家亲戚也都封王，捐钱粮的也都封王，竟有二千七百多王了。”②

在短短几年内，从最初赐封寥寥数王发展到一口气封出 2700 多个王，铨政之紊乱简直形同儿戏，实为亡国之前兆。滥施爵赏是洪秀全晚年决策上的一个重大失误，它既助长了朝中的贪渎之风，同时又因赏罚不公苦乐不均而导致人心离散。更为致命的是，作为党争现象的伴生物，此举丝毫没有改变内轻外重、事权不一的局面，相反，不但中央依旧对异姓诸王调点不灵，就连李秀成等人对下属将领也不再驾驭自如。在定都初期，太平军的总兵力约为 12.5 万人，而后期仅忠王李秀成部就达百余万之众。然而，随着军中将领拥兵自重、各争雄长的现象愈演愈烈，太平军的战斗力却大不如前，从而加速了太平天国的败亡。后来，眼见封王太滥，连洪秀全自己也意识到失算，但“言如箭发难收，又无法解”，便只好硬着头皮走

---

① 罗尔纲：《增补本李秀成自述原稿注》，306～307、328、353 页。按：据洪天贵福陈述，“在南京时，保封王封官，均是王次兄勇王洪仁达、吏部天僚干王洪仁玕、吏部天官慰王朱兆英三人保封的。凡封王封官，总是他们议诏稿进，乃降诏封的”(《洪天贵福亲书自述之二》，王庆成编著：《稀见清世史料并考释》，519 页)。实际上，吏部事务主要由洪仁达把持，后者通过卖官鬻爵聚敛了大量钱财。

② 《黄文英在江西巡抚衙门供词》，王庆成编著：《稀见清世史料并考释》，543～544 页。

下去。①

天京陷落前夕，全城人口不超过三万人，其中多数是居民，太平军仅有万余人，而王一级的官员就达一千多人。② 照此推算，除去居民，全城平均每十个人当中就有一个王，堪称遍地是王爷，构成天京一道奇特的风景。在都城危如累卵之际，这一千多个王倘若都能抱定与该城共存亡的信念，拼死抵挡湘军潮水般的攻势，这至少会给人一种悲壮之感。可叹的是，直到此时，一些王爵仍然不懂得覆巢无完卵这一简单的道理，仍然对个人利益锱铢必较。当时，由于湘军长时间围困，天京早已闹起粮荒，就连天王在病逝前也身体力行，一度以野草团为食。然而，湘军破城后，却意外地从城中搜出大量粮食。曾国藩的机要幕僚赵烈文对此大惑不解，特意询问被俘的李秀成。忠王喟叹道："城中王府尚有之，顾不以充饷，故见绌。此是我家人心不齐之故。"③吏治腐败、朝内纷争、军纪松弛与人心离散互为恶性循环，最终使太平天国陷入万劫不复的深渊。

军事上的拥兵自重与行政上的各自为政是互为一体的。太平天国的地方行政建制共分省、郡、县三级。后期，诸王各镇一方，各立山头，彼此间较少呼应。安庆是陈玉成主管区域的首府，该城因孤立无援最终失守，与李秀成等人救援不力有很大关系。洪仁玕就此沉痛指出："辛酉十一年，各王据守疆土，擅支粮饷，招兵自固，图升大爵，致调点不灵，安省少援。"④

再看看太平天国乡村基层政权的运作情况。中国历代政府机构通常仅设到县一级，对乡村社会的控制主要采取"以民治民"策略，即在民间挑选一些人出任乡里组织的领袖，代表官府来行使行政职能。太平天国以乡官制度取代了清朝的都图保甲制度，在县以下建立乡村基层政权，分设从军帅到伍长的各级乡官，均由本地人出任。

① 罗尔纲：《增补本李秀成自述原稿注》，353 页。

② 《洪天贵福亲书自述之二》，王庆成编著：《稀见清世史料并考释》，519 页。

③ 赵烈文：《能静居士日记》卷 20，《太平天国史料丛编简辑》第 3 册，375 页。

④ 《洪仁玕在席宝田军营亲书供词》，王庆成编著：《稀见清世史料并考释》，472 页。

与充当官府职役的清朝保甲长相比，太平天国的乡官属于正式的行政编制，其职责也更为广泛，从治安、诉讼、教化到征粮捐输、组织农业生产，几乎无所不包。乡官制度在前期就已实行，后期又推广到新开辟的苏浙地区。在太平天国自上而下的官僚体系中，乡官尽管属于末序微员，但却是各项政令的具体执行者，是直接与老百姓打交道的人。因此，他们的表现事关人心向背，可谓牵一发而动全身。

天历庚申十年五月初七(1860 年 6 月 16 日)，即太平军攻占苏州不到半个月，忠王李秀成就举官造册一事颁布安民告示，强调“不举官则民事无人办理，不造册则户口无从核查”，促令“凡乡邻熟识之人，举为乡官，办理民务，其五家举一伍长，二十五家举一两司马，一百家举一卒长，五百家举一旅帅，二千五百家举一师帅，万二千五百家举一军帅。盖所举之人，必度其干事才能称职者充当其任。尔等一面开造民册，一面将所举之人，令其概行来城，听候铺派”，严申“倘敢违延，定行问罪剿洗，以为抗违者戒”①。不过，在具体操作时，乡官并非通过乡民公举的方式产生，往往是太平军指派或乡绅幕后操纵，并不具有真正的自治或民主性质。在乡村社会，绅士作为地方领袖，一向充当着官府与当地百姓之间的中间人。太平天国时期，他们起初纷纷组织乡勇与太平军对抗，后来为了避免玉石俱焚，才被迫输粮纳贡。太平军在遴选乡官时，主观上也倾向于任用拥有号召力和经济实力的乡绅，以及谙练公差的旧衙门胥吏和地保，而不是下层穷民。在同期颁布的另一份告示中，忠王便明确表示“绅董可速出首，来城递册投诚”②。浙江的情形与此类似，譬如，坐镇绍兴的绫天安周文嘉对绅富何蕺民延纳唯恐不及，主要是看上了他的资历——“曾为伪朝官宰，又系总理绍郡捐费”，认为他“才干有为”③。为了迫使绅富就范，太平军有时也采用强硬手段，

① 《忠王李秀成命苏郡四乡百姓举官造册谆谕》，《太平天国文书汇编》，122 页。

② 《忠王李秀成给苏郡四乡谆谕》，《太平天国文书汇编》，121 页。

③ 《绫天安周文嘉给珊阴军帅何万春珍醒》，《太平天国文书汇编》，196 页。

故时人有“不论贤，不论能，但呼富人强趋承，胁从不应系以绳”①一说。在此背景下，乡绅胥吏构成了各地乡官的骨干，下层民众出任乡官者虽不乏其人，但影响与作用均不及前者。有些乡绅为了给自己留后路，推庶民出任乡官，自己则在幕后操纵。吴江县盛泽镇首富王永义便是一例。

为了与清政府争夺民心，太平天国在苏福省推行轻徭薄赋政策。天历庚申十年九月廿四日，天王洪秀全下诏，谴责清统治者“抽捐抽税，竭尽尔等脂膏，厚敛重征”，宣布“朕格外体恤民艰，于尔民应征钱漕正款，今[令]该地佐将酌减若干”②。忠王本人认真执行这一政策，“苏州百姓应征粮税，并未足收；田亩亦是听其造纳，并不深追”③。此外，太平天国尽管保留了旧的土地关系，允许业户(地主)收租，但又在不少地区减租、限租。按理说，减赋减租政策兼顾了地主、自耕农和佃农等各方面的利益，有利于太平天国征服人心，但实际情况并非如此。后期，太平天国版图日渐缩小，而官僚队伍却急剧膨胀，军队也迅速扩充，开支庞大，远非单纯的田赋收入所能支撑。于是，苏浙一带的各统兵将领便不时向民间摊派银两、物资，同时征收各种名目的捐税，从而形成赋轻税重的局面，致使乡民负担远远超过田赋正额。在这一过程中，作为具体的执行者，不少乡官又趁机巧取豪夺，搜括民财，遂使乡民的负担更加沉重。

浮收勒索是乡官惯用的一种伎俩。嘉善监军顾午花收漕时，“仍用故衙门吏胥，仍贪酷旧规，以零尖、插替浮收三石四石不等，百姓大怨”④，最终被愤怒的乡民杀死。苏州桃花坞人汪心耕原是一药房伙计，因献计攻取嘉兴而赢得太平军信任，奉命总理嘉兴粮饷。他在盛泽镇设立筹饷总局，“总办各处厘卡，每月包解军饷，议定银数，陆续解赴嘉兴，余下者悉饱私橐”，仅此一项便“获银数十万”。

---

① 林大椿：《粤寇纪事诗》“立乡官”诗，《太平天国史料丛编简辑》第6册，444页。

② 《谕苏省及所属郡县四民诏》，《太平天国文书汇编》，51～52页。

③ 罗尔纲：《增补本李秀成自述原稿注》，251页。

④ 沈梓：《避寇日记》卷1，《太平天国史料丛编简辑》第4册，58页。

盛泽人沈枝珊借征收厘金、建造听王府、整修嘉兴海塘等，“积资至数十万之多”，成为又一个暴发户。①

大兴土木建造王府，款待过境官员，这些费用都不属于正常的军需，无形中加重了民众的负担。太平天国吏治之所以在后期日趋腐败，乡官在这当中起了推波助澜的作用。他们不同程度地染有旧政权的官场恶习，不少人刻意迎合太平军高级将领的安荣享乐意识，投机钻营，非法敛财，疲玩泄沓，骄奢淫逸。而太平天国仅注重任用乡官筹措粮饷和维持地方，没有重视对他们的改造、管控工作，遂使这股风气迅速蔓延。官员赴任或升官时饮“开印酒”、庆生日等便是当时较为流行的陋规。首王范汝增、梯王练业坤封王开印时，其辖境内每个师帅被摊派80洋元，且限期缴齐。一些地方要员甚至与乡官声气相投，吸食鸦片，嫖娼狎妓，搅得乌烟瘴气。

为了按照自己的设想来改造中国社会，太平天国强制推行一些法令，诸如焚禁古书，严禁偶像崇拜(包括孔子崇拜、祖先崇拜)，摧毁一切神像和寺庙庵观，取缔棺葬，推行新历等，遭到民间普遍抵制②；而近乎竭泽而渔式的经济索取同样大失人心，完全背离洪秀全体恤民生的初衷。有些乡官因无法交差，不堪催逼，被迫逃逸甚至自杀。总的来说，乡官群体尽管成分复杂，出面效力的动机或原因不一，处境有别，但大多虚与委蛇朝秦暮楚，真正将自身命运与太平军联系在一起的人不多。有些乡官甚至暗中与清方勾结，准备伺机反戈一击。

由于上述原因，太平天国在江南变成一种单纯的军事占领，且主要倚重中心城市(包括县城)，对广大乡村一直缺乏有效控制，所

① 参见鹤樵居士：《盛川稗乘》，《太平天国史料丛编简辑》第2册，183～184页。

② 为了扭转颓废奢靡的社会风气，太平天国厉行查禁烟(鸦片与大黄烟)、酒、赌、娼妓、缠足等恶习陋俗，这是值得称道的一面。但总的来说，太平天国在推行社会改造时，不仅思想冒进，而且手段偏激，一味依赖严刑峻法，结果既加剧了社会震荡，同时又激化了人们对太平天国政权的排斥心理，可谓弄巧成拙。凡此种种，都反映出洪秀全政治上不够成熟的一面。

建立的乡村基层政权大多徒有其表。正因为太平天国没有能够如愿以偿地赢得民心，缺乏深厚的统治基础，其军事上的兴衰消长以城市之得失为标志，缺乏广大乡村作为真正的依托，所以，一旦后期大小城市相继失守，太平天国的苏浙根据地便顷刻间丧失殆尽，导致整个战局急转直下。

四、是非曲直话天国

太平天国虽然失败了，但在与清政府对峙的 14 年中，太平军前后纵横驰骋 18 个省，攻克 600 多座城池，使清王朝的统治一度摇摇欲坠。因此，太平天国是晚清政治史上的一个重大事件，是研究晚清史无法回避或绕开的一段历史。正是基于这段历史的重要性，在太平天国覆亡迄今的近一个半世纪的时间里，人们基于不同的立场或角度，对太平天国臧否不一，众说纷纭，评价时有反复，而且这种争论今后仍将会持续下去。

历史事件原本是纷繁复杂的，需要我们本着科学严谨的态度，对之进行深入细致的研究，而不能套用非正即邪、非此即彼的简单化模式，陶醉于对历史事件和人物进行一种单纯政治或道德层面上的评价，在全盘肯定或否定的怪圈里颠来倒去。作为中国历史上旧式农民起义的最高峰，太平天国是一幕既想挣脱枷锁却又无法超越封建制度的悲喜剧，其中的是非功过，绝非一味的肯定或否定所能够涵括。孙中山先生和毛泽东同志都是从正反两方面来反思这段历史的。因此，神化太平天国也好，鬼化太平天国也罢，都不是一种科学、严肃的态度，都是不可取的。在笔者看来，太平天国的历史地位和作用主要体现在以下三个方面，是不容否认的。

首先，太平天国是近代中国人民反帝反封建斗争的一个重要组成部分。尽管太平天国仅是一次失败的尝试，无法超越封建制度，无力引导中国走向近代社会，但它的兴亡轨迹对后来者起到了积极的激励和警示作用。无论是以孙中山为首的资产阶级革命党人，还是发起工农革命的中国共产党人，都认为太平天国是一场正义的事业，都对洪秀全等人怀有敬意，把他们看成是先驱者，从中寻找到探索救国救民道路的精神源泉，并以太平天国败亡的惨痛教训作为殷鉴。天安门广场人民英雄纪念碑上的第二块浮雕便是金田起义，这一历史定位至今仍然是正确的。

其次，太平天国客观上推动了中国近代化的进程。太平天国运动是在中国国门被西方列强用武力强行打开的背景下兴起的，在这场殊死对决中，太平天国与清政府都不同程度地开始涉猎“洋务”，诸如与洋人办理外交，大量采用西式武器装备军队，拥有人数不等的外国雇佣军，等等。“洋务”进展得是否顺利，成为双方胜负天平上的一个重要砝码。洪仁玕所提出的《资政新篇》是当时国内最为完整和先进的近代化纲领，可惜没有机会和条件付诸实施。相比之下，曾国藩等人的见解不免瞠乎其后，起初主要停留在军事层面上，以平定“叛乱”为主旨。通过“借师助剿”，李鸿章为洋枪洋炮的威力所震惊，开始“讲求洋器”，并迅速使用西式武器来装备淮军，使淮军一跃成为清军中装备最为精良的部队。1861 年 9 月，暗自称许《资政新篇》的赵烈文上书曾国藩，认为“夫夷人非异人也，夷术非异术也，反其所为而用之，其效必可也。……用夷之道，还施于彼，其事亦易，非甚难为也”①，与后者不谋而合。同年 12 月，曾国藩在安庆创办中国第一个生产近代兵器的工厂——安庆内军械所，迈出兴办中国近代军事工业的第一步。太平天国与捻军相继被镇压后，自强御辱的命题受到更多关注，曾国藩、李鸿章、左宗棠等洋务派官僚除军事工业外，又陆续兴办近代民用工业、交通运输业和新式教育等，从而客观上在夷夏之防长堤上打开一道缺口，为西学东渐提供了便利，推动了中国社会的发展进步。总之，洋务运动的兴起与太平天国有着不可分割的联系。

最后，太平天国对晚清政局产生深刻影响。为了镇压太平天国、摆脱危机，曾国藩、胡林翼、左宗棠、李鸿章等人在总结历史经验

---

① 赵烈文：《能静居士日记》卷 9，《太平天国史料丛编简辑》第 3 册，191～192 页。

教训的基础上推陈出新，采取了一些行之有效的对策。正是由于他们的崛起，风雨飘摇的清政府才躲过灭顶之灾，迎来所谓的“同治中兴”。然而，曾国藩等人在挽救清王朝的同时，又为它埋下隐患：湘军、淮军的出笼，创晚清兵为将有之先例；地方督抚权力日益膨胀，满汉官员开始分享政权。这两种现象的出现使清政府潜伏着巨大变数。1867 年夏，曾国藩就清王朝的前景与赵烈文私下交换看法，为“民穷财尽，恐有异变”而忧心忡忡；赵烈文颇有同感，并预言“异日之祸，必先根本颠仆，而后方州无主，人自为政，殆不出五十年矣”①。果不其然，44 年后，辛亥革命爆发，清朝皇室被迫将权力交给手握重兵的袁世凯，各省纷纷宣布独立。以“洪秀全第二”自励的孙中山先生领导一个全新的运动，最终推翻清朝统治，结束在中国延续几千年的君主专制制度，并亲手缔造了中华民国，从而为中国的进步打开了闸门。

原载中国社会科学院历史研究所明清史研究室编《清史论丛》(2003—2004 年号)，北京，中国广播电视出版社，2004。收入本书时，对内容有所增删。

① 赵烈文：《能静居士日记》卷 27，《太平天国史料丛编简辑》第 3 册，411 页。

咸丰朝官场乱象与社会危机

——以太平天国初期战事为主线的考察

金田起义爆发，副将伊克坦布进剿金田阵亡后，清政府终于意识到上帝会才是广西最具威胁、最难对付的力量。从力量对比上讲，清军源源不断增援广西，在兵力、武器、给养上占绝对优势；而参加金田起义的群众两万人左右，以老弱妇孺居多，身陷重围，缺兵缺粮缺盐。但看似没有悬念的军事对决，却一直充满悬念，其结局更让人感到匪夷所思：拖家带口的太平军在清军的围追堵截下左冲右突，逐渐掌握战场主动权，乃至跳出广西、沿江东下，攻克武昌后一路势如破竹，占据东南第一都会江宁，并在此建都。

关于这段史事，崔之清主编《太平天国战争全史》(四卷本，南京大学出版社 2002 年版)、钟文典《太平天国开国史》(广西人民出版社 1992 年版)、日本学者菊池秀明《从金田到南京：太平天国初期史研究》(汲古书院 2013 年版)等论著已做了详细研究。导致战局如此演变的主要原因，可以从三个方面追根溯源。从太平天国角度说，人心齐、士气高涨、纪律严明是其得以由弱变强的内在因素；从民间角度说，清政府大失人心，故太平军旌旗所向，民众纷起响应——这在两湖地区表现得尤为突出，“以致百姓纷纷迎贼入城”①；从清政府角度说，最根本的原因在于吏治腐败，统治机器失灵。关于前两个方面的情形，相关论著已有不少解析。本文着重就咸丰朝官场风气与战局的关系进行综合探析。

---

① 《向荣奏复十八日进兵获胜及现筹堵剿情形折》，《清政府镇压太平天国档案史料》第 4 册，258 页。

一、因循玩忽之风盛行，空话大话假话充斥

皇四子奕詝即位时，还不到20周岁，取年号“咸丰”，寓意天下丰衣足食。但实际上，咸丰帝接手的是个烂摊子，民生凋敝，民不聊生，民变蜂起。道光三十年(1850年)正月十五日，即道光帝病逝次日，他披阅的第一道奏折便事关民变——广西巡抚郑祖琛奏报，湖南“土匪”李沅发率余众折入桂北，官兵正全力追剿。等了四个多月，咸丰帝终于等到生擒“首逆”、地方肃清的奏报，但同日又接到关于广西“会匪”猖獗、请饬严办的密奏。他的心又一下子提到嗓子眼。

好在咸丰帝还年轻，年轻意味着拥有未来，不至于像69岁病死的道光帝那样暮气沉沉。登基仅12天，咸丰帝便下诏求言，摆出虚怀纳谏的姿态。群臣纷纷进言，有空疏之论，也有切中时弊之言。大理寺卿倭仁认为，行政莫先于用人，用人莫切于严辨君子、小人。① 礼部右侍郎曾国藩分析说，时下京官办事有退缩、琐屑之通病，外官办事有敷衍、颟顸之通病，“退缩者，同官互推不肯任怨，动辄请旨不肯任咎是也；琐屑者，利析锱铢不顾大体，察及秋毫不见舆薪是也；敷衍者，装头盖面，但计目前剜肉补疮不问明日是也；颟顸者，外面完全而中已溃烂，章奏粉饰而语无归宿是也”②。御史赵光奏陈时务四策，认为吏治日坏，武备不修，缉捕废弛，亏空累积，须亟为整饬。对于这些不避忌讳大胆直言的奏疏，咸丰帝大多下谕旨褒扬。

咸丰帝还重视求贤，诏令群臣保举人才，由此确定一份备用人选名单，既包括一些资历较浅或遭贬黜的官员，如浙江秀水县知县江忠源、江苏淮扬道严正基、前任福建台湾道降补四川蓬州知州姚

---

① 大学士耆英奏折也谈及君子小人之辨，有“用得其当，小人亦能济事”等语，遭咸丰帝申饬，认为其“持论过偏”，属“率意敷陈”。

② 曾国藩：《应诏陈言疏》，《曾国藩全集》第1册《奏稿》(一)，7页。

莹，也包括一些业已告病回籍或休致的官员，如前云贵总督林则徐、前漕运总督周天爵等。至于贪婪不法或年老昏聩者，咸丰帝下令据实奏报，不准姑容。登基10个月时，罢黜前朝重臣穆彰阿、耆英。穆彰阿是道光帝亲信，深谙为官之道，一味顺承旨意，其口头禅被时人编成对联，曰“著著著主子洪福　是是是皇上圣明”。他历任军机大臣22年、大学士14年，且屡次主持乡试、会试并出任殿试、朝考等阅卷官，门生故吏遍布京内外，人称“穆党”。耆英办理外交畏葸无能，也颇为时人诟病。咸丰帝将二人问罪，进一步宣示了自己振兴朝纲的决心和求言求贤的开明形象。

然而，官场百弊丛生、积重难返，远非几道上谕就能步入正轨。曾国藩在一封私信中失望地说，应诏陈言之奏疏不下数百件，其中不乏好的对策建议，但结果呢？或下所司核议，辄以“毋庸议”三字了之；或通谕直省，则奉行一文之后，已复高阁束置，若风马牛之不相与。他表示，书生之血诚，徒以供胥吏唾弃之具，“每念及兹，可为愤懑”①。显然，革除积弊非朝夕之功，须从长计议。曾国藩给出了时间表：10年。他在针砭官员办事之通病的奏折中说，有此四者，习俗相沿，将来一有艰巨，国家必有乏才之患；唯有皇上以身作则，操转移风化之本，“十年以后，人才必大有起色”。

但此时广西境内狼烟四起，咸丰帝已无法从容地整饬吏治、培植人才，平定民变成为首要大事。风起于青蘋之末，浪成于微澜之间。倘若群臣用命、戮力同心，以清政府的实力，原本在广西就可以稳住局面，将太平军扼杀在摇篮之中。但官场敷衍颟顸之通病，使其错过一次次机会。

最早扯旗将广西官府冲击得七零八落的，是天地会武装。广西提督闵正凤平素以儒将自诩，“见狼烽突起，惊愁恇怯，不敢出兵”②，并四下活动调任一事，想一走了之。左江镇总兵盛筠无力剿

---

① 曾国藩：《复胡大任》，《曾国藩全集》第21册《书信》(一)，76页。

② 半窝居士：《粤寇起事记实》，《中国近代史资料丛刊续编·太平天国》第4册，5页。按：所谓“不敢出兵”，指会党武装逼近柳州府城时，闵氏在城内按兵不出一月有余。

捕，便设法招抚张嘉祥，后见局面仍难收拾，干脆告病撂挑子。道光三十年(1850年)七月，修仁、荔浦县城失陷，巡抚郑祖琛只得据实奏报，请兵助剿。清廷赶紧指派钦差大臣、调兵遣将，欲从速镇压天地会众。此时，以洪秀全为核心的上帝会并不在其视线之内。

同年十一月初五，郑祖琛首次奏报金田团营动向，称桂平县金田村等地“均有匪徒纠聚，人数众多”。此时金田团营已实施数月。为确保聚齐人马，萧朝贵此前特意以天兄名义叮嘱洪秀全说：“千祈秘密，不可出名先，现不可扯旗，恐好多兄弟不得团圆矣。”①天地会暴动以及土客械斗分散了官府注意力，这是金田团营的有利条件。但成百上千的人随带军械集结，目标和动静太大，必然会惊动官府。因情况紧急，各地大多未及招齐人马便开赴金田，途中遭兵勇堵击，且拒且走。然而，各州县风声鹤唳，只求自保，对过境的团营队伍并未穷追猛打，更谈不上协同镇压，而是驱逐出境了事。这使得金田团营没有夭折，断续聚集男女老幼约两万人。

十一月十三日，郑祖琛又奏报说，金田等地“匪徒纠聚拜会，人数众多，内有老幼妇女，被其诱胁从行”②。十二月初八，暂署巡抚一职的劳崇光奏报副将伊克坦布攻打金田阵亡一事，称“贼势浩大”，已知会广西提督向荣率部赶来会剿。12天后，钦差大臣李星沅奏曰：“广西贼势披猖，各自为党。如浔州府桂平县之金田村贼首韦正、洪秀全等私结尚弟会，擅帖伪号伪示，招集游匪万余，肆行不法。……近日恃众抗拒，水陆鸱张，实为群盗之尤，必先厚集兵力，乃克一鼓作气，聚而歼之。”③文中“上帝会”被避改为“尚弟会”。官府直到此时才搞明白，太平军才是广西“群盗之尤”。州县官员耳目之闭塞，对基层控制力之孱弱，于此可见一斑。

咸丰帝指望速战速决，在李星沅病逝后，即派心腹重臣赛尚阿

① 《天兄圣旨》卷2，王庆成编注：《天父天兄圣旨》，77页。

② 《郑祖琛等奏报前任云南提督张必禄病故及剿办桂平等处会众折》，《清政府镇压太平天国档案史料》第1册，104页。

③ 《李星沅等奏报桂平金田大股会众抗拒官兵亟筹攻剿并请简提镇大员折》，《清政府镇压太平天国档案史料》第1册，131～132页。

驰赴广西接办钦差大臣事务。他每天都盼着看到前线捷报，曾写有两首“盼信”诗，内有“权有攸归师可克，扬威边徼重元戎”句，对前线将帅期许甚深。广西山路崎岖，驿站不能用马，专恃跑役，日行不过百数十里。前线战报即便采用六百里滚单，送到省城桂林需五六天；赛尚阿奏折递送入京，最快要十天。咸丰帝在北京遥控赛尚阿，赛尚阿在桂林遥控前线将领，而战场形势瞬息万变，因此，无论是赛尚阿的奏报，还是咸丰帝的谕旨，均不免成为马后炮。更要命的是，奏折净是空话大话假话，咸丰帝很难从中了解到战局真相。咸丰帝要保江山社稷，官员要保自己乌纱帽，君臣没有想到一块。

太平军起初明显处于劣势，被迫避实就虚，迂回作战。一度被挤压在桂平新圩狭小地带，接济断绝，势如累卵。但凭借人心齐、胆气旺、地理熟，太平军得以以弱胜强，化险为夷。得知新圩太平军突围时，赛尚阿刚写完连日屡战屡胜的奏折，便信手续写数语，称敌方被练勇“横截冲杀”，“我兵追及，四面围攻，昼夜轰杀，似较围困新圩更大可得手”。清军追至官村遭惨败，赛尚阿有意淡化，称官兵追剿屡有擒获，“各路擒斩颇多”。得知永安州城告危，这才慌了手脚，对两万余兵勇前截后追皆不能及，表示“不胜愤切”。永安失陷后，奏称“逆匪被追分窜，突入永安州城，追兵继至，现已击败围困”①，依旧讳败为胜。

咸丰元年(1851 年)九月十一日，即永安失陷 41 天后，赛尚阿抵阳朔就近指挥。但直到此时，他仍不知晓太平王是何人，所得探报说是韦正，又说为胡以晃，又名胡二妹，乃据此入奏，把咸丰帝搞得一头雾水；旬日后才含糊地说：“至称为太平王，多有指为洪秀全者。”②官场因循玩忽之风毫无改观。

太平军首次攻占城池，表明战局发生重大变化。不过，以重兵围攻孤城，官府仍握有胜算。赛尚阿不断报捷，声称“蠢兹小丑已如

---

① 《赛尚阿等奏报会众突入永安追兵继至已击败围困等情折》，《清政府镇压太平天国档案史料》第 2 册，284 页。

② 《赛尚阿等奏复遵查广西未有李丹朱九涛等人并报洪秀全等及剿办东西两省各股情形折》，《清政府镇压太平天国档案史料》第 2 册，408 页。

釜底游魂，指日即可一鼓荡平，擒渠扫穴”，但光打雷不下雨。咸丰帝不耐烦了，质问“何捷报尚尔迟迟耶”。结果，双方对峙半年多，太平军撕开缺口突围，并重创追兵，逼近桂林。赛尚阿以“收复”永安、追击功败垂成上奏。他还以被俘的湖南天地会某首领(焦亮)为替身，谎称在阵前生擒与洪秀全同称“万岁”的天德王洪大全，并编造洪大全供词作为佐证。但这出闹剧堵不住悠悠众口，礼科掌印给事中陈坛当即缮折揭穿，指出洪大全“不过供贼驱策，并非著名渠魁”，赛尚阿“嗣因贼众窜出永安，于无可如何之时，不得不张皇装点，借壮国威，并以稍掩己过”；表示“京师之耳目易掩，而天下之耳目难欺”，建议将洪大全就地正法。① 陈坛实话实说，但朝廷不爱听：洪大全已被煞有介事地槛送京城，世人皆知，倘若宣布这是造假，赛尚阿颜面尽失，朝廷的脸也丢尽了。咸丰帝只好将错就错，将洪大全作为“谋反大逆”凌迟处死。数月后，赛尚阿被撤职查办，此时献俘风波业已平息。

两广总督徐广缙官气较重，工于心计。当初广西大局糜烂，他率先参劾郑祖琛，说郑氏“专事慈柔，工于粉饰，州县亦相率弥缝，遂至酿成巨患”，“世故太深，周旋过甚，只存市恩之心，全无急公之义，且年老多病，文武皆不知畏服”②。具有讽刺意味的是，徐广缙接替赛尚阿出任钦差大臣，起始就打退堂鼓，抵湘次日便奏明实情，预先为自己开脱。他说：“无如兵疲将怯，以臣沿路探访所闻，可靠之将甚属寥寥。其贼至即溃、贼去不追视为常然，事后则虚报斩获，其实何尝稍挫贼锋，以至奔窜蔓延，一误再误。”③嗣后又大倒苦水，说自己“力小任重”，一再请辞。岳州(今岳阳)陷落后，咸

① 《陈坛奏请将洪大全就地正法以符国体片》，《清政府镇压太平天国档案史料》第 3 册，134 页。按：此事当时引得舆论大哗，半窝居士《粤寇起事记实》指出，“斯事凭空拮构，粤中人人嗤笑”；龙启瑞《浣月山房诗集》也持此说。

② 《徐广缙奏复遵查郑祖琛酿乱欺饰等情折》，《清政府镇压太平天国档案史料》第 1 册，68 页。

③ 《徐广缙奏报于十月初一日行抵衡州制备炮船并筹办堵剿折》，《清政府镇压太平天国档案史料》第 4 册，25 页。

丰帝大失所望："岳州失守数日，该大臣等近在长沙尚茫然不知，可笑可气之至。"①

湖北省会武昌失陷次日，徐广缙仍未进入鄂省，奏称"武昌追剿贼匪，迭次进攻大获胜仗"，断言武昌"自可解围"②。4天后，才奏报武昌失陷，并以"遏该逆回窜"为辞滞留不前。咸丰帝大怒，斥其"军情缓急但凭禀报，如在梦中"，表示"愤恨莫可言喻""自愧自恨，用人失当"③。舆情更是一片哗然，指斥徐氏"拥兵观望，尾贼徐行""畏死倖生，巧于推避"，认为其情罪"较之赛尚阿尤相倍蓰"，纷纷吁请将其正法。不过，这类表态终究还是官腔。说大话、唱高调容易，自己能否做到是另一回事，徐广缙便是一例。周天爵与太平军交过手，故鄙视空谈，认为时下奏折"大有齐梁风气，此皆魏晋清谈余习"。

战争是生死较量与考验，是官员的试金石。没有这场战争，咸丰帝对官场恶习、对所倚重大臣的真实面目，绝不会看得这么清楚。现在他有机会看清楚了，但付出的代价太大。

二、文武百官缺乏血性与自信，仓皇失措畏缩不前

士气高低在很大程度上直接左右了战局走势。太平军自金田村逼近武宣时，署理广西巡抚周天爵赶来阻截。令他恼怒的是，带兵一百名，如驻马嵬坡，皆不愿走也；路上募勇一百名，又如石壕驿，未走先哭。县城居民已逃避一空。县令刘作肃被问及有何准备，答云"只有一绳"，言罢大哭。战事转移到象州境内时，清军实施三路围攻。七名太平军猛扑独鳌山西侧炮兵阵地，一千名守军竟然弃营溃逃，导致发起攻击的人马遭太平军调转炮口轰击，伤亡惨重。督战的广州副都统乌兰泰不禁喟叹："以一千官兵不敌七贼，实出情理

① 《清实录》第40册《文宗实录》卷76，咸丰二年十一月辛酉，987页。

② 《徐广缙奏报武昌追剿敌众迭次进攻大获胜仗折》，《清政府镇压太平天国档案史料》第4册，196、197页。

③ 《清实录》第40册《文宗实录》卷79，咸丰二年十二月癸巳，1051、1052页。

之外。”①

关于官军作战不力的原因，不少奏折有所论述。有人说，“总由国家承平日久，人不知兵”；也有人说，“我国家承平日久，文恬武嬉”。“人不知兵”是说武备废弛，“文恬武嬉”是说官场奢靡颓废成风，两者都涉及战斗意志和精神状态。长官疲玩，下属自然泄沓；将帅贪生，士卒必然怕死。正所谓“兵怂怂一个，将怂怂一窝”。武宣县令刘作肃尚未与太平军交手，就已感到绝望，做了自缢准备，毫无自信，但多少还有点血性。相比之下，不少高官只顾自保，根本没有与太平军血战之念，毫无担当意识。

赛尚阿是文华殿大学士、领班军机大臣，在前线战事无起色的情况下，赴广西接任钦差大臣，被咸丰帝寄予厚望。但赛尚阿到了省城桂林便不愿挪窝，太平军攻克永安近三个月，才在上谕严斥下来到城北督战。拥重兵攻孤城不下，只好玩阴招，购万余斤“烂肠草”投进流往城内的河水，并募人入城暗下镪水。时人写诗讥讽道：“固垒深沟容贼据，缺斨破斧转心寒；孤城在望无人近，半载甘从壁上观。”②太平军突围后，转攻桂林。赛尚阿借口“杜贼回窜之路，且壮官军后路声威”，干脆躲在阳朔观望。攻城月余后，太平军主动撤围，夤夜渡漓江北上。清军天明方才知晓。时人有诗叹曰：“妙绝敌人渡江去，诸君犹作枕戈眠。”③

湖广总督程矞采也很狼狈。战火刚烧进湖南，他就借口移护省垣，微服坐渔船弃衡州（今衡阳）而下，以致沿途居民惊骇不已，迁徙纷纷。时人写诗揶揄道：“粤西贼匪尚天涯，走尽湘南十万家；莫

---

① 《乌兰泰奏报督黔兵于独鳌山接仗获胜并误败损将伤兵自请治罪折》，《清政府镇压太平天国档案史料》第 2 册，42 页。

② 佚名：《粤西独秀峰题壁三十首》，《太平天国史料丛编简辑》第 6 册，369 页。

③ 佚名：《粤西独秀峰题壁三十首》，《太平天国史料丛编简辑》第 6 册，372 页。

怪湘民俱胆落，制军先已下长沙。”①碍于众议沸腾，程矞采10天后才硬着头皮折回衡州。其他大员的表现也在伯仲之间。太平军刚入湖南，湖北巡抚龚裕便以不谙军旅、现复患病为由请准开缺，欲趁早规避风险。太平军攻永州(今零陵)不下后撤兵，守城的湖南提督鲍起豹未发一兵追击。永州与道州(治今道县西)相距180里，奉命迎头截击的前湖南提督余永清如惊弓之鸟，先是弃守双牌要隘，后又弃道州城逃遁。太平军遂长驱直入，猛攻省城长沙81日；随后挥师北上，直趋岳州。

岳州是湖北省会武昌的水陆屏障，两地相距600余里。岳州知府廉昌借口择险防堵，先行出城逃避；接着，湖北提督博勒恭武、巴陵知县胡方谷、城守营参将阿克东阿也弃城而逃。湖北遂门户洞开。咸丰帝大怒，下令将当事者正法。随后的情形令人大跌眼镜：署湖广总督张亮基奏报说，知府廉昌、知县胡方谷“均已病故”，参将阿克东阿据称在城破之日“当时阵亡”。于是，前二人毋庸议罪，后者着查实后奏明请恤。阿克东阿之子扶柩到京，称其父“殉难自尽”。后经开棺查验，并无尸身。阿克东阿本人躲在江苏海州(治今连云港市海州镇)，见难以蒙混，被迫自首。湖北提督博勒恭武本应就地正法，却得以一路北上，藏匿在京郊黄村，数月后才被拿获处斩。

鉴于湖南局势告危，咸丰帝令两广总督徐广缙接替赛尚阿出任钦差大臣，星速带兵赴湘；认为他“沉毅有为”，能够使壁垒一新，扭转战局。但徐广缙对形势感到悲观，害怕承担战败责任，一路磨磨蹭蹭：从广西梧州到湖南衡州，用了43天②；从衡州到湘潭，又用12天。全程耗时55天，而此时长沙保卫战已持续70多天。岳州失守后，武昌告危。此时徐广缙接手钦差大臣关防不到40天，便想

① 《黎吉云奏参程矞采临敌由衡退避省城举动乖方大为民害折》，《清政府镇压太平天国档案史料》第3册，473页。

② 时人有“可怪南州徐孺子，据梧读易太淹留”一说，指斥徐广缙“迁延”(海虞学钓翁：《粤氛纪事诗》，《太平天国史料丛编简辑》第6册，374页)。按：可作对比的是，向荣自桂林赴长沙，路程与徐广缙大体相等，仅用17天。

抽身而退，奏请另派重臣分路堵剿，自己专办督剿。武昌被围后，徐广缙尚在710里外的湘阴，以清剿巴陵“土匪”、保护粮饷要道为由迁延不前。他为自己开脱说，“至军营恶习，小胜则张皇捷报，失事则禀报迁延，其意在商同掩饰，且使臣一时无凭奏报参办，伊等得行其捏饰之私”①，再次恳请另派重臣督率。武昌失陷后，又以“遏该逆回窜”为辞，滞留岳州不前。他自料难逃处罚，在私信中有“屏息以待雷霆”之语。

为激励群臣效命，咸丰帝数次下罪己诏，为不能“察吏安民”引咎自责。为争取民心，他宣布蠲缓被兵省份钱粮，酌情抚恤。武昌失守前夕，又降旨强调：“当此防剿吃紧，首重人和。如地方官能得民心，镇将等能得兵心，何患不众志成城同仇敌忾?”②不过，在不触动旧的体制机制、人事调整幅度不大的情况下，指望迅速澄清吏治，终是镜花水月。

以占领武昌为标志，太平军完全占据战场主动。咸丰帝只好又临阵易帅，新授两江总督陆建瀛、署河南巡抚琦善为钦差大臣，另由向荣顶替徐广缙为钦差大臣，饬令三路并进，重点在江西九江一带堵截，以保全江皖财赋之区。然而，官府的恐慌与悲观情绪有增无减，以致民间风声鹤唳，远近居民纷纷迁徙，形成连锁反应。以安徽省会安庆为例，“贼破岳州之湖北，大吏惊愈甚，中丞以下文武大小吏相率送眷属他所，而居民富者遂谋迁徙。及贼破武昌，官员家属无一城居者，而居民已徙去十之七八矣”③。江西情形相似，“贼匪踞扰汉阳，该处难民轰然东下拥过九江，人情恇惧，城外居民铺户逃窜一空”④。城外人户既空，无从举办团练，沿江防务遂更形空虚。

---

① 《徐广缙奏复镇将不遵调遣请简重臣督办并查明阵亡纪冠军请恤折》，《清政府镇压太平天国档案史料》第4册，145页。

② 《清实录》第40册《文宗实录》卷77，咸丰二年十一月壬申，1013页。

③ 戴钧衡：《草茅一得》上卷，《太平天国文献史料集》，373页。

④ 《万青藜奏请饬严防九江各要隘片》，《清政府镇压太平天国档案史料》第4册，466页。

高官临阵脱逃事件仍一再发生。太平军自武昌东下，帆幔蔽江，衔尾数十里。驻扎鄂赣边界的陆建瀛见势难敌，借口驰回江宁以重根本，弃师只船逃遁，舟过九江府城并未拢岸。江西巡抚张芾也弃九江于不顾，自瑞昌躲到省垣南昌。清廷设想的九江堵截计划遂成泡影，太平军兵不血刃进占九江。陆建瀛连夜退至赣皖边界，舟过彭泽县江心要隘小孤山时，兵弁跪接，陆氏乃大呼曰："贼势浩大，快走逃生！"以至"兵皆感之"①。这极大瓦解了军心。

在九江短暂休整后，太平军继续蔽江而下。沿江驻防清军望风溃逃。咸丰三年(1853 年)正月十六日，太平军进抵安庆江面，驻扎城外马山大观亭一带的总兵王鹏飞"弃营而走"，"五营兵勇弃甲投戈"②；城内守军和大小官员也纷纷逃逸。当晚，安庆失陷，距九江陷落仅 6 天；巡抚蒋文庆被杀。两天后，琦善才从河南信阳启程援皖，以一时难以凑齐六千头骡子驮载辎重为辞，节节耽延。向荣以船只难觅、粮饷不继为由，滞留九江不前。江宁遂孤立无援。

陆建瀛自前线遁回江宁，使阖城绅民大受惊扰，纷纷迁徙。江苏巡抚杨文定借口保卫苏州门户，在江宁被围前移驻镇江。太平军四面环攻，江宁藩司祁宿藻见势不可支，忧惧呕血而死。江宁将军祥厚派人缒城送信求援，但援兵杳无踪影。江宁陷落 8 天后，向荣才领兵抵城郊。又过 3 天，琦善先头部队方推进到安徽全椒。而太平军又相继占领镇江、扬州，与江宁构成犄角之势，完全打乱清军部署。朝内有人惊呼，"现在南北中梗，危急之情有如积薪厝火"。另有人认为，武昌、安庆、江宁三座省城在三个月内先后失陷，"此我朝二百余年未有之变也"。

文武百官如此颓靡懦弱，清军一败涂地实在情理之中。咸丰帝起始就担心战火蔓延、劳师糜饷，希望前线将帅和地方大吏能尽心竭力为他分忧，但终不免一再失望。

---

① 李召棠：《乱后记所记》，《近代史资料》总 34 号，180 页，北京，中华书局，1964。

② 戴钧衡：《草茅一得》上卷，《太平天国文献史料集》，373 页。

三、官员队伍严重老化，且内部摩擦不断

曾国藩有感而发，认为时下最紧迫的问题是缺少忠义血性之人。他对官场不讲廉耻、逆向淘汰现象感到愤懑难抑，叹曰：“窃尝以为，无兵不足深忧，无饷不足痛哭，独举目斯世，求一攘利不先、赴义恐后、忠愤耿耿者不可亟得；或仅得之，而又屈居卑下，往往抑郁不伸以挫以去以死。而贪饕退缩者，果骧首而上腾而富贵而名誉而老健不死。此其可为浩叹者也。”①

咸丰帝有心起用新人，但他即位时广西已烽烟四起，且自身魄力不够，故而选人用人的余地很有限，只能以道光朝旧班底为主干来应对危机，无法改变人才匮乏、官员队伍严重老化的现状。

郑祖琛道光末年出任广西巡抚时，已年近七旬，且患有咯血症。以如此老弱之身应对如火如荼之民变，必然力不从心。广西藩司张云藻久病，不在任上，更加重了郑氏负担。

在两年多时间里，咸丰帝为镇压广西天地会特别是随后兴起的太平军，先后任命九个钦差大臣，依次为林则徐、李星沅、周天爵、赛尚阿、徐广缙、陆建瀛、琦善、向荣、祥厚。其中，周天爵暂署钦差大臣仅 6 天；祥厚因江宁被围，未接到谕旨，城破后殒命。从资历、能力上讲，这九人都是一时之选，且大多有主持平“乱”的经历，但总体上年老体衰。祥厚生年不详，其余八人平均年龄接近 63 岁，其中周天爵 79 岁，林则徐、徐广缙均为 65 岁，最小的李星沅也已 54 岁。虽有一些年富力强的官员随营候遣，如姚莹、严正基、江忠源，但毕竟资历尚浅，不能独当一面。

军中将领也存在老龄化问题。向荣赴广西参战时已 60 岁。副都统达洪阿年过六旬，因受暑感冒和疝气发作，入桂仅两月便调回休养。湖北提督博勒恭武驻守岳州城，已是 76 岁高龄。

金田起义时，洪秀全 37 岁，杨秀清 28 岁，萧朝贵约 29 岁，冯

① 曾国藩：《复彭申甫》，《曾国藩全集》第 21 册《书信》(一)，105 页。

云山 36 岁，韦昌辉 25 岁，石达开 20 岁，平均年龄约为 29 岁。冯云山在桂湘边境蓑衣渡阵亡；萧朝贵被太平天国官书誉为“冲锋第一”，在指挥攻打长沙时阵亡。两相比较，在先后主持广西军务的四位钦差大臣中，林则徐、李星沅均以在籍养病之身被起用，林则徐死在赴任途中，李星沅到任数月在军营病逝；79 岁的周天爵以休致之身被起用，敢于任事，后因将帅失和被解职；赛尚阿履职后，一再玩误。一边是青壮年，一边是老人，精气神迥然不同，在求胜欲望和意志力上更有霄壤之别。

官员老龄化，其负面影响显而易见：一是体力不济，难以适应戎马倥偬的环境，况且广西山地多、湿气重。二是锐气不足，迟暮之年被推到风口浪尖，大多只求自保。三是官气重，倚老卖老，容易偾事。

内部不能和衷共济，是清军一再受挫、导致战火蔓延的又一重要原因。

围绕如何镇压太平军，清军将帅起始就意见不一。李星沅坐镇柳州，调集兵勇万余人围剿，欲速战速决。周天爵瞧不上李星沅，认为他“全不知兵”，“视事太轻，调兵太少”。向荣也认为不可大题小做，应再调二三万兵力。武宣三里圩之战后，李星沅将战败归咎于周天爵、向荣在前线督剿不力，并萌生退意，奏请另派大员督办广西军务。周天爵听信向荣之言，脚踹贵州镇远镇总兵秦定三，斥其拥兵不前。向荣所部为湖南兵，请功时多保本营之将，“视滇、黔兵蔑如”，此刻又诿过他人，故嫌隙益深；“诸将不能治兵，互相仇怨；将既不和，兵愈解体”①。

赛尚阿抵桂林主持军务后，内部摩擦仍在延续。向荣在官村之战遭遇惨败，抱怨乌兰泰策应不力，从此称病怠战。攻打永安时，向荣主张“纵而掩之”，乌兰泰提出“围而击之”，彼此各不相下。此外，兵、勇、练积不相能。这些都削弱了清军战斗力。咸丰帝下诏

---

① 《赛尚阿奏报途次接阅周天爵信函并请调湖北官兵二千名折》附件二《周天爵致赛尚阿信钞件》，《清政府镇压太平天国档案史料》第 1 册，478 页。

怒斥道："以后如不能迅速攻剿，徒延时日，朕惟赛尚阿是问。若或防堵不周，致贼匪溃窜、再扰他处，或城已攻破，诸将不和，争功忌能，致逆焰复张，朕惟乌兰泰、向荣是问。"①但这并没有收到效果，战火又蔓延到省会桂林。

为救援桂林，乌兰泰在交战中负伤，不治身亡。赛尚阿滞留阳朔不前。巡抚邹鸣鹤奏陈军情紧急宜相机行事，获准与向荣就近决断战守诸事，使赛尚阿成为名副其实的看客。太平军撤离桂林后，邹鸣鹤借口防其回窜，留向荣统重兵守城。赛尚阿借机泄恨，说邹鸣鹤、向荣掣肘难驭，参劾邹氏"不能筹顾大局，专以目前自卫"，指责向荣托病拒绝领兵追击。咸丰帝阅奏后，怒斥邹鸣鹤"力小任重，怯容可掬"，向荣"身受厚恩，不知感奋，天良丧尽"，认为赛尚阿"手太软"②。

徐广缙上任后，也忍不住一再诉苦，说自己素乏威望，"诸将毫无凛畏，运掉[棹]不灵，束手无策"③。

除军营恶习外，地方大吏之间还抱有畛域之见。

徐广缙身为两广总督，起始就对广西战事作壁上观，理由是广东同样烽烟四起，自顾不暇。太平军逼近湖南，湖广总督程矞采为此叫苦不迭，认为"不得因壤地攸分，遂置妖氛于不顾，为丛驱雀。贼皆自粤而来，不得以窜入湖南为了事"④，并抱怨粤西兵勇"每遇贼踪窜至，率皆尾追，从不敢迎头堵剿"⑤。武昌失陷后，咸丰帝连封三位钦差大臣，其弊端显而易见，当时便有人进言，认为"一国三

① 《清实录》第40册《文宗实录》卷50，咸丰元年十二月戊戌，669页。

② 《清实录》第40册《文宗实录》卷60，咸丰二年四月丙午，795页。

③ 《徐广缙奏复镇将不遵调遣请简重臣督办并查明阵亡纪冠军请恤折》，《清政府镇压太平天国档案史料》第4册，145页。

④ 《程矞采奏报全州失守敌逼近楚疆饬属竭力堵御折》，《清政府镇压太平天国档案史料》第3册，216页。

⑤ 《程矞采奏陈敌情叵测势必窥伺楚疆兵单难御现移护长沙片》，《清政府镇压太平天国档案史料》第3册，218页。

公，事权不一”，“牵掣推诿，在在可虞”①。陆建瀛临阵逃回江宁，江苏巡抚杨文定托词从江宁脱身，同样是只求自保、不顾大局的体现。相比之下，太平天国核心层能够做到和衷共济，就连清方也不得不承认：“夫首逆数人起自草莽结盟，寝食必俱，情同骨肉，且有事聚商于一室，得计便行，机警迅速，故能成燎原之势。”②

为镇压太平军，清政府在两年多时间里，走马灯似的调换钦差大臣，调动十余省军队，耗费饷银两千余万两，但由于吏治腐败，统治机器失灵，战局却愈益恶化。咸丰帝在位11年，始终坐在火山口上，内忧外患不断，直至在羞愧惊惧中撒手人寰。

官场乱，社会必乱。社会大乱，外强中干的官府无法稳住局面，局部危机必然蔓延为全国性危机。咸丰朝初期战事正说明了这一点。

原载《安徽大学学报(哲学社会科学版)》2016年第1期。《中国社会科学文摘》2016年第5期摘登。

---

① 《毛鸿宾奏请严申国典赐徐广缙自裁置经略事权统一以振军威折》，《清政府镇压太平天国档案史料》第4册，266页，

② 张德坚：《贼情汇纂》卷6，《太平天国》第3册，172页。

咸丰朝整饬吏治的举措

清朝统治在咸丰初年深陷危机，其表面原因在于不能迅速扑灭太平天国，而根源仍在于吏治腐败。贪腐引发军事、经济危机，进而加重了政治或统治危机。咸丰二年(1852 年)年末，礼科掌印给事中毛鸿宾奏称：

> 窃观近年以来，内外大臣泄泄沓沓拘泥丛脞，以缄默退缩为谦谨，以推诿避就为和衷，以先事布置为张皇，以勇往担当为孟浪。每于无关紧要之处备极苛察，而遇重大事件反敢阳奉阴违，藐国法若弁髦。属员尤而效之，上下成风，牢不可破。自阁部大僚以及各省督抚疆吏，诸务皆然，而军营为尤甚。①

为使群臣咸知感奋，共图振作，咸丰帝数次下罪己诏。咸丰二年三月末，即太平军猛攻桂林之际，他下诏表示："然劳师縻饷，俾幺麽小丑未能迅就荡平，皆予罪也。……惟有自省愆尤、倍深刻责而已。"②十一月下旬武昌告危时再度下诏，为未能安辑四方而"深宫自省"。次年正月初八又下一诏，为"不能察吏安民"引咎自责，同时表示"即再三引咎自责，亦属虚文。惟有恐惧修省，叩吁昊苍宥予之

① 《毛鸿宾奏请严申国典赐徐广缙自裁置经略事权统一以振军威折》，《清政府镇压太平天国档案史料》第 4 册，265 页。

② 《谕内阁著再申谕赛尚阿等勿蹈故辙并将洪大全仍著解京师讯究》，《清政府镇压太平天国档案史料》第 3 册，135 页。

辜、拯我穷黎"①。四月初八复下一谕，表示"深惭治理乖方，愆尤丛集。……每逢诣坛斋宿，无不思逆贼未平，倍觉愧悚。兹于本月初七日又值雩祭前期，因志吾之过，以自警焉"②。

除下诏自责外，咸丰帝还沿用登极之初整饬吏治的做法，主要是广开言路、调整人事。

咸丰二年三月二十一日，工部左侍郎吕贤基奏称"粤匪"、河工、度支、漕运事事可危，吁请诏求直言、集思广益。咸丰帝遂于同日降旨，再次令各部院大臣、九卿科道各进直言，以匡时政。不过，他此时更希望群臣开药方、支高招，对某些言之无物的奏折颇为厌弃，斥其"空言多，实事少。过去事得失易见，万难事并无布置，此时夥陈无谓之词，有何益也?"③有些密奏披露了一些隐情，诸如军营统兵员弁捏报人数浮领钱粮，各省为奏销事宜贿赂户部官吏。咸丰帝当即下令稽查严办，但大多不了了之。他还以避免多所牵制、有误军机为由，否决了设立行营监察御史的建议。在此情形下，下诏求言也就难有实效。

为扭转军事上的颓势，咸丰帝频频撤换钦差大臣，并再三严申力洗前愆，勿蹈故辙。但事与愿违，战局与吏治非但毫无改观，反而日趋恶化。他曾表示将依据国典执法，但对于丧师失地者，通常仅革职谪戍，以至连他自己也承认惩处不力。咸丰二年五月下旬，为整肃军纪，咸丰帝谕令嗣后对贻误军机者参奏正法，参将、游击以下各员即于军前正法，但并未起到震慑作用。两江总督陆建瀛自上游闻警逃回江宁后，朝中诛杀大员之呼声日甚。有人指出："夫赛尚阿不即加诛，始有徐广缙之迁延；徐广缙不即加诛，始有陆建瀛

① 《谕内阁本月上辛祈谷大祀朕引咎自责著该部及各直省刊刻誊黄宣示中外》，《清政府镇压太平天国档案史料》第4册，364页。

② 《朱笔省咎报天恩谕》，《清政府镇压太平天国档案史料》第6册，326页。

③ 咸丰三年三月初八对倪良耀奏折的朱批，《清政府镇压太平天国档案史料》第5册，337页，北京，社会科学文献出版社，1992。

之逃遁。”①更有人犯颜直谏：“近来领兵大帅统驭乖方，前岁皇上特以遏必隆刀颁赐赛尚阿，嗣复交徐广缙。迄今两载，未闻戮及一人。岂军中竟无可诛之人耶？良由该大臣等深知皇上慈祥恺恻，往往法外施恩，故于退避畏葸各将官概为宽宥，遂致军士藐视令典，畏死甚于畏法，贪生切于贪功，日积月深，颓风莫挽。”②“迭次恭读上谕，有军律治罪、猛以济宽明文，迄未见行一失律之诛，天下将视诏旨为具文。”③咸丰帝虽为用人失当懊悔不已，并下令查抄赛尚阿等三人全部家产，将其子一并革职，但除陆建瀛江宁失陷时丧命外，赛尚阿、徐广缙后来均从轻发落，并被重新起用。这就很难起到以儆效尤的作用。

在惩治渎职官员方面，咸丰帝也动过真格。咸丰二年十一月中旬知悉岳州文武先行弃城逃避后，他饬令查明严办，表示“此时若不择其尤者正法数人，断不能挽回积习”④。根据刑部议奏，他下令将知县胡方谷、参将阿克东阿即行查拿处斩；知府廉昌斩监候，秋后处决。但随后的情形颇具戏剧性：署湖广总督张亮基奏称，廉、胡均已病故，阿于城破之日即已阵亡。于是，咸丰帝谕令前二人毋庸议罪，后者着查实后奏明请恤。不意咸丰三年(1853年)五月，阿氏在江苏海州自首；其子先前扶柩到京，称其父“殉难自尽”，至此谎言穿帮，经开棺查验，并无尸身。已革湖北提督博勒恭武对岳州失守负主要责任，咸丰帝下令将其就地正法。但由于官官相护办事拖沓，博氏却得以一路潜行至京外黄村藏匿，迟至咸丰三年四月才被拿获处斩，成为军兴以来被处死的职衔最高的官员。武昌二次失陷

① 《黄彭年奏陈敌众东窜急宜选才襄办以全大局折》，《清政府镇压太平天国档案史料》第4册，532页。

② 《蔡寿祺奏陈时事多艰谨筹用人八策折》，《清政府镇压太平天国档案史料》第4册，559页。

③ 《吴廷溥奏陈东南大局危迫请将贻误军机之陆建瀛即行就地正法折》，《清政府镇压太平天国档案史料》第5册，51页。

④ 咸丰二年十一月十七日对徐广缙等奏折的朱批，《清政府镇压太平天国档案史料》第4册，86页。

后，湖北巡抚青麐因先期缒城逃命，也被正法。

面对日益严峻的形势，咸丰帝意识到澄清吏治、争取民心的重要性。咸丰二年十一月下旬，降旨赞许御史陈庆镛之条陈切中时弊，强调“当此防剿吃紧，首重人和。如地方官能得民心，镇将等能得兵心，何患不众志成城同仇敌忾”①。基于这一考虑，他迭降谕旨，宣布凡被兵省份经查明奏请后，分别蠲缓钱粮、酌情抚恤，以苏民困；严申地方官不得借捐输之名苛派骚扰民间；强调各地办理团练的经费不假手胥吏，归公正绅耆掌管。次年正月，又诏令各直省督抚务须破除情面，对属员严加查察，如有贪鄙不职之员立即据实严参。不过，在官场陋习并无实质性改变的情况下，这些旨令基本上形同具文，很难落实到位。

局面越发难以收拾，从一个侧面暴露出人才匮乏之弊。翰林院编修曹登庸就此喟叹道：“国家尊贤养士二百余年，何遂无人若此！臣愚以为，其积弊不自今日始也。升平既久，则粉饰滋多。官无大小，皆以趋承奔竞为能；事无重轻，总以迁避弥缝为上。间有二三留心时务、守正不阿之士，非议其迂阔，即谓之沽名。”②鉴于人事更迭频繁、需才孔亟，咸丰帝一再授意罗致人才。在诸多奏折中，主张对曾国藩、胡林翼、江忠源等人委以重任的呼声甚高。

在真正可用之才匮乏的同时，官僚队伍却急剧膨胀。随着战火迅速蔓延，不少省份被迫暂停乡试，通过科考选拔官吏的渠道不畅，但由于军功保举及捐班人员激增，仕途反而更形拥挤。军功保举使确有才干者得以脱颖而出，同时也滋生保举太滥之弊，官之升擢者一折动辄十余人甚至数十人。早在广西时期，乌兰泰便据实奏称：“军营之弊，往往以败仗报胜仗，杀贼以少报多，借以邀功保人。……其打仗尤为奋勇者，虽不可因误败以掩其功，亦不得见仗

---

① 《清实录》第40册《文宗实录》卷77，咸丰二年十一月壬申，1013页。

② 《曹登庸奏陈整饬吏治刑赏亟宜破格以振人心折》，《清政府镇压太平天国档案史料》第5册，68～69页。

即保，毫无节止，以至贼未见少，官升日多。”①咸丰帝申令嗣后不得滥加保举，但又不得不借封赏刺激士气，致使痼疾难除。就连曾国藩后来也承认：“默思所行之事，惟保举太滥，是余乱政。”②据载，“清同治间，湘淮军兴，削平发、捻、回诸大乱，各路军功所保记名提督，部册所载近八千人，总兵则近二万人，副将以下汗牛充栋矣”③。捐纳出身者更是泥沙俱下。道光帝曾表态说：“捐班我总不放心，彼等将本求利，其心可知。科目未必无不肖，究竟礼义廉耻之心犹在，一拨便转。得人则地方蒙其福，失人则地方受其累。”④咸丰三年(1853年)正月，翰林院编修蔡寿祺奏陈用人之策，认为“惟捐输一事最足以伤国脉而扰民生”，“候补者负累日重，题补后亏空必多，朘剥移挪，伊于胡底”；主张停止捐输，举贤任能，搜罗寒畯，以求仕途清、民心靖。⑤ 然而，迫于筹饷压力，清廷仍不计后果地卖官鬻爵，导致官僚队伍鱼龙混杂，官场风气日益败坏，从而增大了整饬吏治的难度。

总之，在江宁陷落前后，面对日益纷乱的政局，咸丰帝有心整饬吏治，但又感到无从措手，大多以诏谕形式就事论事，缺乏通盘考虑，且不能真正做到宽猛相济。在不触动旧的体制机制、人事变动幅度不大的情况下，指望能够迅速澄清吏治，终是镜花水月。于是，官场因循玩泄之风依旧，乃至数年后相继牵扯出三桩大案。

咸丰八年(1858年)四月末，即第二次鸦片战争期间，前大学士耆英奉命赴天津与英法外交代表交涉议和事宜，在遭对方拒见和奚落后擅自回京，被赐自尽。同年，顺天乡试舞弊案败露，担任主考

---

① 《乌兰泰奏报督黔兵于独鳌山接仗获胜并误败损将伤兵自请治罪折》，《清政府镇压太平天国档案史料》第2册，44～45页。

② 曾国藩：《致沅弟》，《曾国藩全集》第20册《家书》(二)，919页。

③ 小横香室主人编：《清朝野史大观》卷7“清人逸事·意外总兵”，114页，上海，上海书店，1981。

④ 张集馨：《道咸宦海见闻录》，22页。

⑤ 《蔡寿祺奏陈时事多艰谨筹用人八策折》，《清政府镇压太平天国档案史料》第4册，559～560页。

官的大学士柏葰因私自撤换试卷获罪，于次年二月被斩；副考官户部尚书朱凤标被革职，其余数十名涉案者也分别受到惩处。此案尚未平息，官商勾结侵吞巨款的户部宝钞案又掀波澜，计籍没官吏、商人各数十家，株连数百人；管理户部事务的大学士翁心存也受牵连，被迫自请开缺。在内外形势所逼和近臣肃顺力谏下，咸丰帝终于痛下决心严惩贪渎官员，包括斩决一品大员柏葰，起到一定震慑作用，但未免为时已晚。而肃顺等人则搭整饬吏治之便车，通过查办三案，尤其是科场案、户钞案，趁机铲除异己、树立威势，进而完全掌控军机处，一时间炙手可热，遭恭亲王奕䜣等人侧目。

原载国家清史编纂委员会、文化部清史纂修与研究中心编《清史参考》2016 年第 32 期。收入本书时略有修订，并就引文补加了注释。

咸丰朝缓解财政困难的对策

清朝财政一向量入为出，道光三十年(1850年)岁入不到四千万两，略多于岁出，岁余无几；战争、重大灾害等突发事件尚不在财政预算之内。因此，太平军兴、黄河丰北大决后，地丁钱漕、盐课、关税收入有减无增，河工特别是军饷开支有增无减，财政入不敷出。处此困境，咸丰帝即位不久即动拨内库帑银数百万两，充广西军饷①；后又采纳大臣建议，将内务府三口乾隆朝铸造的大金钟熔铸成8503块金条、计重2.703万两，另将圆明园等处计228件、重8747斤的大小铜瓶等库存铜器熔化成铜料铸钱，但终属杯水车薪。为缓解财政困难，清廷采取多项应急措施，设法开源节流。

一

所谓节流，主要是分成裁减文武官员俸银，酌减宫中服用开支，暂停兴修工程。所谓开源，指设法增加财政收入，广开捐输即其一。咸丰二年(1852年)十月，户部等遵旨拟定《筹饷章程》23条，首条便是敦促京内外官员一体量力捐输。截至次年二月中旬，在京王公大臣及四品以下各员先后四次捐输。第四次计捐现银14.131万两，外加以廉俸扣抵捐项千余两。定郡王载铨个人一次捐银10万两，被赏加亲王衔；其余人等或交部从优议叙，或被赏戴花翎、蓝翎。同月末，都察院左副都御史文瑞奏称"筹饷之法几至束手无策，虽补苴多

① 《谕内阁著再由内库添拨帑银一百万两作速解赴广西军营备用》，《清政府镇压太平天国档案史料》第2册，467页。

方，而缓不济急，抑且中外官民交困，人心摇动，势难再为滋扰”①，提议饬令富宦捐输家资。军机处遂列出相关名单，由此滋生挟私讦告流弊。在开会商议捐资名单及数额时，户部尚书孙瑞珍因自己赫然在列而激愤不已，与文瑞发生争执。文瑞据此奏参孙氏，称“该尚书因述其家资若干，出语粗俗，形同市井无赖，致有赌咒之言”。结果两人均因“殊失大臣之礼”而被交部议处。②

面向民间的捐输启动更早。咸丰元年(1851年)冬，咸丰帝依户部所议，准粤东商民出资助饷，并推及各省。陕西巡抚张祥河、云贵总督吴文镕等首先倡率，各捐银万两。各地纷纷出示劝捐，但大多名为劝捐实为勒派，地方胥吏与军营员弁借词劝捐，勒索滋扰，导致怨声四起。为鼓励绅民踊跃捐款，清廷宣布凡捐银数万两或更多者将予以破格奖励，出资较多省份将增加乡试中额和生员学额。与这种捐后兑现的奖励相比，捐纳属明码实价的功名买卖，只要交足银两，平民可捐得贡监、封典、虚衔，官阶九品以外者可捐升至道员，降革者可捐复原职，等等。时人就咸丰三年(1853年)夏苏南设局劝捐情形叹曰：“常昭有官绅公启一纸，内有一联云‘官衔翎顶荣施如愿以偿　银米钱洋捐数以多为贵’，窃恐为后世奇谈也。嗟乎！功名原国家之名器，今而后愈趋愈下。前道光三年，水灾捐输，恩邀议叙，以为罕有。近来动止，无不借资民力，如绅富家已邀恩重叠，虽襁褓之孩已得奖励，假有身不清白如数捐输者，亦居然衣冠中人矣。”③清廷后来还打破捐例，允许打折收捐，并简化手续，将空白“执照”发给各藩司和军营粮台，由后者自行开捐。随着此举泛滥，应者日趋寥落。

上述筹饷方法显然均非长久之计。财用将竭，但军务一日不竣，军需一日不止，仅向荣大营每月就需银二三十万两。咸丰三年(1853年)六月十六日，大学士、管理户部事务的祁寯藻密折告急曰：“自

---

① 《文瑞奏陈饬令富宦捐输家资管见折》，《清政府镇压太平天国档案史料》第5册，418页。

② 《忆昭楼时事汇编》，《太平天国史料丛编简辑》第5册，186页。

③ 柯悟迟：《漏网喁鱼集》，18页。

广西用兵以来，迄今三载，经臣部奏拨军饷及各省截留筹解，已至二千九百六十三万余两，移缓就急，提后尽前，罗掘之方实已无微不尽。乃三城未复，久顿重兵，南路则窜扰江西，北路则蔓延皖豫。粮台之设，至六七处之多，请饷纷纷，日不暇给……约征不可恃，乃借助于捐输；捐输不及待，乃乞恩于内币。近来捐输之数业已大减于前，内币所藏亦复不敢轻议。……似此情形，实属计无所出。现在户部银库截至本月十二日止，正项待支银仅存二十二万七千余两，七月份应发兵饷尚多不敷。臣等备员农部，多或十余年，少亦一二载，从未见窘迫情形竟有至于今日者。”①因饷需支绌，加之作为铸钱原料的滇铜因道路梗阻无法运至，清廷踌躇再三，决计更多采用滥发钱币之策，主要是铸大钱、发宝钞、发银票。

二

咸丰三年(1853 年)五月，户部下设的宝泉铸钱局等首先开铸当十铜大钱；七月增铸当五十大钱。次年，添铸当五、当二十、当百、当五百、当千等各类大钱。当百以上大钱面文曰“咸丰元宝”，以下曰“重宝”，其中当千大钱重二两，十成净铜，紫色。因铜料稀缺、成本高，户部还先后开铸当一、当五、当十铁钱和铅钱。另有十多个省份相继设局改铸大钱，其面值、铸式、重量、成色十分杂乱。同年十一月中旬，咸丰帝又准许户部印制纸钞，额题“大清宝钞”，旁八字为“天下通宝，平准出入”，下曰“此钞即代制钱行用，并准按成交纳地丁钱粮一切税课捐项，京、外各库一概收解”，面额从一千文、二千文、五千文到十千文、一百千文不等。归户部监督的官银钱号也大量发行京钱票，最大面额为一万文。另有十多个行省也相继开设官银钱号，发行所谓的“局票”。此外，发行银票即“户部官

① 《祁寯藻等奏陈度支万分窘迫请饬军营大臣速图蒇事折》，《清政府镇压太平天国档案史料》第 8 册，40～41 页。关于筹饷，曾国藩有“世小乱则督兵难于筹饷，世大乱则筹饷更难于督兵”一说(《清政府镇压太平天国档案史料》第 12 册，462 页)。

票"的奏议于同年二月末获准，面额从一两、三两、五两到十两、五十两不等。

从咸丰三年至咸丰帝病逝的八年间，清廷计发行大钱、银票、宝钞、京钱票合六千余万银两，占这一时期国库总收入的69.5%。①通过以法令形式强制发行大钱以及根本无法兑现的宝钞、银票，清政府大肆收兑民间银钱，同时用搭放大钱、钞票的方式支付兵饷、河工、官薪等，以减少财政支出。借通货膨胀这一下策，清廷巧取豪夺搜刮民财，虽相对弥补了财政亏空，但仍无法从根本上解决财政危机，反而给社会经济带来灾难性后果，终属饮鸩止渴。

三

由于缺乏最起码的信用，大钱、钞票在市面上难以流通。在苏南常昭一带，"乡间当十钱私禁不用，县中一九搭货价九五串，省中仍二八搭货价八六串，尚不能通畅。肩挑荷贩者即口语云'新咸丰不要'"②。在北方，当十大钱出京师即不可用，日益贬值。及至当百以上大钱面世后，其面值更是一泻千里。

通货膨胀、百物腾贵使民众深受其害。农户按规定搭大钱、纸币完纳地丁钱粮往往遭拒，负担骤然加重，生计困顿。因担心收取大钱不能使用，商贩裹足不前，城中铺户大多歇业，商贸萧条。总的来说，"自行使大钱，而贫民之流为乞丐者不少，乞丐之至于倒毙者益多"③。官兵也同受其累。咸丰四年(1854年)秋，在京以四品京堂候补的吴式芬诉苦说："惟米珠薪桂，更倍于前，居大不易。贱眷安顿山东，不拟来京矣。……大钱不能畅行，以致食物日贵。农部

① 参见彭泽益：《十九世纪后半期的中国财政与经济》，114～115页，北京，人民出版社，1983。

② 柯悟迟：《漏网喁鱼集》，24页。

③ 御史陈庆松咸丰八年正月十七日奏折，转引自中国人民银行总行参事室金融史料组编：《中国近代货币史资料》第1辑，296页，北京，中华书局，1964。

议以制钱与当五、当十、当五十、当百五种钱，每千文各二成配用，亦迄不知能遵用否。旗民生计维艰，可为深虑。”①扬州江北大营兵勇因兵饷搭放大钱而哗然拒领，清廷担心激变，只得下令取消搭放。另一方面，钱商、当商借通货膨胀投机牟利；一些官吏在课税时故意刁难，拒绝按例搭收大钱和钞票，然后再到市面上低价收购大钱和钞票搭解藩库或部库，从中赚取差价，同样大发横财。

咸丰朝滥发钱币，还使原本难以维持的制钱制度更加脆弱。无数制钱因充作改铸大钱的铜料被销毁，大钱的重量也一再减轻。在获利心理驱策下，民间私铸大钱之风日炽，虽严刑峻法不能取缔，使币制更加混乱，加速了大钱的解体。咸丰四年(1854 年)六月，清廷被迫下令停铸当千至当二百大钱；次年六月，停铸当百、当五十大钱；到咸丰九年(1859 年)，铁钱又告停铸，仅当十铜大钱仍在京师流通，市价仅值制钱二文。宝钞、银票的命运与之相近，虽仍在继续流通，但咸丰十年(1860 年)二月已不再发行。到次年，宝钞百文仅抵制钱三文，几成废纸。与此同时，作为实际硬通货的白银的价格一路飙升。这些都给后世社会经济生活留下巨大隐患。

原载国家清史编纂委员会、文化部清史纂修与研究中心编《清史参考》2016 年第 31 期。收入本书时略有修订，并就引文补加了注释。

① 《瑛兰坡藏名人尺牍》，中国史学会主编：《中国近代史资料丛刊·捻军》第 5 册，2～3 页，上海，上海人民出版社，1957。

曾国藩“别树一帜”组建湘军

自广西战事揭幕后，清政府为尽快镇压太平军，一直在忙不迭地抽调军队，但迟迟不能有效实施围追堵截，军事危机反而日渐加重。除战略战术方面的因素外，造成这种局面的原因主要有三：一是武备废弛。作为经制兵的绿营、八旗总体上将不知兵，兵不习战，战不用命，且军纪松弛。二是前线大军均系仓促拼凑而成，互存畛域之见，兵将各不相知，很难步调一致，甚至胜则相妒、败不相救。三是奉调之各路人马需长途跋涉，沿途又因自身不带长夫、事事责成州县而逗留迁延，以致行进迟缓贻误军机，且扰累地方甚巨。刑部尚书翁心存就北方数省兵差络绎的情形奏陈道：“臣闻每次兵差分为数起，每起仅官弁数员、兵二三百名，经过州县须备酒席数十桌，过站规礼银四五十两、钱三四十千，而兵丁之饭食、车辆、马匹不与焉。虽经叠奉严旨饬禁，而此弊未尽革除；况州县办差皆征之于百姓，吏胥复从而婪索分肥。是多一次兵差，即多一番科敛。”①工部左侍郎吕贤基亦称旗兵南下，“所过地方无论官民，未有不亟称被兵骚扰者”；主张暂缓征调，以免“未能剿贼，恐致殃民”②。然而，不调兵，就不能厚结兵力应对危局，况且所征调的是所谓北方劲旅。

迫于兵力不足，前线将帅和守城官员为解燃眉之急，纷纷斥巨资招募壮勇，并且接仗时每以壮勇充前驱，以其伤亡无关奏报。但

① 《翁心存奏陈合力攻剿江宁严防江淮等八项急务管见折》，《清政府镇压太平天国档案史料》第 5 册，361 页。

② 《吕贤基等奏请缓调吉林黑龙江官兵以免扰累折》，《清政府镇压太平天国档案史料》第 5 册，473 页。

壮勇更属乌合，应募者多为无业游民，大半唯利是图，“既无节制纪律，又无忠义之气”①，不时在民间奸淫掳掠，甚或因同乡关系与太平军暗通消息。由于互不相让，兵、勇及各路壮勇之间时常发生摩擦。赛尚阿便奏报说，广东潮勇“饥则回营觅食，禁之不可；饱则持械出斗，阻之亦不能”②。再就是壮勇易聚难散。向荣沿江尾追太平军至九江时，遣散包括潮勇在内的七千楚粤壮勇，但后者并未回籍，仍冒充兵勇沿途滋扰，居民不胜其害。各路将帅面临壮勇难于驾驭与兵力不足的两难问题，以致陷入此军裁彼军招、此时裁彼时招的怪圈。

兵、勇均不足深恃，战时整顿兵制又非朝夕之功，还能想到的招数只剩下兴办团练。团练有别于应募随征、领官府粮饷的壮勇，属官府倡首、乡绅自办，经费由地方公摊或绅民自筹，以守护家园、维持秩序为主旨，并不随征；总体上战斗力弱、凝聚力强，有警时可作为辅助性武装，通过坚壁清野切断“游匪”接济，或策应官军堵剿。广西绅民早就自发举办团练，起初是为对付天地会，后又协同防堵太平军，发挥了一定作用。乌兰泰便认为，“堵之之法，莫善于团练”，“流匪滋蔓，团练乡勇最为善计。要在各州县实心实力，激劝有方，团练得法”③。早在道光三十年(1850 年)秋冬，咸丰帝便迭下谕旨，令两广总督徐广缙等通饬两广各州县劝导绅民自为团练，并力复保甲旧章。邹鸣鹤就任广西巡抚后，为加强督导力度，在省会桂林设立通省团练总局，由在籍绅士、前翰林院侍讲龙启瑞和福建道御史朱琦主其事。不过，广西素称贫瘠，乏富商大贾，浔州、桂林、郁林等地尚能勉强自筹经费，柳州、庆远等处则断难自给，故全省举办团练的情形不一。及至太平军逼近湖南，清廷又饬令湘省劝谕地方绅民认真团练，以御外来之“贼”，兼防本境之“匪”。

---

① 《乌兰泰奏陈举办团练办法及使用壮勇投诚之勇利弊片》，《清政府镇压太平天国档案史料》第 1 册，451 页。

② 《赛尚阿奏复遵照正月十九日廷寄查办各路壮勇情形折》，《清政府镇压太平天国档案史料》第 3 册，27 页。

③ 《乌兰泰奏陈举办团练办法及使用壮勇投诚之勇利弊片》，《清政府镇压太平天国档案史料》第 1 册，450 页。

曾国藩是湖南湘乡（今双峰）人。咸丰二年（1852 年）十一月末，咸丰帝饬湖南巡抚张亮基传旨丁忧在籍的前礼部侍郎曾国藩，认为曾氏“于湖南地方人情自必熟悉”，令其“帮同办理本省团练乡民、搜查土匪诸事务”。十二月初二，即武昌危在旦夕之际，又通谕各省督抚传令在籍绅士，“各就该地方情形帮同团练，保卫乡闾”，“一切布置经费，应由公正绅士筹办，不得官为抑勒，致滋流弊。该督抚等惟当遴选贤能之员，与各绅民同心协力，严缉土匪，密拿奸细，以杜勾串”①。于是，举办团练从桂湘赣等省份扩大到全国，指派赋闲或休致在籍官员帮办本省团练的做法也一并推广开来。清廷试图借此进行广泛社会动员，官民携手应对危机。不过，团练毕竟仅是辅助性武装，并非正规军。各地具体如何办理，究竟能收到多大成效，是否会虚应故事乃至滋生流弊，连清廷也心中无底。

正是借助倡办团练这一机缘，在籍守制的曾国藩创建了湘军。

湖南具有举办团练的便利条件和基础。一是经济、文化发展水平高于广西，物质基础相对较好，士绅人群相对较为庞大。二是该省系白莲教、天地会和少数民族反清起事交织之地，境内士绅有兴办团练进行守御的传统和经验，具有果敢斗狠之习，江忠源率新宁团练在蓑衣渡阻截太平军便是一个例证。三是湖南士绅笃信程朱理学，固守名教纲常，同时经陶澍、贺长龄等人力倡，又形成推崇经世之学的风气，关注时政，政治嗅觉较为灵敏，其代表人物为曾国藩、胡林翼、江忠源、左宗棠、罗泽南、刘长佑、郭嵩焘、刘蓉等。身处多事之秋，他们意气相投，过从甚密，比较抱团。② 曾国藩以其才识、地位和声望，成为这群人的主心骨。

不过，曾国藩谋虑深远，其志趣并不在单纯帮办团练。在他看来，时下兵制积弊甚多，八旗、绿营难期振作，欲挽救危局，必须另辟蹊径。咸丰二年十二月二十一日抵长沙后，他于次日上书，奏

① 《谕内阁著各督抚传令在籍绅士帮办团练被胁穷民准予自新立功者奏明恩赏》，《清政府镇压太平天国档案史料》第 4 册，181 页。

② 关于湖南经济、文化、社会背景与湘军崛起之间的关系，详参龙盛运：《湘军史稿》，16～54 页，成都，四川人民出版社，1990。

称长沙兵力单薄且无兵可调，“因于省城立一大团，认真操练”，以资守御；认为军兴以来之所以一再失利，皆因所用之兵未经训练、无胆无艺，“今欲改弦更张，总宜以练兵为务”①。也就是说，曾国藩无意以零散村落为单位举办团练，自己单纯起组织协调的作用，而是以省垣为据点自办一大团，且首重练兵；其职责不限于保卫桑梓、查办“土匪”，还包括协守省城，填补因正规军兵力不足所留下的空缺。他后来进一步指出，“今日将欲灭贼，必先诸将一心，万众一气，而后可以言战。而以今日营伍之习气与今日调遣之成法，虽圣者不能使之一心一气。自非别树一帜，改弦更张，断不能办此贼也”②。“别树一帜”“改弦更张”，遂成为曾国藩创建湘军的指导思想。

曾国藩在建军之初面临不少困难和挑战。咸丰三年(1853 年)正月初太平军自武昌全数东下，长沙解严，但境内特别是湘南局势不稳，天地会众仍较为活跃。与自己意见投合的张亮基旋赴湖北接署湖广总督一职，其幕僚左宗棠偕往；潘铎接署湖南巡抚仅数月，又被骆秉章替代。曾国藩初历戎行，从无带兵经验，一切须从头摸索；还得设法处理好与新任巡抚及其僚属的关系，以赢得其支持。

建军伊始，曾国藩以调至长沙的罗泽南、王鑫所率湘乡练勇千余人为班底，陆续招募其五弟曾国葆等营，并奏保抚标中营参将塔齐布。塔齐布旋率数百绿营兵归其节制，扩编为两营。至同年六月，计编练三千余人，构成日后湘军的中坚力量；另为新授湖北按察使江忠源代募援赣练勇二千余人。与此同时，为尽快稳定湖南局面，曾国藩大力镇压境内反清力量，指斥地方官苟且偷安，以致“积数十年应办不办之案而任其延宕，积数十年应杀不杀之人而任其横行”；表示“欲纯用重典以锄强暴，但愿良民有安生之日，即臣身得残忍严酷之名亦不敢辞”③。在各地乡团呼应下，曾国藩不拘成例，从重从快大肆捕杀所谓

① 曾国藩：《敬陈团练查匪大概规模折》，《曾国藩全集》第 1 册《奏稿》(一)，40～41 页，

② 曾国藩：《与王鑫》，《曾国藩全集》第 21 册《书信》(一)，186 页。

③ 曾国藩：《严办土匪以靖地方折》，《曾国藩全集》第 1 册《奏稿》(一)，44～45 页。

"会匪""教匪"等，使之元气大伤，并在此过程中不断总结建军练兵的经验教训。因杀戮过重，他在民间落得"曾剃头"的恶名。

随着时间推移，曾国藩在长沙建军的阻力越来越大。该省大吏对他以"帮办"团练身份自立一军且越俎干预地方军政颇为不满。在湖南提督鲍起豹怂恿下，绿营兵弁甚至持械冲入其行馆寻衅。为避免双方矛盾进一步激化，加之早有就近弹压湘东南天地会的念头，曾国藩于咸丰三年八月末移驻衡州。

移至衡州后，曾国藩所受掣肘减少，一面继续大举镇压天地会众，一面加快建军步伐。因操劳焦虑过甚，十一月间，曾国藩"肝气作痛，旧有肺疾一发则周身癣痒，抓至见血，几无完肤，顷又大发"①。至咸丰四年(1854 年)正月，除将陆师扩编至 13 营外，又新建水师 10 营，以褚汝航、成名标、彭玉麟、杨载福等人为营官。全军合计 1.7 万人左右，自号"湘勇"，后因独当一面声名鹊起而被称为"湘军"。

由曾国藩历时年余一手创建的湘军具有以下一些特点。

第一，刷新营制，且重视冷热兵器、水陆两军之配合。

绿营建制分京师、行省、边区三大区域，以镇为单位，下设标、协、营、汛，但根据镇戍地方之险易，其营制疏密、兵数多寡各不相同。② 湘军仿明代戚继光"束伍"之制，在建制上整齐划一，以营为单位，起初 360 人为一营，后定 500 人一营。每营设营官一人，帮办一人，下分前后左右四哨，每哨八队，另有营官亲兵六队；哨设哨长，队设什长。咸丰三年年末，为适应出师作战的需要，又分设统摄各营的陆路营务处、充当先锋的向导处以及侦探处。

湘军重视配置火器，每哨由抬枪、小枪各两队和刀矛四队组成，营官亲兵六队中还包括劈山炮两队。为与太平军争夺江面和内河控制权，曾国藩采纳江忠源的建议，在衡州加紧筹建水师，认为水师不成，不能草率出征。受时间限制，湘军仓促建成十营水师，拥有数量不等型号不同的快蟹、长龙、舢板三种战船，其中大型快蟹船

---

① 曾国藩：《复骆秉章》，《曾国藩全集》第 21 册《书信》(一)，377 页。

② 详参罗尔纲：《绿营兵志》第五章"营制"，北京，中华书局，1984。

安装二千斤大炮，中型长龙船配置小炮，另配有不少辎重船，其水陆协同作战能力超过先期组建的江南大营、江北大营。

第二，精神面貌新，地域化、私人化色彩甚浓。

曾国藩憎恶军营败不相救、萎靡疲沓等积习，故在建军过程中十分重视选人用人。选将时不拘出身和资历，赞赏有血性、重操守者，强调“带勇之人，第一要才堪治民，第二要不怕死，第三要不急急名利，第四要耐受辛苦”，“大抵有忠义血性，则四者相从以俱至”①。于是，一批具有“忠义血性”的儒生得以投笔从戎，被破格任用。湘军从主帅到带兵之将，以书生出身者居多。曾国藩对募勇也有明确要求，强调“须尽募新勇，不杂一兵，不滥收一弁，扫除陈迹，特开生面，赤地新立”②；规定募勇须取具保结，以便清查，且“须择技艺娴熟、年轻力壮、朴实而有农夫土气者为上。其油头滑面，有市井气者，有衙门气者，概不收用”③。这使得湘军在精神面貌上明显有别于经制兵。

具体操作时，湘军参酌戚继光之成法，采用主帅选任营官、营官自募弁勇的方法。无论是选将还是募勇，都是通过私人人脉关系，在最熟悉之地、从身边最熟悉之人入手，即回籍呼朋引类。曾国藩在筹建水师时便强调：“水手须招至四千人，皆须湘乡人，不参用外县的，盖同县之人易于合心故也。”④所以湘军起始便具有鲜明的地域色彩，以湘人为主体，且湘乡人占相当比例；及至后来出境作战，在补充兵员时仍返籍招募。由此也就出现同乡、师生、朋友甚至兄弟子侄一同投军，甚至同在一营效力的现象，彼此同声相应，生死相依。同时，湘军又具有一定的开放性、兼容性，具体事例如延纳满族军官塔齐布，以及任用江苏人、广西知府褚汝航组建水师，咨

---

① 曾国藩：《与彭洋中曾毓芳》，《曾国藩全集》第 21 册《书信》(一)，224、225 页。

② 曾国藩：《与李鸿章》，《曾国藩全集》第 21 册《书信》(一)，364 页。

③ 曾国藩：《营规》，《曾国藩全集》第 14 册《杂著》，463 页。按：该营规刊布于咸丰九年(1859 年)，但其主要内容显然在早期便已实行。

④ 曾国藩：《复朱蓂》，《曾国藩全集》第 21 册《书信》(一)，409 页。

调河南人、广西升用道李孟群招募两广水勇一千名充实水师。

正因为是私人出面选募，加上地缘、血缘等因素的作用，遂形成弁兵感戴营官、营官感戴曾国藩，全军听命于曾国藩一人的局面，有利于“诸将一心，万众一气”。然而，将帅自募人马，加上就地筹饷，打破了兵权归兵部执掌的世兵制度，使湘军几乎成为曾国藩的私家军，开晚清“兵为将有”现象之先河①，客观上对中央集权制度构成威胁。这也正是曾国藩日后遭清廷猜忌的主要原因。

曾国藩十分在意部将是否听命和忠心，对萌生他念者不予迁就。王鑫最早跟随曾氏创建湘军，出力甚多，但随后出现拥兵自重不受节制的苗头，且不听劝告，导致两人关系破裂。该部遂自成一军，改隶湖南巡抚骆秉章，人称“老湘营”。

第三，重视训练，积极备战。

吸取以往教训，曾国藩认为“新招之勇未经训练，断不可用”②。所谓“训”，主要是向兵勇进行思想灌输和作战动员，包括教习营规；所谓“练”，指操练作战技能。两者并举、以“训”为纲，是曾国藩建军的一大特色。

曾国藩对通俗性宣传颇为用心，在籍守制时便写有三首朗朗上口的《保守平安歌》，规劝湘乡民人莫逃走、要齐心、操武艺。出山练兵后，鉴于兵勇在民间奸淫掳掠所留下的恶名，他不时召集勇弁训话，“盖欲感动一二，冀其不扰百姓，以雪兵勇不如贼匪之耻，而稍变武弁漫无纪律之态”③。为整肃军纪，派兵清剿天地会期间，申令“军士所过，有取民间一草一木不给钱者，即行正法”④，“诸勇在外，须约束严明，秋毫无犯，至要至要”⑤。尽管曾国藩无法遏制湘军军纪日益败坏，但他起始便意识到维系军民关系，体现了其战略

---

① 参见罗尔纲：《湘军兵志》，208～216页，北京，中华书局，1984。

② 曾国藩：《与王鑫》，《曾国藩全集》第21册《书信》(一)，240页。

③ 曾国藩：《与张亮基》，《曾国藩全集》第21册《书信》(一)，208页。

④ 参见曾国藩：《与刘长佑王鑫》，《曾国藩全集》第21册《书信》(一)，126页。

⑤ 曾国藩：《与储玫躬》，《曾国藩全集》第21册《书信》(一)，217页。

眼光，收到一定成效。练兵方面，主要练纵步上屋、跳步越沟、手抛火球、脚系沙袋日行百里，以及阵式、枪法等，以提高实战能力。

随着鄂皖军情告急，清廷因兵力不足，屡催曾国藩领兵赴援。曾国藩没有贸然从命，认为与其速而无益，不如迟而有备，执意把湘军训练成劲旅再行出征。他在咸丰三年十一月初表示：“此次募勇，成军以出，要须卧薪尝胆，勤操苦练，养成艰难百战之卒，预为东征不归之计……故鄙意欲竭此两月之力，昼夜训练。”①在选将募勇时严格把关，又十分重视训练，这使得湘军比较能打硬仗，屡屡以少敌众。

第四，饷项从优，自办军需，自筹粮饷。

曾国藩以“不要钱、不怕死”六字自矢②，并以此劝谕部属，同时又重视用待遇来稳定、笼络军心。他后来就此奏陈说：“臣初定湘营饷项，稍示优裕，原冀月有赢余，以养将领之廉，而作军士之气。”③湘军待遇比绿营和壮勇优厚，正勇入伍时发安家银两，负伤视伤情发养伤银 30 两、20 两、10 两不等，阵亡发抚恤银 60 两。平素操练每日给银一钱，计月饷三两；在本省征战每日一钱四分，计月饷四两二钱；出省征战每日一钱五分，计月饷四两五钱。④ 这对偏远贫困山区的农民很有吸引力，故踊跃从军，从而为湘军提供了源源不断的兵员，乃至有“无湘不成军”一说。

为避免贻误军机以及因兵差扰累地方，湘军自设长夫，专门负责运输军械物资和构筑工事。曾国藩特别强调，“长夫须雇募极好的”⑤。起初每营设长夫 108 人或 140 人不等，后改为 120 人，最终

---

① 曾国藩：《复夏廷樾》，《曾国藩全集》第 21 册《书信》(一)，331 页。

② 曾国藩：《与湖南各州县公正绅耆书》，《曾国藩全集》第 21 册《书信》(一)，104 页。

③ 曾国藩：《李续宾死事甚烈功绩最多折》，《曾国藩全集》第 2 册《奏稿》(二)，935 页。

④ 参见曾国藩：《与彭洋中曾毓芳》，《曾国藩全集》第 21 册《书信》(一)，224 页。

⑤ 曾国藩：《与骆秉章》，《曾国藩全集》第 21 册《书信》(一)，324 页。

定额为 180 人。此外，曾国藩还招工匠自制部分冷热兵器；筹建水师时又在衡州、湘潭办厂造船，共造快蟹和长龙各 40 号、舢板 80 号，并从广州购买洋炮装备战船。这些都增强了湘军自立和自我发展的能力。

湘军初起，每月需饷银近八万两。在清廷无望拨饷的情形下，曾国藩为维持巨大开支，不得不设法就地筹饷。起初主要靠湖南藩库济饷，再就是截留丁漕等款，设局劝捐；正式出征后则自设大营粮台，靠曾氏斡旋及湘军战绩寻求各方接济，并派专人办理赣湘川三省捐输以济军饷，打破了过去兵饷分离的定制。

湘军后来在营制等方面虽有所变化，但上述主要特点和框架仍延续了下来。基于别树一帜、改弦更张的指导思想，遵循"但求其精，不求其多；但求有济，不求速效"①的原则，曾国藩借团练之名，行壮勇之实，充额兵之用，终于创建了一支有别于八旗绿营、具有较强凝聚力战斗力的新军。曾国藩本人由此完成从一名文职京官到直接与太平军交战的领兵主帅的转变，从而改变了他个人的政治命运，并对时局产生深刻影响。

倡办团练之举贯穿整个咸丰朝，在咸丰十年(1860 年)达到第二个高潮。李鸿章后来组建淮军时吸纳了部分皖北团练，与湘军均属于特例。地方团练在阻滞太平军进兵以及策应清军反攻方面发挥了一定作用，个别团练武装甚至成为太平军劲敌，如江苏六合温绍原、浙江湖州赵景贤和诸暨包村包立身。但从总体上讲，大多有名无实，不堪一击。另一方面，乡绅纷纷举办团练，客观上削弱了清廷对社会基层的控制力。皖北秀才出身的苗沛霖借办理团练攻城戕官称霸一方，便是一个突出事例。

本文撰写于 2010 年，未刊。

① 曾国藩：《敬陈团练查匪大概规模折》，《曾国藩全集》第 1 册《奏稿》(一)，41 页。

曾、胡、左的崛起及两湖社会之治理

洪秀全志在与清政府争夺江山，但太平军在西征过程中遭到湘军顽强阻遏，以致迟迟不能结束长江流域战事，遑论再度举兵北伐一统山河。湘军之所以能成为太平军的劲敌，战斗力远超作为经制兵的八旗、绿营，与曾国藩等湖南籍官绅别树一帜、改弦更张有直接关联。这个官绅群体以曾国藩为代表，其重要人物包括胡林翼、江忠源、左宗棠、罗泽南、刘长佑、郭嵩焘、刘蓉等。他们具有一些共同特征，既笃守纲常名教，提倡“忠义血性”，又推崇经世之学，憎恶玩泄骄奢的官场习气，政治嗅觉灵敏，不拘成法锐意求变。正是曾国藩等人的脱颖而出，给危机四伏的清政府带来生气和转机。

一、重视罗致人才，讲求忠义血性

清政府在咸丰朝深陷危机，其根源在于吏治腐败。咸丰帝数次下罪己诏，为不能“察吏安民”引咎自责。为振兴朝纲，他在登基之初一再下诏求言，鼓励保举人才，并罢黜颟顸昏聩的前朝重臣穆彰阿、耆英，后又频频撤换主持军事不力的钦差大臣。但咸丰帝缺乏从容整饬吏治的时间，更缺乏魄力和大局观，致使吏治日坏，局势危殆。

早在咸丰帝即位之初，曾国藩便上书奏陈用人之道，直言官场疲玩泄沓百弊丛生，国家有乏才之患。太平军兴起后，他认为天下有三大患，一曰人才，二曰财用，三曰兵力，将人才问题放在第一位，并就官场不讲廉耻、逆向淘汰现象喟叹道：

窃尝以为，无兵不足深忧，无饷不足痛哭，独举目斯世，求一攘利不先、赴义恐后、忠愤耿耿者不可亟得；或仅得之，而又屈居卑下，往往抑郁不伸以挫以去以死。而贪饕退缩者，果骧首而上腾而富贵而名誉而老健不死。此其可为浩叹者也。①

随着局势日趋严峻，他的这种意识愈益强烈，认为“国家之强，以得人为强”②，“粤捻内扰，英俄外伺，非得忍辱负重之器数十人，恐难挽回时局也”③。

基于这一认识，曾国藩在组建湘军时十分重视延纳人才，自称“梦寐以求之，焚香以祷之，盖无须臾或忘诸怀”；认为“大厦非一木所支，宏业以众智而成。苟其群贤毕集，肝胆共明，虽金石而可穿，夫何艰之不济?”他利用自己的影响与人脉，动员门生故旧出来效力，并多方搜求人才。例如，听说新补宜章千总杨载福系可用之人，曾国藩便通过湖南巡抚骆秉章调其来衡州听差。督师赣皖期间，除留心在当地物色才俊外，还按照楚材晋用思路，从两湖地区吸纳人才。譬如，咸丰十年(1860 年)坐镇皖南时，为整饬吏治，函请胡林翼选派一二循吏来皖担任州县官，“先换一县，树之风声”；表示“如公所最爱惜者，借才半年，仍可奉还”。及至官授两江总督，仍表示“敝处之陋，不陋在无排场，而陋在无人才”。经多方延揽，曾国藩身边形成一个以幕僚为主干的人才群体，涵盖军事、行政、筹饷、后勤、案牍、治学等多个层面，包括熟悉泰西之学的李善兰、徐寿、华蘅芳，可谓人才济济。

湘军之新，首先体现在选人用人上。针对败不相救、萎靡疲沓等营伍积习，曾国藩欲扫除陈迹，将湘军打造成一支新军。他一再表明心迹，欲改变三四十年来不白不黑、不痛不痒、牢不可破之习，但求宏才伟识，共济时艰。在曾国藩看来，时下官场习气最致命之

① 曾国藩：《复彭申甫》，《曾国藩全集》第 21 册《书信》(一)，105 页。

② 曾国藩：《加左宗棠片》，《曾国藩全集》第 21 册《书信》(一)，704 页。

③ 曾国藩：《致左宗棠》，《曾国藩全集》第 22 册《书信》(二)，881 页。按：为节省篇幅，以下凡曾氏言论，恕不逐一注明出处。

处在于无血性；官员无血性，也就无操守、无担当，遑论忠义。曾国藩以“不要钱、不怕死”六字自矢。他抱病组建湘军，因操劳过甚，“肝气作痛，旧有肺疾一发则周身癣痒，抓至见血，几无完肤，顷又大发”。这体现了忠义和担当意识。出兵之初的靖港之战，以及后来的九江、湖口之战，曾国藩因湘军溃败，两度愤而投水自尽。在生死须臾之际，这不是作秀，确实体现了血性。江忠源以安徽巡抚身份率孤军守庐州，城破后投水自尽，同样体现了血性。

在官场浸淫日久，很容易染上官气，保持血性客观上很难。曾国藩分析说，人才大抵有两种：一种官气较多，“好讲资格，好问样子，办事无惊世骇俗之象，语言无此妨彼碍之弊；其失也，奄奄无气，凡遇一事，不能身到心到口到眼到，尤不能苦下身段去事上体察一番”；另一种乡气较多，“好逞才能，好出新样，行事则知己不知人，语言则顾前不顾后；其失也，一事未成，物议先腾”。他表示：“两者之失，厥咎维均。人非大贤，亦断难出此两失之外。吾欲以‘劳苦忍辱’四字教人，故且戒官气而姑用乡气之人，必取遇事体察、身到心到口到眼到者。”

因此，曾国藩选将（营官），不拘出身和资历，着重看对方是否有忠义血性，倾向于重用有书生气、有乡气之人，“大约有操守而无官气，多条理而少大言，本此四者以衡人”。他强调，带勇之人，第一要才堪治民，第二要不怕死，第三要不汲汲于名利，第四要耐受辛苦，“大抵有忠义血性，则四者相从以俱至”。于是，一批儒生得以投笔从戎，被破格任用。湘军从主帅到将领，以书生出身者居多。书生带兵，经沙场磨炼成为悍将，成为湘军的一大特色。湖北巡抚胡林翼也鄙弃官气，倡言“以做百姓之心做官，以治私事之心治官事”①。他告诫州县官：“凡事尽一分心力，必有一分功效。踏实作出，干实事、说实话，无忘来自田间，无忘读书本色，总可稍济于

① 胡林翼：《致冯价人太守》，《胡林翼书牍》卷37，《胡林翼全集》中册，145页，上海，大东书局，1936。

时也。”“凡事以踏实为主，我素不喜空言也。”①在官场混浊一片的情形下，曾、胡等人的见解与襟怀确乎超越同侪。胡林翼积劳成疾，最终在武昌咯血而死，时年 50 岁。

湘军募勇，也看重素质。曾国藩强调，须尽募新勇，不杂一兵，不滥收一弁；须择技艺娴熟、年轻力壮、朴实而有农夫土气者为上，其油头滑面，有市井气者，有衙门气者，概不收用。吸取以往教训，曾国藩坚持新招之勇未经训练，断不可贸然参战。所谓“训”，主要是向兵勇进行思想灌输和动员，包括教习营规；所谓“练”，指操练作战技能。两者并举、以“训”为纲，是曾国藩建军的重要理念。

为避免官气在军中滋蔓，曾国藩注意反省。咸丰十年(1860 年)夏赴黄石矶水师营次前，他与部将谈到接待细节，说前两次路过湖口时，彼此皆不免有官气，此次皆当力戒，要做到无迎接，无办席，无令营哨官弁纷纷请安，断不可照过去那样多费钱文，以挽风气；方今东南糜烂，时局多艰，吾辈当屏去虚文，力求实际。他告诫说：“楚军水陆之好处全在无官气而有血性，若官气增一分，则血性必减一分。”

湘军成军时仅 17000 人，自号“湘勇”，以团练名义参战，起初并不起眼，但能打硬仗，屡屡以少敌众，因独当一面声名鹊起而被称为“湘军”。湘军之所以具有远超八旗、绿营的战斗力，其重要因素之一，在于其人员构成、精神面貌大不一样。

二、悉心培植人才，倡立官场新风

曾国藩发掘人才，不单为组建湘军，还着眼全局，欲借此“引出一班正人，倡成一时风气”。这原本是朝廷的事，但咸丰帝玩不转。曾国藩知难而进，欲在地方上推动。

关于如何引出一班正人，曾国藩概括为四事八字：广收、慎用、勤教、严绳。

---

① 汪士铎：《胡文忠公抚鄂记》卷 3，151 页，长沙，岳麓书社，1988。

曾国藩十分重视罗致人才，已见前述。他求贤若渴，同时又用人审慎。凡各方举荐之人，一概予以礼遇，先给薪水，“徐察其才之大小而位置之”，并事先提出“如假包换”，对不堪任用者予以淘汰。为体现用人公道，曾国藩注意避免任人唯亲。咸丰三年(1853 年)冬，他对骆秉章就桂东之役保举四五十人提出异议，并举好友罗泽南、门生陶寿玉为例，指出二人此役无功而获保举，有失平允。咸丰九年(1859 年)十月，又婉拒胡林翼提拔其胞弟曾贞干(原名曾国葆)，表示“舍季弟于军事阅历太少，决不可当统领，若随好手之后打得四五仗，或可渐渐造就，敬求收回前命”。

为做到知人善任，曾国藩留意观察下属，且看人识人眼光老辣。譬如，他认为李元度“忠勇内蕴，迈往无前，惟猛进有余，好谋不足”，“擅长过人之处极多，……而短处则患在无知人之明”；张运兰“有坚韧之操，而非将多之才”；鲍超“其才似宜将少，不宜过多”；李续宜“敦厚精细，善于用兵，爱民之心尤切”；朱品隆“打仗能出则向前、入则殿后，此一端已有可为统领之质；又有血性而不忘本，有诚意而不扰民。若加意培养磨炼，将来或可成大器也”；唐景皋“长处在肯任事，精力过人，短处在自炫”。基于这种判断，曾国藩用人注意扬长避短。例如，咸丰三年十月，他拟派王鑫率兵援鄂，为此致函其座师、湖广总督吴文镕，指出王鑫“驭士有方，血性耿耿”，“惟近日气邻盈溢，语涉夸大”，建议用其所长，察其不逮。咸丰八年(1858 年)八月督师江西时，曾国藩亦表示，“此次用兵，责成各统领各用其所长而尽之”。

曾国藩重视栽培人才。他把幕府作为勤教的一个平台，通过具体办事、约谈、闲暇时纵论古今等方式言传身教，甚至亲自出题对幕僚定期进行课试，使幕僚在潜移默化中开阔视野，丰富学识。一旦条件与时机成熟，便保举幕僚出去任事，在实践中增长才干，并以通信等方式继续予以鞭策与指点。李鸿章的成长过程便是一例。

为了让幕僚按规矩办事，曾国藩注意严绳。用他自己的话说，“此间尚无军中积习，略似塾师约束，期共纳于轨范耳”。出于约束部将、整肃军纪的考虑，曾国藩定下“劝诫营官四条”，一曰禁骚扰以安民，二曰禁烟赌以儆惰，三曰勤训练以御寇，四曰尚廉俭以服众。他表示，“军事有骄气、惰气，皆败气也”，“久骄而不败者容或有之，久惰则立见败亡矣，故欲保军士常新之气，必自戒烟赌始”。部将鲍超屡建战功，曾国藩及时提醒他说：“务宜敬以持躬，恕以待人。敬则小心翼翼，事无巨细皆不敢忽；恕则凡事留余地以处人，功不独居，过不推诿。”

曾国藩用新人、树新风的努力，得到胡林翼在湖北、左宗棠在湖南的呼应。

咸丰六年(1856 年)经激烈拉锯战收复湖北全境后，全省官缺久悬的州县多达 30 余，人心散乱。如何收拾残局？胡林翼认为，吏治之不修，兵祸之所由起也；救天下之急症莫如选将，治天下之真病莫如察吏；兵事如治标，吏事如治本。他就此奏陈说，州县之所谓小事即百姓之大事，今日之所谓小贼即异日之大贼；厝火积薪更切隐忧，必应严禁官场应酬陋习，与群吏更始，崇尚敦朴，屏退浮华，行之数年，或可改观。①

为整饬吏治，胡林翼坚决斥革玩泄贪饕官员，同时广为搜求人才，认为“吏治本无不传之秘，用人行政为大”，“古今无不平之贼，而先在求平贼之人”②。他大胆起用新人，选人首重操守。在他延纳扶植的人才中，包括后来成为封疆大吏的罗遵殿、严树森、阎敬铭。

湖北自军兴以来迭遭兵燹，境内残破不堪，外省协饷通常又不能如数如期解至。为解决筹饷难题，胡林翼设法挖掘财源，并注意趋利避害。他一再强调，行政要通士民之气，即催科之政亦必先得民心。早在咸丰五年(1855 年)九月，胡林翼便保举“结实廉明”的在籍主事胡大任、王家璧为员外郎，主持全省捐输、厘金局务，并大胆起用没有官气的士绅具体负责各地局务，严禁州县吏胥染指；同时严加督察，对徇私舞弊者随时撤换。仅厘金一项，湖北岁入便增

① 胡林翼：《敬陈湖北兵政吏治疏》，《胡林翼奏议》卷 14，《胡林翼全集》上册，144 页。

② 胡林翼：《胡林翼语录·用人第二》，《胡林翼全集》中册，5 页。按：著名方志学家王葆心有云：“益阳胡文忠公……其察吏之精，有‘草鞋委员’之目。”(引自《胡文忠公抚鄂记》排印本之“前言”)

银二百余万两。

整顿漕政是胡林翼的又一大举措，其要点是革冗费、禁浮收，同时实行减漕，逐一核定各州县漕粮折价，借此遏止中饱之蠹，纾民力而裕国赋。例如，通城县向收每石折钱六千文，今减为四千文；江陵县向收每石折钱十六千文，今减为五千文。胡林翼断然表示，“苟利于国，苟利于民，即孰杀之歌在所不恤……漕弊一日未清，臣职一日未尽”①。综计湖北减漕一项，每年计为民间省钱 140 余万串。因负担大为减轻，绅民从抗欠成风转为踊跃完纳，官府得以如期、足额征收漕赋，每年获银 42 万余两，并节省提存银 31 万余两。此举缓解了社会矛盾，增强了湖北社会的向心力，同时也有效缓解了军饷匮乏的压力。减漕因而被时人誉为胡林翼抚鄂期间的“第一美政”②。此举与抽厘类似，都是在理财之中暗寓察吏之法。

通过人员大换血、倡立新风气，湖北官场萎靡不振运棹不灵的现象大为改观，面貌大变。曾国藩对胡林翼不吝赞美之词，认为“年来新造江汉，皆阁下心手厝注，知人之明、用人之专所致”；“一入鄂境，军事庶政井井有法，官绅任委多用正人，优劣得所”；“数年来屡定大难，将天下第一破烂之鄂，变成天下第一富强之省”。

与曾、胡同为进士出身且较早跻身仕途相比，左宗棠举人出身、塾师为业，但才识卓异，颇有人气。他的政治生涯始于出佐湖南巡抚张亮基，咸丰四年(1854 年)春又被新任湘抚骆秉章礼聘入幕，很快深为骆氏倚重。时人有云：“巡抚专听左宗棠，宗棠以此权重，司、道、州、县承风如不及矣。”③左宗棠因此得以放开手脚治理湖南。

湖南是湘军之摇篮，与湖北等六省接壤，战略地位十分重要。曾国藩率湘军主力出境东征后，除四川尚无战事外，鄂赣粤桂黔五省边界均须派兵防堵甚至越境增援。骆、左以老湘营和江忠源旧部为骨干，加紧扩充武装，援邻省以自保、借攘外以安内，以一省之

① 胡林翼：《革除漕务积弊并减定漕章密疏》，《胡林翼奏议》卷 23，《胡林翼全集》上册，65 页。

② 汪士铎：《胡文忠公抚鄂记》卷 3，151 页。

③ 王闿运：《湘军志・湖南防守篇第一》，8 页，长沙，岳麓书社，1983。

力起到内清四境、外援五省的作用，使湖南数度转危为安，从而避免了大局崩溃。

战事频繁、扩充人马，财政压力必然增大。而湖南通省钱粮仅抵江浙一二富郡；通省漕米 15 万石有奇，仅及江西五分之一。咸丰五年(1855 年)九月，为革除钱漕征收积弊，骆、左饬令所属严禁浮勒，违者官吏从严参革，蠹书立毙杖下。通过漕政改革，湖南岁增银 20 余万两，绅民减赋数百万两。该新政嗣后为胡林翼在湖北、曾国藩在江西仿行。同年五月，湖南在长沙设立厘金总局，起始便岁增税银 140 万两。捐输一途也给湖南带来不少收益。尽管由于用兵过多、战线太长，湖南依旧入不敷出，但终究免除了兵饷枯竭之忧。

湖南形成有效的战时机制，与吏治改善有很大关联。左宗棠在辅佐张亮基时便指出："惟吏治不修，故贼民四起。此时再不严治奸民，慎择牧令，事更不堪问矣。"①骆秉章"自以廉俭率下"，藩司文格"亦无所求取"，"故威行于府县，贪靡之风几革"②。为提高办事效率，湖南一面参革昏庸无能之辈，重用廉明能干之吏，一面大量起用无官气、有才干的士绅，推进官僚队伍的新旧交替。左宗棠以幕僚身份实际掌管湖南军政，本身便是一个例证。其他一些士绅也获重用，如郭嵩焘之弟郭崑焘同在湘幕参与机要，黄冕具体主持全省税政，王鑫统领本境湘军主力。各地士绅或举办团练，或受命设局筹饷，俨然成为一方权贵，而州县官权力则被削弱。例如，湘乡知县几成陪衬，"一惟局士之言是徇，致外间物议沸腾，谓事由局而不由官，权在绅而不在官"③。官绅结合、绅权扩张成为湖南权力架构的一个显著特征。通过联络乡绅，湖南当局扩大了执政资源，推进了官僚队伍的新陈代谢，使吏治出现新气象。

---

① 左宗棠：《答陶少云》，《左宗棠全集》第 10 册《书信》(一)，83～84 页，长沙，岳麓书社，1987。

② 王闿运：《湘军志·湖南防守篇第一》，11 页。

③ 刘蓉：《复温甸侯邑宰书》，《养晦堂文集》卷 8。按：绅权过重也带来负面影响。清末湖广总督瑞澂有云："湘省自咸同军兴以来，地方官筹办各事，多借绅力以为补助。始则官与绅固能和衷共济，继则官于绅遂多遇事优容，驯至积习成弊；绅亦忘其分际，动辄挟持。"(瑞澂：《恕斋尚书牍存·奏牍》卷 2，13 页)

左宗棠因治湘而名声大噪，有人甚至认为，“国家不可一日无湖南，而湖南不可一日无宗棠也”①。湘军出境东征，在筹兵筹饷等方面主要依赖湘鄂两省。曾国藩在咸丰八年(1858年)夏明确表示，他与李续宾两军皆以水师为中路之枢机，“其转运粮台皆当安设九江，其后路皆在湖北，其根本皆在湖南”②。两湖地区成为湘军稳固的后方基地，主要得益于胡林翼治鄂、左宗棠治湘。

曾、胡、左共同致力于“引出一班正人，倡成一时风气”，各在身边聚拢了一批才学之士，形成一个急思振作、较有生气的官绅群体。咸丰十年(1860年)四月中旬，时值江南大营溃不成军，苏浙岌岌可危，曾国藩与胡林翼、左宗棠、李元度、李瀚章、李鸿章在皖西南大别山南麓宿松“畅谈累日”，“咸以为大局日坏，吾辈不可不竭力支持，做一分算一分，在一日撑一日，庶冀挽回于万一”。从清廷角度讲，在危难之际苦撑局面的并不是那些官气重、私心重的权贵或政治掮客，而是一班讲求忠义血性、具有担当意识的书生，故曾国藩有“楚多君子，国之庆也”一说。

三、四省合防，以剿为堵

在军事对决中，战略是否得当至关紧要，直接决定了战局走势。太平军进占宁镇扬三城及出兵北伐后，清廷采取以保卫京师为重点、以堵为剿的对策，疲于招架，陷入被动挨打的困境。尤其是在长江沿线，由于清廷集重兵于江南大营、江北大营，摆开围堵宁镇扬三城的架势，上游兵力空虚，以致皖赣鄂三省难以抵挡西征太平军的攻势，危如累卵；湖南也大受震动。

---

① 罗正钧：《左文襄公年谱》卷2，光绪二十三年刊本，34页。按：咸丰八年十二月，咸丰帝召见入值上书房的郭嵩焘，特意向其询问左宗棠缘何不肯出来办事，才干如何。郭答曰：“左宗棠自度赋性刚直，不能与世合，所以不肯出；抚臣骆秉章办事认真，与左宗棠性情契合，彼此亦不能相离。”“左宗棠才尽大，无不了之事，人品尤端正，所以人皆服他。”(《郭嵩焘日记》第1册，203页，长沙，湖南人民出版社，1981)

② 曾国藩：《致李续宾》，《曾国藩全集》第21册《书信》(一)，637页。

基于对战局特别是清军战败原因的认识，曾国藩加紧筹建湘军，并兴办水师，欲破釜东征，水陆夹江而下，与太平军一决雌雄。咸丰三年(1853年)十一月中旬，在致吕贤基、骆秉章、江忠源等人的信函中，曾国藩均围绕东征提出具体战略，认为“统筹全局，自应为四省合防之计，且须谋以剿为堵之道”；强调“下游贼船日聚日多，贼势日逼日紧，四省合防之计诚难少缓须臾”，担心“再过数月，两湖江皖皆成枯鱼之肆”。“四省合防”旨在消除各自为战、败不相救的弊端，避免被太平军各个击破；“以剿为堵”是对清廷北重于南、以堵为剿对策的修正，旨在改变被动防御的局面，力争规复长江沿线失地，逐步进逼太平天国都城，变被动为主动。在同月二十六日奏折中，曾国藩陈述不能从速赴援庐州、须明春乃可成行的苦衷，也述及这一战略，内云：“窃自田家镇失防以来，督臣吴文镕、抚臣骆秉章与臣往返函商至十余次，皆言各省分防，糜饷多而兵力薄，不如数省合防，糜饷少而力较厚。即与张芾、江忠源函商，亦言四省合防之道，兼筹以剿为堵之策。”

然而，咸丰帝阅折后大为不满，指责曾国藩“偏执己见”，令其“设法赶紧赴援”，并嘲讽道：“今观汝奏，直以数省军务一身克当，试问汝之才力能乎？否乎？”①直接否定了曾氏所提战略。而曾国藩没有率师驰援皖省，除水师尚未建成这一客观原因外，还出于先力争上游、再徐图下游的考虑。他在随后致友人函中坦言，船、炮等件非仓促所能遽就，且即使成军以出，也不能遽赴江忠源之急，而应先谋收复黄州、九江等处；表示“大局所在，只论地形之要害，不得顾友朋之私谊，即君父谕旨所指示，亦有时而不敢尽泥也”。同年十二月中旬，吴文镕遭湖北巡抚崇纶参劾，被迫督师攻黄州。曾国藩竭力劝阻，认为须待明春湘军水陆并下与鄂省兵勇会攻，眼下虽有严旨切责，仍应坚守省城武昌，不必轻言进剿，打毫无把握之仗。事实证明，曾国藩“偏执己见”属先见之明，湘军因此得以避免因仓促出师而夭折的噩运。但湘军未能从速参战，客观上导致四省合防

---

① 咸丰三年十二月初七对曾国藩奏折的朱批，《清政府镇压太平天国档案史料》第11册，352页。

之计无从实施。

及至湘军出师时，江忠源、吴文镕已兵败身亡，太平军长驱直入逼近长沙，四省合防的有利时机已经丧失，变成主要依靠湘军来支撑残局。尽管如此，曾国藩仍坚持其既定战略，即夺取长江控制权，首先保全湘鄂两省，再规复赣皖、进图金陵。湘军后来的所有战事均围绕这条主线而展开，与西征太平军在四省展开旷日持久的争夺战；尤其是在北伐太平军覆灭，太平天国将军事重心完全放在长江流域后，双方争战的激烈程度更是有增无减。

从战事发展的线索看，经半年多鏖战，迫使太平军退出湖南后，曾国藩随即率湘军出境东征，首要目标是收复武昌，次及九江。早在当年派王鑫援鄂时，曾国藩便指出，一旦武昌及荆州不保，则“大江四千里遂为此贼专而有之”，从此将南北阻断，南方诸省章奏不克上达，朝命不能下宣。他还分析说：“然则鄂省之存亡，关系天下之全局固大，关系吾省之祸福尤切。鄂省存，则贼虽南窜，长沙犹有幸存之理；鄂省亡，则贼虽不南窜，长沙断无独存之势。然则今日之计，万不可不以援鄂为先筹，此不待智者而决也。”围绕争夺武昌、九江及广大腹地，湘军与太平军展开激烈拉锯战，战局跌宕起伏。太平军在鄂赣败局已定后，湘军继续东进，重点进攻安庆及皖北腹地。

是否撤安庆之围，是考验曾国藩定力的又一紧要关头。吸取李续宾孤军深入兵败三河的教训，曾国藩等人筹划兵分数路进攻安庆。至咸丰十年(1860 年)四月，大致完成围攻安庆的军事部署。然而，同期苏浙一带惊波迭起，先是杭州陷落，继而江南大营溃败，常州、苏州失守。曾国藩分析说：“浙江既失，则安庆为重，以其为武昌、九江之门户也，水师得此城，则有所依附以为根本也，以绝金陵贼粮之源，以杀江淮各贼掎角之势也。是目下我军仍以进攻安庆、分捣桐城为上策。”经权衡轻重，曾国藩决意不从安庆撤兵，并未雨绸缪，倡议湘鄂赣三省合防，以防秋间下游太平军大举上援。但咸丰帝见不及此，谕令曾国藩舍安庆驰援苏常。在奉谕次日致胡林翼的信函中，曾国藩怅然叹曰：“若不力固上游而先救下游，则其祸必速而烈，惜无人抉明此机于九阍。”署理两江总督后，他仍坚持“固上游以规下游，防三省以图吴会”，表示“虽任下游之责，仍当以上游为根本，必能固三省之防，乃可规复吴会”，“盖上游愈固，则下游愈觉得势，未有不能守而能剿者也”。鉴于江西兵力单薄，曾国藩咨请骆秉章派兵入赣协防，并亲自领兵进驻作为江西门户的皖南祁门县，强调“固江西即所以固吾湘也”，“欲保湖广，必先保江西”。

从实质上讲，三省合防、围攻安庆战略是四省合防、以剿为堵战略的翻版或延续。正是由于曾国藩等人的坚持，湘军巩固上游门户、以建瓴之势进图下游的努力才没有功亏一篑，从而避免了战略主动权的丧失。攻克安庆后，战争格局更加明晰，清政府上下很快便形成共识，酝酿通筹川湘鄂赣皖五省，合力规复江浙。① 未几，曾国荃部湘军沿江而下进逼天京，左宗棠率以老湘营为班底的湘军进攻浙江，李鸿章率淮军进援上海，兵分三路转入全面反攻。而太平天国则陷入全面被动，每况愈下；距安庆易手未及三载，天京便告沦陷。

除战略正确、具有针对性外，曾国藩在战术上也颇为用心，组建湘军时便提出水陆依护、稳字当先等作战原则，并在随后的实践中加以坚持和发展。拥有一支训练有素的水师，且水陆协同作战能力强，这是湘军赖以与太平军抗衡的一个重要砝码。建军未竣，不仓促出师，则是稳字当先的体现。曾国藩后来也再三强调这一原则，告诫属下“必须谋定而后战，切不可蛮攻蛮打，徒伤士卒”，“时时以浪战为戒”；主张“以稳字为主，不可过求速效”，“打仗不慌不忙，先求稳当，次求变化”。再如，为了做到知己知彼，曾国藩派专人搜集情报，于咸丰五年(1855 年)编成《贼情汇纂》一书，对太平军重要人物、官制、军制、礼制等记述甚详。在及时总结经验教训和研究对手的基础上，曾国藩重视在战术上推陈出新。以安庆战役为例，针对陈玉成善于诱人来攻、反客为主的用兵特点，曾国藩并不急于攻城，而是深沟高垒水陆相依，迫使太平军主动来攻，从而得以避其锐气，击其惰归。后来攻打天京时，湘军同样采用了这一围城打援、反客为主战术。

---

① 参见《宋晋奏陈通筹东南大局请饬五省督抚合力规复江浙折》《官文等奏报遵筹五省合剿大概情形折》，《清政府镇压太平天国档案史料》第 23 册，590～592、686～688 页。

四、同气相求，守望相助

太平天国建都后，仅派孤军北伐，小刀会占领上海后也未派兵策应，而是将重点放在天京上游。湘鄂赣皖四省遂成为血战玄黄的主战场。曾、胡、左三人合力苦撑战局，做到这一点颇为不易。

清政府内部存在不少矛盾，除满汉芥蒂外，还包括中央与地方，官僚与士绅，八旗与绿营，以及八旗、绿营与湘军的矛盾。在空前危机逼迫下，清政府上下不得不调整内部关系。咸丰帝在战争初期相继任用林则徐、李星沅、周天爵、徐广缙、陆建瀛、向荣等汉人大吏为钦差大臣，以及曾国藩重用满族军官塔齐布，胡林翼笼络湖广总督官文，胡林翼、左宗棠大量起用士绅，均说明了这一点。但矛盾不可能就此消弭，有时还会发酵。

湘军自募人马、就地筹饷，几乎等同于曾国藩的私家军。这成为清廷一大心病，何况曾国藩是汉人。咸丰四年(1854 年)秋湘军克复武昌，咸丰帝大喜，表示“不意曾国藩一书生，乃能建此奇功”。某军机大臣提醒说：“曾国藩以侍郎在籍，犹匹夫耳。匹夫居闾里，一呼蹶起，从之者万余人，恐非国家福也。”①咸丰帝默然变色，遂收回任命曾国藩署理湖北巡抚的成命，改授兵部侍郎，擢胡林翼署理鄂抚。胡林翼原本依附湘军征战，资历与战功均逊于曾国藩。咸丰帝借胡抑曾，欲分而治之，避免曾国藩坐大；另大力扶持江北大营、江南大营，以确保经制兵的优势，让湘军充当配角。而满族权贵官文以钦差大臣、湖广总督身份坐镇武昌，明显带有就近挟制胡林翼等汉臣的用意。

曾国藩、胡林翼没有纠缠于意气之争。曾年长胡一岁，致函时均称对方“润之宫保老前辈大人阁下”，以示敬重。江西激战正酣时，曾见湖北战局危殆，仍拨兵救援胡。两人联手攻克安庆后，曾推胡

---

① 薛福成：《书宰相有学无识》，《庸庵全集·庸庵文续编》卷下，光绪二十三年上海醉六堂石印本，5 页。

为首功，奏称“其谋始于胡林翼一人画图决策”，“前后布置规模、谋剿援贼，皆胡林翼所定”。胡林翼则投桃报李，悉心扶植湘军。曾国藩以侍郎虚衔在江西带兵征战，动辄受制于人，心境郁悒，咸丰七年(1857年)借丁忧之名返湘守制。他上书说，江西军事“添臣一人未必有益，少臣一人不见其损”，“以臣细察今日局势，非位任巡抚有察吏之权者，决不能以治军；纵能治军，决不能兼及筹饷。臣处客寄虚悬之位，又无圆通济变之才，恐终不免于贻误大局”，欲以退为进，谋巡抚一职。咸丰帝不为所动，将曾国藩晾了一年。驻赣湘军号令不灵，几成一盘散沙。胡林翼再三为曾国藩陈情。经他苦心抚驭，驻鄂湘军没有陷入纷乱。因战局吃紧，清廷于咸丰八年(1858年)五月起复曾国藩，派他赴江西督率旧部，头衔为“办理军务、前任兵部侍郎”，依旧有名无实。咸丰十年(1860年)夏，僧格林沁的满蒙骑兵正在北方抵御英法联军，江南大营继江北大营之后溃败解体，苏浙大震，危如累卵。咸丰帝别无选择，只好加曾国藩兵部尚书衔，署理两江总督，不久改为实授，并指派其为钦差大臣，督办江南军务，节制大江南北水陆各军。曾国藩从戎七年，苦熬七年，终于被委以大任，得以放开手脚实施“四省合防，以剿为堵”战略。

曾国藩、左宗棠均与胡林翼交好，彼此则有龃龉。左与曾书函来往，每以兄弟相称，不肯稍自谦抑；对曾之用人用兵不以为然，有点盛气凌人。不过，这并未影响左鼎力接济湘军兵饷；曾也没有因遭对方挤对而反目相向。湘军连年恶战却能够发展壮大，与拥有两湖作为稳固的后方基地密不可分。对于两湖地区给予的支持，曾国藩念兹在兹。咸丰十年(1860年)夏移师安徽祁门后，他在致函胡林翼时，仍念叨胡、左经略两湖之功，表示“目下湖北得我公护持，湖南有左、郭护持，敝处诸事顺手，江西亦不掣肘，盖生平时运最亨之候”。不过，左宗棠特立独行、恃才傲物，得罪了颟顸无能的官文。官文唆使永州镇总兵樊燮指控左宗棠身为“劣幕”把持湘政，欲借奉旨办理此案之机，置左于死地。幸亏胡林翼、肃顺等人出面斡旋，左宗棠才躲过此劫，黯然离开抚署。曾国藩嘘唏不已，认为“湖南抚署自左季高出幕外，郭意城继领此席，军事不能如左之熟。吾辈桑梓之邦，极可危虑”①。风波过后，他与胡林翼合力保举左宗棠复出，并拉上官文会奏，内云：“其才可以独当一面，固已历有明征[证]。虽其求才太急，或有听言稍偏之时，措辞过峻，不无令人难堪之处，而思力精专，识量闳远，于军事实属确有心得。”②左宗棠的命运遂出现转机，以候补四品京堂的身份襄办军务，先后在江西、浙江主持战局，确实起到了独当一面、屏藩曾国藩后路的重要作用。

曾、胡、左之所以能够同舟共济相互援应，在于他们有大局意识，深知唇亡齿寒、保大局即所以自保的道理，鄙弃败不相救、胜则相妒之恶习；更在于他们有忧患意识，在战略、治军、吏治等方面颇多共识，具有合作的牢固思想基础。说到底，在于三人均讲求“忠义血性”。在清政府内部矛盾丛生的情况下，这种合作具有战略意义。正是依靠曾、胡、左等人创立的湘军和两湖基地，清政府才得以抵挡住太平天国对湘鄂赣皖等省的猛烈攻势，在惨烈的拉锯战中逐渐稳住阵脚，并为后来大举反攻积蓄了兵力与人才。咸丰朝在全国 18 个行省共设 8 个总督、15 个巡抚，直隶、四川、甘肃三省巡抚各由直隶、四川、陕甘总督兼任。截至咸丰十一年(1861 年)九月，在不到两年时间里，湘军系统及两湖官绅共计有 2 人出任总督，8 人出任巡抚，其中两江总督曾国藩、贵州巡抚田兴恕还是钦差大臣，后者赴任时年仅 25 岁。祺祥政变后，这一势头依然得到延续，包括左宗棠出任浙江巡抚，李鸿章出任江苏巡抚。

原题《曾国藩论“忠义血性”》，收入笔者散文集《家国山河》，江西人民出版社 2017 年版。兹据原稿对内容增删，包括增写“四省合防，以剿为堵”一节，并补加了注释。

---

① 曾国藩：《加陈源豫片》，《曾国藩全集》第 22 册《书信》(二)，1376 页。

② 曾国藩：《请留左宗棠襄办江皖军务折》，《曾国藩全集》第 2 册《奏稿》(二)，1181 页。按：十余年后曾国藩病逝，左宗棠献挽联寄寓感念之情，文曰“知人之明谋国之忠自愧不如元辅　同心若金攻错若石相期无负平生”。

“同治中兴”背后的社会病症

就应对咸丰朝的统治危机而论，曾国藩等人所采取的对策具有针对性，及时有效。这给病入膏肓的清政府打了一剂强心针，帮助其最终躲过灭顶之灾，迎来所谓“同治中兴”。曾国藩、胡林翼、左宗棠、李鸿章因此被推许为“中兴名臣”。

曾国藩等人挽救了清政府，但无法根治社会病症。这在镇压太平天国的过程中就已经显现出来。

一、官僚队伍急剧膨胀

随着战火四处蔓延，凡被兵省份被迫暂停举行乡试，通过科考选拔官吏之途壅塞。不过，由于捐纳以及军功保举人员激增，仕途反而更加拥挤。

作为合法、有限度的卖官鬻爵，捐纳是缓解财政压力的权宜之计，客观上有辱斯文、败坏风气，故颇遭诟病。道光帝曾明确表示对捐班“总不放心”，认为“彼等将本求利，其心可知。科目未必无不肖，究竟礼义廉耻之心犹在，一拨便转”。到了咸丰朝，清廷迫于筹饷压力，一再动员捐输，鼓励捐纳。其抛售功名的力度远超前朝，只要交足银两，平民可捐得贡监、封典、虚衔，官阶九品以外者可捐升至道员，降革者可捐复原职。名为劝捐，实为勒派，导致人言籍籍。据柯悟迟《漏网喁鱼集》记述，苏南常昭官方劝捐布告录有一副对联，文曰“官衔翎顶荣施如愿以偿　银米钱洋捐数以多为贵”。一时间，绅富之家虽襁褓婴儿已得功名，“假有身不清白如数捐输者，亦居然衣冠中人矣”。咸丰三年(1853 年)正月，翰林院编修蔡寿祺奏陈用人之策，认为吏治日见颓废、民心尚多摇惑者，则惟捐输一事最足以伤国脉而扰民生；主张停止捐输，简用忠良，委任才能，搜罗寒畯，以求仕途清、民心靖。然而，因财政入不敷出，清廷欲罢不能，后来甚至降低门槛、打折收捐，并简化手续，将空白“执照”发给各藩司和军营粮台，由后者自行开捐，可谓斯文扫地。

军兴之后，军功保举成为常态，一些人才借此脱颖而出。但保举同样过于冗滥，导致泥沙俱下。曾国藩很看重保举。湘军水师营官杨载福在咸丰三年因战功一岁六迁，官至总兵衔。咸丰九年(1859年)正月函请湖广总督官文将在鄂湘勇“择尤拔补实缺数人”时，曾国藩特意指出，“是亦奖励士气、固结人心之一道”①。五月，又提及此事，认为“湘省弁勇近日能战者多，必须令补实缺，既可坚各弁久征之心，又可变营伍惰弱之习”②。此外还有火线封赏。例如，咸丰六年(1856 年)四月杨载福募三百人冒死夜袭外江太平军水师，许诺“成功归者，人犒百金，有官者超两阶，白丁拔六品实职”③。不过，大肆封赏虽能收到立竿见影效果，但不利于塑造“忠义血性”，更留下官多职少、难以消化的弊端。在同治元年(1862 年)年末的一封家书中，曾国藩反省说，“默思所行之事，惟保举太滥，是余乱政”④。

二、官场陋习积重难返

面对日益深重的统治危机，咸丰帝在即位之初有心整饬吏治，但又感到漫无头绪。而捐纳、保举使官僚队伍急剧膨胀，百弊滋生，官场因循玩泄之风依旧，以致数年后相继牵扯出顺天乡试舞弊案、官商勾结侵吞巨款的户部宝钞案等大案。咸丰帝严惩涉案官员，包括处死一品大员柏葰，起到一定震慑作用，但仅是治标之举，效果有限。

---

① 曾国藩：《加官文片》，《曾国藩全集》第 22 册《书信》(二)，847 页。

② 曾国藩：《复官文》，《曾国藩全集》第 22 册《书信》(二)，982 页。

③ 王闿运：《湘军志·水师篇第六》，78 页。

④ 曾国藩：《致沅弟》，《曾国藩全集》第 20 册《家书》(二)，919 页。

曾国藩、胡林翼、左宗棠别树一帜，致力于用新人、树新风。不过，这种努力主要局限于湘军与两湖地区，虽有辐射作用，但远不足以改变全国的官场生态。曾国藩以虚衔在外省统兵征战，不时受到官场潜规则掣肘。咸丰九年(1859 年)十月，他在私函中就此叹曰："所最难者，近日调兵拨饷、察吏选将，皆以应酬人情之道行之，不问事势之缓急、谕旨之宽严。苟无人情，百求罔应；即举劾赏罚，无人情则虽大贤莫荐，有人情则虽巨憝亦释。故贼焰虽已渐衰，而人心殊未厌乱。"①

另一方面，随着时过境迁，湘军与两湖官员也逐渐发生蜕变。咸丰九年二月，曾国藩便对湘军现状表示担忧："然屡胜之余、极盛之后，恐亦如古人所称'再实之木，其根必伤'。比来湘人应募者少，即营官、帮办亦多倦游，不知尚能支撑几年否?"②同年四月又叹曰："楚勇、湘勇皆同强弩之末，各弁名成利就，其锐于赴敌之心远不如昔。"③次年八月则表示："窃见兵兴十载，而军政、吏治二者，积习未改，甚或日趋日下，何以挽回劫运? 是以痛心疾首，深自刻责。"④同治年间，某些封疆大吏颇遭诟病。民间有一对联"人肉吃完惟有虎豹犬羊之廓　地皮刮尽但余涧溪沼沚之毛"，分别隐指署理广东巡抚郭嵩焘、湖南巡抚毛鸿宾，嘲讽其横征暴敛，不体恤民情。

三、湘军军纪日益败坏

曾国藩镇压反清力量心狠手辣，声称"书生好杀，时势使然耳"，为此在民间落得"曾剃头"恶名。同时，他注意笼络民心，重视整肃军纪。绿营兵勇奸淫掳掠现象较普遍，故时人有"兵不畏官而畏贼，民不畏贼而畏兵"一说。咸丰四年(1854 年)初出征前，曾国藩特意叮

---

① 曾国藩：《致吴廷栋》，《曾国藩全集》第 22 册《书信》(二)，1102 页。

② 曾国藩：《复左宗棠》，《曾国藩全集》第 22 册《书信》(二)，870 页。

③ 曾国藩：《致郭嵩焘》，《曾国藩全集》第 22 册《书信》(二)，969 页。

④ 曾国藩：《钦奉训饬懔遵复陈片》，《曾国藩全集》第 2 册《奏稿》(二)，1234 页。

嘱塔齐布严行约束部下，“若有一勇不规矩、不严肃，吾即不愿带去”①。驻赣湘军在曾氏返湘丁忧期间军纪败坏，民怨四起。以此为鉴，曾国藩严申“带兵之道，以禁止骚扰为第一义”，“兵勇以不扰民为第一义”。咸丰八年(1858 年)，他专门写有一首浅显通俗的《爱民歌》，讲明注意事项，如规定扎营时“莫走人家取门板，莫拆民房搬砖石，莫踹禾苗坏田产，莫打民间鸭和鸡，莫借民间锅和碗”之类；强调“军士与民如一家，千记不可欺负他。日日熟唱爱民歌，天和地和又人和”。

尽管如此，湘军依旧无法摆脱日渐萎靡的趋势，内部矛盾加剧，军纪败坏，暮气日深，营中结拜哥老会现象迅速滋蔓，以致曾国藩时有哗溃之虞。其机要幕僚赵烈文记述了曾国荃部湘军攻破天京后的暴行：一是四面放火。城中建筑，“兵所焚十之七，烟起数十道屯结空中，不散如大山，紫绛色”。二是洗劫财物。悍将萧孚泗“在伪天王府取出金银不赀，即纵火烧屋以灭迹”，大火延烧数日不熄。各弁勇“贪掠夺，颇乱伍”，在城中大挖窖藏甚至掘坟搜金；营中文职也“无大无小争购贼物，各贮一箱，终日交相夸示不为厌”。三是奸淫杀戮。全城沦为人间地狱，“搜曳妇女，哀号之声不忍闻”，“沿街死尸十之九皆老者，其幼孩未满二三岁者亦斫戮以为戏，匍匐道上。妇女四十岁以下者一人俱无，老者无不负伤，或十余刀、数十刀，哀号之声达于四远”。连赵烈文也认为“其乱如此，可为发指”。② 曾国荃纵兵洗劫天京城，从中所获不菲，以致物议沸腾。而曾国藩却辩解说：“吾弟所获无几，而‘老饕’之名遍天下，亦太冤矣。”③在这件事情上，曾国藩选择亲情，抛弃了忠义。

李鸿章部淮军的表现也在伯仲之间。据赵烈文记述，淮军克复苏

---

① 曾国藩：《与塔齐布》，《曾国藩全集》第 21 册《书信》(一)，454 页。

② 以上见赵烈文《能静居日记》卷 20，《中国近代史资料丛刊续编·太平天国》第 7 册，269、270～272、274 页。按：破城 20 余日，赵氏入城循秦淮西行，所过之处，“死尸已十去八九，犹臭秽不可堪”。

③ 赵烈文：《能静居日记》卷 27，《中国近代史资料丛刊续编·太平天国》第 7 册，333 页。

南后，“自常以东及松郡道路，剽掠无虚日，杀人夺财，视为应然”①。

四、战争创伤难以愈合

这场战争空前惨烈，造成巨大创伤，尤其是双方激烈争夺的地区。譬如，曾国藩同治三年(1864年)夏描述说，“皖南地介江浙，昔为群盗所必争，今亦败贼所图窜。宁、池、太、广各属，白骨如麻，或百里不见炊烟，竟日不逢过客，人类相食，群犬争之”；慨叹“开辟以来，殆无此惨劫”②。

再如，兵燹之后，向称繁华富庶的苏南人口锐减，土地荒芜，一片废墟。毛祥麟于同治三年十月从上海赴江宁，沿途所见触目惊心。据他描述，从上海至昆山，炊烟缕缕，时起颓垣破屋中。自昆山至苏州，转荒落；金门、阊门外瓦砾盈途，城中亦鲜完善。至无锡、常州、丹阳一线，蔓草荒烟，所在一律，“两岸见难孩数千，同声乞食”；“余若奔牛、吕城、新丰诸镇，向称繁庶，今则一望平芜，杳无人迹。偶见一二乡人，类皆骨立声嘶，奄奄垂毙。问之，则云一村数百人，今十不存一矣，而又日不得食、夜不成眠，行将尽死耳”。江宁城濠两岸铅丸累累，沙中白骨纵横；“城中房屋惟西南尚称完善，然亦十去四五，东北则一览无余矣”；“皇城旧址蹂躏尤深，行四五里不见一人，亦无一屋”。③

常熟人柯悟迟于同年三月自苏州赴上海，沿途所见更为萧瑟。据载，苏州六门城外竟无片瓦留存，城中西半城亦是白地，东半城所剩十之五六分，千百年名迹尽为湮没，笙管楼台俱为灰烬。出娄门到昆山，桥梁皆断，屋无半椽，田尽草茵，枯骸满目。进昆山城，

---

① 赵烈文：《能静居日记》卷21，《中国近代史资料丛刊续编·太平天国》第7册，281页。按：“常”指常州，“松郡”指松江。

② 曾国藩：《复吴质庵》，《曾国藩全集》第26册《书信》(六)，4499页。按：“宁、池、太、广”分指宁国、池州、太平、广德四府。

③ 毛祥麟：《甲子冬闱赴金陵书见》，《墨余录》卷1，18～19页，上海，上海古籍出版社，1985。

荒索之象愈形触目。柯氏还说，农田已荒芜多年，缺农具缺人手，“今虽安逸，恐廿年间不能尽熟矣”。①

照柯氏推测，当地农业生产需要 20 年光景才能勉强恢复到战前状态。因人烟稀少，出现大片无主荒田，苏南各地纷纷招客民垦荒。单就人口而论，不少地方历经 20 年仍未达到战前规模。据方志记载，嘉定兵燹后“二十年休养，未足复生聚之旧”，人口十减其五；昆山“人民流亡者十有八九，虽休养生息二十年，尚不及从前十分之六”。② 苏浙太湖流域是清廷倚重的“财赋之区”，其经济复苏缓慢，全国财政情况可想而知。

战争带来的巨大危害还包括通货膨胀。因财政入不敷出，咸丰朝为支撑战局、解燃眉之急，采取了非常举措。一是滥发钱币。通过强制发行大钱以及根本无法兑现的宝钞、银票，清政府大肆收兑民间银钱，同时用搭放大钱、钞票的方式支付兵饷、河工、官薪等，巧取豪夺竭力搜刮，导致百物腾贵、币制混乱、银价飙升，极大扰乱了社会经济生活，致使百姓生计愈加困顿。二是开征厘金。厘金是一种新税，包括坐厘(对坐商征收的交易税)、行厘(对行商征收的通过税)两种，创设于扬州仙女庙镇，迅速推广到全国，同样导致商贾裹足、物价腾贵，民间叫苦不迭。

五、中央集权制发生动摇

从军事上看，面对缺兵这一棘手问题，咸丰帝允许地方自行招兵买马，结果曾国藩撇开旧体制另起炉灶，借举办团练之名创立湘军。湘军以湘乡子弟为班底，地域化、私人化色彩甚浓，有很强的人身依附关系，打破了兵权归中央执掌的世兵制度，开晚清兵为将有现象之先例。攻陷天京前夕，曾国藩在致朋僚信函中，多次谈及

---

① 柯悟迟：《漏网喁鱼集》，98～99 页。覃玉成：《宜北县志》第八编，民国二十六年刊。

② 程其钰：《嘉定县志》卷 4，光绪八年刊；李芸国：《昆新两县续修合志》卷首序文，光绪六年刊。

自己身处舆论旋涡之困窘，称“用事太久、兵柄过重、利权过广，远者震惊，近者疑忌”，“长江三千里几无一船不张鄙人之旗帜，外间疑鄙处兵权过重、利权过大，盖谓四省厘金络绎输送，各处兵将一呼百诺，其相疑良非无因”；又谓“两接户部复奏之疏，皆疑弟广揽利权，词意颇相煎迫。自古握兵柄而兼窃利权者，无不凶于而国、害于而家。弟虽至愚，岂不知远权避谤之道”，表示“万一金陵克复，拟即引退，避贤者路”。① 攻克天京后，曾国藩主动提出裁军，除湘军越发难以统驭的因素外，主要是为了消除清廷疑忌，作韬晦之计以求自保。

从财政上看，面对缺饷这一棘手问题，咸丰帝允许地方自筹军饷。作为六部之首的户部，其权力在战时大为削弱。曾国藩分析说：“我清之制，一省岁入之款，报明听候部拨，疆吏亦不得专擅。自军兴以来，各省丁、漕等款纷纷奏留供本省军需，于是户部之权日轻，疆臣之权日重。”②各省督抚纷纷开征厘金，则进一步加剧了这种现象，造成清廷财权下移。据估算，从咸丰三年(1853 年)至同治三年(1864 年)，全国厘金平均岁入一千万两白银，合计 1.1 亿两。③ 但由于清廷被迫放权，厘金成为归各省督抚自行掌控的合法、可观的财源——厘金所入不用上交户部；税率多少、如何征、怎样调拨使用也不归户部过问，而是每省各自为政。

从人事上看，到咸丰末年，湘军将帅及两湖官绅凭借战功和政绩，纷纷出任督抚。汉人督抚不仅人数增加，彼此呼吸相通，而且手握兵权、财权，在人事任免等重大事项上的进言权与影响力也相应增加。这是前所未有的新变化，标志着汉族地方势力迅速崛起，打破了满族贵胄牢牢把持权力的旧格局。

上述三大变化，严重削弱了传统的中央集权制，在权力架构上

---

① 以上见《曾国藩全集》第 26 册《书信》(六)，4415、4443、4463、4528 页。

② 曾国藩：《沈葆桢截留江西牙厘不当仍请由臣照旧经收充饷折》，《曾国藩全集》第 7 册《奏稿》(七)，3997 页。按：奏销制度成为具文也是户部之权日轻的表现之一。

③ 罗玉东：《中国厘金史》上册，22 页，上海，商务印书馆，1936。

形成内轻外重态势，使清政府潜伏着巨大变数。义和团运动期间，东南数省督抚抗命中央，与西方列强搞“东南互保”，便是一个例证。

总之，曾国藩等人挽救了清政府，同时又给清政府埋下隐患。江山社稷保住了，但危机依然存在，导致危机的社会根源并没有触动。尽管曾国藩等人百般维持，包括发起以“自强”“求富”相标榜的洋务运动，但终究无法也无意从旧体制中突围，无力真正使清朝走向“中兴”。而曾国藩本人也锐气大减，感到心力交瘁。

同治六年(1867 年)夏，曾国藩与赵烈文某日秉烛夜话，谈到京城乱象环生，明火执仗之案时出，而市肆乞丐成群，甚至妇女亦裸身无裤。曾氏不免忧心忡忡，问：“民穷财尽，恐有异变，奈何?”赵答：“天下治安，一统久矣，势必驯至分剖。然主威素重，风气未开，若非抽心一烂，则土崩瓦解之局不成。以烈度之，异日之祸，必先根本颠仆，而后方州无主，人自为政，殆不出五十年矣。”曾氏怆然表示，“吾日夜望死，忧见宗祏之陨”。① 孰料赵烈文所言竟一语成谶。44 年后，辛亥革命爆发，各省纷纷宣布独立，清皇室被迫将权力移交给手握重兵的袁世凯，清朝统治顷刻间分崩离析。以“洪秀全第二”自励的孙中山先生领导一个全新的运动，结束在中国延续几千年的君主专制制度，亲手缔造了民国。

原题《“同治中兴”背后的危机》，收入笔者散文集《家国山河》。兹据原稿对内容增删，补加了注释。

---

① 赵烈文：《能静居日记》卷 27，《中国近代史资料丛刊续编·太平天国》第 7 册，327～328 页。

附 录

近一个世纪的太平天国研究

太平天国研究至今已持续约一个世纪。太平天国败亡后，清方从宣扬“皇清武功”的角度，陆续刊行《钦定剿平粤匪方略》《平定粤寇纪略》《湘军志》等公私著述，片断、歪曲地记述这段历史。除此之外，民间谈论太平天国始终是一件禁事。直到 20 世纪初的辛亥革命前夕，这一禁区才被打破。

一、开拓和初始时期(1949 年之前)

1904 年、1906 年，汉公(刘成禺)《太平天国战史》前、中两编相继在东京出版；1908 年，黄世仲《洪秀全演义》在香港问世。两书都对太平天国进行重新评价，在海内外流传甚广，反响强烈。不过，它们均属兴汉“反满”之类的秘密宣传品，还谈不上是严格意义上的学术研究。《太平天国战史》封面兼题“汉族流血书之一”。孙中山先生在序言中赞许该书“扬皇汉之武功，举从前秽史一澄清其奸，俾读者识太平朝之所以异于朱明，汉家谋恢复者不可谓无人”，称之为太平天国“一代信史”。事实上，该书内容大多出于杜撰，与史实有很大出入。革命党人甚至直接假托太平天国人物之名来宣传反清革命。例如，《太平天国翼王石达开遗诗》25 首于 1906 年在上海秘密刊行，传诵一时，内有 20 首诗系南社成员高旭(字天梅)“以一夕之力成之”，“供激发民气之用”①。

① 柳亚子：《石达开遗诗书后》，《广东文物》卷 10。

进入民国以后，洪秀全等人被官方尊崇为民族革命运动的先驱，民间谈论太平天国不但不再是禁忌，相反已蔚然成风。太平天国研究这才正式揭开序幕，相继有多种论著问世。其中，凌善清《太平天国野史》(1923 年)、李法章《太平天国志》(1923 年)、王钟麒《太平天国革命史》(1931 年)偏重于叙事，李一尘《太平天国革命运动史》(1930 年)、张霄鸣《太平天国革命史》(1932 年)偏重于理论分析。上述论著虽有开拓之功，但都有一个缺陷，即所参引的真实文献资料极为贫乏，导致史事真伪混杂，讹误甚多。至于最早问世的《太平天国战纪》(1913 年)，则纯属迎合时尚的赝鼎。据编撰者罗惇曧自述，该书是据北王韦昌辉嫡子韦以成所著《天国志》改写而成，而韦以成其人其书实际上均系罗氏杜撰。

由于太平天国文献(包括印书①和文书)早已被清政府禁毁殆尽，此时国内已不易搜求，而一些文人和书贾为弋名或牟利计，向壁虚构了大量太平天国文献和文物，遂使刚刚起步的太平天国研究受到很大制约。所幸的是，当年一些西方外交官、传教士等与太平天国接触时，获赠不少印书及少量文书，后来大多捐赠给本国图书馆，保存完好。于是，国内业已失传的许多太平天国文献，陆续由中国学者在海外发现并传回国内。

1915 年，日本学者稻叶岩吉撰、但焘译《清朝全史》由中华书局出版。该书辑有《三字经》，是为太平天国印书传回国内之嚆矢。梁启超最早直接从海外传回太平天国印书。1919 年，他在荷兰莱登大学图书馆发现太平天国印书，托人缮录 5 册，可惜事后未曾报道和刊行，所以长期不为人知。1926 年，北京大学教授刘复(字半农)将 6 年前在伦敦不列颠博物院(今英国图书馆)摘抄的文献编成《太平天国有趣文件十六种》，交北新书局出版，内收《太平条规》和《太平天国辛酉十一年新历》两种印书(后者并不完整)；“旨准颁行诏书总目”一篇则详列太平天国 29 部印书的书名，为发掘太平天国佚书提供了

---

① 太平天国称自己刊行的书籍为“诏书”，亦称“天书”“真书”或“圣书”。今之学者统称为“印书”。

重要线索，较有价值。同年，程演生教授将两年前在巴黎东方图书馆摄影、抄录的文献编成《太平天国史料第一集》，由北京大学出版部出版，共收《天朝田亩制度》等 8 种印书，内有 3 种系影印，使近人首次获见太平天国印书的样式。该书的学术价值远在刘复一书之上，疏漏之处是将《原道救世歌》篇名误作《太平救世歌》书名。约与程氏同时，俞大维又在柏林普鲁士国立图书馆（今德国国家图书馆）摄录 9 种印书。1934 年，商务印书馆出版罗邕、沈祖基合编《太平天国诗文钞》的修订本，内有张元济据俞氏照片校补编入的《天条书》等 8 种印书。

在海外搜访太平天国文献贡献最大的是萧一山教授。1932 年，萧氏赴欧洲考察文化，盘桓伦敦 7 个月，在不列颠博物院获见大量太平天国文献，遂予以摄录，编成《太平天国丛书第一集》10 册，1936 年由南京国立编译馆交商务印书馆影印出版，共收 21 种印书（内有 3 种不在"诏书总目"之列的印书，包括蒋复璁在国内扬州发现的《钦定英杰归真》），并各附考订跋文一篇，其收获是空前的。不过，该书所收各种印书虽然名为影印，但内有数种实系仿刻或抄排，导致失真并造成若干错误。此外，萧氏还在伦敦获见《旧遗诏圣书》《新遗诏圣书》等印书，但误以为它们只是汉译《圣经》的翻刻本，仅拍摄其封面和样叶，令人扼腕。王重民教授也有重大贡献。1935 年末，他在英国剑桥大学图书馆发现《资政新篇》等 10 种印书，均为此前国内未知未见之书，遂一一摄影。后来，《资政新篇》《太平天日》等 3 种印书分期刊发于上海《逸经》半月刊，其余则因日寇发动全面侵华战争而被迫搁置。1948 年，上述印书一并编入《广东丛书》第三集，名为《太平天国官书十种》，次年由商务印书馆影印出版（全 4 册）。至此，从海外陆续传回国内刊布的印书已达 36 种，占太平天国原刊书籍的绝大部分。

与此同时，太平天国残存文书也陆续公之于世。1932 年，清人张德坚主编的《贼情汇纂》由南京国学图书馆（盋山精舍）石印出版。该书除照录或摘录 12 种印书外，还辑录若干件被清军缴获的太平天国早期文书，包括诏旨、本章、谕示、禀报等。次年，故宫博物院从清廷军机处存档中选辑太平天国后期文书 12 件，取名《太平天国文书》影印出版。海外也有重大发现。前引刘复一书便收有忠王李秀成给部将的两封信札。萧一山将在伦敦寻访到的文书编成《太平天国诏谕》《太平天国书翰》，1935 年、1937 年相继由国立北平研究院影印出版，共收 30 件文书(另有 6 件系天地会文书等)，篇末各附考释文字或后记。萧氏另编有《太平天国丛书第二集》，内收太平天国诏旨、兵册等重要史料，可惜恰逢“八一三”淞沪抗战爆发，商务印书馆已制成的版片悉数毁于战火。向达、王重民在海外搜辑太平天国文书方面也有贡献(参见下文)。此外，《文物丛编》《逸经》《广东文物》《说文月刊》等刊物也陆续公布了一些零星发现的太平天国文书。

在西文资料译介方面，简又文重视最早，贡献最大。他完整翻译了研究太平天国初期历史的重要史料——洪仁玕述、瑞典传教士韩山文撰《洪秀全之异梦及广西叛乱的起源》，改名《太平天国起义记》，1935 年由燕京大学图书馆出版其中英文对照本。同年，简氏《太平天国杂记》(第一辑)由商务印书馆出版，内收《天京游记》等多种译著。他还选译当年上海英文报纸《北华捷报》中的报道多篇，先后刊发于自己主办的《逸经》和《大风》(香港)半月刊。此外，简氏另辟蹊径，从 20 世纪 20 年代起，先后多次赴两广采访洪氏遗裔或进行实地考察，所采集到的口碑等资料和相关考释文字少量收入《太平天国杂记》，其余编成《金田之游及其他》，1944 年由商务印书馆(重庆)出版。

罗尔纲发掘了几种很有价值的清方记载，诸如萧盛远《粤匪纪略》、储枝芙《皖樵纪实》等。谢兴尧除在故宫档案中检索史料外，还留心网罗旧闻、搜辑秘籍，并对之加以考证与注释。其整理史料的成果主要见诸《太平天国史事论丛》(商务印书馆，1935)、《太平天国丛书十三种》(北京瑶斋丛刻本，1938，共 3 辑)等书。

上述资料的陆续刊布改变了太平天国研究史料匮乏的窘境，推动研究工作在 20 世纪三四十年代逐渐步入正轨。

围绕太平天国革命的性质，针对视之为民族革命运动的主流观点，有人提出不同看法。前述李一尘、张霄鸣等人运用马克思主义的阶级斗争理论进行分析，认为当时中国进行资产阶级革命的条件业已成熟，杨秀清便是手工业工人的代表，进而认为太平天国是一次“反封建的资产阶级性的农民革命”。叶青也持类似观点，认为太平天国是介于中古和近代之间的一场革命，“就其中古方面说，太平天国是最后的农民革命，就其近代方面说，太平天国是最早的市民革命”①。此后，研究者们继续就此各抒己见。罗尔纲认为太平天国是“贫农的革命”；郭廷以认为“论其性质，初不限于政治、种族，实兼有宗教、经济、社会诸因素”；萧一山、简又文则力持民族革命运动说。出于偏见，简又文还明确反对运用马克思主义的理论来解释太平天国史，主张站在客观的立场从事研究，并由此得出太平天国“大破坏”论，认为“以破坏性及毁灭力论，太平天国革命运动仅亚于现今日本侵略之一役耳，其前盖无匹也”②。与李一尘等人主要偏重理论分析相比，萧、简、郭、罗等人重视考据，尽管他们所从事的仅是个别或部分史事的考订，但单就研究方法而言，仍不失为一种有益的改进。朱谦之曾对这两大研究流派之长短进行评价，主张史料考订和史料解释并重。他还引用孙中山和马克思的相关论述，否定了李一尘等人的观点，认为“太平天国自始至终只是反封建的农民革命”，并不带有资产阶级革命的性质，并认为太平天国按照《天朝田亩制度》中的设想，实行了“土地共产革命”③。总之，由于进步学者们仅是零星片断地接触到唯物史观，其论断难免瑕瑜互见，加之马克思主义处于被排斥、禁锢的地位，因此，学术界此时还不能

① 李一尘：《太平天国革命运动史》，77～79、81～105页，上海，光华书局，1930；张霄鸣：《太平天国革命史》，32～40、125～152页，上海，神州国光社，1932；李群杰：《太平天国的政治思想》“序言”（叶青执笔），上海，真理出版社，1937。

② 以上参见罗尔纲：《太平天国史纲》“原序”，上海，商务印书馆，1937；郭廷以：《太平天国史事日志》（全2册）“凡例”，上海，商务印书馆，1946；萧一山《清代史》（原名《清史大纲》），190页，上海，商务印书馆，1945；简又文：《太平军广西首义史》，1～18页，重庆，商务印书馆，1944。

③ 朱谦之：《太平天国革命文化史》，1、21～27、76～91页，江西赣县，中华正气出版社，1944。

够对太平天国作出科学、全面的评价。

具体研究在同期也有长足进展。当时，致力于考证工作的学者除前述萧一山、简又文、郭廷以、罗尔纲外，还有谢兴尧、董作宾、毛以亨等人。他们均大力搜罗史料，探赜索隐，澄清了以往的许多讹传和误解。例如，1852 年太平军永安突围后，清钦差大臣赛尚阿奏称生擒“逆首”洪大全，并将其槛送京师处死。此事被写入各种著述，虽然一直有人对其真实性表示怀疑，但都没有提出有力的证据。罗尔纲经过考证，断定洪大全供词系赛尚阿伪造，洪大全其人其事均属子虚乌有①。又如，日本学者田中萃一郎于 1912 年排出天历与阴(夏)、阳历对照表，认为天历的干支、礼拜与后者相同。后来的研究者多本此说。郭廷以通过勘核对比，列举出 27 条史料作为证据，断言天历的干支、礼拜较阴、阳历提前一日，并排出正确的天历与阴、阳历对照表，从而解决了太平天国研究中的一大难题②。在《太平天国史事日志》(商务印书馆，1946)一书中，郭氏从 600 余种中西文著述中钩玄提要，细加考订，按时间顺序编排 1796 年(清嘉庆元年)至 1868 年(同治七年)间的相关史事，书末所附各种图表和引用书目也颇有参考价值。该书集史料和研究价值于一身，被时人赞誉为“研究太平天国的第一部大书”(罗家伦语)，并且至今仍不失为一部重要的工具书。③

综上所述，1949 年之前是国内太平天国研究的开拓和初始阶段，其成绩主要表现在史料发掘和史事考订方面。其中，萧一山、郭廷以、简又文、罗尔纲、谢兴尧等人筚路蓝缕，是该专题研究成就卓著的第一代学者。

---

① 参见罗尔纲：《〈贼情汇纂〉订误》，载《北平图书馆馆刊》，8 卷 4 期(1934 年 8 月)；罗尔纲：《洪大全考》，载《社会科学》，1 卷 3 期(1936 年 4 月)。罗先生后来考证出所谓“天德王洪大全”实为湖南天地会某山堂首领焦亮，详参《困学集》，50～152 页，北京，中华书局，1986。

② 详参郭廷以：《太平天国历法考订》，上海，商务印书馆，1937。

③ 该书 1937 年完稿，出版因战事延搁。时隔半个多世纪，茅家琦推出《郭著〈太平天国史事日志〉校补》，2001 年由台北“商务印书馆”出版。

二、蓬勃发展时期(1949—1964年)

1949年中华人民共和国成立后，中国大陆的太平天国研究出现重大转折，一是该专题研究受到空前重视，二是唯物史观成为研究工作的指导思想。1950年12月，太平天国历史博物馆开始在南京筹建①。次年1月11日，不少城市举办太平天国起义一百周年纪念展览会。同日，《人民日报》发表胡绳执笔的社论《纪念太平天国革命百周年》，高度颂扬了太平天国抗击内外敌人的光辉业绩，认为“太平天国是旧式的农民战争——没有先进阶级领导的农民战争所发展到的最高峰”，指出其失败的根本原因在于它“仍旧只是一个没有工人阶级领导的单纯农民战争”。该文还分析了《天朝田亩制度》的实质，认为它固然体现了农民大众对于土地的革命要求，但终究只是一个平均主义的图案，不可能实现，“而且这种图案并不是为着使社会生产力向前发展，却是使社会生产力停滞在分散的小农经营的水平上的。因此这种空想的农业社会主义的思想在实质上乃是带有反动性的”②。

范文澜撰写的《太平天国革命运动》是以唯物史观研究太平天国的拓荒之作，1945年在延安刊行，后收编为《中国近代史》上编第一分册第三章，因后书一版再版而传播广泛，影响深远。作者详细分析了太平天国败亡的主客观原因，认为主观上在于太平天国领导层存有宗派、保守、安乐三种思想，“总根源在农民阶级消极方面的狭隘性、保守性、私有性”；客观上在于中外反革命势力逐渐结合，力量超过了革命势力，加之当时中国的进步阶级尚未诞生。作者认为，“《救世》、《醒世》、《觉世》三篇的制成，奠定了太平革命的理论基础”；并充分肯定太平天国革命的历史意义，认为它使旧式农民起义

---

① 太平天国纪念馆于1956年正式成立，两年后从堂子街迁至瞻园(东王府遗址)，1961年改为现名。

② 参见《胡绳全书》第2卷，88～93页，北京，人民出版社，1998。

的面目为之大变，揭开了中国旧民主主义革命的序幕，“是中国历史上第一次提出政治、经济、民族、男女四大平等的革命运动”①。1954年，在一篇论述中国近代史分期问题的文章中，胡绳主张“用阶级斗争的表现来做划分时期的标志”，并首次阐述了三次革命高潮的概念，认为“太平天国的革命运动是中国近代史中第一次革命运动的高涨”，其特征表现为“地主阶级和农民阶级的矛盾展开为巨大的爆发”②。

上述论断从马克思主义的立场和观点出发，否定了此前有关太平天国的一些错误观点，澄清了若干重大理论问题，为研究工作树立了正确的理论导向，并更加引发了人们对太平天国研究的重视和兴趣，尽管其中的个别论断不够精确或流于溢美。

另一方面，随着新的文献史料和文物不断被发现，学术界开始大规模地整理、出版太平天国资料。1950年，金毓黻、田余庆主编《太平天国史料》由开明书店出版，内分太平天国官书、文书、清方文书和中外记载四部分，收入了向达、王重民20世纪30年代从英国抄录的许多重要史料，包括天王、幼主诏旨和护王陈坤书部兵册等。1952年，中国史学会主编《中国近代史资料丛刊・太平天国》，由神州国光社出版。这套大型资料汇编计8册，约200万字，分太平天国史料、清方记载、外人记载、专载四部分，可谓集一时之大成。其后，在罗尔纲指导和主持下，南京太平天国历史博物馆主编《太平天国艺术》(江苏人民出版社影印本，1959)、《太平天国印书》(江苏人民出版社影印本，1961)、《太平天国史料丛编简辑》(中华书局上海编辑所，1961—1963，6册140万字，专收清方记载)相继问世。同期陆续出版的还有“太平天国起义百年纪念展览会”编《太平天国革命文物图录》(上海出版公司影印本，1952)和郭若愚编《续编》(上海出版公司影印本，1953)、《补编》(上海群联出版社影印本，

---

① 范文澜：《中国近代史》上编第1分册，186、191～192页，北京，人民出版社，1951。按：《救世》《醒世》《觉世》指洪秀全的早期宗教作品《原道救世歌》《原道醒世训》《原道觉世训》。

② 胡绳：《中国近代历史的分期问题》，载《历史研究》1954年第1期。

1955)三种图录，静吾、仲丁编《吴煦档案中的太平天国史料选辑》(生活·读书·新知三联书店，1958)，荣孟源主编《太平天国资料》(科学出版社，1959)，王崇武、黎世清编译《太平天国史料译丛》(神州国光社，1954)，英人呤唎著、王维周译《太平天国革命亲历记》(中华书局，1961)，等等。总之，在10年左右时间里，史学界在搜集、编纂、出版太平天国资料方面成绩斐然，远非1949年之前所能比拟，尤其是在太平天国文书、文物和清方记载方面。这就为研究者提供了前所未有的便利。

同在20世纪50年代，罗尔纲的一系列重要论著先后问世。其中，《太平天国史稿》是一部用纪传体写成的通史，以资料丰富、考订缜密见长，1951年由开明书店出版，数年后续由中华书局出版其改写本以及增订本。1955年至1958年间，罗氏7种论文集，即《太平天国史记载订谬集》《太平天国史事考》《太平天国史料辩伪集》《天历考及天历与夏历公历对照表》《太平天国史料考释集》《太平天国文物图释》《太平天国史迹调查集》，相继由生活·读书·新知三联书店出版。太平天国史料伪作之多、谬误之甚，在中国近代史各专题研究中是独一无二的。罗尔纲研究太平天国史，首重辨伪考信。在考辨伪书时，他将书中内容与太平天国的制度和史实相对照，以寻找其作伪的铁证，揭穿其作伪的手法。他对伪书《江南春梦庵笔记》的考证便采用了这种方法。上述论著集中体现了罗尔纲在太平天国史料辨伪和史事考订方面所取得的成就，为后学提供了一把入门的锁钥，对新生研究力量的崛起起了积极的推动作用。

在上述背景下，太平天国研究在中华人民共和国成立初期进入一个蓬勃发展阶段。针对太平天国历史上的许多重要问题，史学界展开积极探讨，其焦点集中在太平天国革命的性质问题上，并由此引发一场广泛而热烈的讨论。

基于对当时国内社会经济状况和阶级关系所作的不同估计，学者们在此问题上看法不一，归纳起来主要有三种不同观点。一种以范文澜、胡绳为代表，认为太平天国仍旧是一场单纯农民战争或农民革命，已见前述。1957年，郭毅生刊文对此提出异议，持太平天国是“资产阶级性的农民革命”一说。他认为，《天朝田亩制度》体现了革命所包含的经济内容，客观上为资本主义的发展开辟了道路，是一个彻底反封建的、资产阶级性的农民土地纲领。他还分析指出，在太平天国革命前夕，从农民中分化出的雇农、雇工已具有非封建的性质，新兴的市民等级则是后来资产阶级和无产阶级的前身，而这两种人都是太平天国的主力军和核心力量，因此使得太平天国革命具有迥异于以往单纯农民战争的许多特点，“其中如政治纲领中提出的平等观念，否定封建神权和专制政权的思想，便带有较为鲜明的资产阶级性质”。① 第三种观点以章开沅为代表，认为太平天国是单纯农民战争兼具资产阶级革命性质，“按其社会内容来说，是资产阶级民主主义的革命，但按其斗争手段来说，却是单纯农民战争”。他还指出，太平天国的土地政策、自由贸易政策，《资政新篇》中所提出的发展资本主义的纲领，带有强烈平等观念的政治思想等，都在主观上反映了“某些资本主义发展的要求”。②

1961 年，《太平天国革命性质问题讨论集》由生活·读书·新知三联书店出版，共辑录相关文章 24 篇。这场讨论前后持续多年，是中国太平天国研究史上最为热烈的一场学术争鸣。三四十年代那场相同问题的争论最终不了了之，这次争鸣则有所不同。经过讨论，学者们大多赞同“单纯农民战争”一说，认为“资产阶级性的农民革命”一说对中国社会经济的估计超出了当时社会发展的客观阶段，夸大甚至提前了中国资本主义形成和发展的程度；资本主义无法从没有独立手工业和商业的原始公社式的社会中发展起来，因此，《天朝田亩制度》即使全部实现，也绝不会促进资本主义发展；《资政新篇》中具有资本主义色彩的建议并不是太平天国的传统，所以没有也不可能产生什么实际效果。不过，学者们在太平天国是否带有资产阶级民主革命性质这一点上仍存有分歧。

---

① 郭毅生：《略论太平天国革命的性质》，载《教学与研究》1957 年第 2 期。

② 章开沅：《有关太平天国革命性质的几个问题》，载《理论战线》1958 年第 2 期。

这场讨论涉及太平天国革命的起因、动力、纲领、任务和目标等，所牵涉问题之广远远超过三四十年代，客观上将研究引向了深入。围绕太平天国时期国内的社会经济状况和阶级关系，太平天国统治区的土地制度和土地关系，农村政权和乡官成分，太平天国的文化、思想和工商政策，《天朝田亩制度》《资政新篇》以及相关人物的评价，太平天国抗击内外敌人的业绩，与各地各民族反清起义——捻军、天地会、上海小刀会、浙江金钱会与莲蓬党、山东宋景诗，以及回族、苗族、壮族、彝族等反清起义——的关系等，学者们纷纷发表论著，极大丰富了人们对太平天国的了解和认识。

例如，为了把握太平天国统治区内的阶级关系和政权性质，学者们十分重视对太平天国经济、政治举措的研究，土地制度和乡村基层政权因而成为研究热点。关于土地制度问题，大家一致认为《天朝田亩制度》中的平分土地方案没有付诸实践，但在太平天国是否实行过"耕者有其田"政策这一点上见解不一。随着新史料的不断发现和研究的日益深入，多数学者认为，太平天国并未推行过这一政策，而是大体上实施"照旧交粮纳税"政策，即承认地主占有土地的合法性；尽管通过自发的抗租斗争，加之地主所收租额受到某种限制，农民从中得到了一些实际经济利益，但革命并没有改变整个所有制，旧的生产关系仍被保存下来。至于造成这种情形的原因，主要有以下几种解释：小农根深蒂固的私有观念必然使太平天国放弃公有制的空想，转而承认现有的私有制和土地制度；重造赋册、粮册的工作因战争而很难进行，为解决军队粮饷等问题，不得不维持原来的租佃关系；太平天国后期地方政权中混入大批地主阶级分子，公开维护本阶级的利益。学者们同时指出，通过直接没收部分地主土地、厉行军事镇压、剥夺地主浮财、减低租额等手段，太平天国仍然打击和限制了地主。①

---

① 详参吴雁南：《试论太平天国的土地制度》，载《历史研究》1958 年第 2 期；曹国祉：《论太平天国的土地政策及其赋税制度(上篇)》，载《中山大学学报》1959 年第 3 期；龙盛运：《关于太平天国的土地政策》，载《历史研究》1963 年第 6 期。

太平天国曾在乡村基层政权普遍设立乡官。关于乡官的阶级成分，学术界有两种截然不同的观点，或认为各地乡官在前后期大多由地主阶级分子担任，或认为劳动人民始终占据多数。① 经过讨论，多数学者认为，前期各地乡官以劳动人民为主，后期的乡官成分则比较复杂，因时因地而异，并非整齐划一，反映了农民分散性的特点和阶级斗争的尖锐复杂性。

上述对太平天国境内经济、政治状况的研究是这一时期取得的重大学术成果之一，为日后相关研究的继续深入打下了一个良好基础。

关于太平天国革命的起因，1949 年之前曾有学者作过一些错误解释。戴逸对此予以了澄清。他指出，单纯用人口太多为理由来解释革命的发生并没有触及问题的实质，社会现象不能够用这种简单的数学公式来解释；太平天国宗教虽然脱胎于基督教，并在形式上和基督教有相似之处，但两者的实质和作用是完全不一样的，“革命思想之所以产生并具有积极作用，正是因为思想本身是根源于社会斗争和社会生活的客观现实”；太平天国革命发生的原因“既不是由于人口太多，也不是由于宗教力量，最根本的原因是由于外国侵略势力和中国封建势力的剥削和压迫，剥削和压迫加重，人民的反抗也愈来愈激烈”②。

史实考证在这一时期也有重大进展，其中以关于李秀成“自述”之真伪的考订最为引人关注。当年曾国藩在处死李秀成后，将删改过的忠王亲供在安庆印成《李秀成供》一册，即世传“九如堂本”，而亲供手迹则一直秘不示人。1944 年，广西通志馆秘书吕集义在湘乡曾国藩故宅获见这一秘本，便据九如堂本与之对勘，补抄被曾氏删除的 5600 余字，并摄影 16 页。罗尔纲以吕氏补抄本和照片 4 张作为底本作注，1951 年由开明书店出版《忠王李秀成自传原稿笺证》一

---

① 参见王天奖：《太平天国乡官的阶级成份》，载《历史研究》1958 年第 3 期；董蔡时：《太平天国的乡官多是地主分子吗？——与王天奖先生商榷》，载《江苏师院学报》1962 年第 5 期。

② 戴逸：《论太平天国革命发生的原因》，载《光明日报》1961 年 1 月 11 日。

书，轰动一时。1956 年，有人撰文提出质疑，认为从内容来考察，李秀成不应向曾国藩乞降；笔迹上经法医鉴定，《自传原稿》与《李秀成谕李昭寿书》的笔迹相异，据此断言李秀成“自述”系曾国藩伪造。① 学者们就此各抒己见。罗尔纲根据书家“八法”之说，将上述两件文书中的字迹逐一拆开来比较，判定两者笔迹表面相异但实际相同，断言李秀成“自述”确系真迹。② 这种严谨的考证方法和治学态度很有启发意义。1962 年，曾氏后人秘藏的李秀成“自述”真迹原本由台北世界书局影印出版，题签《李秀成亲供手迹》，印证了罗尔纲的论断。

总之，1949 年至 1964 年间，太平天国研究在中国大陆空前活跃，其研究队伍之壮大，研究成果之丰富，研究领域之广泛，在中国近代史各专题研究中首屈一指。与此同时，欧美的太平天国研究也达到一个高潮，陆续出版了一批重要论著，太平天国与美国内战、法国大革命均成为历史专业博士论文的热门选题。在中国港台地区和日本，该研究也同样受到重视。1958 年、1962 年，简又文的《太平天国典制通考》《太平天国全史》相继在香港问世，尤为引人注目。太平天国研究由此成为一门世界性学问。

就中国大陆而言，太平天国研究之所以能取得骄人成绩，主要得益于唯物史观的正确引导，全社会的重视特别是史学工作者自身的不懈努力，文献史料的大量编纂出版，以及当时相对宽松的学术环境。不过，这一时期的研究也有偏差，主要表现为在理解和运用唯物史观时存在着简单化、教条化倾向，一味地美化太平天国。当然，正值幼年的新中国历史科学此时仍处在摸索阶段，出现上述偏差是可以理解的。当时已有人觉察到这一问题。曾有学者指出：“在太平天国的研究中，尤其是在关于这次革命性质的讨论中，发生过个别历史家对马克思列宁主义经典著作望文生义、断章取义、牵强

① 年子敏、束世澂：《关于“忠王自传原稿”真伪问题的商榷》，载《华东师大学报》1956 年第 4 期。

② 详参罗尔纲：《忠王自传原稿考证与论考据》，北京，科学出版社，1958。

比附使之从属于自己的成见的现象。这种做法同以理论指导历史研究的要求完全背道而驰，无疑应当及时纠正。”①

围绕常熟报恩牌坊碑展开的讨论也说明了这一点。该碑建于太平天国壬戌十二年(1862 年)，其序文有云：“禾苗布帛，均出以时；士农工商，各安其业。平租佣之额赋，准课税之重轻。春树万家，喧起鱼盐之市；夜灯几点，摇来虾菜之船。信民物之殷阜，皆恩德之栽培。”一些论著据此来描绘太平军占领苏南后民众安居乐业的情景。1957 年，祁龙威根据《自怡日记》等新史料，撰文对此提出质疑，指出当时的常熟实际上被钱桂仁、骆国忠等叛将控制，他们密谋叛变，对农民横征暴敛，导致民生凋敝，社会动荡；他们为李秀成立碑只是为了掩饰其阴谋，碑文所描述的太平景象不过是一幅虚构的假象。作者批评了时下研究工作中存在的偏向，即“对凡是有利于太平天国的资料，不论它是否真实，便一律当做可靠的根据，而把它渲染起来；凡是和这个观点相反的，便当做‘地主阶级的污蔑’而在排斥之列”。② 该文引起史学界又一场延续多时的争论。学者们在对该碑内容的具体理解上虽然不尽一致，但这场争论所揭示的理论问题无疑是重要而又及时的。

不幸的是，这一在摸索中前进的良好势头很快便被突如其来的政治风暴所打断。

三、曲折乃至倒退时期(1964—1976 年)

在被俘后所写的亲笔供词中，李秀成明显流露出乞降求抚之意。李秀成此举的动机和原因是什么？究竟应如何评价？这成为史学界的一个研究热点。在 1951 年出版的《忠王李秀成自传原稿笺证》一书中，罗尔纲提出一个假设，认为忠王此举意在效仿蜀汉大将姜维伪

---

① 靳一舟：《太平天国研究述评》，载《历史研究》1961 年第 2 期。

② 祁龙威：《从〈报恩牌坊碑序〉问题略论当前研究太平天国史工作中的偏向》，载《光明日报》1957 年 5 月 23 日。

降钟会故事，以图恢复太平天国。在1957年该书增订本中，他又略加修正，认为忠王此举目的有二，即“保存革命实力”和“希望反动统治者能同人民一道去反抗外国侵略”。1959年，赵矢元提出异议，认为“伪降”一说不能成立，强调李秀成“承认太平天国革命已经失败，消失了对革命前途的信心，要求曾国藩招降他的部众，表示了严重的动摇和妥协，这也是应该承认的”①。1961年，苑书义也撰文指出，李秀成此举是对革命前途丧失信心和对封建势力产生幻想的表现，其性质是“妥协投降”，但这不能改变他对太平天国的巨大贡献依然是其一生主流这一事实。②

然而，这种正常的学术争鸣并未能持续下去。1964年，戚本禹等人断言忠王不“忠”，其“自述”是一个背叛太平天国革命事业的“自白书”，并打着揪“叛徒”、彰“气节”的旗号，发起一场批判李秀成的政治运动。这场学术界的政治风波成为十年浩劫的先导。极左思潮的泛滥给太平天国研究造成极大混乱和危害，具体表现在以下几个方面：

一是将学术问题与政治问题画等号。在学术问题上见仁见智本是很正常的现象，但在批判李秀成的风潮中，对李秀成持肯定态度的学者竟被视为“站错了立场”，单纯的学术问题被无端上升为政治问题，在新中国史学研究中开了一个恶例。罗尔纲因坚持认为李秀成此举是“苦肉缓兵计”而受到冲击；茅家琦、祁龙威、苑书义等学者不同意戚本禹全盘否定李秀成的观点，认为李秀成虽晚节不保，但功大于过，结果也被扣上“叛徒李秀成辩护士”的大帽子，遭到打压。前之相对宽松自由的学术氛围不复存在，真正意义上的学术研究也就无从谈起。

二是影射史学泛滥成灾。影射史学的实质是将历史上的个别事例或局部现象加以普遍化、绝对化，以迎合现实政治的某种需要。

---

① 赵矢元：《评〈忠王李秀成自传原稿笺证〉增订本》，载《历史研究》1959年第3期。

② 苑书义：《略论农民革命英雄李秀成》，载《北京日报》1961年9月7日。

批判李秀成，实际上是为后来借“叛徒”罪名打倒党内一大批功勋卓著的老干部制造舆论。在1974年掀起的“评法批儒”运动中，梁效之流又肆意曲解历史，将洪秀全、杨秀清之间的权力之争定性为“反孔派”与“尊孔派”之间的路线斗争，将天京内讧的起因说成是“尊孔派”篡权，意在影射、攻击周恩来总理。一时间，太平天国史被肢解得支离破碎、面目全非，史学研究的科学性、严肃性荡然无存。

三是给历史人物贴政治标签成为人物研究风行的模式。按照这种模式，洪秀全被塑造成完美无缺的农民革命领袖，并以他的是非为是非，将杨秀清定性为“野心家”，韦昌辉为“阶级异己分子”，石达开为“分裂主义者”，李秀成为“叛徒”。简单化、脸谱化研究被发挥到登峰造极的地步，对学术风气产生恶劣影响。

上述现象都是极左路线的产物。戚本禹、梁效之流固然难辞其咎，但在当时特定政治气候的左右下，不少研究者也写过配合性或应景式文章。就此而论，这是整个时代的悲剧，其中的经验教训值得今人认真地反省和汲取。

概括地说，从1964年至1976年，太平天国研究经历了一个曲折乃至倒退的时期，成为近代史学科受害最深的一个领域。千篇一律的文章充斥各报纸杂志，表面繁荣的背后却是太平天国研究真正的窒息。

四、成熟和收获时期(1979—1999年)

十年动乱结束后的最初几年是太平天国研究逐渐恢复生机的过渡时期。1978年5月，十年浩劫后国内第一个民间学术团体——北京太平天国历史研究会正式成立。1979年5月至1980年2月，浙江、广西、四川、广东等省也相继成立太平天国史研究会。随后，在1984年5月至1990年5月间，南京市、广西贵港市(原名贵县)、重庆市、安徽省、上海市、四川涪陵市、江苏省也相继成立了太平天国史研究会。在此基础上，1990年5月，中国太平天国史研究会在南京正式宣告成立。

在这些学术团体的组织和推动下，太平天国研究异常活跃。1979年5月25日至6月2日，太平天国史学术讨论会在南京召开，共收到中外学者的论文二百余篇。这是自1949年10月以来首次在国内举行的人文社会科学方面的国际性学术会议，同时也是太平天国研究在改革开放背景下重新走向繁盛的一个重要标志。此后，各地又相继举办了一系列太平天国史学术会议。据粗略统计，在1980年6月至1991年11月间，仅全国或国际规模的学术会议就召开16次，平均每年1.45次；各地举办的地方性会议更是不计其数。

1981年、1983年，由北京太平天国历史研究会主办、王庆成主编的《太平天国史译丛》《太平天国学刊》先后问世。这两种不定期丛刊均由中华书局出版，前者以编译西文资料为主；后者专刊研究论文，是国内权威性的太平天国研究专业刊物，成为反映国内学者最新研究成果和研究动态的一个窗口。1985年，由南京大学历史研究所等单位合办、茅家琦主编的《太平天国史研究》又在南京问世。

地方和全国性学术团体的相继成立，太平天国史研究专刊的创办，各种学术会议的次第召开，中外学术交流的日益加强，这一切均标志着国内太平天国研究已摆脱极左思潮留下的阴影，进入一个新的发展阶段。

基于上述背景，太平天国研究取得突破性进展；尤其是在20世纪90年代初，更是达到其鼎盛时期。与改革开放之前的30年相比，旧课题的研究进一步深入，新课题的研究得到开拓，研究范围几乎覆盖太平天国史的每一个层面；同时，一大批总结性成果也相继问世。兹择要加以评介。需要说明的是，某些研究成果带有交叉性，下文所作的分类主要为叙述方便起见。以1999年作为太平天国研究"成熟和收获"时期的下限，主要基于这是一个象征性时间节点的考虑；为保持信息的完整性、连续性，21世纪的一些重要研究成果和动态仍在此附带叙述。

1. 文献史料的编纂出版和相关研究

在太平天国自身文献方面，1979年，罗尔纲指导太平天国历史博物馆主编的《太平天国文书汇编》（计400余件）由中华书局出版；

《太平天国印书》也于同年由江苏人民出版社推出排印本(全 2 册)。这两部书与前述《中国近代史资料丛刊·太平天国》(8 册)、《太平天国史料丛编简辑》(6 册),构成研究太平天国的最基本史料。1982 年,王庆成、庄建平主编的《太平天国文献史料集》由中国社会科学出版社出版,内收一批新近在英国发现的太平天国文书。1991 年至 1994 年间,由罗尔纲指导、太平天国历史博物馆张铁宝等人编纂的《太平天国文书》(计 114 件)、《太平天国文物》和《太平天国艺术》(增补本),相继由江苏人民出版社影印出版。

《天父圣旨》《天兄圣旨》的公布则是最重大的文献发现。当年萧一山在伦敦不列颠博物院搜访太平天国文献后,认为已“了无遗珍”。1984 年春,王庆成在此寻访到这两种珍贵文献,随后编注成《天父天兄圣旨》一册,1986 年由辽宁人民出版社出版。它们成为研究太平天国早期历史不可或缺的史料,为破解一些长期聚讼未决的历史疑案提供了文献依据。

此外,陈周棠校注的《洪氏宗谱》(浙江人民出版社,1982),是研究洪秀全家世及其生平的重要资料。陈周棠主编《广东地区太平天国史料选编》(广东人民出版社,1986),由口碑、方志、档案、碑记、谱牒等资料选编而成,内容涉及洪秀全、冯云山等人的家庭情况、早期活动等。饶任坤、陈仁华合编《太平天国在广西调查资料全编》(广西人民出版社,1989),是一部广西与太平天国相关之口碑、碑铭、族谱、契据、手稿等资料的汇编。

陆续编纂出版的清方记载主要有:罗尔纲指导太平天国历史博物馆主编《太平天国资料汇编》第一册《平定粤寇纪略》、第二册《中兴笔记》(中华书局,1979—1980);董蔡时主编《太平天国史料专辑》(上海古籍出版社,1979)、《何桂清书札》(江苏人民出版社,1981);杨奕清等编《湖南地方志中的太平天国史料》(岳麓书社,1983);董蔡时、方之光主编《江浙豫皖太平天国史料选编》(江苏人民出版社,1984);李武纬等编《吴煦档案选编》(江苏人民出版社,1983,全 7 册);张守常编《太平军北伐资料选编》(齐鲁书社,1984);皮明庥编《出自敌对营垒的太平天国资料》(湖北人民出版社,1986);杜德凤编《太平军在江西史料》(江西人民出版社，1988)。中国第一历史档案馆根据馆藏军机处录副奏折等，编成《清政府镇压太平天国档案史料》26册，计1400余万字，1990年至2001年由社会科学文献出版社陆续出齐(前2册由光明日报出版社出版)。以上大半属尚未公布过的新资料，且内容覆盖面较广，为研究太平天国对立面和区域史提供了便利。

西文资料方面，《太平天国史译丛》第1～3辑陆续编译了《华尔传》《常胜军》等外人早期著述；马博庵译、章克生等校注《太平军在上海——〈北华捷报〉选译》(上海人民出版社，1983)；《近代史资料》总86号、90号(中国社会科学出版社，1994、1997)刊有夏春涛翻译的一些西人原始著述，诸如密迪乐《中国人及其叛乱》(选译)、艾约瑟《最近对干王的问答采访录》、日意格《1864年关于中国内战的日记》等。

《中国近代史资料丛刊续编·太平天国》约400万字，罗尔纲、王庆成主编，编辑组成员包括龙盛运、吴良祚、赵云田、罗文起、于世明、夏春涛。整理工作繁重，寻找出版社接手也颇费周章，前后历时20余载，2004年由广西师范大学出版社出版，计10册352万字(删去有关捻、回、小刀会起事等资料数十万字)，分太平天国文献、清方记载、外人记载三部分。前两类集近几十年未刊和已刊新资料之大成；外人记载包括两种西文资料汇编，一是澳大利亚国立大学出版社1982年出版的《西方关于太平天国的报道》(*Western Reports on the Taiping*)，二是爱尔兰大学出版社1971年至1972年出版的《英国议会文书·中国》(*British Parliamentary Papers · China*)选译。罗老一生编了那么多太平天国资料，由他署名主编的资料仅此一部，而当该书出版时，罗老已不及亲见，令人嘘唏不已。

以上陆续整理出版的文献资料多达两千余万字。

在长期整理编纂史料的过程中，太平天国研究逐渐形成一个专门的分支——太平天国文献学，其内容包括辨伪、校勘、注释诸方面。罗尔纲注释李秀成“自述”是该研究领域最值得称道的成果。罗氏于1931年开始为之作注，1951年出版《忠王李秀成自传原稿笺证》

一书，已见前述。由于曾国藩当初曾对李秀成“自述”妄加删改，世传版本并非其原貌，故罗氏数年后又再次调整版本，增订注释。1962年，《李秀成亲供手迹》在台北影印出版。罗氏遂第三次调整版本，于1982年推出《李秀成自述原稿注》(中华书局版)。有学者感叹说：“在我国学术史上，注释史籍的名家不少，如裴松之注《三国志》，胡三省注《资治通鉴》等等。但在版本方面遭到如此曲折，还是没有过的。”①其后，罗氏又根据新史料补注，1995年由中国社会科学出版社推出其增补本。该书从太平天国制度、避讳字、特殊称谓等12个方面详加训诂，另从事实、时间等10个方面订正原文的错误或补充其缺略，名物训诂与史实考订并重，共注释700条左右，注文是原文的4倍多，堪称精湛。例如，李秀成在其“自述”中多次提到与绰号“冲天炮”的清军将领李金旸交战一事。关于冲天炮其人其事，郭廷以《太平天国史事日志》、简又文《太平天国全史》均语焉不详。罗尔纲经长期钩稽史料，终于将冲天炮的生平行迹考订清楚，勾勒出此人从投身天地会到叛降官府，直至被忠王俘获，获释后走归南昌自首，曾国藩因担心其凶悍难制而将之处死的完整线索。罗尔纲对太平天国史料所下功夫之深，考订史实贡献之大，史学界无人能出其右。他在1982年版该书自序中自嘲地写道：“四十九年来，好似乌龟爬行一样，一点一滴地去作注。有些注真正是踏破铁鞋无觅处，到费尽九牛二虎之力找到了，却又自笑无知。”正是凭借这种“打破砂锅纹(问)到底”的精神，罗先生才得以推出这一当代考证学的经典之作。罗先生穷半个多世纪之力注释李秀成“自述”，从青春一直注到白首，成为史学界的佳话。

作为1949年以后在海外搜访太平天国文献用力最勤、贡献最大的一名学者，王庆成对文献也有独到研究。他先后在海外获见太平天国印书原刻本43种约200册，原刻本的微卷本、复印本、抄本40余册，以及大量的文书，据此撰成《太平天国的文献和历史：海外新

① 祁龙威：《罗先生赞》，见“庆祝罗尔纲学术研究六十周年编委会”编：《罗尔纲与太平天国史》，57页，成都，四川省社会科学院出版社，1987。

文献刊布和文献史事研究》一书，1993 年由社会科学文献出版社出版。该书除结合新文献研究相关史事外，还考察了太平天国文献形成、湮没、搜辑、汇编出版的历史，探讨了太平天国印书制度的演变，订正了关于文献史料的一些误解或讹传，并重点研究"旨准颁行诏书总目"制度。作者认为，太平天国于 1853 年开始实行这一制度，规定只有列入"书目"、钤有"旨准"印的书才准传播阅读，否则就要问罪，但该制度后来出现松懈和变例，1861 年废弃。在谈到如何运用目录、版本、校勘之学来研究太平天国印书时，作者指出了其独特性，认为"以版本、校勘而论，研究太平天国印书不是要发现'善本'以校订真伪错讹，而是要发掘各种版本，比较、推究其异同，藉以发明史事"；太平天国印书常出版修订本，这些修改隐含着政策、思想的变化，更是研究太平天国的重要史料，"异本越多，价值越大"。此说实为过人之见。在《稀见清世史料并考释》(武汉出版社，1998)"造反者文书"部分，王庆成对所辑录的 30 件太平天国文书逐一加以考释。以《洪仁玕亲书供词》为例，20 世纪 50 年代出版的《中国近代史资料丛刊·太平天国》业已收录，题名《洪仁玕自述》，但其中的错、讹、衍字多达 50 余处。王庆成一一予以订正，并考证出这篇供词写于南昌，时间为清同治三年(1864)九月二十九日。王氏编注《影印太平天国文献十二种》，中华书局 2004 年出版，共编辑影印为前人影印集所无的 8 种印书、4 种文书，每种文献之首均有题注，对其形制、收藏地及史料价值加以说明。上述研究既提高了史料本身的利用价值，同时又拓宽了人们对太平天国史的认识。

祁龙威在文献研究方面也颇有建树，尤以对文献史料的考订、辨伪、校注见长，先后校注清人柯悟迟著《漏网喁鱼集》(中华书局，1959)等，编注《洪秀全选集》(中华书局，1976)、《洪仁玕选集》(中华书局，1978)。所撰《太平天国史学导论》(学苑出版社，1989)除专论文书、印书和文物研究史略等内容外，还重点进行史料辨伪。例如，关于清人笔记《燐血丛钞》的真伪，学术界争议较大。作者将该书节录的所谓"贼人(指太平军)著述"与真实可靠的文献相对勘，查勘出大量破绽，并发现书中不少内容系抄自大伪书《江南春梦庵笔记》，遂判定此为近人伪作。这一结论得到罗尔纲等学者的赞同。又如，《太平天国文书汇编》根据浙江博物馆藏原抄件，著录太平天国东阳县卒长汪长明抄存的“禀”“呈”“批示”共 30 件。作者根据太平天国避讳制度，令人信服地考证出其中的后 14 件乃是清地方政府文牍，并非太平天国文书。《太平天国经籍志》(广西人民出版社，1993)则是祁氏从事文献研究的一个总结性成果。该书首对太平天国印书逐一解题并校勘版本，复就近人所编太平天国文献进行述评，并采用“以字证经，以经证字”之法，分类笺释太平天国的专用字词；另专论“伪书考辨”，归纳出三条经验：充分发露破绽；抓住作伪铁证；愈经反复，真伪愈明。

2. 关于太平天国政权性质等问题的讨论

从 1979 年开始，史学界围绕太平天国政权性质问题展开热烈讨论，大体上有以下三种不同看法。

一是封建政权说。这是新近提出的一种观点。沈嘉荣认为，单纯的农民运动不能变更封建土地所有制、打倒整个地主阶级，因此在推翻旧朝后，建立起来的只能依然是封建王朝。① 孙祚民指出，政体、国体和土地政策是判断政权性质最本质的标准，而以后者为主，“由于太平天国基本上沿袭封建专制政权的模式，地主阶级及其知识分子在国家中处于统治地位，从奠都天京到失败始终普遍实行承认和保护地主土地所有制，允许和支持地主收租的土地政策，因此太平天国政权是维持地主阶级根本利益的新的封建政权”②。段本洛也认为，“封建生产关系仍牢固存在，小农经济原封未动，在这样的社会经济基础上建立起来的政权只能是封建政权”③。

二是农民革命政权说。这是一种传统观点。孙克复、关捷认为，

---

① 沈嘉荣：《平均主义与封建主义——四论太平天国政权性质问题》，载《群众论坛》1980 年第 4 期。

② 孙祚民：《判断太平天国政权性质的标准——五论关于“农民政权”问题》，载《学术研究》1981 年第 5 期。

③ 段本洛：《太平天国革命的时代特征与前途》，载《江苏师院学报》1980 年第 2 期。

政权就是统治之权，在激烈的阶级搏斗中，农民出于反抗的需要，可以建立短期的、不巩固的劳动者专政；太平天国的《天朝田亩制度》和革命实践，说明其政权是一个与清王朝封建政权对峙十多年的农民革命政权。① 董蔡时则从太平天国摧毁清朝地方政权系统、肩负起反侵略任务、农民群众基本上掌握从中央到地方的政权、在经济上沉重打击了地主阶级、太平天国政权始终得到广大劳动人民的支持五个方面，论证其政权是农民革命政权。②

三是农民政权封建化说。这是一种折中的观点。王天奖认为，受历史和阶级的局限，洪秀全等人的反封建斗争仍停留在自发而不是自觉的阶段，不可避免地要把一些封建因素带到农民运动中来，“照旧交粮纳税”政策的确定便是这个新政权开始向封建政权演变的象征和标志，后期则基本完成这个历史转化。③ 苏双碧也持此说，后又补充指出：“农民政权和封建政权并没有本质区别，只是因为这个政权在某一阶段更多的是代表农民的利益，就称之为农民政权，它只区分于地主政权。”④与之相近的还有两重性政权说。李锦全认为，农民和地主是封建社会中对立的统一体，反映在思想和主张上，就是革命性和封建性、平均平等和封建特权交错结合在一起，太平天国政权便是带有矛盾的两重性政权。⑤ 孙祚民不赞同此说，认为“作为阶级统治工具的政权，只能代表与维护某一个阶级的利益，而不可能同时代表与维护两个对抗阶级的利益”⑥。

---

① 孙克复、关捷：《太平天国政权性质商榷》，载《社会科学辑刊》1981 年第 1 期。

② 董蔡时：《试论太平天国政权的特点和性质》，载《江苏师院学报》1980 年第 2 期。

③ 王天奖：《太平天国与地主阶级——兼论太平天国政权的性质》，载《中州学刊》1981 年第 1 期。

④ 苏双碧：《太平天国史综论》，359 页，南宁，广西人民出版社，1993。

⑤ 李锦全：《试论洪秀全思想及太平天国政权的两重性》，载《南方日报》1981 年 3 月 30 日。

⑥ 孙祚民：《关于太平天国政权性质研究中的几个问题》，载《北方论坛》1980 年第 1 期。

与这场讨论同时进行、主题相近的还有关于太平天国能否称为“革命”的争论。有论者强调农民起义不能改变旧的生产方式、建立新的生产方式，因此，包括太平天国在内的农民起义不能称为革命，只能叫农民运动。① 牟安世回应说，从普遍和约定俗成的含义来说，革命就是使用暴力，武装夺取政权，就此而论，太平天国当然是一次革命。他指出，以能否变更生产方式来定义革命是不全面的，因为它遗漏了在阶级社会中，作为革命的根本问题的政权问题和根本方法——使用暴力、武装斗争的方法，而生产方式的更替也是革命的结果，而不是革命的本身。②

上述讨论在持续几年后渐告沉寂，辩驳各方未能取得共识。究其原因，主要在于争论双方主要拘泥于概念之争，而实证性研究未能跟进，尤其是对太平天国自身由哪些人构成，他们的思想、态度、政策、行为等，关注不够，研究不够深入，导致这场争论几近于“树在庙前还是庙在树后”之争，对研究工作的推动作用没有 20 世纪 50 年代的那场讨论那么明显。

学者们还就一些具体史实进行了积极探讨，金田起义日期问题便是一例。罗尔纲持道光三十年庚戌十二月初十日(1851 年 1 月 11 日)说，这也是迄今社会上普遍采用的一种说法。其论据主要有二，一是《洪仁玕自述》“合到金田，恭祝万寿起义，正号太平天国元年，封立幼主”等句，另一为《天父诗》第 349 首：“凡间最好是何日？今年夫主生诞日，天父天兄开基日，人得见太平天日。”据此断言金田起义日与天王生日在同一天，即十二月初十日。荣孟源、茅家琦等人则据《天情道理书》“及至金田团营，时维十月初一日”句，持十月初一日(1850 年 11 月 4 日)说。罗尔纲对此提出质疑，认为“团营”与“起义”是两回事，强调金田起义的过程分为四个阶段，即各地会众

① 参见《历史研究必须提倡真实性和科学性》，载《光明日报》1979 年 10 月 27 日。

② 牟安世：《论太平天国运动能否称为革命》，载《社会科学研究》1981 年第 1 期。按：近 20 年来，从官方正式文件到学界各种著述，在谈到太平天国时，基本上弃用了“革命”一词。

奉命起义，各地实行团营，接着赶至金田团营，随后从平南迎接洪秀全回金田，于十二月初十日恭祝万寿，宣布起义。①

王庆成指出，迄今为止，在太平天国官书中没有发现关于起义具体时间的明确记载，天历六节中既没有金田起义节，也没有天王圣诞节，说明太平天国可能没有宣布过正式起义的日期。他认为，金田起义并不是发生在某一天的事，而是由一系列的活动和斗争串联而成的一个过程，但这并不妨碍后人确定某一天作为纪念金田起义的日子。姜涛根据《天兄圣旨》中关于洪秀全在庚戌年二月廿三日“穿起黄袍”的记载，否定了洪秀全在武宣东乡登极的旧说，认为洪在公开揭帜前已在平山秘密登极称王，进而认为广义的金田起义，指庚戌年秋历时数月之久的各路仗义起兵勤王人马向金田地区团营的全过程；狭义的金田起义日即公开揭帜日期，则是同年十月初一。②

3. 人物研究

与前期相比，人物研究最大的特点是摒弃了以人划线的简单化研究方式，并在对太平天国核心人物的具体研究上取得重大突破。

1979 年，王庆成刊文对洪秀全的早期思想进行重新评价。作者通过辨析反映洪秀全早期思想的各种资料，结合对其具体行迹的考察，认为洪秀全的早期思想经历了从追求功名、以道德说教手段改造世道人心到立志反清的发展过程，1843 年皈依上帝是其思想异端的开始，但不是反清革命的标志；直到 1847 年以后，他才正式确立反清革命立场；强调“太平天国革命的根源在于社会上的阶级斗争，而不是产生于宗教教义。《劝世良言》只把洪秀全变成福音宣传者，

---

① 以上参见罗尔纲：《金田起义日期再考》，载《学术论坛》1980 年第 3 期；荣孟源：《金田起义日期的探讨》，载《社会科学研究》1981 年第 1 期；茅家琦：《太平天国历史上几个问题的质疑》，见《太平天国史学术讨论会论文选集》，北京，中华书局，1981。

② 王庆成：《金田起义的准备、事实和日期诸问题试说》，载《太平天国学刊》第 1 辑，北京，中华书局，1983；姜涛：《洪秀全“登极”史实辨正》，载《历史研究》1993 年第 1 期；姜涛：《金田起义再辨析》，载《近代史研究》1996 年第 2 期。

而阶级斗争才把洪秀全推向创建新国家的政治革命”。作者还指出，《原道救世歌》《原道醒世训》《原道觉世训》均为宗教宣传品，根本不含有政治平等、经济平等思想，“如果相信洪秀全已经提出了这种平等思想，并且竟成了太平天国革命的理论基础，那我们就无法解释洪秀全和太平天国的历史，也不能解释太平天国迄今的一百多年的历史”①。上述观点引起较大反响，并被多数学者所接受。

崔之清、胡臣友合著《洪秀全评传》，南京大学出版社 1994 年出版，是最为详细的一部洪秀全研究专著。

苏双碧在人物研究方面著述最丰，撰有李秀成、陈玉成、石达开、洪秀全等多种人物评传，论点较为平实。例如，关于石达开安庆改制问题，苏氏指出，石达开抛弃空想的《天朝田亩制度》，改行“按亩输钱米”政策，使太平天国很快克服了建国初期的财政和供给困难；认为安庆改制“不是倒退，更不是复辟，是合乎历史规律的措施”②。

作为太平天国乃至中国近代思想史上的一个重要人物，洪仁玕研究向为学界所重视，但由于相关文献资料严重不足，致使研究难以深入。夏春涛著《从塾师、基督徒到王爷：洪仁玕》，1999 年初版，2007 年再版，利用新近公布的洪仁玕多篇供词，并从 30 余种西人著述中发掘资料，对洪仁玕的人生轨迹和心路历程，包括他与洪秀全思想之异同，作了较为详细的研究。作者认为，《资政新篇》中的新颖思想主要源于洪仁玕流亡期间睁眼看世界的特殊经历，这也正是书名中“新”字的寓意所在。洪秀全之所以对《资政新篇》的内容基本持赞同态度，主要是洪仁玕“以广圣闻，以备圣裁”的结果。后期在探索西学方面，是洪仁玕影响洪秀全，而不是洪秀全影响洪仁玕。作者还指出，洪仁玕的投效给太平天国后期较为沉闷的政局带来生气，同时也给这场旧式农民运动注入新的观念和意识，但仅是昙花一现；受环境影响，忠君意识、“攘夷”使命逐渐成为洪仁玕思想的

① 王庆成：《论洪秀全的早期思想及其发展》，载《历史研究》1979 年第 8～9 期。

② 苏双碧：《石达开评传》，89 页，石家庄，河北人民出版社，1986。

主流。①

除太平天国核心人物外，次要人物乃至普通民众研究也较以往受到更多关注。例如，陈宝辉、尹福庭、庄建平著《太平天国诸王传》(广东人民出版社，1990)，共记述33位王一级人物的生平，是迄今评述太平天国人物最多的一本专著。又如，在《太平天国史》这部巨著中，罗尔纲共给172人立传，其中包括柴大妹、蒋老水手等普通人物。

以往人物研究中一些以讹传讹的问题也得到澄清，有关洪宣娇的考证便是一例。世传洪宣娇是洪秀全胞妹，有论者据此认为洪宣娇嫁给萧朝贵是一种政治联姻，是洪秀全牵制杨秀清的一种手段。钟文典根据民间口碑并结合文献记载进行考订，最早否定此说，断言洪宣娇并非洪秀全胞妹，也不是太平军女军的大首领，实为广西桂平紫荆山区的农家女子杨宣娇。② 罗尔纲根据新近公布的《天兄圣旨》作进一步考证，得出了同样结论。③

目前的人物研究虽已相当深入，但几乎每一位重要人物的生平行迹至今仍有不甚明了之处。对人物的具体评价也颇多分歧，褒贬不一。这些分歧主要集中在一些焦点问题上，诸如洪秀全的思想特征及其后期的功过，杨秀清、韦昌辉与天京内讧，石达开离京出走和大渡河被俘真相，洪仁玕与《资政新篇》，李秀成与其被俘后的供词，领导层内部的腐败问题，等等。

人物研究的视野仍有待拓宽。例如，《天父诗》中的绝大部分是洪秀全专为后妃撰写的宗教伦理诗，其内容大多涉及宫廷中的人和事。20世纪50年代，吴良祚利用《天父诗》，从天王后妃的称号和内廷女职、天王的家教和私生活、严峻的家法三个方面，对洪秀全的宫廷生活作了别开生面的研究。④ 可惜，此后未见有人推出更为深

① 参见夏春涛：《从塾师、基督徒到王爷：洪仁玕》，73、240、246～247页，北京，社会科学文献出版社，2007年第2版。

② 钟文典：《试说洪宣娇》，载《广西师院学报》1980年第1期。

③ 罗尔纲：《重考"洪宣娇"从何而来》，载《历史研究》1987年第5期。

④ 吴良祚：《关于〈天父诗〉》，载《历史研究》1957年第9期。

入的专题研究成果。

人物之间相互关系的研究也有待加强。以杨秀清与萧朝贵的关系为例，二人分别拥有代天父、天兄下凡传言的权力，是太平天国早期举足轻重的人物。据《天兄圣旨》《天情道理书》分析，天兄下凡的风头一开始明显压过天父下凡，在庚戌年四月酝酿起义的紧要时刻，杨秀清口哑耳聋，一度脱离权力中心，以至于有人“不知尊敬东王，反为亵渎东王”；但在同年十月初一金田团营之际，杨忽又“复开金口，耳聪目明，心灵性敏，掌理天国军务”。天兄下凡的影响和作用从此急剧下跌，其下凡频率也骤然减少，次年仅下凡过一次，形同虚设。后来，萧朝贵奉命率偏师攻打长沙，不幸阵亡，天父、天兄下凡形式并存的局面遂告终结。当初天父、天兄下凡形式并行时，杨、萧之间的关系究竟如何协调(尤其是在两人意见不一的情况下)？两人是否有过权力摩擦？萧的阵亡是否与此有关？此类问题值得探究。发现并努力解答新问题，要比在陈旧课题里兜圈子有意义得多。刘晨《萧朝贵研究》(九州出版社，2014)一书20万言，努力发掘资料进行考释，在研究上有所深化和推进。

4．政治研究

钟文典著《太平天国开国史》(广西人民出版社，1992)，是迄今研究太平天国开国史最为翔实和全面的一部专著。该书首先分析了太平天国起义的背景，接着依次考察洪秀全等人从秘密酝酿、金田团营、正式揭帜、永安建政直至进军长江、定鼎金陵的全过程。其中，“封王建政在永安”一章系作者在旧著《太平军在永安》的基础上修订而成，详细探讨了太平军攻克永安的经过，以及驻留该城195天期间安抚民众、设防与攻守、肃奸防谍、封王建政的具体措施，写得很有深度。作者认为，太平天国在永安封王建政，休整军伍，为把革命推向全国奠定了基础；通过在永安的上述举措，太平天国的政权结构与领导统属关系基本定型，各项制度基本确立，这在中国农民战争史上绝无仅有，说明太平天国的确是旧式农民战争的最高峰。

王庆成根据《天父圣旨》《天兄圣旨》中的记载，订正了洪仁玕述、韩山文撰、简又文译《太平天国起义记》中的若干讹误，并对一些曲折隐晦的史实进行考析。例如，他经过考订指出，“拜上帝会”在冯云山被捕后出现纠纷和分裂，主要不是由于外部打击而是由于内部紊乱所引起的。当时，在会内搞神灵附体传言的不只是杨秀清、萧朝贵，而是还有别人，各自发号施令。杨、萧互相联合，战胜了“拜上帝会”内的其他人或其他派别；天父、天兄附体传言的确立，减低了冯云山的重要性，在一定意义上也削弱了洪秀全的发言权，但“这对于原来是一个宗教团体的‘拜上帝会’逐渐政治化到最后发动起义，却起了积极的作用”①。

针对太平天国政体是“君主专制”的传统观点，罗尔纲提出新见解。他援引《天朝田亩制度》《王长次兄亲目亲耳共证福音书》等史料加以论证，认为太平天国政体是“军师负责制”——以主(天王)为国家元首，临朝而不理政；以军师为政府首脑，执掌实权；既包含有农民民主的内容，又沿袭了封建主义的旧体制；既不同于我国传统的君主专制，也不同于西方的内阁制(君主立宪制)，具有独特的性质。他指出，该政体是受《三国志通俗演义》《水浒传》和近世天地会组织的启发；在太平天国前期行使这种政体，发扬了农民民主，使得革命飞跃发展，国势兴隆昌盛，“到天京事变后，军师负责制遭破坏了，洪秀全厉行君主专制，造成了人心离散的严重后果，卒至覆亡”②。梁义群的观点与此稍异，认为军师制早在拜上帝会领导核心形成的过程中就已初步确立，最早提出设置军师的正是天王洪秀全；随着军师杨秀清的权力极度膨胀，天王与军师共治的君主制的特殊政体遭到破坏，导致太平天国农民政权迅速向君主专制政体下滑，而君主专制体制与太平天国最初所提出的革命宗旨背道而驰，遂使太平天国革命最终未能摆脱失败的命运。③

---

① 王庆成：《〈天父圣旨〉、〈天兄圣旨〉和太平天国的历史》，载《近代史研究》1986年第2期。

② 钟文典选编：《罗尔纲文选》，54页，桂林，广西师范大学出版社，1999。

③ 梁义群：《太平天国军师制考略》，载《江海学刊》1993年第5期。

关于洪秀全后期改国号等举动，王国平分析认为，天王改政旨在强化君权，使太平天国家天下的皇权主义色彩更为浓重，反而加深了内部裂痕，实在是不足取的。①

太平天国时期各地各民族反清起义研究同样也有长足进展，其中以捻军研究最为深入。江地撰有《捻军史论丛》（人民出版社，1981）、《捻军史研究与调查》（齐鲁书社，1986）两本文集，前书纵向探讨了捻军起义从发生、发展到失败的全过程，后书横向论述了捻军性质、分期以及史迹调查、资料搜集等问题。在数种捻军研究专著中，以郭豫明的《捻军史》最为厚实，计 50 余万言，内容系统全面，资料翔实。作者通过详细辨析，认为捻军斗争的性质属农民起义，而不是所谓地方割据势力对抗清朝中央政权的反抗运动。② 张珊《捻军史研究》（文化艺术出版社，1994）、徐松荣《捻军史稿》（黄山书社，1996）也是两部有影响的论著。

方诗铭归纳出上海小刀会起义的两大历史特点：一是有广泛的社会基础，投身起义者除农民外，还有大量的手工业工人、航运水手、其他城市劳动人民以及工商业主；二是以城市武装斗争为主，起义军在上海县城坚持战斗了 17 个月。③在 2003 年 11 月南翔召开的上海小刀会起义 150 周年学术研讨会上，小刀会起义与移民的关系、对上海近代化的影响等问题较受关注，反映了研究视野的拓宽和研究的深化。关于上海小刀会与太平天国的关系，朱从兵认为，小刀会希望加入太平天国，但又无法倾全力来实现这一目标，他们的表现既是积极的，又是有波动性的；而太平天国愿意接受小刀会，但也无法从战略全局的高度来解决这个问题，他们的表现既是积极的，又是消极的。④

---

① 王国平：《太平天国史论》，57 页，苏州，苏州大学出版社，2011。

② 郭豫明：《捻军史》，588 页，上海，上海人民出版社，2001。

③ 方诗铭、刘修明：《上海小刀会起义的社会基础和历史特点》，载《历史学》1979 年第 3 期。

④ 朱从兵：《上海小刀会起义与太平天国关系重考》，200 页，天津，天津古籍出版社，2010。

骆宝善在广东天地会研究上颇有心得，统纂《广东洪兵起义史料》(广东人民出版社，1996，全3册)。关于广东天地会起义期间中外敌对势力相互勾结的情形，他撰文指出，英、法、美等国武装力量协同清广东当局，破坏了天地会起义军攻取广州的战略部署，从而扼杀了这场起义在广东的胜利进展，“第一次公开扮演了同清朝统治当局联合绞杀中国人民革命运动的可耻角色”①。

罗尔纲对云南回民起义领袖杜文秀重新评价，认为所谓“大理回教国”系出自外国侵略者的捏造，所谓“大理使臣”乃刘道衡的骗局，刘在伦敦向英国送交一份杜文秀向英王称臣的表文，完全与杜文秀无关。② 在《稀见清世史料并考释》一书中，王庆成据原件照片辑录了刘道衡在伦敦呈递的“杜文秀表”等四件文书，并加以考释，对此提出异议，认为“杜文秀表”不可能出于刘道衡私造，刘出使英国的活动不能看作刘个人的行为。

5. 太平天国对立面研究

对于真切了解这段跌宕起伏的历史和太平天国兴亡的外在原因而言，研究太平天国对立面是一个很有意义的课题。但在早期研究中，相关论著为数甚少，且大多流于口诛笔伐式的揭露或声讨。从20世纪80年代初开始，该课题越来越受重视，陆续有一批重要研究成果问世。

贾熟村撰《太平天国时期的地主阶级》是一部系统研究太平天国对立面的力作。作者将地主阶级分成中央政权和地方势力两大类加以探讨。前者按军事势力，分作江南大营、江北大营、临淮军、胜保、僧格林沁五大军事集团；按政治势力，又分为权贵派、经世派、洋务派三大政治集团。后者则分成拥清派、骑墙派、媚外派、经世派、洋务派。作者逐一考察了其各种代表人物和重要成员的表现，并专门考察了经世派中的曾国藩集团，共涉及千余人之多，然后据

---

① 骆宝善：《广东天地会起义期间中外反动派的勾结》，载《太平天国学刊》第1辑。

② 罗尔纲：《杜文秀“卖国”说辟谬》，载《学术月刊》1980年第4期。

此加以归纳总结，对摇摇欲坠的清政府最终摇而不坠之原因作了深入剖析。作者认为，这主要是由于封建家族的顽固性、反动性所导致；在农民战争冲击下，地主阶级迅速进行新陈代谢，“但分化到农民起义军一边者甚少，起而反抗农民起义者甚多”，各派势力大联手，制定了各种行之有效的对策，诸如军事上组建湘军和淮军，经济上推行厘金制度以充实军需，政治上不断调节其内部矛盾，并设法缓和地主阶级与农民阶级的对抗，同时，充分利用太平天国自身的弱点，并调整与列强之间的关系，促成中外反动势力进一步勾结，从而使自己由弱变强，反败为胜，最终镇压了太平天国，实现了所谓“同治中兴”。①

作为该课题的核心内容，湘军研究日渐深入，除散见于各报纸杂志的诸多文章外，其代表性研究成果为龙盛运撰写的《湘军史稿》。该书从政治史角度详细考察了湘军从创建、发展、达至鼎盛到基本解体的全过程，包括湘军出笼与发展的内在原因和外部影响，两湖后方基地的经营，曾国藩等人对经验教训的总结，与满族贵族关系的调整，以及湘军营制与兵种的演变，饷银的开辟，将帅与幕僚等，另兼论湘军战史，从而在内容上超越了以往单纯研究湘军兵制或战史的论著。书中的一些论点也颇有见地。在谈到湘、淮两大集团对后世的影响时，作者分析指出，曾国藩等人虽然保护了清王朝，但兵为将有和满汉地主平分政权的格局又给它带来隐患，高度集中的中央大权开始旁落于军政大吏。这一现象不单见于清末，到民国时更是恶性发展，形成中央政府几同虚设、地方由军阀割据的局面。鉴于所面临的主要矛盾和政治格局与湘军集团十分相似，清末乃至民国的统治者自然会从前者成功的经验中吸取教益，“正因为如此，湘军集团，特别是曾国藩，才长期被统治者吹捧，甚至被圣贤化”②。

① 贾熟村：《太平天国时期的地主阶级》，549～556页，南宁，广西人民出版社，1991。

② 龙盛运：《湘军史稿》，512～513页，成都，四川人民出版社，1990。按：作者另著有《向荣时期江南大营研究》(北京，社会科学文献出版社，2011)，以此为个案解析经制兵主力绿营失败的原因。

董蔡时则从人际关系角度，侧重探讨曾国藩、胡林翼、左宗棠、李鸿章、沈葆桢等人之间错综复杂的关系，在研究太平天国政治对手方面独树一帜。以曾国藩、胡林翼的关系为例，董氏将之划分为三个阶段，即1853年至1856年胡参加湘军依附曾的时期，1856年至1860年曾依靠胡维护、发展湘军时期，1860年两人互相配合攻陷安庆时期，认为“在湘军的发展史上，在镇压太平天国的过程中，无论在政治上或军事上，曾、胡起着互相帮助、互相补充的作用，都是农民起义军的死敌”①。池子华撰《晚清枭雄苗沛霖》(安徽人民出版社，1999)，对苗氏进行全方位研究，认为他是中国近代史上的第一个军阀。

朱东安撰《曾国藩幕府研究》(四川人民出版社，1994)，从曾氏幕府的组织结构入手，考察其设置、职能、办理成效及主要成员的活动，包括它的发展过程与胀缩规律，幕中的主客关系和相互影响，并从中国幕府史角度，探讨了其历史成因、地位以及对晚清政局的影响，将曾氏幕府研究推向了深入。作者指出，曾氏幕僚从政人员人数最多、影响最大，他们遍布各个领域，一时形成“名宦能吏，半出其门”的局面，致使晚清的满汉政治格局、国防、外交无不打上曾国藩的烙印，影响到整个政局。作者另著有《曾国藩集团与晚清政局》(华文出版社，2003)，将曾国藩集团视为一个整体，解析清咸同年间权力格局的变化及其历史成因。

淮军研究方面，樊百川《淮军史》(四川人民出版社，1994)是国内最早问世的一部淮军研究专著。翁飞是研究李鸿章和淮军的重要学者，《李鸿章全集》(安徽教育出版社，2008，共2800余万字)执行编委。曾、胡、左、李的传记陆续有多种面世，包括董蔡时与王国平合著《胡林翼评传》(团结出版社，1990)、陶海洋《胡林翼与湘军》(广陵书社，2008)。谢世诚《李鸿章评传》(南京大学出版社，2006)等书还涉及太平天国败亡后的史事。

---

① 《董蔡时学术论文选集》，472～485页，苏州，苏州大学出版社，1998。

国家清史纂修工程于2002年正式启动。“通纪”(通史)部分被视为新修清史的总纲和主线，计9卷。第六卷由夏春涛承担，主要写咸丰朝史事，2012年完稿，近40万字。太平天国与清政府对峙14年，构成咸丰朝历史的一条主线，但如果太突出太平天国，势必会冲淡清史的主题。作者以清政府应对危机的举措作为叙述主线，把太平天国等重大政治事件放在清史框架内来写，有别于过去以太平天国为叙述主体的史籍。

围绕曾国藩等人镇压太平天国的是非功过，至今仍存有较大分歧和争议。在2006年12月湖南双峰举行的曾国藩国际学术研讨会上，有学者提出，在研究方法上要跳出革命史观和现代化史观的二元对立，超越简单的功过对比这个层面，侧重研究其成败背后的原因及其对今天的借鉴意义。

上述研究深化了人们对太平天国史乃至整个中国近代史的了解和认识。

6. 军事、外交、经济、文化研究

军事是一个传统课题，这方面陆续有多种专著问世。郦纯撰《太平天国军事史概述》(中华书局，1982，全5册)考订和叙述甚详，优于华岗的《太平天国革命战争史》(上海海燕书店，1949)；不足之处是单纯研究战争史，且理论分析较略。张一文《太平天国军事史》共分“战争”和“军事”两编，上编简要叙述影响乃至制约太平天国战争胜负的战略行动和重大战役，下编探析太平军的领导体制与军队编制，以及军纪、训练、武器装备、后勤保障、阵法与战法、战略、军事思想等，涵盖面较广。作者认为：“综观战争的全过程，太平天国的领袖和将士们，在战术运用方面，可谓灵活多变，得心应手，呈现出一幅瑰丽多彩的画卷。在战役指导方面，虽有‘得意之笔’，但从总体上看，仍显得有些机械、呆板，缺少灵活应变的能力。尤其在战略指导方面，则缺乏驾驭全局的能力，重大决策屡屡失误，终于导致战争的最后失败。”①

① 张一文：《太平天国军事史》，420页，南宁，广西人民出版社，1994。

北伐和西征是太平天国在定都之初相继发起的重大战略行动。张守常《太平天国北伐史》、朱哲芳《太平天国西征史》(合订本，广西人民出版社，1997)分别就这两大战役的具体过程，包括战略、战术之得失，进行了较为详细的考察和分析。关于太平军北伐失败的具体原因，学界通常认为，由于定都天京，太平军便不倾全力或以主力北伐，导致北伐军孤军深入，最终全军覆没。张守常分析指出，导致北伐失败的决定性因素并不在于建都天京和孤军深入，而是在于天京领导层的决策失误，首先表现为指示北伐军快速前进，直取北京，忽略了消灭敌军有生力量、壮大自己力量和政权建设；其次是命令北伐军在攻取北京之前“先到天津扎住”，结果北伐军屯扎独流、静海三个多月等待援兵，自动放弃了战场上的主动权，这成为太平军北伐从胜利推进到终归于失败的转折点。① 这一论断较有说服力。作为该专题的最新研究成果，李惠民《太平天国北方战场》(中国社会科学出版社，2015)一书视角新，论及北伐过程中的军民关系、具体战术、战场通信等问题。

崔之清主编《太平天国战争全史》，2002 年出版，计 4 卷 216 万字，是一部权威性专著。该书围绕战争这一军事史的核心内容，将太平天国十余年兴衰史划分为太平军兴、战略发展、战略相持和天国覆亡四个阶段，宏观研究(战争历程)与微观研究(具体的战役、战斗)相统一，从而更为翔实、清晰地描摹出这场跌宕起伏的农民战争的全貌。与以往同类论著相比，该书在发掘、运用清宫档案(以军机处录副奏折为主)上用力甚勤，对战事细节考订甚详，从历史学和军

---

① 张守常：《太平天国北伐史》，1～13 页，南宁，广西人民出版社，1997。按：学术界对建都天京与北伐之关系的争议由来已久。在 1959 年由上海人民出版社出版的《太平天国》一书中，牟安世指出，太平天国在占领南京后，未倾全力北伐，错失了攻取北京的良机；认为建都天京是太平天国在战略上的一个重大错误。1963 年，茅家琦、方之光刊文提出异议，认为从全国敌我力量对比来看，正确的战略方针应该是建都天京，据长江之险，分攻东南，徐图北伐。牟安世撰文回应，力持己说(详参北京太平天国历史研究会编：《太平天国史论文选》，北京，生活·读书·新知三联书店，1981)。20 世纪 80 年代初，学术界再次就此展开讨论，但仍然未能取得共识。

事学的跨学科视角检讨交战双方的利弊得失，重视对战争动态层面的研究，尤其是对交战双方军事思想、战略指挥和战术运用的研究。作者认为，“就战略指挥水平而论，洪、杨等比同时代的曾国藩，或古代杰出的农民起义领袖，都相当逊色”①。与一味丑化或美化太平天国的简单研究模式相比，该书在肯定这场农民战争正义性的同时，又对其消极面进行剖析，分析了权力争斗、上下离心、事权不一等现象对太平天国战争全局的负面影响。

沈渭滨经过考订，对较为流行的太平军水营岳州成立说提出质疑，认为武汉成立说较为合理。② 王建华考察了太平军二破清江南大营一役，认为导致江南大营溃败的最直接原因是欠饷问题；李秀成“围魏救赵”计略之所以奏效，与何桂清出于与曾国藩争夺浙江地盘的考虑，有意阻滞江南大营援浙部队的行动有很大关系。③ 张铁宝首次考订出天京重要堡垒地堡城的确切地点和范围。④

外交是早期研究中的一个薄弱环节，相关论著主要局限于探讨太平天国的反帝斗争。这一情形在新时期有很大改观。茅家琦在该课题研究上最有成就，所著《太平天国与列强》是其旧著《太平天国对外关系史》的增补本，写得颇具功力。该书在利用、参酌大量西文资料和论著的基础上，详细考察了太平天国与西方朝野交往、接触的历史，以及太平军后期与外国侵略军交战的经过，并探讨了太平天国后期的对外经济往来，英、法、美等列强“中立”政策的实质及其演变，分析了太平天国对外政策的得失。作者在书中重点阐述了两个论点：一是认为当时英国侵华的主旨是扩大通商利益，包括鸦片贸易和正常商品的贸易，而俄国侵华的主旨则是侵占我国领土；二是认为太平天国外交政策的主要错误在于未能利用清王朝与列强之

① 崔之清主编：《太平天国战争全史》，2691页，南京，南京大学出版社，2002。

② 沈渭滨：《曾经沧海》，155～158页，上海，上海教育出版社，2001。

③ 王建华：《关于太平军二破江南大营和东征苏常的几个问题》，见《历史与社会》第1辑，180～190页，苏州，苏州大学出版社，1995。

④ 张铁宝：《天京地堡城考略》，载《江海学刊》1986年第3期。

间的矛盾，阻止两者互相勾结反对自己。作者指出，太平天国办理外交的这个错误集中体现在处理进攻上海问题上。①

关于太平天国的国际观念，王庆成认为，它在很大程度上与其宗教、伦理思想有关，有着特别的含义。他指出，太平天国对国家之间的关系并无近代的国家主权观念，从宗教上的"天下一家"理论出发，他们一方面对西方国家持友善态度，引对方为打击清政府的同道，另一方面，又与传统的天朝大国思想相混合，奉洪秀全为"万国真主"，从而难以为西方各国所理解和接受。他认为，即使太平天国在国际观念上没有缺陷，也不会改变列强既定的外交投机政策，而"光复全部疆土，不能弃寸土于不顾"和"我争中国欲想全图"的强烈使命感，最终引导太平天国作出了反侵略的业绩。② 此外，关于太平天国的对外军火贸易和太平军中的外国雇佣军问题，也均有专文进行探讨③。

经济研究续有进展，其扛鼎之作为郭毅生著《太平天国经济史》。该书系作者据旧著《太平天国经济制度》修订扩充而成，分别探析了太平天国经济制度和政策产生的历史背景，洪秀全的经济思想，《天朝田亩制度》《资政新篇》的内容和性质，太平天国的圣库制度，"照旧交粮纳税"政策的实施，后期两种并行的土地政策，"着佃交粮"制问题，田赋与税收政策，商业政策与货币。对于一些较有争议的问题，作者均有辨析。例如，关于"着佃交粮"制，作者分析指出，该政策在前期就已付诸实施，后期则在苏、浙两省的许多县镇广为推行，"是太平天国的历史创举，是它区别于历代封建政权土地政策的重要特色"；鉴于佃户纳粮后不再向地主交租，加之通过领取"田凭"获得法律上的土地所有权，变相实现了"耕者有其田"，因此，该政

---

① 茅家琦：《太平天国与列强》，315页，南宁，广西人民出版社，1992。

② 王庆成：《太平天国的对外关系和国际观念》，载《历史研究》1991年第1期。

③ 许金芳：《太平天国对外军火贸易的探讨》，载《安徽史学》1993年第2期；夏春涛：《太平军中的英国雇佣军问题初探》，载《近代史研究》1994年第5期。

策“是对封建地主所有制的破坏”①。

文化研究方面，学者们摒弃了视太平天国“反孔”为五四时期打倒“孔家店”先声的说法，在认识上渐趋一致，认为洪秀全“反孔”主要是出于独尊上帝的考虑，并不意味着其反封建斗争的深化。王庆成分析指出，太平天国起初并没有否定和打倒孔子，相反对孔子和儒学还相当尊重；定都天京后，洪秀全转而否定儒学、排斥古人，进行一种形式上而非内容上的“反孔”。这可能与他个人的心理经验有关，试图造成在独尊上帝的旗帜下前无古人的局面。在遭到杨秀清反对后，洪秀全被迫下令停止焚禁古书，规定四书五经待删改后仍准阅读。杨死后，洪禁绝儒学的态度虽小有松动，但基本上仍坚持到底，导致太平天国难以吸引知识分子，人才匮乏，成为导致其失败的一个重要原因。曾有学者据曾国藩致刘蓉函中“粤匪去冬未平，且复加厉。所睹四书，当以奉诒”等语，断言太平天国出版过删改本“四书”。王庆成根据香港大学孔安道图书馆收藏的刘蓉契据残片，考订出“睹”应作“赌”，“所赌四书”指曾、刘二人为分析时局而互相打赌押注的四种书，与太平天国曾否出版四书毫不相关，认为太平天国从未出版过四书五经。②

胡思庸发表数篇重要论文，论及太平天国与儒家思想、佛教的关系。他分析说，佛教与儒家互相结合、长期统治，对中国的思想和文化造成了深远影响，所以洪秀全在世界观上，在思想资料的借取上，都存在着来自佛教的因素。③

张铁宝、袁蓉、毛晓玲撰《太平天国文化》，南京出版社 2005 年出版，11 万言，涉及内容较广。

7. 典章制度研究

太平天国有一整套较为系统周密的典章制度。相关研究在新时

---

① 郭毅生：《太平天国经济史》，238～282 页，南宁，广西人民出版社，1991。

② 王庆成：《太平天国的文献和历史》，379～398 页。

③ 胡思庸：《太平天国与佛教》，见《太平天国史论文集》，263～281 页，广州，广东人民出版社，南宁，广西人民出版社，1983。

期取得较大突破。郦纯撰《太平天国制度初探》(人民出版社 1956 年初版，中华书局 1989 年修订本)，探讨了太平天国的经济措施、官制军制、乡官制度、赋税制度、供给制度、教育考试制度、城市组织等，是较早一部比较系统的典章制度研究专著，但缺漏尚多，尤其是在头绪繁杂的官制研究方面。盛巽昌撰《太平天国职官志》(广西人民出版社，1999)在很大程度上弥补了这一缺憾。该书对太平天国官爵制度进行全方位考察，考析了该制度的渊源、嬗变及影响，梳理了其职官、爵官、散官和勋官的头绪，并附有若干官爵表，考订详细，用力甚勤。华国梁通过考析陈玉成封官受爵的经历，探讨了太平天国官制的变化规律，认为前期级别简明、升陟有制，后期级别繁多、迁调无定；另考证出太平天国后期的官爵等级共划分为 5 等 24 级，认为官员等级的增加与官员的冗滥互为恶性循环，导致官僚化日益严重，办事效率低下。①

避讳在太平天国既是重要的礼制，同时又是盛行的习俗。吴良祚在该课题研究上最有造诣，所著《太平天国避讳研究》综合历史学、语言学和民俗学的方法，考察了太平天国避讳制度产生、发展与终结的历史，探讨了其避讳的分类、方法及其具体实施情形，论述了避讳在太平天国文献史料版本校勘、训诂翻译、辨伪考信等方面的作用；末章附有避讳禁用字 160 多个，使该书同时又兼有工具书性质。作者认为，该制度承袭了我国历代的避讳制度，但又体现了太平天国避讳制度的一些特点，“它的浓厚的封建性与落后性是不言自明的，但同时又透露了太平天国进步文化政策的微弱折光”②。史式撰《太平天国词语研究》(广西人民出版社，1993)探讨了太平天国词语的来源及衍生、发展的过程，太平天国推行专用词语的目的、方式和实际效果，并附有词条 2000 余。

---

① 华国梁：《陈玉成官爵考》，见《罗尔纲与太平天国史》，507～519 页，成都，四川省社会科学院出版社，1987；《太平天国的官爵等级》，见《太平天国史学导论》，293～309 页。

② 吴良祚：《太平天国避讳研究》，304 页，南宁，广西人民出版社，1993。

朱从兵、崔德田合著《太平天国文书制度》(广西人民出版社，1993)，考察了太平天国文书制度的发展过程，办文机构和人员，行文关系和公文格式，公文承办与运转机制，文体与用语特点等。2010年，朱从兵《太平天国文书制度再研究》一书由合肥工业大学出版社出版，其特点是强化问题意识、重视个案研究，包括对太平天国丞相制度从最初形成到最后形态的演变过程作了很好梳理。

太平天国政权不稳，且洪秀全后期立政无章，加之相关史料零碎分散，故太平天国地理研究一直较为薄弱。华强《太平天国地理志》一书从历史地理角度探讨太平天国政区地理的全貌，以政权建设相对完备的江南、安徽、湖北、江西、天浦、苏福、浙江七省和京城天京为主，详细考察了郡县之地理沿革、疆界四至，太平天国新建省郡县和避讳改名情况、攻占退出时间，各郡县守土官、驻防官等，图、文、表并茂。罗尔纲先生赞誉该书“既是一部崭新的专著，同时又是一部工具书”①。

周新国《太平天国刑法研究》、吴善中《太平天国历法研究》(合订本)，1993年由广西人民出版社出版。周著是国内该课题研究的首部专著，从历史和法学两个角度，依次考察了太平天国刑法的历史演变，刑律、刑罚和审判制度的来源及其内容，并就洪秀全与洪仁玕的刑法思想、太平天国与清王朝的刑法，作了比较研究。作者认为，太平天国刑法经历了一个由简到繁、由习惯法到刑法的发展过程，对支持太平天国反对清王朝的斗争，维护其内部的社会秩序、等级制度等，都起了相当重要的作用。②

“天历”是太平天国自创的历法，谢兴尧、郭廷以、董作宾、罗尔纲、荣孟源等前辈学者曾对之有所研究。吴著在总结前人研究成果的基础上，史实与历理并重，对天历的历理、创制与颁行问题，天历的特点和天历六节等，进行了较为全面深入的研究。作者否定了天历“是历史上空前进步的历书”一说，认为太平天国颁布天历主

---

① 华强：《太平天国地理志》序一(罗尔纲)，南宁，广西人民出版社，1991。

② 周新国：《太平天国刑法研究》，145页。

要是出于政治上的考虑，意在通过重定“正朔”来否定清政府的合法性，但由于漠视天象，片面追求“平匀圆满”，忌讳“亏缺”，天历编制得十分粗疏，不合农时，在科技方面并无可取之处。①

郭存孝探析了太平天国官印的颁发时间与规程，它的种类、功能和特色；考察了太平天国音乐活动的适用场合、乐器种类、音乐主管人员和机构等问题。② 作者另著有《太平天国博物志》(广西人民出版社，1997)，专论太平天国的遗址、遗迹、遗物和遗风，按全国发布和收藏情况逐一叙述，其中也涉及不少典章制度方面的内容。张铁宝研究太平天国绘画方面的定制，认为其绘画以吉祥鸟兽、山水风景和花草图案为主要内容，这与太平天国不准绘人物的规定有关。③

马定祥、马传德合著《太平天国钱币》，上海人民出版社 1983 年初版，1994 年再版，详细论述太平天国钱币的铸期、铸地、流通、折值、版式、特征、多寡以及鉴定真伪的方法，并将“天地会钱币”列为附录。

与简又文先生的《太平天国典制通考》相比，上述研究或填补空白，或将同类研究推向了深入。

8. 宗教和区域史、社会史研究

太平天国以宗教起家，又以宗教立国，因此，研究太平天国不能撇开宗教。但宗教通常被视为人民的精神鸦片，这使得在一味正面讴歌太平天国的年代里，学者们讳言宗教，宗教因而成为研究工作中一个无形的禁区。20 世纪 70 年代末起，该课题引起王庆成、吴良祚、程歗等学者的重视。其中，王庆成对其教义等作了若干开拓性研究，且视角独特，通过研究宗教来认识太平天国的思想和历史，其研究成果主要见诸《太平天国的历史和思想》一书(中华书局 1985 年初版，中国人民大学出版社 2010 年再版)。该书大多涉及太平天国研究中留有

---

① 吴善中：《太平天国历法研究》，244～256 页。

② 郭存孝：《太平天国官印研究》，载《军事历史研究》1992 年第 2 期；《太平天国的音乐活动》，载《太平天国学刊》第 2 辑。

③ 张铁宝：《从南京黄泥岗新发现的“作战图”谈太平天国人物画问题》，载《文物》1986 年第 4 期。

空白或尚未完善的问题，写作风格鲜明，有创见，有思想性。罗尔纲先生在序言中称赞作者“心细思精”，“研究问题既观察入微，同时又能从微知著”。罗老还说，“他细微的功夫，不下我国古代的经师”，“使他超越了前人”云云。王庆成在该书出版时删除了这些话。

夏春涛在王庆成指导下撰写博士学位论文《太平天国宗教》，1992 年由南京大学出版社出版。在此基础上，作者推出《天国的陨落——太平天国宗教再研究》(中国人民大学出版社，2006，收入《国家清史编纂委员会·研究丛刊》)，篇幅增加约 20 万字，在结构上有较大调整，内容有所充实和扩展。该书较详细地考察了上帝教的创建过程、教义内容、宗教经典与宗教仪式，在太平军内部和民间的传播情形，与中国民间宗教和儒家孔学特别是西方基督教之间的关系；另论及宗教理念对太平天国内外政策(国际观念、反孔政策、妇女政策等)的影响，并从宗教视角剖析了太平天国的社会政策、政治体制以及内部倾轧、吏治流弊等现象，以探讨宗教与太平天国兴亡之间的关系。学界一直沿用“拜上帝会”这一名称。至于该宗教组织是否存在，该名称是自称还是他称，则向有争议。夏春涛基于考证，认为该组织是存在的，其确切名称是“上帝会”，“拜上帝会”一说属以讹传讹。

区域史研究方面的著述首推董蔡时的《太平天国在苏州》一书。该书利用翔实资料，较系统地考察了太平天国营建苏福省的军政、经济举措，苏州士绅在中外反动势力合流过程中所起的作用，太平军苏州保卫战的经过及失败原因，并分析了苏福省之得失与太平天国存亡之间的关系，弥补了以往研究中的不足。作者认为，苏福省的开辟迅速扭转了太平天国的财政经济危机，并使兵力得到补充，尽管后来随着安庆保卫战的失败，安徽根据地全部沦陷，但太平天国仍能倚仗苏福省根据地支撑残局，进而开辟了浙江省根据地；正是凭恃苏浙根据地，太平军才能将抗击内外敌人的革命战争又坚持了四年之久。① 此外，王天奖对河南、徐川一对安徽、杜德风对江西、王兴福对浙江的研究，均各有建树。

---

① 董蔡时：《太平天国在苏州》，139～150 页，南京，江苏人民出版社，1981。

李文海、刘仰东著《太平天国社会风情》(中国人民大学出版社，1989)，从宗教活动、服饰装束、婚丧礼仪、过年度岁、家庭结构、巾帼风貌、戒赌始末、烟娼之禁、文化心态九个方面，考察了太平天国境内的社会习俗和风土人情，是从社会史角度研究太平天国的拓荒之作，给人以清新之感，具有启发意义。

此外，邢凤麟等探讨了客家人与太平天国之间的关系。关于太平军中的婚姻状况与两性关系，太平天国时期的人口、灾荒等问题，均陆续有专文面世。①

以上论著从一个侧面反映了太平天国研究课题的拓展。

9. 一批大型通史类专著和工具书的问世

20 世纪 90 年代初，随着研究日益深入，两部大型太平天国通史类专著相继问世。②

罗尔纲著《太平天国史》(中华书局，1991)，繁体字竖排，计 88 卷 154 万言，分订 4 册。该书在著书体例上有重大创新，共综合叙论、纪年、表、志、传 5 种体例，以“叙论”概括全书，克服了纪传体“大纲要领，观者茫然”的弊病；“纪年”按纲目记大事；“表”标明复杂繁赜的史事，举凡会党起义和各族人民起义，太平天国的王侯百官、各类人物等，均列表以详；“志”记典章制度，包括太平天国

---

① 参见邢凤麟：《论太平天国与土客问题》，见《太平天国史论文集》，459～483 页；钟文典：《客家与太平天国革命》，载《广西师范大学学报》1991 年第 1 期；夏春涛：《太平军中的婚姻状况与两性关系探析》，载《近代史研究》2003 年第 1 期；姜涛：《人口与太平天国革命》，载《南京社会科学》1991 年第 1 期；行龙：《论太平天国革命前后江南地区人口变动及其影响》，载《中国经济史研究》1991 年第 2 期；曹树基：《中国人口史》第 5 卷下册，上海，复旦大学出版社，2001；康沛竹：《灾荒与太平天国革命的失败》，载《北方论坛》1995 年第 6 期；余新忠：《咸同之际江南瘟疫探略——兼论战争与瘟疫之关系》，载《近代史研究》2002 年第 5 期。

② 此前出版的太平天国通史类著作主要有：牟安世《太平天国》(上海人民出版社，1979 年第 2 版)，茅家琦、方之光、童光华合著《太平天国兴亡史》(上海人民出版社，1980)，王戎笙、龙盛运、贾熟村、何龄修合著《太平天国运动史》(人民出版社，1986)，饶任坤、陆仰渊、李福彦合著《天国兴亡》(中国青年出版社，1988)，篇幅大多在 30 万字上下。

的经济制度、宗教、政体、官制、军队编制、刑律、礼制、历法、科举制度、地理、交通、医疗卫生、建筑、艺术、典籍等；“传”记人物，取消了封建色彩较浓的“本纪”。在史书体裁上破旧立新，这是罗老的一大贡献。全书内容广博，考订缜密。作为当代太平天国研究的学术带头人和一代宗师，罗老以84岁高龄，于1985年撰成这一巨著，融会了他潜心治学50多年的成就，同时也是当代太平天国研究的一个总结性成果。该书面世后广受好评，获首届郭沫若中国历史学奖一等奖，被学术界誉为不朽的传世之作。

同年，茅家琦主编《太平天国通史》(全3册)由南京大学出版社出版，计5篇22章，135万字，是迄今篇幅最大的一部章节体太平天国史专著。该书是受国家教委委托集体撰写的一部太平天国史教材，作者以崔之清等江苏省学者为主。导言部分概述了百年来太平天国史研究和太平天国文献资料、遗迹遗址的情况，并详列研究论著、史料作为“附录”，这是该书的一大特色。正文论述了太平天国从兴盛到衰亡的全过程，内容包括政治、经济、军事、外交、官制军制、事件、人物评价、民族问题等，富有新意。例如，该书就太平天国的败亡分析说，其主要原因并不是中外反动势力的勾结与镇压，而是太平天国自身的失误和衰落，具体表现为战略指挥上的失误，严重的分裂和内耗，自我孤立的政略和政策，宗教功能的转化，而“这些失误虽然可以简单归结为农民阶级的局限性，但并不是农民领袖们的必然共性”①。

同在90年代，钟文典主编《太平天国史丛书》由广西人民出版社陆续出版，计收入不同主题的专著13种，多为总结性成果。

郭毅生、史式主编《太平天国大辞典》，1995年由中国社会科学出版社出版，110万字。该书为太平天国史专业辞典，共收4000余词条，分总叙、词语、人物、军事与战争、地理、经济以及文物、史料、著作7大类编排，并附表20种，是一部权威性工具书。不过，该书“史料”“著作”类仅收已译的外文史料和专著，未将重要的外人原始著述和研究专著一并收录在内，内容上稍欠完备。个别词

① 茅家琦主编：《太平天国通史》下册，358～393页。

条也有讹误之处，例如，王重民辑《太平天国官书十种》于民国三十七年(1948 年)被简又文、叶恭绰编入《广东丛书》第三集，次年正式出版，而该书将其出版时间误作“1937 年”。

郭毅生主编《太平天国历史地图集》《太平天国历史与地理》，1989 年由中国地图出版社出版。前者是一部以战争为主线的专史地图集，由地图 104 幅，文物、遗址与景观图片 132 帧，图说 10 万字和大事记 4 部分组成；后者系前书的姊妹篇，共收相关考释文字 40 万言。两书考订精审，均具有较高的学术价值。聂伯纯、韩品峥编著《太平天国天京图说集》，江苏古籍出版社 1986 年出版，计收天京城内和郊区地图 18 幅，文字说明 12 万字，图文并茂，对太平天国都城的兴废沿革考释甚详。

姜秉正编《研究太平天国史著述综目》，书目文献出版社 1984 年出版，共收 5000 多条目，内容包括 1853 年至 1981 年间海内外有关太平天国研究的资料和专著、论文等，分全史、人物评传、文物、史料、学术思想和书志学 5 大类编排，内容较张秀民、王会庵合编的《太平天国资料目录》(上海人民出版社，1957)更为完备，但在史籍的版本源流和外文书目的翻译上有失察之处。该书下限为 1981 年，因此，编排近 30 多年太平天国史著述综目的工作仍有待继续下去。

以上分别从 9 个方面扼要论述了新时期以来太平天国研究所取得的成就。限于篇幅和个人学识，挂一漏万在所难免。综上所述，经过几代学者共同努力，新中国的太平天国研究终于步入其成熟和收获的季节，成为中国近代史学科成果最丰、研究最为深入的一个分支。

五、对研究现状的反思与展望

太平天国研究在繁盛兴旺的同时，也在不知不觉中逐渐趋于冷落，1987 年《太平天国学刊》《太平天国史译丛》因经费问题被迫停刊便是其标志之一。此后，尽管有一大批总结性研究成果相继问世，但仍然无法挽住这一颓势。尤其是进入 21 世纪后，相关学术活动渐归沉寂。太平天国研究曾经兴盛一时，现今国内近代史学科 90 岁上下的著名学者几乎无人没有涉猎过这一领域，内有不少人正是借此确立了自己在学术界的地位。而眼下仍然专治太平天国史的学者已是凤毛麟角，随着罗尔纲、董蔡时、张守常、钟文典、祁龙威、郭毅生、王庆成、龙盛运、贾熟村等学者相继谢世，研究队伍已然青黄不接，后继乏人。研究成果的数量也随之急剧萎缩。以太平天国为主体的农民战争史研究曾因成绩巨大而被誉为国内史学界的“五朵金花”之一，太平天国研究甚至一度被圈内学者冠名为“太学”，被视为一门专门的学问，如今则异常寥落，堪称门可罗雀。

在持续约一个世纪后，太平天国研究从最初的一哄而上转为目前的门庭冷落，这是一种不可避免的正常现象。研究难度的加大和学者研究兴趣的转移是造成上述情形的主要原因。仅就国内而言，太平天国研究起步早，起点高，名家辈出，著述如林。因此，早在20世纪80年代初，就有学者断言该研究已接近终结。正因为太平天国史是块已被许多人耕耘过的熟地，所以，研究者唯有“精耕细作”，才能有较为理想的收获。尤其对后来者而言，这意味着首先必须阅读、消化数千万字的史料和既有研究论著。这不免让人有点儿望而却步。另一方面，随着近代化历程、社会史、民国史等热门专题研究的兴起，原先主攻太平天国的学者纷纷转移研究方向，从而加剧了研究队伍的萎缩。

太平天国研究“内冷外热”则是令人瞩目的另一现象。近30年来，哲学、文学等专业的一些学者进行客串研究，其论断虽不无启迪，但往往流于偏颇，动辄全盘否定太平天国、替曾国藩翻案，出现了对前期研究中偏袒、溢美之言反弹过分的倾向。2000年，长篇电视连续剧《太平天国》在中央电视台播出，重新引起人们对太平天国史的关注。令人始料不及的是，时值社会上揭批“法轮功”，结果该剧正面描写太平天国的情节并未引起多大共鸣，而剧中涉及宗教和太平天国内部倾轧之类的内容却引发不恰当的联想。一时间，指斥太平天国宗教或太平天国是“邪教”、洪秀全是“邪教主”的观点被炒得沸沸扬扬。有学者就此评析说：古今“邪教”一词都是政治概念；太平天国宗教“邪教”说在立论上存在明显破绽，论者片面罗列一些史实，以杂说、戏说的方式随意评点历史，旨在借“邪教”说来全盘否定太平天国，与真正意义上的学术研究相去甚远，是一种不健康的学风，不但丝毫无助于推动学术进步，而且还会混淆视听。李文海撰文肯定了这种意见。①

那么，太平天国研究是否真的已到尽头？在专业研究日趋寥落、社会上全盘否定太平天国的声音有增无减的情况下，如何才能将此项研究进一步推向深入呢？

对历史的探索是一个很难穷尽的过程，研究越深入，人们的认识也就越加丰富和深化。太平天国这一园地虽然是块熟地，但并不意味着已经没有继续耕耘的余地。审视太平天国史学史不难看出，以往穷尽式、开拓创新性的研究较少，粗放式、低水平重复性的研究较多。具体地讲，即便是研究最为深入的课题，至今仍有不少史实还没有搞清楚，几乎每一个课题都不同程度地存在着模糊乃至空白之处；在对不少具体问题的评价上也是众说纷纭，迄今未取得共识。就此而论，几乎所有课题都存有继续深入的余地，都值得重新研究、重新认识。进一步说，20 世纪 90 年代集中推出一批总结性研究成果，距今已有二三十年时间，是一个不短的周期。推出太平天国通史、各种专题史的新著，时机和条件已经成熟。

若想将研究继续推向前进，首先要树立科学的研究态度、研究方法。重新研究、重新认识不是推倒重来，不是片面追求立论上的标新立异，而是要在以往研究成果的基础上，从史料、史实出发，进行严谨的具有创新意义的研究。毋庸讳言，以往一些论著或多或少带有为尊者讳的情结，带有以概念替代或冲淡具体研究的倾向，导致有些认识流于表面化。这给后来者继续研究留下了空间，但不能矫枉过正。以历史虚无主义的态度看待太平天国，这本身谈不上是学术研究，相反会给研究工作带来混乱。作为中国历史上旧式农民起义的最高峰，太平天国想改造中国社会，却又无法超越君主专制制度，这里面含有太多值得后人思索的东西。其中的是非功过，

① 李文海认为："《天国的陨落》对太平天国宗教的辩证分析，特别是对上帝教是否'邪教'的有力辨正，具有重要的理论意义和方法论意义。"（《为什么不能把太平天国的上帝教看作"邪教"——夏春涛〈天国的陨落〉评介》，载《中华读书报》2006 年 6 月 28 日）

不是一味肯定或否定所能够涵括和揭示的。孙中山与毛泽东都是从正反两方面来反思这段历史的。因此，神化太平天国也好，丑化太平天国也罢，都不是一种科学、严肃的态度，都会使研究工作流于简单化，从而制约研究的深入。

其次，要在扩展研究视野上下功夫。举例来说，从社会史角度研究太平天国仍存有相当大的空间，有不少课题值得花大力气进行深入探讨。早在20世纪80年代，已有学者就此提出具体构想，主张将太平天国各类人物(从领导层、将领到士兵、基层行政人员等)分别作为太平天国本身的构成因素，进行多方面的比较研究；或选择太平天国境内的某个县或乡镇，研究该地区的政治、经济、官民关系、生活、社会风习在太平天国统治前后是否有所变化，与清统治区是否有所异同。① 这种别开生面的研究无疑有助于拓宽研究视野，从而深化对太平天国史的认识。再如，可以将清中央和地方政府作为研究主体，研究咸丰年间吏治状况与各地民变蜂起的关联，官府应对民变的具体举措及其得失。在努力构建和谐社会的今天，这种研究具有现实意义。

有关太平天国的文献资料虽然堪称汗牛充栋，但就某一具体研究课题而言，却又往往显得相对不足。这是时常困扰研究者的一个问题。以有限的资料来研究历史，更需要研究者充分发挥分析思考的能动性，尽可能正确、准确地解读历史现象。当然，在史料方面仍有潜力可挖。就太平天国自身文献而论，《钦定制度则例集编》《钦命记题记》等书至今仍未发现；发掘新的残存文书的可能性依然存在。西文资料是太平天国史料的一大宝库，内有不少记载大大弥补了中文记载的不足，但国内学者挖掘、利用西文资料的情况却一直不很理想，从而使研究的深度受到限制。倘若能够重视利用西人原始著述，包括重视吸收、借鉴西方学者的相关研究成果，无疑有助于深化研究。茅家琦教授利用外文资料研究太平天国对外关系，便

---

① 参见王庆成：《我研究太平天国史的经历和体会》，118～119页，见《习史启示录——专家谈如何学习中国近代史》，天津，天津教育出版社，1988。

是一个很好的例证。

近二三十年来，海外太平天国研究同样趋于冷落，其总体趋势是将研究重心从晚清史向民国史、中华人民共和国史顺延，专注太平天国史的学者同样屈指可数；以前是多点开花，如今主要局限于美国、日本。耶鲁大学史景迁教授1996年出版《上帝的中国儿子：洪秀全的太平天国》一书，以宗教和外交为主线，探讨太平天国兴亡的轨迹，并从社会史角度对相关史事进行剖析，勾勒出一幅新颖生动的太平天国史画卷。裴士锋(Stephen R. Platt)是史景迁的学生，2012年出版《天国之秋》一书，用全球化视野来解读这场中国内战，侧重写最后数年。其写作风格与史景迁很近似，善于捕捉历史细节，叙述生动，读来引人入胜。两书均有中译本问世。与美国学者用大视野切入历史相异，日本学者侧重从事专题研究，在发掘史料、考订史实上用力甚勤，且研究持之以恒，与中国学界联系紧密。菊池秀明《广西移民社会与太平天国》(1998)、《清代中国南部的社会变化与太平天国》(2008)、《从金田到南京：太平天国初期历史研究》(2013)，仓田明子《中国近代条约港与基督教：洪仁玕看到的“洋”社会》(2014)，都是有新意、较严谨的研究专著。

从总体上讲，目前的太平天国研究已跌入谷底，今后也绝无可能重现往日的繁盛光景。不过，太平天国史的重要性并不会因此而削弱或减色——对中国近代史研究而言，太平天国是一段无法绕开、至关重要的历史。虽然热潮已过，但真正有志于继续从事此项研究的学者应当耐得住寂寞。太平天国研究并没有走到尽头，只要在上述几个方面继续努力，新的收获或许就在眼前。

笔者先后撰有《二十世纪的太平天国史研究》(载《历史研究》2000年第2期)、《近一个世纪的太平天国研究》(辑入曾业英主编《当代中国近代史研究(1949—2009)》，北京，中国社会科学出版社，2014)。本文据此增补改写而成，收入拙著《天国的陨落——太平天国宗教再研究》(增订版)，北京，中国人民大学出版社，2016。

初版后记

2003年元月，我奉命从近代史研究所调到院理论部门，那年我还不到40岁。这一去就是14年，我把最好的时光献给了理论与现实问题研究。好在原先的专业并没有丢，而理论研究与史学研究是相得益彰的——这14年是当代中国砥砺前行、发生巨变的14年，以理论研究的方式关注现实，在国情调研基础上进行分析思考，这种阅历及感触是以前坐在书斋里单纯研究历史所无法获得和体验的。尽管同时兼顾行政事务与专业研究，且同时从事两个领域研究，那种窘迫甚至煎熬难以言喻。

在新的岗位，前后写了3本书，出版一本散文集，撰刊论文、调研报告等40余篇，在中央“三报一刊”发表理论文章30余篇，主编或参与主编多种书籍。

由于研究时间大受挤压，原先的专业虽没有丢，但收获只能说差堪自慰。14年间，写了两本书。一是2006年出版的《天国的陨落——太平天国宗教再研究》，《国家清史编纂委员会·研究丛刊》之一种，作为清史纂修工程具有前沿性的研究专著对外推介(参见《中华读书报》2006年6月14日、《光明日报》2006年6月21日)，获第四届郭沫若中国历史学奖提名奖；2016年，出版该书增订版，48.4万字，入选中国人民大学出版社《当代中国人文大系》。二是完成国家清史纂修工程《通纪》第六卷的撰写，近40万字，获得好评，并在戴逸老师推荐下，接受了媒体采访(参见杨丽琼：《熬夜写作已成常态——夏春涛研究员谈纂修〈清史·通纪〉艰辛之路》，《新民晚报》2013年4月28日)。此外，编《中国近代思想家文库·洪秀全　洪仁玕卷》，2015年1月出版，半年后再次印刷。再就是断续撰刊了一些论文，本书主要据此选辑而成(调动之前撰写的论文仅收录两篇)。

近十余年撰写的史学文章,几乎都是约稿。随着工作调动,原先的专业研究变成业余研究。而一些编辑朋友一再约稿,构成我写稿的压力和动力——既然答应了就不能食言。感谢《福建论坛》的张燕清女士,安徽大学的王天根教授,《安徽大学学报》的张朝胜先生,以及坚持开辟"太平天国研究"专栏的桂林、扬州等高校学报的朋友。张朝胜先生迄未谋面。他敬业、专业,每次编稿都很上心,所提修改意见拿捏得很有分寸,合作愉快。于是,近 4 年连续在《安徽大学学报》发表了 3 篇论文。

本书共选辑 16 篇文章,分三组编排。

第一组 6 篇文章侧重从社会层面考察太平天国时期的政治、军事、经济状况,选题与内容大多有点新意,体现了研究课题的拓展。

第二组 5 篇文章侧重从政治层面解析当时的社会动态和洪秀全等人的思想特征,大多涉及太平天国史扑朔迷离、众说纷纭的问题。老题新做,对研究者的学识和视野是一种考验。"新做"不是标新立异,必须言之有据、论从史出,有一份材料说一分话。受业师王庆成研究员、祁龙威教授治学风格的影响,笔者既注重文章的思想性,同时又重视考据,重视排比资料、考订史实。本书注释所占篇幅达 11.8%强。

第三组 5 篇文章侧重考察清政府应对危机所采取的对策,官场风习、民生状况的起伏以及对晚清社会的影响。以往从事太平天国研究,我着重以太平天国为主体,放在中国近代史的大框架内。撰写国家清史纂修工程《通纪》第六卷,必须调整研究视角,以清朝或清政府作为叙述主线,把太平天国等重大政治事件放在清史框架内来写。该卷写作前后持续 8 年,这 5 篇文章算是研究过程中的"副产品"。

十分感谢北京师范大学出版社高等教育与学术著作分社主编谭徐锋博士。谭君的提议,督促我挤出时间整理旧作。他还提议选辑一些罕见历史图片,并为此专门购买了《太平天国艺术》一书,多方搜集,令人感怀。

本书的编选始于 2017 年秋。此次统稿，对某些文章的表述或细节略有修改；个别文章补加了注释，甚至补充了内容。这些均在文章的题注中作了说明。另外，为准确领会原文，笔者对部分引文的句读有所改动。

时光荏苒，学无止境。我会继续勉力前行。

夏春涛

2018 年孟夏于北京寓所

重印后记

本文集2018年8月出版，两个月后第二次印刷。据友人相告并查询得知，同年“华文好书”10月榜评选，经评委提名和投票，从33本入围图书中评出十大好书，以及读者投票从33本入围图书中推选最期待的5本新书(10月人气榜)，本书均幸运入选。这使我感到欣慰。书原先有点儿单薄，22万字。于是，便有了扩充该书的想法。

从1985年师从祁龙威先生攻读硕士学位算起，我从事太平天国史研究已有34年。从1986年发表处女作《呤唎〈太平天国革命亲历记〉史料探源》算起，迄今共撰刊专业论文、书评等60余篇。本书此次再版，新收12篇文章，篇幅扩了接近一倍，内容涉及太平天国宗教“邪教”说辨正，客家人与太平天国农民运动，太平军中的外国雇佣军，太平天国妇女地位问题，太平天国服饰制度，洪仁玕流亡期间的交游与经历，洪天贵福的启蒙教育与宫廷生活，太平天国后期的朝内纷争，太平天国败亡原因解析，曾国藩别树一帜组建湘军，太平天国史学史，以及对史景迁教授《上帝的中国儿子：洪秀全的太平天国》一书的评述。全书共收录28篇文章，不拘长短，以选题、质量决定取舍，虽不及已刊文章总数之半，但具有代表性，反映了我研究太平天国史的风格和特点。

整理论文集，并不是简单活儿。我主要做了以下几件事：

1. 整理论文电子版。这项工作牵扯精力最大。有些论文发表于十余年前，电子版遍寻不得，只得设法从网络上下载。顾建娣博士、谭徐锋博士在这方面为我提供了帮助。具体整理时，我将电子版与原文逐字逐句校对，以免出现错讹。

2. 统一注释格式。刊物不同，论文注释的格式不一，有脚注，也有尾注，甚或不加注释。现一律采用脚注，统一格式，并逐一核对引文。

3. 删除内容重复的文字。收录这么多文章，内容交叉或重复之处在所难免。这类文字不多，我一一作了技术处理。

4. 订正个别细节。譬如，20 世纪末，我在论著中援引《资政新篇》谈洪仁玕在香港与西方人的交游，将“米士威大人”理解为英国驻华外交官密迪乐(Thomas T. Meadows)。苏精教授 2006 年在香港出版《上帝的人马：19 世纪在华传教士的作为》一书，谈到这一细节，认为“米士威大人”分指“米士”“威大人”，“米士”指密迪乐，“威大人”指英国另一驻华外交官威妥玛(Thomas Wade)。我的同事、中国社会科学院近代史研究所赵晓阳研究员专门复印该书相关章节给我寄来。苏精教授的解释是对的。拙著《天国的陨落——太平天国宗教再研究》增订再版，以及此次整理文集，均订正了这一细节。

5. 编排文章。该书初版，将 16 篇文章分 3 组编排。现新增 12 篇文章，又按照逻辑性和相互关联重新组合，分成 4 组编排。

从这个意义上说，整理文集，是对以往研究成果和研究思路的梳理，姑且也可以视为一种再研究。

夏春涛

2019 年孟春于北京寓所

图书在版编目(CIP)数据

太平天国与晚清社会 / 夏春涛著 .—北京：北京师范大学出版社，2018.8(2021.1 重印)
(中华学人丛书)
ISBN 978-7-303-23949-8

Ⅰ.①太… Ⅱ.①夏… Ⅲ.①太平天国革命—研究 Ⅳ.①K254.07

中国版本图书馆 CIP 数据核字(2018)第 152159 号

营销中心电话 010-58807651
北京师范大学出版社谭徐锋工作室 新史学 1902

TAIPINGTIANGUO YU WANQING SHEHUI

出版发行：北京师范大学出版社 www.bnup.com
北京市西城区新街口外大街 12-3 号
邮政编码：100088

印　　刷：鸿博昊天科技有限公司
经　　销：全国新华书店
开　　本：730 mm×980 mm 1/16
印　　张：29.5
插　　页：4
字　　数：425 千字
版　　次：2018 年 8 月第 1 版
印　　次：2021 年 1 月第 3 次印刷
定　　价：98.00 元

策划编辑：谭徐锋　　责任编辑：王艳平
美术编辑：王齐云　　装帧设计：王齐云
责任校对：段立超　陈　民　　责任印制：马　洁